한일수교 50년, 상호 이해와
협력을 위한 역사적 재검토 2

한일수교 50년, 상호 이해와 협력을 위한 역사적 재검토 2

한일관계사학회 엮음

景仁文化社

발 간 사

본서는 2015년 한일국교정상화 50주년을 맞이하여 한일관계사학회가 주최한 국제학술회의 <한일수교 50년, 상호 이해와 협력을 위한 역사적 재검토>에서의 발표·토론문의 수정보완해 종합토론 때의 녹취문을 더하여 편집된 학술서입니다. 토론 때의 자유발언 등이 포함된 녹취문을 수록한 것은 학술대회의 성과를 생동감 있게 전달하기 위해서였습니다.

한국과 일본 두 나라는 1965년 한일국교정상화를 시작으로 많은 갈등 속에서도 우호관계를 유지하고자 노력해 왔고 큰 성과도 이루어 냈지만, 한일국교정상화 50주년을 맞이하는 오늘날에도 두 나라 간의 관계는 여전히 해결해야 할 문제가 남아있는 것 또한 부정할 수 없는 사실입니다. 그중 하나는 한일양국 간에 과거를 둘러싼 사죄·보상 문제를 둘러싼 외교상의 갈등이고, 또 하나는 해소되지 않고 더욱 악화되고 있는 역사갈등일 것입니다.

그러나 양국은 지리적인 근접성뿐만 아니라 역사적으로 밀접한 관계를 유지해 왔으며, 두 나라의 평화적인 공생은 양국의 생존뿐 아니라 세계평화와 관련된 만큼 상호 간의 갈등과 대립의 문제는 반드시 해결해야 할 과제이며, 또 해결해야만 할 시대 상황에 직면해 있습니다.

이에 저희 한일관계사학회는 한일국교정상화 50주년을 맞이하여 한일관계에 대한 역사적 검토를 바탕으로 역사 속에서 전개되었던 양국의 갈등상황과 그에 대한 평화적인 해결방안을 규명함으로써, 바람직한 한일관계 설정과 발전적이고 새로운 미래를 모색하고자 학술대회를 기획하였고, <한일수교 50년, 상호 이해와 협력을 위한 역사적 재검토>란 국제학술회의를 2015년 9월 11일~12일 양일 간 The - K Hotel(구 교육

문화회관)에서 진행하였습니다.

본서의 구성도 학술대회 구성에 맞춰 제1부(제1분과 제2분과)와 제2부(제3분과 제4분과)로 나누어 편집되었습니다.

본서 제1부에 수록한 내용을 보면, 우선 제1분과 [‘광복’과 ‘패전’의 재회 / 1965년 한일협정의 성과와 오늘의 과제]에서는 현대 한일관계의 원점인 1965년 한일국교정상화 과정을 집중적으로 재검토하고 있습니다.

한일회담에서 한국은 한일기본조약, 청구권 및 경제협력, 어업, 법적지위협정 조인 그리고 ‘한국병합’ 조약의 무효시점에 관한 문제 등을 중점적으로 제기하면서 식민지 청산이라는 관점을 견지하였던 반면, 일본은 식민지 청산보다는 동북아의 냉전체제에서 미국과의 군사동맹과 경제재건에 관한 문제를 축으로 행동하였다는 것이 기존 연구 결과이고, 이러한 엇갈린 시각은 한일회담을 둘러싸고 한일양국이 15년에 걸쳐 난항을 겪도록 만들었을 뿐만 아니라 현재까지도 역사인식 및 과거사 청산 문제에서 한일 간 주요 쟁점이 되고 있음을 부인할 수 없습니다.

따라서 본서 제1분과에서는 한일 과거사 갈등의 기원을 잉태한 국교정상화 교섭과정에서 핵심 의제가 되었던 문제, 특히 청구권협정, 어업협정, 문화재반환 문제, 재일코리안 법적지위 문제에 초점을 맞추어 한일국교정상화 체결 이후 50년 간 어떠한 논의와 연구가 이루어져 왔는지, 그 해결책은 무엇인지를 종합적이고 체계적으로 고찰하고 있습니다.

제2분과 [한일국교정상화 50년이 남긴 과제와 그 해결을 위한 노력]에서는, 한일국교정상화 50년이 남긴 과제이며 현재 한일 간의 핫 이슈인 위안부 문제, 역사인식, 강제동원, 교과서 문제, 사할린 한인 문제 등에 대하여 재점검하고, 문제해결을 위한 궁극적 지향점을 밝히고 있습니다.

본서 제2부에 수록한 제3분과와 제4분과의 논고들은 한일관계에 대한 역사적 검토를 바탕으로 역사 속에서 전개되었던 양국의 갈등상황을 조약, 외교 관점에서 분석한 논문들로, 오늘날 발전적인 한일관계 설정에 역사학적으로 조금이나마 이바지하고자 구성되었습니다.

제3분과 [전쟁과 평화 / 고중세·근세의 한일관계]에서는, 전근대 한일 양국의 대표적인 갈등요소, 즉 전쟁이 두 나라의 정치체제 변화 및 상호 인식에 어떠한 영향을 끼쳤으며, 그것이 갖는 문제점은 무엇이었는지를 규명하고 있습니다. 또한 전쟁 이후 한일양국, 나아가 동아시아 속의 평화라는 어젠다의 도출 및 구축을 위해 양국인이 시도한 노력의 실체를 '외교'라는 관점에서 살펴보고 있습니다. 즉 한일 나아가서는 한중일 관계사 속에서 전쟁과 같은 극한 대립과 갈등 상황 속에서도 상호 간에 새로운 관계를 모색하고 구축하기 위해 노력하였던 시도들을 외교의 관점에서 파악하고 있습니다.

제4분과 [일그러진 만남 / 근대 한일관계의 명암]에서의 논문은, 종래의 연구가 대체로 중국 혹은 미국 등 강대국을 중심으로 동아시아 국제관계를 논의하였던 것에 대해, 아시아의 주변으로 자리매김 되어 왔던 한국과 일본이 동아시아의 국제관계를 주도적으로 구축해 간다는 시각에서 근대 한일관계의 역사적 과정을 살펴보고 있습니다. 근대에서 이 과정을 제4분과의 논고들은 조일수호조규, 을사늑약, 한일병합 등의 조약과 외교정책 및 조선총독부의 종교정책·역사교과서 등의 지배정책에 초점을 맞추어 분석하고 있습니다. 이를 통하여 근대에서 한일양국이 새로운 동아시아 국제관계를 구축해가는 과정에서 한일양국은 경쟁관계에서 대립관계로, 그리고 지배와 피지배의 관계로 전환되어 과정을 분석하고 있습니다. 제4분과에서 다루었던 주제들은 오늘날 한일양국의 역사인식 차이, 역사 갈등의 핵심이 되는 주제입니다.

이상과 같이 본서는 4개 분과에 걸쳐 모두 21개의 논문으로 구성되어 있습니다. 본서의 주인공인 외국인 연구자를 포함한 논문집필자, 토론문 집필진, 사회자 분들은 한일 역사 갈등 해소에 여론을 주도해 오셨고, 실제 한일양국의 정책결정 과정에도 음으로 양으로 영향을 미쳐왔던 분들입니다.

본서의 발간이 한일양국 간의 갈등 요인이 되고 있는 문제점들을 이해하고 관련연구를 촉진시키는데 도움이 되기를 기대하며, 또한 바람직한 한일관계 설정과 발전적이고 새로운 미래를 모색·정립할 수 있는 촉진제가 되었으면 합니다.

학술대회에 참여하여 옥고를 보완하여주신 집필자 여러분과 종합토론 녹취문 작성 및 본서편집을 맡아주신 본 학회 편집이사 나행주 선생님께 위로의 말씀을 올리며, 본서의 출간과 생산적인 학술대회가 될 수 있도록 지원해 주신 교육부, 동북아역사재단, 그리고 출판을 배려해주신 경인문화사 측에 감사의 말씀을 드립니다.

2017. 5. 30.

한일관계사학회 회장 남상호

목 차

제 4 분과 일그러진 만남 - 근대 한일관계의 명암 -

제 1 부

제 1 분과 '광복'과 '패전'의 재회 - 1965년 한일협정의 성과와 오늘날의 과제 -

제 2 부 제3분과

전쟁과 평화

- 고대-근세의 한일관계 -

고대일본의 신라적시관과 복속사상

연 민 수(동북아역사재단)

Ⅰ. 서언

『일본서기』를 비롯한 일본고대사료에 보이는 일본 지배층의 신라에 대한 인식은 적대적이다. 고대일본의 신라적시관은 일본고대국가 형성기의 한반도제국에 대한 외교정책 과정에서 생성된 것이다. 왜왕권의 3백년 동맹세력인 백제의 멸망은 왜왕권 지배층의 신라관 형성에 커다란 영향을 미치게 된다. 여기에 왜왕권과 일찍부터 교류해 왔던 금관국을 비롯한 가야제국이 신라에 의해 병합된 사실도 신라적시관의 생성에 중요한 계기가 되었다.

그러나 천황제 율령국가가 성립되는 7세기말 이후가 되면 일본의 신라에 대한 인식은 가야제국과 백제를 멸망시켰다는 역사적 기억과는 별도로 현실의 신라를 극복해 나가기 위한 수단으로서 새로운 정치적 이념을 만들어냈다. 그 구체적인 작업이 701년에 편찬된 대보율령으로 신라=번국이라는 조문을 명기하여 신라번국사관을 법제화하였다. 이것은 현실 외교의 장에서 신라사신을 상대로 율령법의 이념을 실현하려는 의도가 있었다. 동시에 역사적으로 신라는 일본의 번국이었다는 관계를 증명하기 위해 720년 관찬서 『일본서기』를 편찬하여 신공황후의 신라정벌담을 만들어 내는 등 신라복속사관을 완성하여 신라에 대한 우월적 지위를 강조하였다. 이러한 신라적시관과 복속사관은 표리일체가 되어 일본의 신라정책의 이념으로 작용하게 된다.

그 구체적인 사례가 신라사신에 대한 入京의 규제(放還), 「무례」를 구실삼아 신라에 대한 응징론, 정토론이다. 이것은 신라라는 외부의 적을 상정하여 내부의 결속, 권력집중을 위한 시도라고 생각된다. 이러한 관점에서 고대일본 지배층의 이념화된 신라적시관과 복속사상이 현실의 정책에 어떻게 반영되어 가는지를 구체적인 사례를 통해 분석해 보고자 한다.

II. 가야·백제의 멸망과 신라적시관의 생성

고대일본이 신라를 「적」으로 보는 관념은 금관국의 멸망이라는 먼 과거의 기억 속에서 생성된다. 『일본서기』 흠명기 23년조에는 가야의 멸망사실과 함께 왜왕 흠명의 신라에 대한 비난의 언사가 실려 있어 왜왕권의 신라관의 실태를 잘 보여주고 있다.

> 신라가 任那官家를 멸하다. 천황은 조서를 내려, 「신라는 서방의 추악한 소국이다. 하늘을 거역하고 무도하다. 나의 은혜를 배반하고, 나의 官家를 공격하고, 나의 백성을 박해하고, 나의 군현을 침략하였다. 우리 신공황후는 성령스럽고 총명하여 천하를 두루 살피고 백성을 위무하셨다. 신라가 궁지에 빠져 도움을 청하는 것을 불쌍히 여겨 참수하려던 신라왕을 구하고, 요해의 지를 신라에 주고 한없는 신라의 번영을 가져왔다. 우리 신공황후께서 어떻게 신라를 박하게 대했다는 말인가. 우리 백성이 어떻게 신라의 원한을 사게 했다는 말인가. 그런데 신라는

> 긴 창과 강한 활로 임나를 침공하고 큰 송곳니와 굽은 손톱으로 백성들을 잔혹하게 살상하였다. 간을 쪼개고 다리를 잘라서 그 쾌락을 만끽하였다. 뼈를 땡볕에 쬐이고 주검을 불살랐어도 잔혹하다고 생각하지 않는다. 임나 백성들은 칼과 도마에서 잔혹하게 살해되었다. 모든 이 나라의 王臣된 자로서 사람의 곡식을 먹고 사람의 물을 마시면서 누가 이를 참으며 슬퍼하지 않겠는가. 하물며 태자, 대신들은 그 자손으로서의 인연에 의해 슬픔과 원한을 품는 근거가 있다. 대신의 지위에 있으면 그 이상 없는 은혜가 따른다. 선제의 덕을 받아 후대를 잇는 것이다. 그러나 마음을 다하여 함께 극악무도한 자를 주살하여 천지의 고통을 일소하고, 君父의 원수를 갚지 못한다면 臣子의 道를 다하지 못했다는 한을 남길 것이다」라고 하였다.

이 기사는 『梁書』王僧弁傳에 보이는 承聖 원년(552) 2월의 王承弁과 陳覇先의 맹서문에 기초하여 신공황후 전승을 가미한 작문이다. 하지만 『일본서기』 편찬시의 율령국가 지배층의 신라에 대한 인식을 투영시킨 점에서 중요하다. 가야의 멸망이 왜왕권에 있어서 얼마나 중요한 의미를 갖고 있었던가 하는 점, 가야에 대한 기억의 역사적 계승이 이루어지고 있었음을 보여주고 있다. 흠명의 발언 중에 「我官家」를 공격하고, 「我郡縣」을 침략하였다는 것은 고대일본의 가야에 대한 인식을 잘 보여주고 있다. 관가란 왜왕의 직할령을 가리키고, 군현이란 중국적 표현의 차용이지만 고대일본에도 존재했던 지방행정단위를 말한다. 요컨대 가야가 왜왕권의 지배하에 있던 지역이라는 인식이다.

『일본서기』 계체기 6년, 23년조에는 임나의 4현, 기문·대사 지역을 백제에 할양했다는 기록이 나오듯이 광역에 걸친 한반도남부지역이 왜왕권의 통치하에 있었다는 전제에서 나온 기술이다. 임나란 가야를 가리키는 말이지만, 용례는 다양하며 그 중에서도 왜왕권의 관심의 초점이 된 곳은 김해의 금관국이다. 금관국 멸망 이후 임나부흥이라는 미명하에 행해진 왜왕권의 일련의 행동은 금관국과 관련된 내용들이다. 계체기 21

년조에 의하면 近江毛野臣은 6만의 군사를 이끌고 임나에 가서 신라에 패한 바 있는 南加羅, 喙己呑을 부흥시켜 임나에 합하고자 했다고 한다. 이것은 가야의 멸망에 즈음해서 왜왕권이 취한 최초의 기록이다. 그러나 계체기 23년조에 의하면 「遣近江毛野臣, 使于安羅」이라고 하여 근강모야신을 安羅에 사신으로 파견되었다고 한다. 그는 임나에 주재하면서 신라왕, 백제왕을 소환한다든가 임나에 대한 정무를 태만히 하고 惡政을 일삼아 본국으로 소환의 명을 받아 결국에는 대마도에서 병사한 인물로 묘사되어 있다. 모야신의 행적은 그의 씨족의 家傳에서 채록된 것으로 보이나 그가 군사씨족으로 되어 있는 점이나 임나부흥의 주재자로서 임나의 정무를 장악하고 있듯이 기술되어 있는 것은 그의 후예씨족들이 조상의 武勇을 과시하는 필법으로 윤색이 가해진 결과이다.

그 후 임나부흥과 임나재건을 외치는 왜왕 흠명과 그 유훈을 계승한 후계왕들, 임나멸망 이후에도 금관국의 특산물을 신라가 공납했다는 「任那調」의 문제가 大化 2년(646)까지 나오는 등 왜왕권의 가야지역에 대한 관심은 지속되고 있었다. 동년 9월 을사의 정변에 의해 성립된 大化改新 정권의 최초의 사절인 國博士 高向黑麻呂가 신라에 파견된다. 『일본서기』에 의하면 「小德高向博士黑麻呂를 신라에 보내어, 人質을 보내게 하고 드디어 任那의 調를 폐지하였다」라고 기록하고 있다. 임나의 조에 대한 일본학계의 통설은 신라의 임나지배를 인정하고 임나가 바쳐왔던 임나의 조를 신라가 대납했다는 것인데 대화 2년에 와서 이를 폐지하고 인질로 대체했다는 것이다.[1] 이것은 왜왕권의 임나지배를 전제로 한 해석

1) 末松保和, 『任那興亡史』(吉川弘文館, 1949). 任那의 調에 대해 末松說을 비판적으로 계승한 논고가 나오고 있으나 그 실체에 대해서는 모두 인정하고 있다. 관련 연구로는 山尾幸久, 『古代の日朝關係』, 塙書房, 1989), 鈴木英夫, 「任那の調の起源と性格」, 『古代の倭國と朝鮮諸國』, 青木書店, 1996, 初出 1983), 西本昌宏, 「倭王權と任那の調」, 『ヒストリア』 119, 1990) 등이 있다. 이에 대한 비판은 拙稿, 「日本書紀の '任那の調'關係記事の檢討」(『九州史學』 105, 1992 ; 『고대한일관계사』, 혜안, 1998). 나행주, 「임나의 조 실체와 의미」(『일본역사연구』 27,

으로서 임나 멸망 이후에도 임나문제를 둘러싸고 신라와 왜왕권간의 정치적 예속관계가 계속되었다는 논리이다.

『일본서기』에 나타난 김춘추의 인질관은 신라사에서 차지하는 그의 위치와 일본과의 인연 때문으로 생각된다. 김춘추는 태종무열왕으로 즉위하여 신라중대 왕통을 열었고 재위시에 백제왕통을 끊은 인물이다. 국가의 총력을 기울여 백제부흥운동을 지원했으나 패배하고 만 일본은 김춘추에 대한 특별한 인식을 하고 있었음에 틀림없다. 上臣의 신분으로 일본에 왔던 김춘추가 신라 최고통치자에 오르고 그의 직계후손들이 신라왕으로 계승하여 일본에 사신을 파견하며 활발한 교류의 역사를 전개하였다. 8세기 율령국가의 일본지배층들은 신라를 번국으로 위치시키는 율령법을 제정했고 역사적으로는 조공국임을 증명하는 『일본서기』를 편찬했다. 바로 일본의 이러한 대외이념을 충족시키는 인물로서 김춘추는 더할 나위 없는 소재로서 등장했고 그의 人質觀은 이런 상황에서 나타났다.[2] 그를 인질로서 자리매김하는 일이야말로 일본천황의 신라왕에 대한 우월적 지위를 확보하는 역사성을 부여하였다. 금관국의 멸망과 임나의 조, 김춘추의 인질관은 고대일본 지배층이 신라복속사관을 바탕에 깔고 이를 인과적으로 결합시킨 인식의 소산이다.

다음은 백제의 멸망과 신라적시관의 생성과정을 살펴보자. 『일본서기』 신공기 49년조에 백제 근초고왕 부자가 「지금부터 천추만세, 무절무궁 항상 西蕃으로 칭하고 춘추로 조공할 것」을 맹서한다. 동 51년조에도 「貴國의 은혜는 천지보다 무겁고, … 聖王은 위에 있고 일월과 같이 밝고, 지금 臣은 밑에 있어 산악과 같이 굳게 영원히 서번으로서 두마음이 없을 것이다」라고 한다. 백제와의 국교의 성립기사에서부터 복속사관을

2008) 등이 있다.

2) 拙稿, 「新羅의 對倭外交와 金春秋」(『新羅文化』 37, 2011 ; 『고대일본의 대한인식과 교류』, 역사공간, 2014) 참조.

반영하고 있다. 백제에 대한 번국관념 속에는 신라에 대한 응징이라는 적시관이 매개로 되어 있고, 백제에 대한 영토할양과 조공을 인과관계로 설정하고 있다. 이러한 『일본서기』의 백제 번국사상은 직접적으로는 오랜 친연관계에 있던 백제를 멸망시킨 신라에 대한 반사적인 대항의식이며, 백제에 대한 군사적 지원과 문물의 수입이라는 역사적 전개과정에서 형성된 관념이 투영된 결과이다.

『일본서기』에는 한반도 남부 영토의 일부를 백제에 하사했다는 이른바 內官家 사상이 나타나 있다. 원래 관가란 왜왕권 지방지배의 과정에서 조직된 직할지이다. 내관가 사상은 한반도제국을 일본의 일부로 보려는 일본 율령국가 지배층의 의식이 투영된 것이다. 雄略紀 20년조에는 「백제국은 일본국의 官家가 된지 유래가 오래되었다」[3]라고 기록하고 있다. 흠명기15년조에는 「斯羅가 무도하여 천황을 두려워하지 않고 狛과 한마음이 되어 해북의 彌移居를 멸망시키려고 합니다. 신들이 함께 의논하여 有至臣 등을 보내 군사를 요청하여 신라를 정벌하려고 했습니다」, 「일본 천황이 임나 문제 때문에 여러 번 우리나라를 책망하였다. 하물며 다시 百濟官家를 멸망시킨다면 반드시 후환이 따를 것이다」, 이로 인해 그만 두게 되었다고 한다. 신라가 고구려와 연합하여 하여 해북의 彌移居를 공격한다든지, 신라가 백제관가를 멸망시키는 것은 일본의 후환이 있을 것이라는 등 반신라, 친백제라는 일본의 대외노선 속에서 백제 번국관념이 나타나 있다. 孝德紀 대화 원년조에는 일본천황이 백제사신에 대해 「처음에 우리 먼 선조 시대에 백제국을 內官家로 삼았으니 비유하자면 세 가닥의 끈을 하나로 합하여 꼰 것과 같았다」고 한다. 이렇듯 고대일본의 백제에 대한 번국관념은 주로 신라에 대한 적시관이 투영되어 있고, 백제의 위기적 상태로부터 군사적으로 지원했다는 역사적 배경이 깔려있다. 여기에는 영토할양이라는 허구의 소재가 만들어져 일본의 지

3) 日本書紀』 雄略紀 20年條「百濟國者爲日本國之官家, 所由來遠久矣」.

배권내에 있는 내관가로서의 백제국 인식이 생성되었다고 보인다.[4)]

이러한 백제에 대한 일본의 번국관념, 복속사상의 직접적인 원인은 백제의 멸망이다. 이 소식은 660년 9월 백제사에 의해 아스카조정에 전해졌다. 지난 7월에 신라가 唐人을 끌여들여 백제를 전복시켜 군신은 모두 포로가 되어 살아남은 자가 없다고 급박한 상황을 전한다. 이에 왜왕권은 동년 12월 백제부흥계획에 착수하여 661년 8월에 왜국에 체재 중이던 백제 의자왕의 아들 풍장의 귀국시 5천 명의 병력을 보내고 662년 정월에는 10만 개의 화살을 포함한 대규모 전쟁물자를 보내고, 5월에는 수군 170척을 그리고 663년 3월에는 2만 7천 명의 대규모 병력을 증파한다. 2년에 걸쳐 총 4만 2천 명의 병력이 백제구원군으로 파견되었다.[5)] 그러나 결과는 부흥군의 참패로 끝나고 부흥운동의 주역들은 왜의 패잔병과 함께 망명길에 오른다. 왜왕권은 백제망명세력들에 대한 관위와 관직을 내려 왜왕권의 신료집단으로 편입시키고 왜국에 체재중이던 의자왕자 선광에 대해서는 「백제왕」성을 내려 왜왕의 신하가 된 백제왕이라는 우월적 관념을 생성시켰다. 한편 왜왕권의 백제부흥운동의 실패는 그대로 왕권의 위기로 인식되어 국방상의 요지에 대규모 산성을 축조하고 상륙이 예상되는 해안지역에는 경계병을 배치하는 등 방어망을 구축하였다. 왜왕권과 백제망명세력들의 신라에 대한 경계와 적대의식은 고조되었으며 이후 한반도의 주인공으로 등장한 통일왕권으로서의 경쟁국 신라에 대한 대항의식은 현실의 지배이념으로서 나타나게 된다.

백제, 고구려가 멸망된 후 새로 재편된 동아시아의 국제질서에 대응하기 위해 천황제 율령국가를 탄생시킨다. 7세기 후반 30여년 간의 천무, 지통의 시대에는 천황을 정점으로 하는 천황제 율령국가의 기반을 구축

4) 拙稿, 「日本書紀의 백제인식과 蕃國思想」(『백제연구』 59. 2014 ; 『고대일본의 대한인식과 교류』, 역사공간, 2014) 참조.

5) 이상의 기록은 『일본서기』 齊明紀 6년 9월조에서 天智 2년 3월조의 내용을 정리한 것이다.

하였다. 이 시기의 일본은 오로지 신라와의 통교를 통해 신라문물을 수입하는 신라 일국외교를 지향하였다. 701년에는 대보율령을 제정하고 견당사를 파견하는 등 신라를 극복하기 위한 제도적 개혁에 박차를 가하였다. 대보율령에 명기된 신라=번국이라는 복속사상은 신라극복사관의 일환이고 신라를 적으로 하는 신라적시관을 통해 내부의 권력집중을 추구하게 된다.

Ⅲ. 신공황후전설의 성립과 신라복속사상

대보율령에 명기된 신라복속사관의 구체적인 사례로 등장하는 것이 신공황후 전설이다. 신공황후 전설이란 『일본서기』 신공황후 섭정전기(중애기)와 신공기에 기술되어 있는 신공황후에 의한 신라정벌담이다. 신공황후는 『일본서기』에 천황이 아니면서 천황과 같은 반열에 있는 유일한 인물이고 그녀의 신성성과 위대성이 강조되고 있다. 신공기는 일본의 대외관계 기사의 출발점으로 위치되어 있으면서 한반도제국에의 군사적 복속으로 부터 시작하고 있다. 신공기 기사는 어떠한 사실과 근거에 의해 기술되었다 하더라도 전체적으로 보아 『일본서기』 편자의 대외관념 속에서 구상, 편집되었다.[6]

『일본서기』에 나타난 신공황후의 신라정벌의 근거는 神勅에 있다.[7] 최초의 정벌대상인 熊襲을 포기하고 신라로 바꾼 것은 바로 신의 계시가 있었기 때문이다. 바로 일본을 神國으로 표현한 신라왕의 발언에서도 알 수 있듯이 일본 신국관의 역사적 근거는 여기에서 출발한다. 게다가 무력충돌이 없이 신라왕 스스로 복속했다는 점을 강조한 것도 이러한 신칙

---

6) 拙稿, 「日本書紀 神功紀의 史料批判」(『고대한일관계사』, 혜안, 1998) 참조
7) 『日本書紀』 神功皇后 攝政前紀(仲哀天皇 9年 冬 12月條)

과 인과관계가 있다고 보여진다. 다음은 신라의 복속과 함께 고구려, 백제도 함께 항복하여 이른바 內官家가 되었다는 이른바 삼한복속설화이다. 즉 일본만이 신국이고 신라 등 기타 외국과는 다르다는 자국우월의식이 이 설화의 배경을 이루고 있다.[8)]

신공황후전설이 생성된 시기는 일본율령국가의 태동기에 해당하는 680~690년대인 천무, 지통조이다. 이 시기는 淨御原令의 시행, 庚寅年籍의 작성, 藤原京의 조영 등 國制의 정비에 박차를 가하여 율령제 고대국가의 기초를 마련하였다. 일본국의 생성과 천황통치의 정당성, 유구성을 유래를 밝힌 『일본서기』의 편찬이 시작된 것도 천무조 때의 일이다. 게다가 천황가의 황조신에 해당하는 천조대신을 제신으로 하는 伊勢大神宮의 명칭이 持統 다음의 文武 3년(699)에 처음으로 나타나는 것도 주목된다.[9)] 이세신궁의 성립의 전제조건으로 대외적인 측면에서 일본과 신라와의 새로운 질서, 즉 종주국=일본, 부용국=신라라는 주종, 상하관계를 설정하는 일이다.[10)] 그 이념을 구현하는 대상으로 신라가 의식되고 있었다. 신라에 대한 적시관과 함께 신라를 극복의 대상, 나아가 복속의 대상으로 삼아 현실과 미래의 기대상을 과거에 투영시켜 신라복속담을 만들어냈다. 대보령에 규정된 신라 번국관을 현실의 장에서 실현하는 일이 천황제 율령국가의 이념이자 목표였다. 외교의례의 장에서 오고간 일본 측과 신라사절의 발언 중에 신라조공의 연원은 신공황후의 삼한정벌에 있고 이것이 현실관계를 규제하는 근거가 되고 있다.

『일본서기』 지통기 3년(689)조에 신라사 급찬 金道那가 천무천황의 弔喪使로 왔을 때, 「日本遠皇祖代」로부터 신라가 조공을 끊이지 않은 봉사의 국이었다고 신라사의 입을 통해 기록하고 있다. 「日本遠皇祖代」

8) 田村圓澄, 「神國史像の系譜」(『日本佛教思想史研究』, 平樂寺書店, 1959, 310쪽)
9) 『日本書紀』 文武紀 3年 8月 乙丑條
10) 伊勢神宮의 성립을 신라번국관의 형성과 관련하여 설명한 논고로는 田村圓澄, 『古代日本の國家と佛教(吉川弘文館, 1999, 244~245쪽) 참조.

란 바로 신공황후를 가리킨다. 이것은 신공황후섭정전기에 배의 키가 마르지 않게(不乾船柂), 신라왕은 항상 80척의 調로서 일본에 조공한다(新羅王常以八十船之調, 貢于日本國)라고 하는 신공황후의 신라정벌담에 연원을 두고 있다.

『속일본기』 경운 3년(706) 11월에 신라국왕에게 보내는 국서에 「천황은 삼가 신라국왕에게 안부를 묻습니다. …왕은 대대로 나라 안에 살면서 백성을 위무하며 편안하게 하고 배를 줄지어 지극한 정성으로 오랜 동안 조공하는 두터운 예를 닦았습니다」라고 하는 내용도 신공황후의 전설이 투영되어 있다.[11] 동 和銅 2년(709)에 우대신 藤原不比等는 신라사에 대해 「新羅國使, 自古入朝」라고 발언한다.[12] 「自古入朝」의 시기가 신공기를 가리키고 있음은 말할 것도 없다. 천황의 조서의 형식이 아닌 귀족의 구술이란 점에서 당시 일본 귀족층 내에 보편적으로 인식되고 있었던 신라관을 보여주고 있다.[13]

경덕왕 11년(752)에 파견된 신라사 김태렴의 발언에, 「신라국은 遠朝로부터 매년 끊이질 않고 선박을 줄지어 일본에 조공해 왔다」[14]라는 기록과 이에 대한 일본천황의 조서에도 동일한 내용을 담고 있고있는 것도 신공황후의 신라정벌담의 이상을 그대로 문자화시킨 것이다. 그리고 김태렴 일행에게 베푼 연회의 장에서 천황의 조서에 「신라국이 일본에 조공한 것은 氣長足媛皇太后(신공황후)가 그 나라를 평정하고 지금에 이르렀는데 우리의 번국이 되었다」[15]라 하여 신라의 조공의 유래와 번국이 된 사정에 대해서 신공황후의 신라평정을 들고있다. 뿐만 아니라 선덕왕

11) 『續日本紀』 慶雲 3年 11月 3日條
12) 『續日本紀』 和銅 2年 5月 27日條
13) 拙稿, 「統一期 新羅와 日本關係」(『강좌한국고대사－고대국가의 대외관계』 4, 2003 ; 『古代韓日交涉史』, 혜안, 2003) 참조
14) 『續日本紀』 天平勝寶 4年 6月 14日條
15) 『續日本紀』 天平勝寶 4年 6月 17日條

원년(780)에 일본에 파견된 김난손은 신라왕의 말을 빌어, 무릇 신라는 개국이래 성조(일본)을 우러러 의지하고 대대로 천황의 은화를 입고 배의 노가 마르지 않도록 조공을 바친지 오래다[16]라고 하듯이 신라왕의 발언이라고는 도저히 상상할 수 없는 기사가 실려 있다. 이는 신공황후의 신라정벌담의 내용이 투사된 것으로 신라인의 입을 통해서 발설, 문자화함으로서 마치 현실의 장에서 일어난 사실로서 확인시켜 놓았던 것이다. 「遠皇朝」, 「遠朝」, 「自古」, 「開國以降」라는 과거의 시점은 모두가 「氣長足媛皇太后」라는 전설적인 여인, 신공황후의 시대를 말한다.

일본지배층의 신라 조공국, 번국관은 외국에 파견된 사절에 의해서도 나타난다. 천평승보 6년(754) 1월에 遣唐副使로 파견된 大伴古麻呂의 귀국 복명서에 보이는 당의 조하의식에서의 일본사와 신라사 간의 좌석을 둘러싼 서열논쟁사건이다.[17] 이 사건의 개요는 당의 함원전에서 백관제번의 조하의식 때, 외국사절의 석차는 동반이 제1 신라, 제2 대식국, 서반이 제1 토번, 제2 일본이었던 것을 대반고마려가 「신라가 일본에 조공한 것은 오래되었다」라는 사정을 내세워 신라와 일본의 석차를 바꿨다는 것이다. 이 사건에 대해서는 다양한 의견이 있지만,[18] 석차를 둘러싼 논쟁사건의 진위와는 관계없이 대반고마려의 신라관은 신공황후의 신라정벌이라는 전설적인 영웅담에 규제받고 있었다는 점에 유의할 필요가 있다.

『속일본기』는 『일본서기』와는 달리 실록적인 성격을 띠고 있지만, 편찬의 이념은 크게 차이가 없으며 『일본서기』의 영향도 농후하게 느껴

16) 『續日本紀』 寶龜 11年 1月 5日條
17) 『續日本紀』 天平勝寶 6年 1月 30日條
18) 이에 대해서는 당이 일본의 주장의 정당성을 인정해서 석차를 변경시켜 주었다는 통설, 당과 신라와의 긴밀한 관계로 당이 일본의 주장을 인정할 리가 없다는 허구설, 이때 신라가 당에 사신을 파견하지 않았으며 따라서 이 사건은 大伴古麻呂의 공명심에서 비롯된 것이라는 이른바 자작극설 등이 제기되고 있다.

진다. 연력 16년(797)에 최종 편찬된 『속일본기』(697~791)는 8세기 나라시대만을 다룬 斷代史로서 전반부 20여년 간은 『일본서기』 편찬과정의 후반부에 해당한다. 『일본서기』 지통기 3년(689)의 신공황후 전설담은 그대로 『속일본기』 편찬의 소재로서 나아가 주요한 이념으로서 채록되었음에 틀림없다. 『일본서기』 편찬 이후 나라시대 귀족들이 강독을 행했다는 사실[19]로부터 신공황후 전설담은 이들의 신라관의 형성에 결정적인 영향을 미쳤다고 보인다.

한편 정관 11년(869) 6월에 신라해적이 내침했다는 소식이 대재부로부터 태정관에 보고되자 조정에서는 동년 12월 이세신궁에 봉폐하여 평안을 기원하고,[20] 이듬해 2월에는 八幡大菩薩宮, 香椎廟, 宗像大神, 甘南神 등의 제신사에 신라해적의 내침과 제국의 평안을 기원하는 기도와 告文을 바쳤다.[21] 이들 신들은 고대일본에 있어 이른바 신라원정과 깊은 관계가 있고, 특히 宗像神에의 고문에는 신공황후의 신라정벌을 상기시키고 있다. 또한 제신사에의 봉폐와 아울러 신라해적의 방비를 위해 신공황후, 환무천황, 인명천황, 문덕천황의 능묘에도 봉폐하고 있다. 환무 이하의 제천황은 당시 청화천황의 바로 앞의 직계 선조들이라는 현실적 관계에서 봉폐한 것이지만, 그 필두에 있던 신공황후야말로 8~9세기의 현실에 있어서도 일본고대인의 정신세계를 규제하고 있던 수호신이며 전설시대의 한반도를 지배했던 영웅으로 추앙받고 추모되고 있었던 인물상이었다. 국가의 안위와 관련된 중대사가 발생할 때 신공황후를 모시는 신사와 능묘는 일본인들이 보호 본능적으로 의지하고 존숭되는 신앙의 대상으로 현실적 성격을 띠고 있었다.

19) 關晃, 「上代における日本書紀講讀の研究」(『史學雜誌』 53-12, 1942)
20) 『三代實錄』 貞觀 11年(869) 12月 14日條
21) 『三代實錄』 貞觀 12年(870) 2月 15日條

Ⅳ. 신라적시관의 思想性

백제의 멸망과 백강전투의 패배로 왜왕권의 신라에 대한 위기의식은 국방태세의 강화로 나타난다. 신라 역시 통일 이후의 대일정책은 유화책으로 전환하였으나 대왜 경계의식은 늦추지 않았다. 『삼국유사』 권2 기이편 만파식적조에 「동해변의 감은사 창건의 寺中記에 문무왕이 왜병을 진압하고자 이 절을 창건했으나 완성을 보지못하고 돌아갔는데, 해룡이 되었다」고 기록하고 있다. 불교의 진호사상에 의한 감은사 창건의 연기이지만, 통일을 이룩한 문무왕의 대왜 경계의식이 잘 나타나 있다.

신라통일 후 100여년 간의 대일관계는 경계와 긴장속의 교류였다. 특히 발해가 대일외교를 시작하는 시점에서는 신라의 「무례」를 탓하며 신라응징론이 대두하면서 일본지배층의 신라에 우월한 중화의 이념을 실현시키려는 노력을 계속하였다. 발해사의 대일견사가 시작된 727년 이후 6년간 신라의 대일견사는 보이지 않는다. 6년 간의 공백은 양국관계의 추이로 보아 장기에 속한다. 신라의 대일견사는 국교가 재개되는 668년 이후 7세기말까지는 3년에 2회가 넘는 횟수를 보여왔고, 8세기 이후에는 평균 3년에 1회였다. 일본과 발해의 교섭에 대한 신라의 경계와 긴장감이 대일견사에 영향을 주었다고 보인다.

『삼국사기』 성덕왕 30년(731)조에 일본병선 3백 척이 신라의 동변을 습격한 사건이 주목된다.[22] 일본 측 문헌에 해당기사가 없어 이때의 일본병선의 성격을 판단하기는 어렵지만, 天平 9년(737)에 비로서 신라정토론이 대두되고 있는 것으로 보아 일본본토에서 파견한 중앙군으로는 보기 어렵다. 이 시점에서는 일본이 신라에 대해 군사행동을 할 만한 직접적인 요인은 보이지 않는다. 728년 8월 발해사와 동행하여 발해를 갔

22) 『三國史記』 聖德王 30年(731)條 「日本國兵船三百艘, 越海襲我東邊, 王命將出兵大破之」

다온 送使 引田朝臣虫麻呂는 발해왕으로부터 하사받은 信物을 성무천황에게 바친다. 이어 9월과 10월에는 선황 6개소의 릉, 藤原不比等의 묘와 제국의 신사에도 각각 발해왕의 信物을 바쳤다고 한다.[23] 신물이라는 것은 국가간에 오고간 신의를 상징하는 예물이다. 발해왕이 일본사절에게 내린 예물은 발해가 일본을 통한 신라견제라는 정치적 의도일 것이다. 이를 일본이 받아들이고 실행에 옮긴 것이 신라동변에 나타난 일본병선이라고 생각된다. 그러나 이때의 병선은 신라의 반응을 엿보기 위해 신라해안 가까이 위치한 대마의 병력을 이용한 정탐행위일 가능성이 크다.[24] 대마에는 백강 전투 직후 金田城이 축조되고 봉수의 설치, 防人의 배치 등 대신라 경계의 최전선 지역이다. 이후 대마는 대재부의 관할하에 놓이면서 그 지위, 통제를 받는다. 신라가 모벌하성을 축조하여 대일 경계를 강화하고 있던 시기에 일본 역시 신라의 의도를 간파할 목적도 있었을 것이다. 대마로부터 차출된 병선은 대신라 정탐을 위해 출선하였고, 경계태세에 있던 신라로서는 일본의 침략선으로 판단, 추격하여「大破」한 것은 아닌가. 신라 측의 과민반응이 일본병선 3백 척이라는 과장 수치로 중앙에 보고되어 기록으로 남았던 것으로 사료된다.

天平 6년(734) 12월 신라사가 일본에 왔을 때,[25] 신라의 국호가 王城國으로 바뀐 것을 알고 이듬해 2월 왕경에 들어온 신라사를 되돌려 보내는 사건이 발생하였다.[26] 이 국호 변경사건을 피조공국의 입장에 있었던 일본이 간단히 승인할 성질이 아니었기 때문에 마찰이 생긴 것으로 보는

---

23)『續日本紀』天平 2年9月 癸丑, 丙子, 庚戌條

24) 일본병선 3백 척에 대해 鈴木靖民은「大宰府管內, 山陰道諸國의 병선이 신라연해에 행동한 것을 상정」하고 있다(「天平初期の對新羅關係」,『古代對外關係史の硏究』, 吉川弘文館, 1985, 166쪽).

25)『續日本紀』天平 7년(735) 12月「癸巳. 大宰府奏. 新羅貢調使級伐湌金相貞等來泊」

26)『續日本紀』天平 8년(736) 2月「癸卯. 新羅使金相貞等入京. 癸丑. 遣中納言正三位多治比眞人縣守於兵部曹司. 問新羅使入朝之旨. 而新羅國輒改本號曰王城國. 因茲返却其使」

견해[27])도 있으나, 일본본위의 안이한 추측이다. 왕성국을 국호로 보기는 어렵다. 왕성국이란 이름은 金相貞이 외교의례에 즉해서 表奏 내지는 口奏한 국명이 아니고 어디까지나 多治比眞人縣守와의 문답 과정에서 돌연히 나타난 것으로, 8세기 초기의 신라 國制의 禮的 정비와 신라문화의 흥륭을 자랑하고 그 과시를 「王城의 國」 혹은 「王城과 같은 國」으로 표현한 것은 아닌가 생각한다.[28]) 이것은 신라의 일본에 대한 강한 자존의식의 발로라고 생각된다. 왕성국 자체가 일본조정의 불쾌감을 야기시킨 것이 아니라 왕성국임을 과시하며 일본조정을 압박하는 신라왕의 의지를 반영하는 외교적 언사가 있었을 가능성이 있다.

그것을 추정할 수 있는 사건이 신라와 당의 강고한 결합력의 형성이다. 신라사가 도일하기 전년인 732년에 발해가 당의 등주를 공격하는 사건이 일어나자 당은 신라로 하여금 발해의 남경을 공격하도록 당에 숙위하고 있던 太僕員外卿 金思蘭을 보냈다. 이에 신라는 발해의 남경을 공격하였다. 대설과 험준한 산세로 인하여 소기의 성과는 거두지 못했지만, 이를 계기로 신라와 당의 관계는 공고해졌다. 삼국 통일전쟁시 신라가 영유한 패강 이남의 땅을 당이 공식적으로 인정한 것도 이때였다.[29]) 배후에 당이라는 거대세력을 등에 업은 신라는 이듬해 일본에 사절을 파견했고, 이미 발해와의 적대관계로 돌아선 신라로서는 일본의 대발해 관계에 대해 단호한 입장을 취했을 것으로 보인다. 그것은 당과 보조를 같이 하고 있다는 신라의 자신감이 일본에 대해 신라·당 편에 설 것을 압박하는 강한 외교적 메시지였을 것으로 추측된다.

신라의 대일 강경자세는 이후에도 계속된다. 천평 8년(736)에 신라에 파견된 사절이 이듬해 귀국하여 주상한 바에 의하면, 「遣新羅使奏, 新羅

27) 石母田正, 1989 「天皇と諸蕃」 앞 책, 31쪽.

28) 濱田耕策, 「新羅中·下代の內政と對日本外交」(『學習院史學』 21, 1983, 64~65쪽 ; 『新羅國史の硏究』, 吉川弘文館, 2002)

29) 『舊唐書』 北狄列傳 渤海靺鞨, 『三國史記』 新羅本紀 聖德王 32年~35年條.

國失常禮不受使旨」라 하여 신라가 常禮를 잃고 「使旨」를 받아들이지 않았음을 보고한다. 使旨라고 하는 것은 일본조정의 의지가 담긴 외교문서의 내용을 말하며, 이를 신라가 거부했던 것이다. 이것은 아마도 발해와의 관계를 지속하겠다는 일본 측의 의사를 전하고 신라의 양해를 구하려는 내용이었을 것이다.

이에 대한 일본조정은 5위 이상 및 6위 이하의 관인 45인을 內裏에 불러 의견을 묻고 그 대책을 논의했다.[30] 대책회의에서 나온 결론은 「遣使問其由, 或言發兵加征伐」이라 하여 사신을 보내어 그 사유를 묻자는 소극책과 혹은 군사적으로 응징하자는 강경책도 제기되었다. 이어 伊勢神宮, 大神社, 筑紫住吉, 八幡二社 및 香椎宮에 奉幣하고 신라의 무례를 고하였다. 이러한 일련의 대책과정을 보면 사건의 심각성에 비해 그 대응방식은 소극적이다. 대책회의에 참여한 5위 이상의 관인이라고 하면 태정관을 구성하는 의정관과 8성의 장관을 포함하는 국가주요 관료가 모두 포함되어 있고 거기에 6위 이하의 실무관료가 참여한 실질적인 국가대책회의이다. 신라의 강경책에 대한 일본조정의 고민을 극명하게 보여주고 있다. 신라에 대한 무력행동의 의견을 「或言」이라 하듯이 소수의견에 지나지 않아 결국은 국가의 주요 신사에 봉폐하고 신라의 무례를 고하는 것으로 막을 내린다. 일본의 대외정책에서 신의 의지를 묻는 행위는 전통적 관습이지만, 神勅에 의존하려는 타율적 방식은 신라와 당의 결합이라는 변화된 국제정세하에서 대신라 관계를 어떻게 설정해야 할 것인가 하는 일본조정의 딜레마가 있었다고 보인다.

天平 12년(740) 8월말 大宰小貳 藤原廣嗣가 중앙의 조정에 대한 인사의 불만과 藤原氏 내부에서의 고립이 계기가 되어 반란을 일으켰다. 그는 대재부 차관이라는 직위를 이용해서 그 관할하에 있는 지역의 병력

30) 『續日本紀』 天平 9年 2月條 「於是, 召五位已上幷六位以下官人揔四十五人于內裏令陳意見」

5천여 명, 등원광사의 弟 藤原綱手가 이끄는 筑後, 肥前의 병력 5천여 명과 多胡古麻呂가 이끄는 3군의 군대가 구주 북단으로 향했다. 급보를 받은 중앙정부는 大野東人을 대장군으로 하는 1만 7천 명의 병력으로 격전을 벌여 10월초 중앙군의 승리로 끝나고 廣嗣는 참수되었다.[31] 이 사건으로 성무천황은 엄청난 쇼크를 받았다. 정부군이 반란군을 진압했다는 소식을 접한 후에도 평성경으로 되돌아오지 않고 각지를 순행하다 그해 12월 近江으로 들어가 恭仁京으로 천도할 방침을 세우고 신경의 조영에 들어갔다. 대재부의 최고관인이 주도가 된 이 난으로 평성 14년(742) 정월에 대재부는 폐지되고 筑前國司가 그 일을 대행하고, 이어 동 12월에 군사적 성격이 강한 筑紫鎭西府를 두어 불온한 사태에 대비하였다. 공인경 조영을 포기하는 743년 10월까지는 성무천황의 일본조정은 극히 불안정한 상태였다.

이러한 와중에서 742년 2월에 축자에 도착한 신라사에 대해, 중앙에서 파견된 관리가 신라사가 調를 土毛로 고치고, 物數(品名과 數量)만을 기록할 뿐이어서 구례에 비추어 보면 常禮를 벗어난 것이다라고 보고하자, 태정관에서는 신라사절에게 「禮를 벗어났음(失禮)」을 알리고 되돌려 보내도록 명했다.[32] 이에 대해 일본학계의 통설은 일본이 대신라외교에 있어서 「상례」로 간주하는 형식을 신라가 변경했던 것은 명백하다고 하고, 일본이 주장하는 「상례」라는 것은 일본을 종주국, 신라를 부용국의 입장에 놓는 관계의 禮이고, 신라가 조공국으로서의 자세를 고쳐서 대등의 자세를 취하려는 것임을 말할 필요도 없다[33]고 한다. 이 견해는 8세기 율령국가의 일방적 자기주장을 객관적 실체로서 사실화하려는 데 문

---

31) 榮原永遠男, 「藤原廣嗣の亂の展開過程」(『大宰府古文化論叢』, 吉川弘文館, 1983) 참조.

32) 續日本紀』天平 15年 4月 25日條

33) 石井正敏, 「八·九世紀の日羅關係」(田中健夫編『日本前近代の國家と對外關係』, 吉川弘文館, 1987, 277쪽)

제가 있다. 신라사의 의례적, 외교적, 교역적 물품을 조공사의 調로서 인식하고 간주하려고 하는 일본지배층의 자기본위의 생각을 그대로 받아들인 것이다. 이보다 앞서 天平 8년(736)의 일본의 견신라사에 대해 신라에서는 「不受使旨」의 조치를 취했고, 『삼국사기』 경덕왕 원년(742)에도 「日本國使至, 不納」이라 하였다. 신라 역시 대일외교에서 일본의 태도 여하에 따라 강경책을 병행하면서 신라의 국가적 이익을 추구해 나갔음을 알 수 있다. 『속일본기』에 보이는 「상례」는 구속력을 갖는 것이 아니고 외교의 이면에 내재되어 있는 지배층의 정치적 이념이자 의식의 반영이었다.

다음은 일본조정의 신라정토론의 실체가 무엇인지 알려주는 사건을 분석해 보기로 한다. 천평승보 5년(753)에 일본의 小野朝臣田守가 신라에 왔다. 이 사절에 대해 『삼국사기』 경덕왕 12년(753) 추 8월조에는 「日本國使至, 慢而無禮, 王不見之, 乃廻」라 하여 일본사절의 오만무례에 대해 신라왕은 접견을 불허하고 되돌려보냈다는 것이다. 『속일본기』 천평보자 4년 9월 계묘조에도 「遣小野田守時, 彼國闕禮, 故田守不行使事而還歸」이라 하여 사절로서 역할을 이행하지 못한채 귀국했음을 기록하고 있다. 「無禮」와 「闕禮」의 내용은 무엇인지 알 수 없지만, 전년의 신라사절에 대한 성무천황의 조서에, 신라 효성왕과 대부 사공이 「言行怠慢」 「闕失恒禮」한다는 것과 대응하는 문구로 양국은 상대에 대한 우위적 입장을 강조하다. 이른바 상호간의 중화의식의 충돌이다. 상대의 무례를 용납치 않는 외교의례의 장에서 중화사상의 이념을 체현하려는 노력은 양국 모두에게 존재하고 있었던 것이다.[34]

이후 일본 측의 대응을 보면 대신라 경계태세의 강화와 신라정벌론으

34) 일본뿐만 아니라 신라 측의 중화사상의 존재를 추적한 논고로서는, 酒寄雅志, 「古代東アジア諸國の國際意識」(『歴史學硏究』 別冊特輯. 1983 ; 『渤海と古代の日本』, 校倉書房, 2001).

로 확산된다. 756년 6월에 당으로부터 귀국한 吉備朝臣眞備의 건의에 의해 怡土城의 축조를 개시하였다.[35] 축성한지 12년만인 768년에 완성한 怡土城은 신라의 침공을 예상해서 구주 북단의 筑前國에 축조한 것이다. 이러한 대신라 경계의식은 757년 11월 10일 식부성에서 행해진 文章得業生의 등용시험인 文章生紀眞象에 대한 대책 문제에서도 잘 나타난다.

삼한은 예로부터 조공한 지 오래인데, 요즈음 신라가 번례를 어기고 있어 병선을 발하여 치려고 한다. 그러나 神兵은 싸우지 않고 그 목적을 이룰 수 있다. 그 대책은 무엇인가 하는 문제이다.[36] 대신라관계의 긴박성을 보여주는 사료이지만, 일본조정의 기본원칙은 「神兵不戰. 欲到斯道」 즉 싸우지 않고 이기는 방법을 강구하는 것이다. 그들이 추구하는 중화사상의 이념만을 달성한다면 그것으로 족하다는 의미이다. 그러나 신라에서 용납치 않는 자기본위의 번례의식을 외교의 장에서는 실현하기 어려웠던 것이다.

이후 일본조정의 대응은 신라정토라는 구체적인 군사계획안을 내놓게 된다. 『속일본기』 사료를 통람해 보면, 이토성의 축성으로부터 신라정토에 대한 논의가 있는 이듬해인 759년 6월에 신라정벌을 위해 대재부에 군사행동에 관한 규정인 行軍式을 만들게 하고,[37] 8월에는 大宰帥를 香椎廟에 보내어 신라정벌을 주상케 하고,[38] 9월에는 신라를 정벌하기 위한 5백 척의 병선을 건조시키고 3년내에 마칠 것을 제국에 명하고

35) 『續日本紀』 天平勝寶 8歲 6月甲辰條「甲辰, 始築怡土城, 令大宰大貳吉備朝臣眞備專當其事焉

36) 『經國集』 卷第20 策下. 對策 天平寶字 元年 11月 10日, 『群書類從』 文筆部. 「問, 三韓朝宗, 爲日久矣, 占風輪貢, 歲時靡絶, 頃蕞爾新羅, 漸闕蕃禮, 蔑先朝之要誓, 從後主之迷圖, 思欲, 多發樓船, 遠揚威武, 斬奔鯨於鯷壑, 戮封豕於鷄林, 但良將伐謀, 神兵不戰, 欲到斯道, 何施而獲」

37) 『續日本紀』 天平寶字 3年(759) 6月 壬子. 令大宰府造行軍式, 以將伐新羅也.

38) 『續日本紀』 天平寶字 3年(759) 8月 己亥. 遣大宰帥三品船親王於香椎廟, 奏應伐新羅之狀.

있다.[39] 760년에는 授刀舍人 등 6인을 대재부에 보내어 중국의 병법을 습득케 하고,[40] 761년에는 신라정벌을 위해 美濃. 武藏의 소년 각 20명에게 신라어를 배우게 했다.[41] 762년에는 신라정토를 위한 군사훈련을 위해 藤原朝臣巨勢麻呂, 土師宿禰犬養을 香椎廟에 보내어 봉폐시키는데, 이어 전국의 신사에도 폐백과 弓矢를 헌납하였다.[42] 신라정토를 위한 병선의 건조와 군사훈련 그리고 신칙을 묻는 의식을 수년에 걸쳐 거행하였다. 그러나 신라정토의 준비가 거의 끝날 무렵 실행기사는 보이지 않아 중지되었다고 보인다.

이상의 신라정토론의 과정은 당시 실권자인 藤原仲麻呂의 죽음으로 준비의 단계에서 중지되었다고 전하지만, 실체는 신라를 빙자한 불안정한 왕권내부의 갈등과 모순을 해소하기 위한 집권층의 권력집중을 위한 국방태세의 강화라고 생각된다.[43] 특히 신라정토의 성공을 기원하는 香椎廟는 이른바 삼한정벌의 전설적 이야기의 주인공인 신공황후를 제신으로 삼은 신궁으로 대재부의 관내에 있다. 일본조정의 신라경계론은 신공황후의 신라정벌이라는 신앙화된 가공의 이야기를 내세워 현실의 정책으로 적극 활용하였다.

---

39) 『續日本紀』 天平寶字 3年(759) 9月 壬午. 造船五百艘, 北陸道諸國八十九艘, 山陰道諸國一百五艘, 山陽道諸國一百六十一艘, 南海道諸國一百五艘, 並逐閑月營造, 三年之內成功, 爲征新羅也.

40) 『續日本紀』 天平寶字 4年(760) 11月 丙申. 遣授刀舍人春日部三關, 中衛舍人土師宿禰關成等六人於大宰府, 大貳吉備朝臣眞備, 令習諸葛亮八陳, 孫子九地及結營向背.

41) 『續日本紀』 天平寶字 5年(761) 正月 乙未. 令美濃, 武藏二國少年, 每國二十人習新羅語, 爲征新羅也.

42) 『續日本紀』 天平寶字 6年(762) 11月 庚寅.遣參議從三位武部卿藤原朝臣巨勢麻呂,散位外從五位下土師宿禰犬養, 奉幣于香椎廟, 以爲征新羅調習軍旅也. 庚子. 奉幣及弓矢於天下神祇.

43) 北山茂夫, 「藤原惠美押勝の亂」(『日本古代政治史の硏究』, 岩波書店, 1959. 353~360쪽), 倉住靖彦, 『古代の大宰府』(吉川弘文館, 1985, 248~251쪽). 拙稿, 「통일기 신라와 일본관계」(『古代韓日交涉史』, 혜안, 2003).

신라정토의 추진배경에는 종주국(일본)-번국(신라) 의식이 깔려있다. 즉 일본과의 조공관계를 파기하고 대등외교를 지향하려는 신라와 어디까지나 번국으로서 부용국의 지위에 고정하려고 하는 일본의 대국의식의 충돌로 보는 것이다. 이미 石母田正이 지적한「천황을 통치권의 총람자로 하는 율령국가는 단지 일본국민을 지배하는 국가에 머물지 않고 諸蕃과 夷狄의 위에 선 국가로서 令에 규정되었다」[44]라는 관점에 기초하여 율령국가체제를 유지하고 이념을 실현하기 위해서는 그 이탈을 꾀하는 신라에 대한 무력정토는 불가피한 수단이었다는 것이다. 신라정토가 중지된 요인에 대해서는 신라정토의 입안자 등원중마려의 실각이라는 국내적 정치정세의 변화 혹은 일본과 제휴했던 발해가 대당관계의 호전으로 일본 독자로 신라정토를 실행하기 어려웠다는 점이 거론되고 있다.[45]

신라정토계획의 실태를 파악하기 위해 우선 安祿山의 난에 대한 일본조정의 대응조치를 살펴보자. 견발해사로 파견된 소야조신전수의 보고에 의하면, 어사대부이자 범양절도사인 안록산이 반란을 일으켜 자칭「大燕聖武皇帝」라 칭하고, 정병 20만으로 洛陽에 들어갔다는 것과 유주절도사 사사명이 천자의 타도를 모의한다는 것, 그리고 발해와 연휴하려는 각지의 절도사들도 협의가 있어 발해에서는 당에 사자를 보내어 사정을 알려고 했으나 아직 귀국하지 않아 상세한 것을 알 수 없다는 것이다. 이에 대해 淳仁天皇은 大宰府에 다음과 같은 칙서를 내린다.「안록산은 하늘을 어기고 반역을 일으켰지만, 필히 패할 것이고, 西征의 계획은 불가능할 것이고 도리어 海東(日本)을 공격할 것이다. 이러한 상황을 잘 이해해서 미리 계책을 세우고, (안록산이 공격해) 와도 준비를 게흘리하는 일이 없도록 하라. 입안한 상책과 방비에 필요한 잡물은 하나하나 구체

44) 石母田正,『日本の古代國家』(岩波書店, 1971).
45) 石井正敏,「八·九世紀の日羅關係」(田中健夫編『日本前近代の國家と對外關係』, 吉川弘文館, 1987), 酒寄雅志,「八世紀における日本の外交と東アジア情勢」(『國史學』103, 1977 ;『渤海と古代の日本』, 校倉書房, 2001)

적으로 기록해서 보고하라는 내용이다」.[46)]

순인천황에 있어서 안록산의 반란은 당에서 일어난 사건이지만, 이 반란의 여파가 일본에까지 미칠 것을 무엇보다 두려워하고 있었다고 보인다. 황제의 측근인 안록산이 독자의 국호를 갖고 황제를 자칭하며 반기를 들었다는 사실에 순인으로서는 극도의 불안감을 느꼈을 것임에 틀림없다. 안록산의 난에 대한 정보는 성무조 때의 등원광사의 난을 상기시켰던 것이다. 바로 「違天起逆, 事必不利」라는 안록산에 대한 비난의 언사는 순인 자신의 공포적 심리상태를 잘 보여주고 있다. 이러한 주변정세의 변화에 대해 순인은 안록산이 공격해 올지 모르니 대재부에 방비태세를 갖출 것을 명하고 있다.

당시 순인의 권력기반은 藤原仲麻呂의 휘하에 있을 정도로 불안정하였다. 義父에 해당하는 중마려에 의해 천황에 오른 까닭에 양자는 운명공동체의 관계에 있었다. 순인의 권력은 곧 중마려의 위상 변화에 연동하였다. 성무천황이 지명한 황태자인 道祖王을 폐태자시키고 즉위한 순인이었기에 그를 옹립한 중마려에 전적으로 의존할 수밖에 없었다. 게다가 중마려는 권력장악을 위해 반대파를 제거해 나갔고, 이에 대항해서 反藤原派, 反仲麻呂派의 선봉에 섰던 병부경 橘奈良麻呂는 757년 7월 중마려의 살해를 모의하다 발각된 사건이 일어났다. 이 사건으로 橘奈良麻呂, 大伴古麻呂, 道祖王, 黃文王은 처형되고, 佐伯全成自經, 安宿王은 유배되었다. 그해 8월 孝謙天皇의 양위를 받아 순인은 즉위하고 등원중마려는 실질적인 권력의 중심에 서게 되었다. 안록산의 반란소식은 이러한 일련의 사건 직후에 접한 것이다. 안록산의 난은 신라공격의 원인을 제공한 것이 아니라 오히려 淳仁-藤原仲麻呂 체제의 유지, 강화의 요인이 되었다고 보인다. 이후에 전개되는 일련의 신라정벌론은 신라공격을 표면에 내세운 내부권력 집중을 위한 국방태세의 강화라고 생각된다.

46) 『續日本紀』 天平寶字 2年 12月 戊申條

당시 신라와의 경제적 교류가 활발했던 일본으로서는 신라를 공격할 이유가 없고, 단지 중화사상의 실현이라는 명분론적 입장에서 정토의 길로 나간다는 것도 생각하기 어렵다. 신라정토계획이 추진되던 760년에 신라사절 김정권 일행이 일본에 왔을 때, 대재부에서 귀환시키거나 억류하지 않은 것도 이해되지 않는 부분이다. 앞에서 신라에 대한 대책으로 「神兵不戰, 欲到斯道」라는 일본의 대신라 입장에서도 나타나듯이 공격적 전쟁은 피하고자 했다고 보인다. 이토성의 축성도 신라공격을 위한 축성이 아니라 방어적 산성이다. 신라와의 긴장이라는 경계적 분위기 하에서 안록산의 난은 대신라 경비의 강화와 함께 내부적 소요를 방지하기 위해 국방태세를 한층 증대시킨 요인이 되었다. 천평보자 5년(761) 11월에 동해, 남해, 서해의 절도사가 임명되고, 33국 1섬으로부터 선박 394척, 병사 4만 7백 명, 자제 202명, 수부 1만 7천 360명을 동원, 배치하는 계획이 발표된 것도 신라와의 관계보다는 국내문제에 더 비중이 컸던 보인다.[47] 신라정토계획은 실제의 상황을 염두에 둔 계획이 아니라 이를 명분으로 하여 대신라 경계태세를 강화하고 국내의 권력집중을 꾀하기 위한 수단이었다.

Ⅴ. 결어

고대일본의 신라적시관과 복속사상은 표리일체를 이루는 지배층의

47) 北山茂夫는 신라정토계획에 대해 초기에는 안록산의 난의 영향을 받지만, 761년 11월경이 되면 표면적으로는 신라에 대항하는 모습을 보이면서 실제로는 孝謙上皇에 近侍하는 道鏡에 대항해서 내부적 군사체제의 정비에 있다고 하고(「藤原惠美押勝の亂」, 『日本古代政治史の硏究』, 岩波書店, 1959, 353~360쪽), 倉住靖彦도 국제적 긴장관계를 만들어 내어 藤原仲麻呂의 권력의 강화를 꾀하기 위한 것이었음을 지적했다(『古代の大宰府』, 吉川弘文館, 1985, 248~251쪽).

정치적 이념이었다. 신라적시관의 생성은 왜왕권과 친연관계에 있던 금관국을 중심으로 한 가야제국과 백제의 멸망이었다. 그러나 새로 재편된 동아시아의 국제질서 속에서 신라와의 교류는 피할 수 없는 현실이 되었고 경계와 긴장 속의 교류였다.

7세기말에 천황제 율령국가의 기틀을 마련한 일본국이 추구한 대외적 이념으로서 신라를 능가하는 國制의 편성이었다. 이를 위해 당의 율령을 모방하여 대보율령을 제정하였으며 여기에 신라를 번국으로 하는 법적 조문을 명기하였다. 동시에 신라는 예로부터 일본의 번국으로서 조공해왔다는 복속사관을 역사적으로 증명하기 위해 신공황후의 신라정벌담을 창출하였다. 이 가공의 전설에 근거하여 역사적으로 신라에 우위에 선 일본국의 위상을 현실의 외교의 장에서 실현하려고 했다. 그러나 신라에 대한 중화의 이념을 실현하려고 한 일본지배층의 의도는 신라 역시 신라에 파견된 일본사절에 대해 동일한 방식으로 대응하고 있다. 이른바 중화사상의 충돌이다. 이에 일본지배층은 신라의 행동을 「무례」이고 「상례를 벗어난 행위」로서 규탄하고 신라를 응징해야 한다는 「정토론」이 등장한다.

이 정벌론은 신라를 「적」으로 규정하여 내부의 불안정한 권력을 집중시키기 위한 수단으로 이용되었다. 신라의 당과의 동맹관계의 강화, 발해의 등장으로 신라에 대한 적시관은 대외위기론을 조장한 국내의 정치적 안정에 중요한 정책이었다. 등원중마로에 의한 신라정토론은 그 대표적인 사례이다. 이때의 신라정토론을 당에서의 안사의 난이 일어나 당이 신라를 지원할 수 없을 것이라는 가정하에 추진하려 했다는 일본학계의 통설은 신라를 조공국으로 보는 일본사료의 관점을 충실히 계승한 것에 불과하다. 일본고대 지배층이 의도한 대외적 이념이란 신라극복사관이었고, 신라국, 신라왕의 위에선 일본국, 일본천황의 존재를 보여주는 것이었다. 8세기 나라시대의 불안정한 정치적 상황 속에서 신라적시관은 신라번국관의 이념하에 국내정치의 위기론을 벗어나려는 수단으로 이용되었다.

이후 양국의 공적 관계가 단절된 9세기대에 들어가면, 신라는 중앙정권의 정치적 혼란에 따른 지방세력의 통제가 느슨해진 틈을 타 신라해적의 구주 연안의 습격사건이 빈번해진다. 일본조정의 신라에 대한 경계의식은 지배층의 현실의 위기로 받아들여져 新羅=敵(賊) 사상은 한층 고조되어 간다.

연민수 선생님 발표에 대한 토론

나카무라 슈야(文敎大)

연민수 선생님의 발표는 일본서기의 표현 등을 근거로 8세기 일본인이 신라에 대해서 「번국시」, 「적대심」을 지니고 있었다고 하는 내용으로, 그 전형적인 예로서 신공황후에 의한 신라정토전설을 들고 있는 것이다. 연민수 씨가 지적한 내용에 대해서는 일찍이 일본국내에서도 거론되어 왔는데, 역사적 현상으로서 8세기의 일본귀족에게는 「반신라」적 의식이 있었다는 점은 인정되고 있다.

그러나 그것은 기본적으로는 율령에 신라를 「제번」으로 설정한 규정이 있는 점과 속일본기에 신라정토계획이나 당 조정에서의 석차 다툼, 신라사 추방 기사 등에 의한 것으로 일부 조정·귀족의 감정에 지나지 않는다. 당시의 일본의 서민이 신라에 대해서 어떠한 감정을 지니고 있었는가에 대한 연구는 전혀 없다고 해도 좋을 것이다.

그리고 문제는 일부의 귀족이라 하더라도 무슨 연유로 「반신라」적 사상을 갖게 되었는가에 대한 원인이다. 이에 대해서도 백제와는 예로부터 가까웠다고 하는 이미지론의 반대로서 반신라는 마치 당연한 것과 같은 애매한 견해밖에 제시되어 있지 않다.

그러나 냉정하게 생각하면 일본이 신라에 적개심을 가질 이유는 존재하지 않는다. 역으로 백촌강 전투 패전 후, 일본은 당의 점령정책 아래에 있었는데, 신라가 한반도에서 당의 세력을 구축해 준 덕분에 일본에 있던 당의 점령군도 철퇴하지 않을 수 없게 되었고, 일본은 점령정책에서 벗어날 수 있었던 것이다. 이 때문에 근강조에 이은 천무조에서는 빈번하게 신라와의 교류가 이루어져 일라관계는 우호적이었다.

그러던 것이 왜 8세기가 되면서 갑자기 「반신라」적 감정이 싹트게 되었는가를 생각하지 않으면 안 된다. 하나의 가설이지만, 7세기 말에 있어서 반신라적 감정을 실제로 지니고 있었던 것은 백제인이다. 백제는 660년에 당·신라에 의해 멸망을 당하였다. 그런 까닭에 당연한 일이지만 백제인은 당·신라에 대해서 반발심이 있었다. 당시 백제인에게는 두 가지 선택지가 있었다. 하나는 신라에 동화하여 신라인에 포섭되는 길이고, 두 번째는 어디까지라도 항전하여 백제를 부흥시키는 것이다. 그리고 두 번째 길을 선택한 사람들은 663년의 백촌강 전투의 패전으로 인해 한층 더한 반발심을 가슴에 간직한 채 일본으로 망명하지 않을 수 없었다. 그리고 망명백제지식인은 반신라 감정을 지닌 채 일본의 율령이나 사서의 편찬에 관여했다. 이 두 책에 반신라적 기사가 나오는 것은 그들의 영향이 크다고 생각된다.

예를 들면, 연민수 씨가 지적한 신공황후전설에 대해서는, 신공이 정토의 대상으로 삼았던 것은 한반도가 아니라 신라뿐이었다. 다름 아닌 신공=제명이라는 상정 하에 삼한 가운데 신라만을 적으로 삼은 7세기의 백제부흥 구원군 그 자체의 투영전설이라고 이해할 수 있다.

이러한 망명백제지식인이 일본문헌에 관여한 점을 생각하면, 일시적으로 담겨지게 된 「반신라」적 서술이 후에 율령이나 일본서기가 일본고대 귀족들이 배워야만 하는 텍스트가 되었을 때 하나의 사상형성으로까지 영향을 미치게 되었고, 8세기의 동아시아의 실태와는 전혀 별개로 「반신라」 사상이 축적·형성되었을 가능성을 생각해 보면 어떨까.

즉 망명백제지식인들의 망상적 희망이 텍스트화 함으로써 일본의 고대귀족의 지식이 되고 사상화(思想化)해 나갔다고 생각되는 것이다.

延敏洙氏発表への討論

中村修也(나카무라 슈야, 文教大)

延敏洙氏の発表は、日本書紀の表現などから、8世紀の日本人が新羅に対して「蕃国視」「敵対心」を持っていたという内容で、その典型的な例として神宮皇后による新羅征討伝説を取り上げたものである。延氏の指摘は、早くに日本国内でもなされており、歴史的現象として8世紀の日本貴族には「反新羅」的意識があったことは認められている。

しかし、それは基本的には律令に新羅を「諸蕃」に組み込んだ規定があることと、続日本紀に新羅征討計画や唐の朝廷での席次争い、新羅使の追い返し記事などによるもので、一部の朝廷·貴族の感情にすぎない。当時の日本の庶民が新羅に対していかなる感情を持っていたかの研究はほとんどないといってよいであろう。

そして、問題は、一部の貴族にしろ、何ゆえ　「反新羅」的思想を持つようになったのかの原因である。これについても、百済とは古くから親しかったというイメージ論の裏返しとして反新羅は当然のような曖昧な見解しか提示されていない。

しかし、冷静に考えると、日本が新羅に敵愾心をもつ理由は存在しない。逆に、白村江の敗戦後、日本は唐の占領政策下にあったが、新羅が朝鮮半島から唐の勢力を駆逐してくれたおかげで、日本にいた唐の占領軍も撤退せざるを得なくなり、日本は占領政策から脱することができたのである。そのため、近江朝に続く天武朝では、頻繁に新羅との交流が行われ、日羅関係は友好であった。

それがなぜ、8世紀になると、突然、「反新羅」的感情が芽生えてくるのかを考えなければならない。一つの仮説であるが、7世紀末において、反新羅的感情を実際に有していたのは百済人である。百済は660年に唐·新羅によって滅亡させられた。それゆえ、当然のごとく、百済人は唐·新羅に対して反発心があった。当時、百済人には2つの選択肢があった。1つは、新羅に同化して、新羅人に組み込まれる道であり、2つ目はあくまで抗戦して百済を復興させることである。そして2番目を選んだ人たちは、663年の白村江の敗戦により、いっそう反発心を抱いたまま日本に亡命せざるを得なかった。そして亡命百済知識人は、反新羅感情をもったまま、日本の律令や史書の編纂に関与した。両書に反新羅的記事が出てくるのは彼らの影響が大きいと考えられる。

たとえば、延敏洙氏が指摘した神功皇后伝説であるが、神功が征討の対象としたのは朝鮮ではなく、「新羅」だけであった。まさに神功＝斉明の想定の元に、三韓の内、新羅だけを敵とした7世紀の百済復興救援軍そのものの投影伝説と理解できる。

こうした亡命百済知識人の日本文献への関与を考えると、一時的に盛り込まれた「反新羅」的叙述が、後に律令や日本書紀が日本古代の貴族たちの学ぶべきテキストとなったとき、一つの思想形成にまで影響を及ぼし、8世紀の東アジアの実態とはまったく別に、「反新羅」思想が蓄積·形成された可能性を考えてはどうであろうか。

つまり、亡命百済知識人たちの妄想的希望が、テキスト化されることによって、日本の古代貴族の知識となり、思想化していったと考えるのである。

몽골 내습과 고려-일본의 상호인식

사에키 코우지(佐伯弘次, 九州大)

Ⅰ. 일려(日麗) 관계의 추이

13세기 후반, 몽골제국(원)은 2번에 걸쳐 일본원정을 단행하였다. 1274년의 제1차 원정(文永の役)과 1281년의 제2차 원정(弘安の役)이다. 본 보고의 과제는 몽골침공을 계기로 하여 일본과 고려의 상호인식이 어떻게 변화하는가 하는 점이다. 다만, 쌍방 국가의 시점에서 상호인식의 변천에 대해 검토해야만 하겠지만, 나의 전문분야가 일본사이니만큼 일본의 고려관을 중심으로 생각해 보기로 한다.

일본과 고려의 관계(日麗關係)는 10세기 전반에서 14세기 말까지 약 5세기 동안이라는 장기간에 걸쳐 이루어졌기 때문에 많은 획기가 있다.[1] 일본과 고려의 관계는 10세기 때부터 시작되는데, 결국 정식적인 외교관계는 성립하지 못했다는 점에 커다란 특징이 있다. 1019년, 여진족(刀伊)

1) 靑山公亮『日麗交涉史の硏究』明治大學, 1955、桃木至朗編『海域アジア史硏究入門』岩波書店, 2008、森平雅彦「日麗貿易」, 大庭康時他編『中世都市博多を掘る』海鳥社, 2008、森克己『新編森克己著作集2續日宋貿易の硏究』勉誠出版, 2009、同『同3續々日宋貿易の硏究』勉誠出版,2009、石井正敏「高麗との交流」, 荒野泰典他編『日本の對外關係3通交·通商圈の擴大』吉川弘文館, 2010 등.

의 일본침략(刀伊の入寇) 사건이 발생했다. 즉 여진족인 도이(刀伊)가 북구주에 침입하여 많은 주민을 약탈해 갔다. 고려는 일본인 포로의 구출과 송환을 적극적으로 수행하여 양국의 관계는 깊어지게 되는 것이다.

11세기 후반이 되면, 일본에서 상인이나 관리(役人)들이 고려와 통교하고, 서로 무역을 행하게 되었다. 그 대부분은 쓰시마(對馬)·이키(壹岐)·북부구주(北部九州)의 관인이나 상인들이었는데, 다자이후(大宰府)의 송인계(宋人系) 상인이라고 이해되는 왕측정(王則貞)은 그 대표적인 존재이다. 이 시기에 일려(日麗)무역은 활발하게 진행되는데, 이는 일송무역·여송(麗宋)무역의 활발화와 연동되어 있다고 이해되고 있다. 1080년, 고려 국왕 문종(文宗)이 눈병으로 고생하고 있었기 때문에 고려는 일본에 의사 파견을 의뢰하였으나, 일본 조정은 이를 거부하였다.

13세기에 접어들면, 「歲常進奉一度, 船不過二艘」이라는 진봉선(進奉船)무역이 전개되었다. 그 무역의 중심은 쓰시마였는데, 무역의 주체나 성격에 대해서는 제설이 있다. 이와 전후해서 왜구(倭寇)의 활동이 사료상에 나타난다. 초기왜구의 활동이다. 13세기 전반에 초기왜구의 활동은 피크를 맞이하게 되는데, 고려는 외교교섭에 의해 왜구의 진정화를 꾀하려 하였다. 일본 측에서 이에 적극적으로 관여했던 인물이 쓰시마 슈고(對馬守護)도 겸하고 있었던 다자이쇼니(大宰少貳) 무토씨(武藤氏) 즉 쇼니씨(少貳氏)이다.

13세기 후반이 되면, 고려의 몽골에 대한 신속(臣屬), 몽골에 의한 남송(南宋) 공격, 몽골과 일본의 외교교섭, 나아가서는 일본에 대한 2차례에 걸친 원정으로 이어지는, 동아시아는 전쟁으로 경사되어 갔다. 2차례에 걸친 원정이 끝난 후에도 몽골·고려와 일본과의 긴장관계는 변함이 없었다. 14세기 중반을 지나면, 전기왜구의 활동은 활발하게 되어 고려와 일본의 관계는 새로운 단계에 이르게 된다.

고대에서 중세에 걸친 일본에서는 국(국가)의 경계 밖은 왕화(王化)에 따르지 않는 도깨비(鬼)가 사는 지역이며, 교토(京都)-서국(西國)을 중심으로 하고 가마쿠라(鎌倉)-동국(東國)을 2차적 중심으로 하여, 이 2개의 중심을 주변(周緣)·경계(境界)·이역(異域)이라는 3개의 커다란 원이 둘러싼 공간구조였다고 지적되고 있다.[2] 또한, 대외적으로 긴장이 고조되었을 때에는 항상 신국사상(神國思想)이 고양되고, 중세에서는 몽골침공(蒙古襲來), 오에이의 외구(應永の外寇), 임진왜란(文祿の役) 등 일조 간에 긴장이 발생하여, 그 마땅한 관계가 어떠해야만 하는가에 대한 바람직한 모습이 역사적으로 회고될 때, 일본에 대한 한반도 종속의 역사적 기점으로서 신공황후의 삼한정벌 전설이 항상 상기되었다고 이해되고 있다.[3] 또한, 고대의 일본은 중화의식을 가지고 자신을 중화로 간주하며, 신라를 서번(新羅)이라 자리매김하고 있었다. 따라서 일본을 중화로 인정하는 발해사만을 받아들이고 그 이외의 국가에 대해서는 다자이후나 쓰시마 명의(名義)로 대응시키고 있었으며, 고려에 대해서도 마찬가지였다.[4]

한편, 고려도 중화의식을 가지고 있어서 왕은 국내에서는 자신을 중국의 皇帝·天子에 비유하고 있었다.[5] 매년 11월에 행해지는 국가제사인 팔관회(八關會)에서는 여기에 참가한 송인(宋人)·여진인(女眞人)·탐라인(耽羅人)·일본인 등을 자리하게 하여 그들을 고려의 왕화(王化)에 속하는 조공사(朝貢使)에 준해서 취급하고 있었다.[6]

일본과 고려는 배경은 서로 다르지만, 모두 중화의식을 지니고 있었기 때문에 양자의 관계에서 마찰이 발생하는 것은 자명한 일이었다.[7]

---

2) 村井章介『アジアのなかの中世日本』校倉書房, 1988。
3) 村井 1988。
4) 石井 2010。
5) 森平雅彦「朝鮮における王朝の自尊意識と國際關係－高麗の事例を中心に－」, 今西隆一郎編『東アジアと日本:交流と変容』九州大學, 2007、石井2010。
6) 奥村周司「高麗における八關會的秩序と國際環境」『朝鮮史研究會論文集』16, 1979。
7) 石井 2010。

II. 몽골내습과 일려관계

1266년(至元3) 8월, 몽골황제 쿠빌라이는 일본국왕에 대해서「通好」를 요구하는 국서(國書)를 써서 고려를 경유해 일본에 보내왔다.[8] 일본에의 몽골습래(襲來)[원구(元寇)라고도 한다]의 직접적인 단서이다. 이 국서는 1268년 정월에 다자이후(大宰府)에 도착하여, 일본초유(日本招諭)=일원(日元)교섭이 개시되었다. 이 국서는 가마쿠라막부(鎌倉幕府)를 경유하여 교토의 조정에 전달되었다. 당시의 일본의 외교를 담당하고 있었던 것은 조정이었기 때문이다. 몽골(蒙古)로부터의 국서는 처음이었으며, 또한 그 가운데「용병(用兵)」이라는 어구가 들어 있었기 때문에 조정은 크게 동요하여 답서를 보낼 것인지 아닌지를 두고 논의가 계속되었다. 결국, 답서를 보내지 않는 것으로 결정이 나자 사자는 빈손으로 귀국하였다.

이 이후, 몇 차례에 걸쳐 元·高麗의 사자가 일본초유를 위해 일본에 파견되었으나, 외교관계의 수립에는 이르지 못했고 일본 초유(招諭)는 실패로 끝나, 1274년의 제1차 일본원정(文永の役)을 맞이하였다. 제1차 일본원정에서는 元·高麗의 연합군 26,000명(제설이 있음)이 쓰시마·이키를 거쳐 하카타(博多) 주변에 상륙하여 격심한 전투가 치러졌다. 결국 원나라 군대는 짧은 기간에 철수하여 제1차 원정은 실패로 끝났다.

분에이노에키(文永の役) 후, 일본은 가마쿠라 막부를 중심으로 대책을 강구하였다. 전국의 슈고(守護) 교체, 이국경고번역(異國警固番役)의 강화, 이국정벌 계획, 석축지(石築地)[원구방루(元寇防壘)]의 축조 등을 단행하였다. 1279년에 남송을 멸망시킨 원은 중국 전토를 지배하게 되어 재차 일본원정을 위한 준비를 하였다. 1281년, 제2차 일본원정(弘安の

---

8) 이하, 池内宏『元寇の新研究』東洋文庫, 1931、龍肅『蒙古襲來』至文堂, 1959、旗田巍『元寇』中央公論社, 1965、川添昭二『蒙古襲來研究史論』雄山閣, 1977、佐伯弘次『モンゴル襲來の衝撃』中央公論新社, 2003 등에 의한다.

役)이 결행되었다. 이번에는 고려의 합포(合浦)에서 출발하는 동로군(東路軍)(元·高麗) 4만 명, 중국의 경원(慶元)[영파(寧波)]에서 출발하는 강남군(江南軍)(元·舊南宋) 10만 명으로 나누어 출발, 양군이 이키(壹岐)에서 합류한다는 계획이었다. 그러나, 강남군의 출발이 늦어져 이키에서의 합류가 이루어지지 못했고, 예정보다 늦게 히라토(平戶)에서 합류하였다. 히라토에서 하카타를 목표로 출발하여 다카시마(鷹島)에 체재 중, 폭풍을 만나 원군은 괴멸적인 타격을 입었다.

이러한 2차례에 걸친 일본원정 후에도 원은 일본초유(日本招諭)를 포기하지 않고, 원이나 고려로부터 사자가 일본에 파견되었다. 최후의 사자는 1299년에 파견된 선승 일산일령(一山一寧)이다. 원이나 고려의 사자가 거듭 일본을 찾게 됨으로써 일본 측은 3번째의 원군의 침입을 상정하여, 이국경고나 석축지의 보수가 지속되었다. 이는 무사들의 커다란 부담이 되었고, 가마쿠라 막부가 멸망하는 원인(遠因)이 되었다.

Ⅲ. 몽골내습과 일본의 고려인식

1. 1274년 이전

1266년 8월, 몽골황제 쿠빌라이가 일본국왕 앞으로 국서를 써서 보낸 것이 日元교섭의 시작이다. 최초로 고려가 원사(元使)를 선도했을 무렵, 고려는 김해의 객관을 파괴하여 원에 대일통교의 실태가 알려지는 것을 숨겼다.[9)]

다음해인 1267년 9월에 쓰여진 고려국왕의 국서가 첨부되어 있었다

9) 森平雅彦「甲戌·辛巳の役後における高麗の對日警戒体制とその據點」, 佐伯弘次編『東アジアにおけるモンゴル襲來關係地資料集』九州大學, 2014。

(『鎌倉遺文古文書編』 13卷9770号. 이하, 鎌遺13-9770과 같이 약칭함). 여기에는 고려가 몽고에 신종(臣事)하고 있으며 몽고 황제가 지금 일본에 「통호(通好)」하고자 하여, 고려를 통해 국서를 일본에 보내게 한 것임을 전하고, 「其旨嚴切, 玆不獲已」 반부(潘阜)를 파견하여 황제의 국서를 보낸다고 말하고, 일본에게 몽고에 답서를 하고 사자를 파견하도록 권유하고 있다. 기본적으로는 몽골의 지시를 따르고 있지만, 「부득이」 라는 단어에 고려 측의 미묘한 입장이 나타나있다. 래일 후인 1268년 1월에 쓰여진 고려사 반부의 계(啓)[鎌遺13-9845]에는 「我國(高麗)興貴國(日本), 敦睦已久」라고 보이고 있어서, 고려 측은 일본과 양호한 외교관계를 유지하고 있다고 인식하고 있었다.

이 쿠빌라이 국서와 고려국왕 국서는 1268년 2월에 교토의 조정에 도착, 그 대응을 둘러싸고 조정 내부는 대혼란에 빠져 답서를 해야 할 것인지 어떨지 논의가 빈번하게 행해졌다. 기본적으로는 「이국(異國)」이라는 단어가 사용되고 있다. 결국 답서를 보내지 않는다는 결론이 났다. 선례우선주의인 귀족사회에서는 새로운 국제정세에 대한 인식도 없이 국서의 문면이 선례에 맞는 것인지 아닌지에 관심이 있었기 때문이다. 다만, 국제적 인식의 결여로 답서를 보내지 않았던 것이 몽고의 침공을 초래했다는 이해도 또한 지나치게 일면적이다. 단 한차례 조정이 답서를 집필하여 보낼 준비를 했던 사실이 사료로 남아 있다. 여기에는 쿠빌라이 국서에 대한 엄한 반론이 쓰여 있으며, 이러한 답서가 보내졌더라도 몽고의 내습은 피할 수 없었다고 생각된다.

이러한 쿠빌라이 국서에 가장 빠르고도 무단적으로 대응 한 것은 가마쿠라 막부였다.

> 蒙古人挿凶心, 可伺本朝之由, 近日所進牒使也, 早可用心之旨, 可被相触讚岐國御家
>
> 人等狀, 依仰執達如件,

文永五年二月二十七日相模守(北條時宗)
左京權大夫(北條政村)
駿河守(北條有時か)殿[鎌遺13－9883]

「몽골인이 흉심을 품고 본조(日本)를 노리고 있다고 최근 사자를 보내왔다. 빨리 경계해야 한다는 취지를 사누키국(讃岐國) 고케닌(御家人)들에게 전해라」라는 내용의 분에이(文永) 5년(1268) 2월 27일자의 가마쿠라 막부의 명령서이다. 「挿凶心, 可伺本朝」라고 가마쿠라 막부가 판단한 것은 쿠빌라이 국서에 「용병」이라는 단어가 있었기 때문이다. 이 문서는 시코쿠의 사누키(讃岐)슈고(守護) 앞으로 보내진 문서이지만 내용면에서 보면 넓게 서일본 전체의 슈고에게 보내진 것이라고 생각된다.

쿠빌라이 국서와 고려국서가 교토에 도착했을 무렵, 많은 일본인이 이에 관심을 가져 사료를 남기고 있다. 특히 종교인이 이 국서도착에 반응하였다. 니치렌종(日蓮宗)의 개조인 니치렌(日蓮)은 「今年大蒙古國牒狀有之由風聞等云々, 如經文者, 自彼國責此國事必定也」「而日本國中日蓮一人, 當可爲調伏彼西戎之人兼知之」(文永5年8月21日 日蓮書狀, 鎌遺13-10293)라고, 대몽고국 첩장(牒狀)에는 몽골이 일본을 공격할 것이라고 기록되어 있으며, 그것을 저지할 수 있는 것은 니치렌 한 사람이라고 말하고 있다. 가마쿠라의 종교인에게 재빠르게 몽골국서가 입수되어 그 속에 몽골이 일본을 공격한다고 쓰여 있다고 인식하고 있는 점이 주목된다.

여기에 한 사람 몽골국서에 반응한 사람은 교토의 선승 동엄혜안(東巖慧安)이다. 慧庵은 래일한 송나라 승려 兀庵普寧의 제자이기 때문에 몽골에 대해서도 普寧으로부터 들어 지식이 있었다고 생각되며, 「蒙古國者情性憍慢」(鎌遺14-10559)라고 기록하고 있다. 慧庵은 경전의 위력이나 신공황후(神功皇后)·하치만대보살(八幡大菩薩)이 몽고를 항복시킬 수 있다고 말하고 있다. 그 주장 속에는 하치만(八幡)신앙을 중심으로 하는 신국(神國)사상이 있었다.

이처럼 일본의 조정·막부·종교인들은 재빠르게 이국·몽고에 대한 경계와 대책을 획책했지만, 고려에 대해서는 명확한 인식을 나타내고 있지 않은 것도 커다란 특색이다. 분에이(文永) 7년(1270)에 일본으로부터 보내진 몽고·고려에의 답서에 그 이유가 나타나 있다.

분에이 7년 정월의 몽골국 중서성 앞으로 보낸 일본국 태정관첩(太政官牒)[鎌遺14－10571]에는, ①쿠빌라이 국서에 대해 쿠빌라이가 「帝德仁義之境」이라 칭하면서 왜 전쟁을 일으켜 「民庶殺傷之源」을 초래하는 것인가, ②일본은 「神國」이기 때문에 지(智)를 가지고 경쟁하거나 힘을 가지고 싸우거나 해서는 안 된다고 주장하고 있다. 신국사상을 기초로 한 일본 측의 쿠빌라이에 대한 반론이다. 이에 대해 동년 2월의 고려국 경상진 안동안찰사(高麗國慶尙晋?安東道按察使宛) 앞으로 보낸 일본국 다자이후 슈고소첩(守護所牒)[鎌遺14-10588]은 첩사(牒使)가 일본에 도착했을 때 「慮外之煩」을 행한 것을 반성하고 「旅粮些少之資養」을 다한다고 하고 있다. 식료의 지급 등을 한다는 것이다. 또한, 이 牒의 전제가 된 경상보 안동도 안찰사첩에는 「本國(高麗)輿貴國(日本)講信修睦, 世已久」라는 문언이 있으며,[10] 앞의 고려국서와 마찬가지로 고려와 일본 사이의 양호한 관계를 강조하고 하고 있다. 앞의 다자이후 슈고소첩(守護所牒)도 고려가 몽골국서를 가져오거나 선도하거나 한 일에 대한 비난을 하고 있지 않으며, 이 시점에서는 조정이 고려에 대해 몽골과는 다른 의식을 가지고 있었음을 말해주고 있다.

蒙古·高麗의 사절들은 몇 차례나 일본을 방문했는데, 결국 일본국왕의 답서를 받지 못하고 아무런 성과 없이 귀국하였다. 그러나, 그들이 아무런 일도 하지 않고 귀국한 것은 결코 아니었다. 1271년에 국신사(國信使)로서 래일했던 조양필(趙良弼)은 귀국 후에 쿠빌라이를 대면하고 다음과 같이 말하고 있다.

10) 荒木和憲, 「文永七年二月日付大宰府守護所牒の復原」『年報太宰府學』 2, 2008。

「신(趙良弼)은 일본에 있은 지 일년 남짓 되었습니다. 그 사람들의 풍속을 관찰해보건대, 일본인은 사납고 용맹하고 살생을 즐겨 하며, 부자유친이나 상하의 예의가 없습니다. 그 토지는 산수가 많고, 농경의 이로움이 없습니다. 그 사람들을 얻어도 도움이 되지 않고, 그 땅을 얻어도 부를 늘리는 일은 되지 못합니다. 하물며 수군이 바다를 건너도 해풍이 끊임없이 불어 그 손해는 이루다 헤아릴 수 없습니다. 이는 소위 유용한 민력으로 헤아릴 수 없는 커다란 손실로 낭비하는 것과 같은 일입니다. 일본을 쳐서는 안 됩니다」라고(『元史』 趙良弼伝).

이는 일본원정 반대론의 입장에서 발언한 것이기 때문에 그 내용에 대해서는 어느 정도 감안하고 생각할 필요가 있겠지만, 이러한 일본에 관한 다양한 정보가 원이나 고려에도 전해졌다고 생각한다.

2. 1274년 이후

고려에서는 원의 압력을 받아 1270년에 무신정권이 붕괴하고, 삼별초(三別抄)의 반란이 발생하였다. 이를 진압하기 위해 원과 고려정부는 진도에 이어 제주도를 공격하였다. 이 삼별초의 공략이 1274년의 제1차 일본원정의 준비로 이어졌다.[11] 고려는 원의 지시 하에 일본원정으로 기울어 간다.

일본의 고려에 대한 인식은 1274년의 분에이의 역(文永の役)에 의해 크게 변화하였다. 고려가 원과 함께 적국이 되었기 때문이다. 그것은 다음의 건치(建治) 2년(1276)의 문서(鎌遺16-12260)에서 알 수 있다.

> 異國警固之間、要害石築地事、高麗發向輩之外、課于奉行國中、平均所致沙汰候也、今月二十日以前、相具人夫、相向博多

11) 森平 2014。

津、請取役所、可被致沙汰候、恐々謹言、
建治二年三月十日少貳(經資)(花押)
深江村地頭殿

분에이노역(文永の役) 후의 이국경고(異國警固) 강화를 위해 「요해석축지(要害石築地)」를 하카타만(博多湾)에 축조한다고 하는 내용의 저명한 문서이다. 이 사료를 통해 석축지(石築地) 축조와 함께 「고려발향(高麗發向)」이 계획되고 있었다는 점을 알 수 있다. 이와 관련해서는 많은 관계사료가 있으며, 「高麗發向」이 「이국정벌(異國征伐)」이라고도 칭하여 몇 차례나 계획되었다는 사실이 알려져 있다.[12] 이 고려 공격은 중지되었지만, 병선이나 병사의 확보 등 상당히 구체적으로 진행되고 있었다. 이와 같은 고려에 대한 적대심은 오랫동안 지속되어 「高麗國王之体, 無礼尾籠, 奇怪候」(鎌遺23-18066)라고, 고후카쿠사(後深草) 상황도 불신감을 노골적으로 나타내고 있다.

1281년의 고안노 역(弘安の役) 후에도 원이나 고려로부터 일본초유(日本招諭)의 사자가 이어졌다. 이 때문에 일본에서는 고안노 역 이후에도 원의 제3차 침입을 상정하여 異國警固나 석축지 수리·보강을 지속하였다. 이는 고려에서도 마찬가지여서 일본에 대한 경계체제를 지속시키지 않을 수 없었다.[13]

2차례에 걸친 몽골의 침입을 일본의 동시대 사료에서는 「蒙古襲來」「蒙古合戰」 등으로 기록하고 있고, 「高麗襲來」「高麗合戰」이라는 표현은 보이지 않는다. 이는 침입(襲來)의 주체를 몽골로 인식하고 있었기 때문이며, 「異國警固」의 「異國」도 몽골을 의미하고 있었다. 고안노 역(弘安の役) 이후도 蒙古(元)이 주요한 적국(敵國)이며, 異國警固가 계속되는 것이다. 그러나 한편으로 일본과 원 사이에는 활발한 무역관계가 계속된

12) 川添 1977。
13) 森平 2014。

다. 정경분리(政經分離)라고도 말해야만 하는 이상한 관계가 어떠한 논리로 계속된 것인지, 이 점에 대해서는 앞으로의 과제이다.

Ⅳ. 결어를 대신하여-일려관계의 부활

그 후, 일려교섭이 부활하는 것은 14세기 후반이 되어서이다. 1350년에 활발하게 되는 전기왜구의 활동에 의해 고려는 커다란 피해를 입었고, 일본과의 왜구금압 교섭이 개시되었다.[14)]

1366년, 倭寇禁壓을 요구하는 고려의 사자가 일본에 도착하였다. 1367년 2월, 사자는 교토에 도착하였다. 오랜만의 사자였기 때문에 몽고습래(蒙古襲來)의 기억이 되살아나 몽고와 고려의 사자가 래일했다고 하는 소문도 퍼졌다. 그 때, 중심이 되어 사자와 대응한 것은 외교권을 지닌 조정이었다. 조정은 고려와의 외교의 선례를 조사하고, 특히 몽고습래 시의 관계사료를 수집하도록 하였다. 조정에서는 日元 교섭 때와 마찬가지로, 고려에 대해서 답서를 보낼 것인지 말 것인지를 둘러싸고 논의를 계속한 끝에 결국 답서를 보내지 않는 것으로 결론이 났다. 가마쿠라 시대와 마찬가지의 대응이다.

이 때, 고려사절이 숙박했던 곳은 무로마치(室町) 막부가 창건한 선사 덴류지(天龍寺) 절이며, 고려사절을 응접했던 것도 무로마치 막부였다. 즉, 쇼군(將軍) 아시카가 요시아키라(足利義詮)가 天龍寺에서 일행과 대면하고 그 접대를 했으며, 나라에 있는 대불도 구경하였다(「師守記」貞治 6年 4月 18日·5月 19日條). 그 후에도 왜구금압(倭寇禁壓)을 요구하는 고려사절은 여러 차례 래일하였으나, 그에 대한 대응은 모두 무로마치 막부가 행하였다. 이것은 무로마치 막부가 외교권을 획득하는 커다란 계

14) 中村榮孝『日鮮關係史の硏究上卷』吉川弘文館, 1966。

기가 되고 있다. 선례에 구애되어 오래된 고려인식밖에 지니지 못한 조정과 그러한 선례·인식에 구애 받지 않는 무로마치 막부의 성격 차이가 14세기 후반의 대(對)고려외교에 있어서 현저하게 나타나고 있는 것이다.

モンゴル襲来と高麗－日本の相互認識

佐伯弘次(九州大)

1. 日麗関係の推移

13世紀後半、モンゴル帝国(元)は、2度にわたる日本遠征を行った。1274年の第1次遠征(文永の役)と1281年の第2次遠征(弘安の役)である。本報告の課題は、モンゴル襲来を契機として、日本と高麗の相互認識がどのように変化するのかということである。ただし、双方の国の視点から相互認識の変遷について検討すべきであるが、私の専門分野の関係から、日本の高麗観を中心に考えていきたい。

日本と高麗の関係(日麗関係)は、10世紀前半から14世紀末まで、約5世紀の長きに及ぶため、多くの画期がある[1]。日麗関係は10世紀代から始まるが、結局、正式な外交関係は成立しなかった点に大きな特徴がある。1019年、刀伊の日本入寇事件が起こる。すなわち、女真である刀伊が北部九州に襲来

1) 青山公亮『日麗交渉史の研究』明治大学, 1955、桃木至朗編『海域アジア史研究入門』岩波書店, 2008、森平雅彦「日麗貿易」, 大庭康時他編『中世都市博多を掘る』海鳥社, 2008、森克己『新編森克己著作集2続日宋貿易の研究』勉誠出版,2009、同『同3続々日宋貿易の研究』勉誠出版, 2009、石井正敏「高麗との交流」, 荒野泰典他編『日本の対外関係3通交・通商圏の拡大』吉川弘文館, 2010など。

し、多くの住人を奪った。高麗は日本人捕虜の救出と送還を積極的に行い、両国の関係が深まるのである。

11世紀後半になると、日本から商人や役人たちが高麗と通交し、貿易をするようになった。その多くは、対馬·壱岐·北部九州の官人や商人たちであったが、大宰府の宋人系商人とされる王則貞はその代表的存在である。この時期に日麗貿易は活発化するが、これは日宋貿易·麗宋貿易の活発化と連動しているとされている。1080年、国王文宗が眼病を患ったため、高麗は日本に対して医師の派遣を依頼したが、日本の朝廷はこれを拒否した。

13世紀に入ると、「歳常進奉一度、船不過二艘」という進奉船貿易が展開した。その貿易の中心は対馬であったが、その貿易の主体や性格については諸説がある。これと前後して、倭寇の活動が史料上に現れる。初期倭寇の活動である。13世紀前半に初期倭寇の活動はピークを迎えるが、高麗は外交交渉によって倭寇の沈静化を図ろうとした。日本側でこれに積極的に関わったのが、対馬守護も兼ねた大宰少弐武藤氏(少弐氏)である。

13世紀後半になると、高麗のモンゴルへの臣属、モンゴルによる南宋攻撃、モンゴルと日本の外交交渉、さらには日本への2回にわたる遠征と、東アジアは戦争へと傾斜していった。2回にわたる遠征が終わった後も、モンゴル·高麗と日本との緊張関係は変わらなかった。14世紀半ばを過ぎると、前期倭寇の活動が活発となり、高麗と日本の関係は新たな段階に到る。

古代から中世のかけての日本では、国の境界の外は王化に従わない鬼の住む地であり、京都－西国を中心、鎌倉－東国を二次的中心とし、この2つの中心を、周縁·境界·異域の3つの長円が包み込む空間構造であったと指摘されている[2)]2*。また、対外的緊張が高まる時、常に神国思想が高揚し、中世では、蒙古襲来、応永の外寇、文禄の役など、日朝間に緊張が生じ、その関係のあるべき姿が歴史的にふりかえられる時、日本に対する朝鮮の従属の歴史的起点として、神功皇后の三韓征伐伝説がつねに想起されたとされる[3)]。ま

2) 村井章介『アジアのなかの中世日本』校倉書房，1988。

た、古代の日本は、中華意識を持ち、自らを中華とし、新羅を西蕃と位置づけていた。したがって、日本を中華と認める渤海使のみを受け入れ、それ以外の国に対しては、大宰府や対馬名義で対応させており、高麗に対しても同様であった[4]。

いっぽう高麗も中華意識を持ち、王は国内では自らを中国の皇帝·天子に擬していた[5]。毎年11月に行われる国家祭祀である八関会では、居合わせた宋人·女真人·耽羅人·日本人などを列席させ、彼らを高麗の王化に属する朝貢使に準じて扱っていた[6]。

日本と高麗は、背景は異なるものの、いずれも中華意識を持っていたため、両者の関係に軋轢が生じることは自明であった[7]。

2. モンゴル襲来と日麗関係

1266年(至元3)8月、モンゴル皇帝フビライは、日本国王に対して「通好」を求める国書を書き、高麗経由で日本に送達させた[8]。日本へのモンゴル襲来(元寇ともいう)の直接的な発端である。この国書は、1268年正月に大宰府に到着し、日本招諭＝日元交渉が開始される。この国書は、鎌倉幕府経由で京都の朝廷に届けられた。当時の日本の外交を担っていたのは、朝廷であったからである。モンゴル(蒙古)からの国書は初めてであり、かつその中に「用兵」とい

3) 村井1988。
4) 石井2010。
5) 森平雅彦「朝鮮における王朝の自尊意識と国際関係－高麗の事例を中心に－」，今西隆一郎編『東アジアと日本:交流と変容』九州大学, 2007、石井2010。
6) 奥村周司「高麗における八関会的秩序と国際環境」『朝鮮史研究会論文集』16,1979。
7) 石井2010。
8) 以下、池内宏『元寇の新研究』東洋文庫, 1931、竜粛『蒙古襲来』至文堂, 1959、旗田巍『元寇』中央公論社, 1965、川添昭二『蒙古襲来研究史論』雄山閣, 1977、佐伯弘次『モンゴル襲来の衝撃』中央公論新社, 2003などによる。

う語句があったために、朝廷は大いに動揺し、返書を出すか否かで議論が続けられた。結局、返書を送らないことが決定され、使者はむなしく帰国した。

これ以後、何度も元·高麗の使者が日本招諭のために来日したが、外交関係の樹立に至らず、日本招諭は失敗に終わり、1274年の第1次日本遠征(文永の役)を迎えた。第1次日本遠征では、元·高麗の連合軍26000人(諸説あり)が対馬·壱岐を経て、博多周辺に上陸し、激しい戦闘が行われた。結局、元軍はわずかの期間で撤退し、第1次遠征は失敗に終わった。

文永の役の後、日本は、鎌倉幕府を中心にして対策を講じた。全国の守護の交替、異国警固番役の強化、異国征伐の計画、石築地(元寇防塁)の築造などを行った。1279年に南宋を滅亡させた元は、中国全土を支配し、日本再征の準備を行う。1281年、第2次日本遠征(弘安の役)が決行された。今回は、高麗の合浦から出発する東路軍(元·高麗)4万人、中国の慶元(寧波)から出発する江南軍(元·旧南宋)10万人に分かれ、両軍は壱岐で合流する計画であった。しかし、江南軍の出発が遅れ、壱岐での合流はできず、予定より遅れて平戸で合流した。平戸から博多を目指して出発し、鷹島に滞在中、暴風が吹き、元軍は壊滅的な打撃を受けた。

こうした2回にわたる日本遠征の後も、元は日本招諭をあきらめず、元や高麗から使者が日本に派遣された。最後の使者は、1299年に派遣された禅僧一山一寧である。元や高麗の使者が度々来日することから、日本側は3度目の元軍の襲来を想定し、異国警固や石築地の修補が続けられた。これは武士たちの大きな負担となり、鎌倉幕府滅亡の遠因になった。

3. モンゴル襲来と日本の高麗認識

(1) 1274年以前

1266年8月、モンゴル皇帝フビライが日本国王宛に国書が書いたことが日元交渉の開始である。最初に高麗が元使を先導したころ、高麗は金海の客館を破壊し、元に対日通交の実態が知られることを隠した9)。

翌67年9月に書かれた高麗国王の国書が添えられていた(『鎌倉遺文古文書編』13巻9770号、以下、鎌遺13－9770のように略す)。これでは、高麗がモンゴルに臣事しており、モンゴル皇帝が今、日本に「通好」しようとして、高麗を通じて国書を日本に届けさせせることを伝え、「其旨厳切、茲不獲已」潘阜を派遣し、皇帝の国書を届けると述べ、日本にモンゴルに返書し、使者を遣わすように勧めている。基本的にはモンゴルの指示に従っているが、「やむを獲ず」という言葉に、高麗側の微妙な立場が現れている。来日後の1268年1月に書かれた高麗使潘阜の啓(鎌遺13-9845)には、「我国(高麗)与貴国(日本)、敦睦已久」とあり、高麗側は日本との良好な外交関係を維持していると認識していた。

このフビライ国書と高麗国王国書は、1268年2月に京都の朝廷に届き、その対応をめぐって朝廷内部は大混乱に陥り、返書すべきかどうか、評議が頻繁に行われた。基本的には、「異国」という言葉が使用されている。結局、返書をしないという結論となった。先例優先主義の貴族社会では、新しい国際情勢の認識もなく、国書の文面が先例に合ったものであるか否かに関心があったからである。ただし、国際的認識の欠如によって、返書を送らなかったことが、モンゴルの侵攻を招いたという理解もまた一面的すぎる。1度だけ朝廷は返書を執筆し、送る用意をしたものが残っている。これには、フビライ国書への厳しい反論が書かれており、こうした返書が送られても、モンゴルの襲来は避けられなかったと思

9) 森平雅彦「甲戌·辛巳の役後における高麗の対日警戒体制とその拠点」, 佐伯弘次編『東アジアにおけるモンゴル襲来関係地資料集』九州大学, 2014。

われる。

> こうしたフビライ国書に最も早くかつ武斷的に對応したのは、鎌倉幕府であった。
> 蒙古人挿凶心、可伺本朝之由、近日所進牒使也、早可用心之旨、可被相触讃岐国御家
> 人等状、依仰執達如件、
> 文永五年二月二十七日相模守(北条時宗)
> 左京権大夫(北条政村)
> 駿河守(北条有時か)殿〔鎌遺13-9883〕

「蒙古人が凶心を抱き、本朝(日本)をねらっていると近日使者を送ってきた。早く用心をすべき旨を讃岐国御家人たちに伝えなさい」という内容の文永5年(1268)2月27日付けの鎌倉幕府の命令書である。「挿凶心、可伺本朝」と鎌倉幕府が判断したのは、フビライ国書に「用兵」という言葉があったからである。この文書は、四国の讃岐守護に宛てた文書であるが、内容からすると、広く西日本全体の守護に出されたものと考えられる。

フビライ国書と高麗国書が京都に到着したころ、多くの日本人がこれに関心を持ち、史料を残している。とくに宗教者がこの国書到来に反応した。日蓮宗の開祖日蓮は、「今年大蒙古国牒状有之由風聞等云々、如経文者、自彼国責此国事必定也」「而日本国中日蓮一人、当可為調伏彼西戎之人兼知之」(文永5年8月21日日蓮書状、鎌遺13-10293)と、大蒙古国牒状には、蒙古が日本を攻めることが記されており、それを阻止できるのは日蓮一人であると説いている。鎌倉の宗教者にいち早く、蒙古国書が到来し、その中に蒙古が日本を攻めると書いていると認識している点が注目される。

いま1人蒙古国書に反応したのは、京都の禅僧東巌慧安である。慧庵は来日した宋僧兀庵普寧の弟子であるので、蒙古についても普寧から聞いて知識があったと思われ、「蒙古国者情性憍慢」(鎌遺14-10559)と記している。慧庵は、

経典の威力や神功皇后・八幡大菩薩が蒙古を降伏させると説いている。その主張の中には、八幡信仰を中心とする神国思想があった。

このように、日本の朝廷・幕府・宗教者たちは、いち早く異国・蒙古に対する警戒と対策を画策したが、高麗に対して明確な認識を示していないことも大きな特色である。文永7年(1270)の日本から蒙古・高麗への返書にその理由が示されている。

文永7年正月の蒙古国中書省宛日本国太政官牒(鎌遺14-10571)では、①フビライ国書に対して、フビライが「帝徳仁義之境」と称しながら、なぜ戦争を仕掛けて「民庶殺傷之源」を開くのか、②日本は「神国」であるので、智をもって競ったり、力をもって争ったりすべきではないと主張している。神国思想を基礎とした日本からのフビライに対する反論である。これに対して、同年2月の高麗国慶尚晋安東道按察使宛の日本国大宰府守護所牒(鎌遺14-10588)は、牒使が日本に到着した時、「慮外之煩」をなしたことを反省し、「旅粮些少之資養」を致すとしている。食料の支給などをするというのである。また、この牒の前提となった慶尚普安東道按察使牒には、「本国(高麗)与貴国(日本)講信修睦、世已久」という文言があり[10]、先の高麗国書と同様に、高麗と日本との良好な関係を強調している。本大宰府守護所牒も、高麗が蒙古国書をもたらしたり、先導したりしたことに対する非難をしておらず、この時点では、朝廷が高麗に対して、蒙古とは違った意識を持っていたことを物語っている。

蒙古・高麗の使節たちは、何度も日本を訪れたが、結局、日本国王の返書を受け取ることはできず、空しく帰国した。しかし、彼らは何もしないで帰国した訳でもなかった。1271年に来日した国信使として来日した趙良弼は、帰国後、フビライに対面し、次のように述べている。

「臣(趙良弼)は日本にいること1年余りでした。その人々の風俗を観察するに、日本人は狼勇にして殺生を好み、父子の親しみや上下の礼がありません。その地は山や水が多く、農耕の利がありません。その人を得ても役に立たず、

10) 荒木和憲「文永七年二月日付大宰府守護所牒の復原」『年報太宰府学』2, 2008。

その地を得ても富を増やすことはありません。いわんや水軍が海を渡っても、海風は絶えず吹き、損害は計り知れません。これはいわば有用の民力をもって計り知れない巨大な損失に浪費するようなものです。日本を討つべきではありません」と(『元史』趙良弼伝)。

これは日本遠征反対論の立場から発言されたものであるから、内容についてはある程度割り引いて考える必要があるが、こうした日本に関する様々な情報が元や高麗にもたらされたと考えられる。

(2) 1274年以後

高麗では、元の圧力を受け、1270年に武臣政権が崩壊し、三別抄の反乱が起こった。これを鎮圧するため、元と高麗政府は珍島ついで済州島を攻撃した。この三別抄の攻略が、1274年の第1次日本遠征の準備につながった[11)]。高麗は元の指示のもと、日本遠征へと傾斜していく。

日本の高麗に対する認識は、1274年の文永の役によって大きく変化した。高麗が元とともに敵国になったからである。それは次の建治2年(1276)の文書(鎌遺16-12260)からもわかる。

> 異国警固之間、要害石築地事、高麗發向輩之外、課于奉行国中、平均所致沙汰候也、今月二十日以前、相具人夫、相向博多津、請取役所、可被致沙汰候、恐々謹言、
> 建治二年三月十日少貳(経資)(花押)
> 深江村地頭殿

文永の役後の異国警固強化のため、「要害石築地」を博多湾に築造するという内容の著名な文書である。この史料から、石築地築造とともに、「高麗発

11) 森平2014。

向が計画されていたことがわかる。これに関しては、多くの関係史料があり、「高麗発向」が 「異国征伐」とも称され、何度か計画されたことがわかっている12)。この高麗攻撃は結局中止されたが、兵船や兵士の確保など、かなり具体化していた。こうした高麗に対する敵対心は長く続き、「高麗国王之体、無礼尾籠、奇怪候」(鎌遺23-18066)と、後深草上皇も不信感を露わにしている。

1281年の弘安の役の後も、元や高麗から日本招諭の使者が相次いだ。このため日本では、弘安の役の後も、元の3度目の襲来を想定し、異国警固や石築地の修理・補強を続けた。これは高麗でも同様で、日本に対する警戒体制を継続せざるを得なかった13)。

2回にわたるモンゴルの襲来を、日本の同時代史料では、「蒙古襲来」「蒙古合戦」などと記しており、「高麗襲来」「高麗合戦」という表現は出てこない。これは、襲来の主体を蒙古と認識していたからであり、「異国警固」の「異国」も蒙古を意味していた。弘安の役以降も蒙古(元)が主たる敵国であり、異国警固が継続するのである。しかし、いっぽうで日本と元の間には、活発な貿易関係が継続する。政経分離ともいうべき不思議な関係がどのような論理で継続されるのかは、今後の課題である。

4. 結びに代えて-日麗関係の復活

その後、日麗交渉が復活するのは、14世紀後半である。1350年に活発化する前期倭寇の活動によって、高麗は大きな被害を受け、日本との倭寇禁圧交渉が開始される14)。

1366年、倭寇禁圧を求める高麗の使者が日本に到着した。1367年2月、

12) 川添1977。
13) 森平2014。
14) 中村栄孝『日鮮関係史の研究上巻』吉川弘文館, 1966。

使者は京都に到着する。久方ぶりの使者だったので、蒙古襲来の記憶が甦り、蒙古と高麗の使者が来日したという噂も広まった。この時、主として使者に対応したのは、外交権を持つ朝廷であった。朝廷は、高麗との外交の先例を調査し、とくに蒙古襲来時の関係史料が集められた。朝廷では、日元交渉の時と同様に、高麗に対して返書を出すべきかどうか評議し、結局、返書しないということになった。鎌倉時代と同じ対応である。

この時、高麗使節が宿泊したのは、室町幕府が創建した禅寺天竜寺であり、高麗使節を応接したのも室町幕府であった。すなわち、将軍足利義詮が天竜寺で一行と対面し、その接待を行い、奈良の大仏見物も行った(「師守記」貞治6年4月18日·5月19日条)。その後も倭寇禁圧を求める高麗使節は度々来日したが、それへの対応は全て室町幕府が行った。これは、室町幕府が外交権を獲得する大きな契機とされている。先例にとらわれ、古い高麗認識しか持たない朝廷と、そうした先例·認識にとらわれない室町幕府の性格の違いが14世紀後半の対高麗外交において顕著になるのである。

〈몽골의 日本 侵攻과 高麗·日本의 相互認識〉 토론문

金 普 漢(檀國大)

본 발표문은 13세기 몽골의 두 차례 일본 침공 이후 일본 내에서 대고려 인식 변화를 살피는 데 진력하고 있다. 특히 몽골의 牒狀이 도착하였을 때, 日蓮宗 開祖 日蓮에 의한 몽골 침공 예상, 禪僧 東巖慧安이 표명한 신국사상 등 종교계의 대몽골 인식을 간결하고 명확한 문체로 설명하고 있다. 또 초기 일본 조정은 고려를 몽골과는 다르게 인식하고 있었지만, 1274년 이후 인식의 변화, 또 14세기 중반 이후 금구외교 시기의 인식의 변화 등을 세세히 지적한 것이 특징적인 발표문이다.

본 발표문에 관하여 몇 가지 질문을 드리고자 한다.

1. 日麗關係の推移

(1) 본 발표문에서는 13세기에 들어와서 "歲常進奉一度、船不過二艘"의 進奉關係가 성립한 것으로 설명하고 있다. 진봉에 관한 기록은 1263년(원종 4) 『고려사』의 기록이 유일하다. 진봉은 1263년 왜구침탈에 항의하기 위해 洪泞와 郭王府가 京都에 전달한 牒狀 속에 있는 내용으

로, 통설적으로 12세기 중반부터 13세기 중반까지 약 1세기에 걸쳐 실시된 것으로 보아야 하지 않을까 생각한다.

(2) 본 발표문에서 '초기왜구' 라는 표현을 사용하고 있다. 또 '전기왜구'라는 표현도 함께 사용하고 있다. 본 발표문에서 '초기왜구'와 '전기왜구'의 구분이 무엇인가? '초기'와 '전기'는 문법적(어의적)으로 중첩되는 의미가 포함된다. 따라서 혼란스러움을 줄 수가 있다.

본 토론자는 '초기왜구'는 '카마쿠라기 왜구'로, '전기왜구'는 '무로마치기 왜구'로, '후기왜구'는 '센고쿠기 왜구'로 대신 차용할 것을 제안하고 싶다. 왜냐하면 '초기왜구'·'전기왜구'·'후기왜구'라는 일반적 용어 대신에 일본사의 시대 명칭을 차용한 '카마쿠라기 왜구', '무로마치기 왜구', '센고쿠기 왜구'라는 용어가 일본사 내에서 더 적합하다고 생각하기 때문이다.

2. モンゴル襲来と日麗関係

(1) 본문에 "1266년(지원 3) 8월 몽골 황제 쿠빌라이는 일본국왕에 대해 '통호'을 요구하는 국서를 써서 고려를 경유하여 일본에 보냈다"라고 되어 있다.

1266년 11월 고려 김찬(金贊)과 몽골 흑적(黑的)과 은홍(殷弘) 등의 파견, 고려의 비협조, 巨濟島의 송포변(松浦邊)에서 귀환(『고려사』). 또 1267년 8월 고려 조정의 명령에 따라(『고려사』), 9월 고려 출발(『원사』), 1268년 1월 반부(潘阜) 일행 大宰府 도착(『師守記』) 등 순차적으로 되어 있다.

따라서 日本에 도착한 몽골 사신의 파견은 1267년 8월, 몽골 첩장의 일본 전달은 1268년 1월이 되어야 한다고 생각한다.

이상 간단한 질문을 마치도록 하겠습니다.

임진왜란 이후 국교재개의 노력
-家康 '국서'의 眞僞를 중심으로-

민 덕 기(청주대학교)

Ⅰ. 머리말

일본과의 강화 교섭이 계속되던 1606년 6월 조선은 도쿠가와 이에야스(德川家康)가 먼저 '국서'를 보내 강화를 요청하라는 '先爲致書'를, 왜란 중에 왕릉을 犯한 일본군을 압송하라는 '犯陵賊縛送'과 함께 '二件'으로 대마도측에 요구하게 된다. 그리고 11월 대마도는 이에야스의 '국서'라며 서한을 보내와 '선위치서'가 명분상으로는 해결되었다. 그렇지만 이 서한을 대마도가 위조했다는 '위조설'이 主流로 되어 있다.[1)]

'위조설'의 배경에는 이에야스가 무엇이 아쉬워 강화를 구걸하는 의미가 되는 '선위치서'까지 해가며 조선과 강화하려 했겠는가, 라는 '조선輕視論'이 깔려 있지 않을까 여겨진다. 예를 들어 田代和生는 "양국 간의 실제적인 교섭이 시종일관 대마도주 宗氏의 페이스로 진행된 것은 의심할 여지가 없다. 즉 대마도에 있어서 양국 간의 수호회복은 조선무역 재개에 의한 경제적 이익의 회복에 연결되는 것이므로 조선 철병 직후부

1) 민덕기, 『전근대 동아시아 세계의 韓·日관계』 경인문화사, 2007, 219~231쪽 참고.

터 집요할 정도로 和議요청의 서한을 보내고, 또한 조선인 포로의 송환을 행한 것이다"라고 하여, 강화교섭을 조선 대 대마도의 교섭으로 치부하고 있다.[2] 田中健夫도 세키가하라의 전쟁(1600년 9월) 이전에 이에야스가 조선과의 강화에 관심이 없었을 것이며 포르투갈 등과의 무역에 관심을 가졌을 시기에 가서 조선과의 관계에도 관심을 가지기 시작했을 것이라는 추정을 하고 있다.[3]

임진왜란의 원인에 대해서는 거창한 담론을 뿜어내면서도 그 講和에 대해서는 무역적 동기와 연결시키거나 대마도에 양국이 휘둘러진 결과라는 등 편협한 시각이 판을 치고 있다. 그렇다면 한마디 묻고 싶어진다. 講和로 비롯되어 전개되는 막부의 擧國的인 '조선통신사' 접대를 과연 어떻게 이해해야 할 것인가?

이에 비해 홍성덕은 국교재개 교섭기 朝日 외교교섭의 내용이 외교권자로서 이에야스가 권력을 장악해나가는 과정과 교섭의 내용이 일치하고 있다고 평가하고, 1607년 회답겸쇄환사의 파견과 1609년 기유약조의 체결에 이르기까지 대마도의 국교재개 교섭은 이에야스의 권력 장악 과정에 맞추어 강화되었으며, 조선 정부의 대응 역시 일본의 최고 권력자로서 이에야스를 인식해나가는 것과 연계하여 진행되었다, 고 적극적인 평가를 하고 있다.[4]

기존연구에서 '선위치서'로 조선에 건네진 이에야스의 '국서'는 요네타니(米谷)에 의하면 세 가지로 분류되고 있다. 대마도가 완전히 위조했다는 '僞造說', 원래의 '국서'가 내어졌으나 대마도가 이를 고쳐 조선에

2) 田代和生, 『近世日朝通交貿易史の研究』 創文社, 1981, 37쪽.

3) 田中健夫, 『中世對外關係史』 東京大學出版會, 1975, 261~262쪽.

4) 홍성덕, 「조선후기 한일외교체제와 대마도의 역할」 『동북아역사논총』 41, 2013, 143쪽. 일본 학자 중에도 이에야스의 講和에 임하는 입장을 적극적으로 평가한 경우가 있다. 예를 들어 中尾宏, 『朝鮮通信使と德川幕府』 明石書店, 1997, 31쪽, 鶴田啓, 『對馬からみた日朝關係』 山川出版社, 2006, 29쪽 참고.

건넸다는 '改竄說', 조선에 최종적으로 건네어진 '국서'마저도 이에야스에 의해 행해졌다는 '眞書說'이 그것이다.[5] 본 논문에서는 '개찬설'에 한하여는 쉬운 표현인 '改作說'로 고쳐 부르기로 한다.

요네타니에 의하면 이 세 가지의 어떤 說을 택하느냐에 따라 "日朝 양국의 국교 회복이 대마도의 중간 공작의 소산에 불과하며, 양국관계는 당초부터 어긋난 차질을 내포한 채 진전되었다고 볼 것인가, 또는 양국의 '교린'관계가 도쿠가와 정권과 조선정부와의 사이의 '合意' 하에 전개한 것이라고 평가할 것인가 라는 중대한 문제를 포함하고 있다."고 평가하고 있다.[6] 이렇듯 이 세 가지의 說은 강화의 結晶을 어떻게 파악하느냐로 연결된다고 볼 수 있다.

본 논문은 기본적으로 요네타니의 '보강한 위조설'을 비판하기 위해 작성한 것이다. 요네타니가 후술하듯 '위조설'을 적극 보강하였다고 하고 있기 때문이다. 그렇지만 필자가 1985년 작성한 석사논문에서의 주장, 즉 '眞書說'에는 전혀 변함이 없다.[7] 다만 요네타니의 '보강된 위조설'을 비판하고 자신의 주장을 강화하기 위해 대폭 내용을 보충시키고자 한다.[8]

---

5) 米谷均, 「近世初期日朝關係における外交文書の僞造と改竄」『早稻田大學大學院文學硏究科紀要』 41, 1996. 요네타니는 앞의 논문 25쪽에서 '眞書說'의 주창자로 민덕기를 꼽고 있다.

6) 요네타니, 앞의 논문 21쪽.

7) 와세다대학 문학연구과에 제출된 석사논문은 이후 「임진왜란 이후의 朝·日 講和교섭과 대마도(1)(2)」(『사학연구』 39·40집, 1987·1989년)로 활자화되었다. 이에야스 '국서'에 대한 정리로는 민덕기, 앞의 책 219~231쪽 참고.

8) 요네타니 이후 이에야스의 '국서'에 관한 연구가 없는 것은 아니다. 대표적인 연구로 김경태, 「임진왜란 후 강화교섭기 국서문제의 재검토」(『한국사학보』 36, 2009)가 있다. 그러나 이 논문은 이에야스의 '선위치서' 이행이 항복 또는 굴욕을 의미한다는 기존 시각에 대하여, 그것은 메이지 이후의 역사관에서 강조된 것이라는 등의 논리를 펴 부정하고 있다. 그러므로 기존 시각을 기저로 한 본 논문의 전개상 그의 연구 성과를 적극 인용할 수 없게 되었다. 그런데 '선위치서'가 '乞和' '乞降'

II. 家康 '국서' 위조설

'위조설'은 강화 성립을 서두른 대마도가 막부에 무단으로 날조했다는 설로 그 시작은 에도시대의 곤도 모리시게(近藤守重 ; 正齋)로부터 시작되고 있다(이하 '곤도설'이라 약칭). 그는『外蕃通書』(1818년 간행)에서 제1차 회답겸쇄환사가 1607년 가져온 宣祖의 국서가 대마도에 전해져온 것과[9] 막부에 제출되어 紅葉山文庫에 보존되어 있는 것이 서로 다름을 밝혀내어 이를 논하고 있다. 즉 전자에 있는 '奉復'이 후자에서는 '奉書'로 되어있고, 전자에는 있는 '革舊而新問札先及'(옛일을 혁신하여 새로이 위문 서한을 먼저 보내왔음으로)'庸答來意'(이에 보내 온 뜻에 답하는 바)' 등의 문구가 후자에는 없다는 점이다.[10] 이를 근거로 모리시게는 대마도에 전해진 전자가 회답형식을 취하고 있는 것에 대하여 막부에 건네진 후자는 來書의 형식을 취하고 있는 것, 전자에 있는 '선위치서'를 시사하는 문구가 후자에 생략된 것은, 대마도가 중간에서 조선의 국서를 날조하였기 때문이라고 주장하게 된다. 그리고 그러한 대마도의 날조 이유를, 그 前年 대마도에 의해 조선에 건네진 이에야스의 '국서'가 대마도

의 입장이 된다는 것은『선조실록』39(1606)년 5월 13일(경진)조에 선조가 "(家康이) 먼저 우리에게 서계를 보내려 하지 않을 것이다. 賊의 뜻은 바로 우리가 먼저 사신을 보내 글을 보냄으로써 '우리가 사신을 보내 화친을 청했다.'고 말하거나, 혹은 '항복을 애걸하여 정성을 다해 섬겼다.'는 등의 말로 지칭하여 후세에 과시하려는 것이다."("先自送書於我矣, 賊之意, 正欲要我先遣使致書, 謂我爲遣使乞和, 或指稱乞降納款等語, 誇張後世耳."),라는 것에서 알 수 있다.『선조실록』39(1606)년 5월 17일(갑신)조에도 右參贊 姜紳이 "설령 대마도가 우리의 요구대로 家康에게 글을 보내달라고 청하더라도 家康은 바야흐로 한 나라에 웅거하여 두려워하는 바가 없는데, 그가 먼저 글을 보내 우리에게 약함을 보이려고 하겠습니까?"("設令馬賊, 因我言, 以請於家康, 家康方雄張一國, 無所畏憚, 其肯先自送書, 以示弱於我乎), 라는 인식 또한 같다 하겠다.

9) 1725년 대마도의 마츠우라 마사타다(松浦允任)가 저술한『朝鮮通交大紀』에 수록.

10) 田代和生,『書き替えられた國書』中央公論社, 1983, 31~41쪽.

의 날조에 의한 것이었기 때문에 회답형식의 조선 국서를 막부에 그대로 제출할 수 없었기 때문이었다고 분석하고 있다.

그러면 대마도에 의해 1606년 11월 초순 조선에 건네진 이에야스의 '국서'는 어떤 것이었는가 그 내용을 보면, 지금까지 대마도에 강화교섭을 명하여 온 것은 이에야스 자신이었다고 밝히고, 조선의 요구에 응하여 서한을 보내는 것이라면서, '범릉적'건은 대마도주 요시도시(義智)에게 전송시켰다며 '이건'의 이행에 관하여 언급하고 있다. 또한 임진란의 침략행위에 대해서는 이미 사명당이 일본에 왔을 때 '前代非'로서 표명한 적이 있다고 표현하며 조속한 통신사 파견을 요청하고 있다.[11]

그런데 이 '국서'가 전해진지 1개월이 지난 1606년 12월말, 선조는 대뜸 이것을 僞書라고 단정하게 된다. 주된 이유는 이에야스가 스스로 조선에 서한을 보낼 턱이 없다, 明의 연호를 사용하고 있다, '德有隣'이라는 인장을 찍는 것이 일본국서의 관례인데도 '일본국왕'이라 날인되어 있다, 등의 다섯 가지였다.[12] 이러한 선조의 발언은 '곤도설'에 근거해 '위조설'을 주장하는 학자들에게 '위조설'을 입증하는 또 하나의 근거로 삼고 있다.

'위조설'의 제3의 근거로는 제1차 회답겸쇄환사의 부사로 渡日한 경섬(慶暹)이 1607년 3월 15일 대마도에서 대마도주의 외교승려 겐소(玄蘇)와 나눈 다음과 같은 대화를 들고 있다.

11) '국서' 내용은 "累年命義智, 調信等, 求尋千古好盟, 未完其事, 而調信就鬼, 故去年以來, 繼命其子景直而求之矣. 義智頃日飛稟曰, 屢次請和于貴國, 貴國嫌疑未釋, 遲延至今, 親修書請之可也. 是以通書. 至于一件事, 則幸在對馬島, 是以因命義智, 義智必縛送之. 陋邦改前代非者, 去年說與松雲僧及孫僉知, 今更何言乎, 所望殿下, 快早許使過海, 俾六十餘州人民, 知和好之實, 則彼此大幸也. 餘順序爲國自珍"로 『선조실록』 39년 11월 12일(정축)에 실려 있다.

12) 『선조실록』 39년 12월 24일(무자[무오]).

사신 : 關白은 왕의 칭호가 없다 하는데 그렇소?

玄蘇 : 그렇습니다.

사신 : 전에 전계신 등이 가지고 (조선에) 간 서계가 과연 家康의 서계였소.

玄蘇 : 과연 그렇습니다. 어째서 묻습니까?

사신 : 왕의 칭호가 없으면 印文을 어떻게 '日本國王'이라고 새겼소.

玄蘇 : 그것은 일전에 중국 조정의 詔使가 가지고 온 인장입니다. 그때 前 관백이 왕으로 봉한다는 명을 받지는 않았으나, 詔使가 인장을 두고 갔기에 그대로 늘 사용합니다.

사신 : 왕으로 봉한다는 명을 받지는 않았으면서, 인장은 그대로 사용하고 있으니, 그대 나라의 일을 알 수 없구려.

玄蘇 : (빙긋이 웃으며 대답하지 않았다)[13)]

사신의 질의에 겐소가 답하지 못한 것을 가지고 '위조설'의 근거로 삼고 있는 것이다.

제4의 근거로는 선조의 국서에 답한 쇼군(將軍) 히데타다(秀忠)의 답서를 들고 있다. 그 답서에는 이에야스의 '국서'와 달리 '日本國王[源家康]'의 날인 대신 '日本國[源秀忠]'이라 하여 '일본국왕'을 자칭하지 않고 있다. 그리고 이에야스의 '국서'에서처럼 明 연호를 넣지 않고 干支로 '丁未'를 넣고 있었다.

이러한 근거들을 가지고 '위조설'을 지지하는 학자로는 근세한일관계사 연구의 저명한 학자들이 거의 망라되고 있다. 나카무라 히데다카(中村榮孝), 다나카 다케오(田中健夫), 다시로 가즈오(田代和生), 아라노 야

13) "問於玄蘇義智等曰, 關白無王號云, 然耶. 玄蘇答曰然. 曰前日全繼信等賫去書契, 果是家康書契耶. 玄蘇曰果矣, 何以更問. 曰無王號, 則印文何以刻日本國王云云耶. 玄蘇曰, 此乃前日天朝詔使所賫印信也, 其時前關白雖不受封王之命, 而印則詔使置而去之, 故仍爲恒用行矣. 吾等笑曰, 不受封王之命, 而印卽仍用, 你國之事, 未可知也. 玄蘇等亦微哂不答."(경섬, 『해사록』 3월 15일조). '詔使'는 1596년 渡日한 책봉사를 말함.

스노리(荒野泰典), 미야케 히데토시(三宅英利) 등이 그들로 일본에서 지배적인 학설이 되고 있다.[14)]

Ⅲ. 家康 '국서' 개작설과 요네타니의 반론

가) 家康 '국서' 改作說

이에야스의 '국서'에 대해 오랫동안 '위조설'이 지배적이었으나 1985년 다카하시 기미아키(高橋公明)에 의해 '국서'가 대마도측에 건네졌지만 조선에 전달되는 과정에서 수정되었다는 '개작설'이 발표되었다.[15)] 이후 일부 학자들이 이를 긍정하고 있다.[16)] 한편 한국에서는 1960년대 이미 이현종에 의해 '개작설'이 제기되고 유재춘에 의해 1986년 계승되었으나 일본학계로부터는 전혀 언급되지 못하고 있다.[17)]

다카하시는 우선, 에도시대 아라이 하쿠세키(新井白石)나 마츠우라 가쇼(松浦霞沼) 및 하야시 후쿠사이(林復齋) 등이 이에야스 '국서'의 존재를 긍정적으로 이해하고 있다는 점을 들어 대마도 위조설을 제창한 곤도說이 근세에 있어서 반드시 일반적이진 않았다는 점을 지적하고 있다.

14) 요네타니, 앞의 논문 22쪽.

15) 高橋公明, 「慶長11年の回答兼刷還使の來日についての一考察—近藤守重說の再檢討—」(名古屋大學文學部硏究論集, XCⅡ 『史學』 31, 1985).

16) 요네타니는 '개작설'을 '改竄說'이라 표현하고 있다. '개작설'은 紙屋敦之, 『大君外交と東アジア』 (吉川弘文館, 1997, 267쪽), 中尾宏, 『朝鮮通信使と德川幕府』(明石書店, 1997, 37쪽)이 긍정하고 있다.

17) 이현종, 「己酉條約 成立始末과 세견선수에 대하여」(『港都釜山』 4, 1964) 241~245쪽, 유재춘, 「壬亂 후 韓日 국교재개와 국서 개작에 관한 연구」(『강원사학』 2, 1986) 168~181쪽. 필자 또한 1985년 석사논문을 작성·제출할 때 이현종의 앞의 연구를 모르고 있었다.

그리고 『조선통교대기』 所收의 조선의 예조참판 오억령의 서계를 근거로 '위조설'을 전면적으로 비판하고 있다. 1607년 1월부로 내어진 이 서계는 막부의 '執政'을 수신인으로 하여 회답겸쇄환사가 가지고 간 것으로 여기에는 "이제 귀국 왕이 먼저 짧은 편지를 보내와서 '전대의 잘못을 고쳤다.' 하니, 참으로 이 말과 같다면"이라는 구절이 있다.[18] 다카하시는 이에야스의 '국서'가 있었음을 명시하는 오억령의 서계가 막부에 그대로 전달되었을 것이라는 이유로 자신의 이론을 입증하려 하였다.[19]

나아가 '위조설' 학자들이 간과한 1606년 8월 중순 대마도에서 조선의 武官 전계신이 열람한 이에야스의 '국서'에 대해 소개하고 있다.[20] 즉 당시 대마도로 건너간 전계신이 외교관 다치바나 도시마사(橘智正)로부터 이에야스의 '일본국왕서'가 그의 '寵臣'인 혼다 마사즈미(本多正純)의 '贊助'에 의해 얻어졌다고 그 경위를 설명 받고 있다.[21] 이에 전계신은 '국서'를 직접 접하고는 세 가지 문제점을 지적하게 된다. '間或不遜'한 言辭가 있고, 일본인 '범릉적'의 압송 약속을 언급하지 않고 있으며, 관례의 書式보다 글자가 크게 쓰여졌다고 그 수정을 요구하고 있다.[22] 이에 대마도측은 8월 말 이에야스에게 그 수정을 요구하는 사람을 파견하게 된다. 다카하시는 8월 중순에 전계신이 대마도에서 본 서한, 즉 마사즈미의 '찬조'를 받아 작성된 '일본국왕서'야말로 이에야스가 낸 '국서'

18) "今貴國王, 先奉咫尺之書, 乃謂改前代非者, 信斯言也." 경섬의 『해사록』 1월 12일조엔 '今貴國王' 부분이 '今者貴國'이라 표기되어 있다.

19) 다카하시, 앞의 논문 3쪽.

20) 그 내용은 『선조실록』 39년 9월 13일(기묘)조에 상세하다.

21) "頃日討出內府書時, 內府初不肯從曰, 豈可以先自遣書, 區區乞和乎, 反以兵勢誇張, 誠非細慮, 幸賴寵臣政純之贊助, 得出此書, 其幸可言."

22) 유재춘은 앞의 논문 174·178쪽에서, 조선과의 외교 노하우가 풍부한 대마도가 전계신이 지적하듯 '격식'에 어긋나는 서계를 만들 리가 없을 것이라는 점을 들어, 이 서계가 대마도가 위조한 것이 아니라 '격식'을 잘 모르는 막부관료에 의해 만들어졌기 때문이라고 평가하고 있다.

라고 주장하고,[23] 다시 수정되어 11월 초순 조선에 전달된 것을 개작된 것이라 보고 있다.[24]

또한 에도에서 조선사절이 마사즈미의 부친이며 히데타다의 정치고문격인 혼다 마사노부(本多正信)에게 이에야스의 '선위치서'의 이행을 언급하며 謝意를 표한 것에 대하여 마사노부가 이를 부인하지 않았다는 것(후술)을 들어 '선위치서'의 입증자료로 삼고 있다.

나) 요네타니의 반론

요네타니는 오억령의 전술한 서한이 막부에 제출된 것으로 여겨, 다카하시의 '개작설'을 지지해 왔다. 그러나 오억령의 전술한 서계(a)가 막부에 전달되었다는 확증이 없고, 오히려 『續善隣國寶記』에서 내용이 조금 다른 오억령의 서계(b)가 게재되어 있음을 발견하고 이를 기초로 '위조설'을 지지하게 된다.[25]

즉 요네타니는 오억령 서계 a)에는 '선위치서'를 언급한 부분이 있었으나 b)에선 이 부분이 삭제되고 대신 "累年馬島太守, 稱王命雖求和"(여러 해 대마도주가 [조선에] 王命이라 칭하여 강화를 요청했지만)이란 문구로 바뀌어 있는 점을 밝혀, 선조의 국서처럼 오억령의 서계 a)도 b)로 개작되어 막부에 전달되었을 것이라 추정하고 있다.[26]

23) 히데타다에게 쇼군직을 傳位한 이후 이에야스는 스루가(駿河)에 체류하고 있었지만 일급참모로 마사즈미를 곁에 두고 총애하고 있었다.

24) 이에 대해 민덕기는 조선에 전달된 서한마저 이에야스의 동의와 명령에 의한 것이었다는 '眞書說'을 주장하고 있다(민덕기, 앞의 책 226~231쪽).

25) 요네타니, 앞의 논문 25~28쪽. 유재춘은, 1986년의 앞의 논문 註 84)에서 오억령의 개작된 서계가 「續善隣國寶記」에 있음을 이미 밝히고 있다. 그리고 "개작되지 않고 그대로 집정에게 전달된 것으로 본다면 그것이야 말로 결정적인(이에야스의 '국서') 증거라 하겠다."라고 추정하고 있다.

26) 요네타니, 앞의 논문 25~26쪽.

이어서 그는 수신인이 a)에선 '日本國執政閣下'라고 막연하였지만 b)에선 '日本國執政佐渡太守本多公閣下'라고 구체화 되고 있음을 검토하여 '佐渡太守本多公'이란 '佐渡守 本多正信'를 가리키는 것으로, 이는 당시 쇼군 히데타다와 정치고문격인 마사노부와의 관계를 알고 있는 대마도가 개입되지 않고서는 개작할 수 없는 것이라 하고 있다. 회답겸쇄환사가 원래 이에야스의 회답서를 가지고 가는 만큼 오억령의 서계도 이에야스의 '寵臣'인 '집정' 마사즈미에게로 갈 것으로 여겨졌을 것이나 히데타다를 모시고 있는 마사노부(正信)에게로 급거 변경되어져 버린 것이다. 그렇다면 이에야스가 사절을 에도로 가게 하라는 명령을 내린 시점 이후에 개작되었을 것으로 보고 있다.[27)]

요네타니는 그 개작의 의도를 이에야스의 '국서'가 대마도에서 위조된 것이었으므로 그 존재를 막부로부터 은폐하기 위한 것이라 분석하고 있다. 그래서 막부가 살펴봐도 좋도록 "여러 해 대마도주가 '王命'(이에야스의 명령)이라 칭하여 강화를 구하여 왔다"라고 수정하여 강화교섭에 막부가 직접 관여하고 있지 않았음을 강조하였다는 것이다. 즉 이에야스의 '선위치서'가 대마도의 미봉책의 산물이었기 때문에 '국서'의 존재를 시사한 명백한 증거를 지울 필요가 있었다는 것이다.[28)]

요네타니는 에도에서 6월 11일 副使 경섬 등 사신과 마사노부가 나눈 대화에 대해서도 다른 해석을 내리고 있다. 즉 사신이 "우리나라에게 일본은 잊지 못할 원수가 되지만, 老將軍이 국권을 잡은 뒤에 여러 차례 강화를 청해오고, 먼저 書契를 보내어 '前代의 잘못을 고쳤다.' 하므로, 우리 국왕께서 특별히 사신을 보내어 勤念해 준 將軍의 뜻에 답하려 하였던 것입니다. 그런데, 老將軍이 이미 新將軍에게 傳位하였으므로 사신들이 여기 (에도)로 왔던 것입니다. 이제 新將軍이 이웃 나라 사신을 접

27) 요네타니, 앞의 논문 27쪽.
28) 요네타니, 앞의 논문 28쪽.

대하는 성의가 이와 같음을 보니, 어찌 양국의 生靈의 복이 아니겠습니까"라고 이에야스(老將軍)의 '선위치서'에 사의를 표한 것에 대해 마사노부가 "일본도 또한 다행스레 여기고 將軍도 자못 극히 감사하고 기뻐합니다"라고 답한 데 대해서이다.[29]

전술하듯 다카하시는 마사노부의 대답을 가지고 이에야스의 '국서'가 내어졌음을 긍정한 것이다. 그러나 요네타니는 이 대화를 필담이 아닌 역관의 통역을 통한 대화로 추정하고 있다. 그리고 조선 측의 倭學譯官이 경섬의 의도를 정확하게 통역하여 전달했을까에 의문을 표하고, 대마도에 의한 일련의 중간공작에 조선 측의 역관들이 공모한 사실들이 있었음을 들어, 사태의 곤란을 우려한 역관이 사신 측의 이에야스의 '국서'를 언급한 부분을 의도적으로 배제하여 통역·전달했을 가능성이 있다고 추정하고 있다.[30]

그리고 경섬이 같은 날 일기에 기록한 내용을 가지고 경섬의 대화 자세를 분석하려 하고 있다. 즉 경섬은 그날 히데타다의 답서를 받고는 다음처럼 적고 있었다.

> 印은 篆字로 '源秀忠印'이라 네 자를 새겨 넣었는데, 대개 일본의 풍속은 국왕이 대대로 전해주는 印信이 없기 때문에 관백이 된 자가 스스로 제 이름을 새겨서 사용하였다 한다. 이로써 살펴본다면 전일 대마도에서 국왕의 서계라 칭하여 印文에 새겨 '일본국왕'이라 한 것은 대마도가 위조한 인신이었다. (秀忠 답서의 年代 표기에) 玄蘇는 萬曆 연호를 쓰려 하고, 承兌는 일본 연호를 쓰려하여 관백에게 여쭈었더니,

29) "俺等答曰。日本之於我國。有不可忘之讎。而老將軍爲國。累次請和。先遣書契。以爲改前代之非者。故我國王。特遣使价。以答將軍致勤之意。而老將軍。已爲傳位於新將軍。故使臣等。入來于此。今見新將軍。接待隣國使价。誠意如此。豈非兩國生靈之福也。佐渡曰。日本亦以爲幸。將軍頗極感悅云." (경섬, 『해사록』 6월 11일).

30) 요네타니, 앞의 논문 29쪽.

> 관백이 말하기를, "우리나라가 大明을 섬기지 않았으니 明 연호를 쓸 수 없고, 만약 일본 연호를 쓴다면 사신이 반드시 온당하지 못하다고 생각할 것이니, 둘 다 쓰지 않는 것만 못하다" 하였다. 그래서 '龍集丁未'라고 썼다. 용집이란 우리나라의 歲次와 같은 것이라 한다. 일본 연호는 慶長 12년이다.[31]

보듯이 경섬은 '源秀忠印'이라 한 히데타다의 답서와 다르게 이에야스의 '일본국왕'이라 날인한 '국서'는 대마도의 위작이라 단정하고 있다. 일본의 관행이 관백이 된 자가 제 이름을 새긴 인장을 사용하지 대대로 전해주는 관습은 없다고 하기 때문이라는 것이다, 히데타다의 답서에서의 연대표기도 明의 연호는 책봉 문제를, 일본연호는 조선 입장을 고려하여 當年 干支인 '丁未'와 그 앞에 歲次를 의미하는 '龍集'을 넣게 되었다는 것을 들어 적고 있다. 이 또한 明의 연호를 택한 이에야스의 '국서'가 위조되었음을 시사하는 기록이다.

요네타니는 경섬의 이러한 자세에 전술한 대마도에서 3월 15일 玄蘇에게 힐문한 "明의 책봉도 받지 않고 어찌 '일본국왕' 인장은 사용하고 있는가?"라고 한 사실까지 합해 평가하여, 이에야스의 '국서'가 위조라는 확신 상황에서 경섬 등의 사신은 마사노부에게 전술한 것과 같은 이야기를 뚝 던진 것에 불과하다고 보고 있다. 또한 마사노부의 대답 또한 긍정인지 부정인지 애매하기 짝이 없다고 평가하고 있다.[32]

요네타니는 결론으로 막부가 1607년의 조선사절의 도일에 얼마만큼

---

31) 印篆刻源秀忠印四字。蓋日本之俗。無國王相傳之印。爲關白者。自刻其名而用之云。以此觀之。則前日馬島稱國王書契。印文所刻日本國王云者。是馬島僞造印信也。玄蘇則欲用萬曆年號。承兌則欲用日本年號。稟於關白。關白曰。我國不事大明。不可用其年號。若用日本年號。則使臣必有未穩之意。莫如兩去之宜當云。故書之曰。龍集丁未。龍集者。如我國之歲次云耳。日本年號則慶長十二年也。

32) 요네타니, 앞의 논문 29~30쪽.

관여했을까에 대하여, 적절한 지위의 官吏을 사자로 한 조선사절을 오게 하도록 대마도에 주선을 명한 것은 확실할 것이지만 그것은 어디까지나 대마도의 재량에 기초한 것으로 막부가 직접 '국서'를 내어 강화를 요청하는 것은 아니었을 것이라고 정리하고 있다.[33] 요네타니는 오억령의 서계 b)를 가지고 '위조설'을 확정지으려 사신과 마사노부와의 대화까지도 평가절하하고 있는 것이다. 그러나 전계신이 대마도에서 열람하고 그 개작을 요구한 이에야스의 '국서'에 대해서는 웬일인지 언급하고 있지 않다.

Ⅳ. 요네타니의 반론에 대한 비판

위에서처럼 '위작설'을 강화하려 한 '요네타니說'을 간략 정리하면 다음과 같다. 첫째, 오억령의 개작된 서계 b)가 막부에 전달되었으며 이는 1606년 대마도가 위조한 이에야스의 '국서'를 밝히고 있는 a)를 막부에 전달할 수 없었기 때문이다. 둘째, 경섬 등 사신과 마사노부의 대화는 이에야스의 '국서'가 있었음을 뒷받침할 수 없다. ①경섬 등은 이에야스의 '국서'가 위조되었다는 확신을 가지고 그저 떠보기 위해 말을 던진 것이며, ②그것도 필담이 아닌 통역 형식으로 전달되었을 것이며, ③역관 또한 대마도와 한통속으로 대마도의 입장을 고려하여 제대로 전달하지 않았을 것이다. ④마사노부의 대답 또한 애매모호하여 '선위치서'에 대한 긍정인지 부정인지 불확실하다.

'요네타니설'의 첫째의 것을 우선 논하여 보자.

하쿠세키는 『殊號事略』에서 전술한 오억령 서계 a)와 관련하여, "그 해(1606년) (家康이 조선에) 國書를 보낸 사실은, 그 다음해 그 나라의

33) 요네타니, 앞의 논문 31쪽.

通信使가 왔을 때 그들 국왕이 올린 서한과, 예조에서 우리나라 執政에게 보낸 서한에도 보인다."라고 하고 있다. 그리고 "慶長 11년(1606) 가을, 조선의 예조(참의) 성이문이 대마도주 義智에게 보낸 서계에, '지금 일본이 먼저 서한을 보낸다면 우리나라 또한 보답하는 도리가 없을 것인가,' 라고 보여, 慶長 12년(1607)의 봄, 조선국의 信使가 처음으로 올 때에 예조 참판 오억령이, 우리나라의 執政에게 보내는 서한에 귀국 왕이 먼저 간소한 서한을 보냈기에 우리나라 왕도 이에 사신을 파견해 그 뜻에 답하고자 한다고 보이니, (이는) 그 나라 君臣의 요청에 의거하여 慶長 11년 겨울 東照宮(家康)이 國書를 낸 것을 말한다"고 단정하고 있다.[34)]

하쿠세키가 인용한 성이문의 서계 부분(註 34의 밑줄 친 부분)은 『조선통교대기』 권 5, 172쪽의 성이문 서계의 내용 속의 부분과 정확히 일치한다. 즉 거기엔 "今若日本先爲致書、縛送犯陵之賊, 則我國亦無相報之道乎."라 하여 '縛送犯陵之賊'를 제외하면 같다. 또한 예조참판 오억령의 서한의 인용부분도 『조선통교대기』의 176쪽의 그것과 거의 일치한다. "今者貴國王, 先奉咫尺之書。乃謂改前代非者, 信斯言也, 非兩國生靈之福也, 我國王玆遣使价。以答來意."로 '乃謂改前代非者, 信斯言也, 非兩國生靈之福也.' 부분만이 생략되어 있을 뿐이다. 그렇다면 하쿠세키는 어디선가 위작되기 전의 형태의 오억령 서계 a)를 열람한 것이 된다. 『朝鮮通交大紀』가 1725년에 만들어진 것에 비하여 『殊號事略』은 1710년대에 만들어진 저서이다. 그렇다면 『殊號事略』에서 소개한 오억령의

34) "是歳國書を贈られし事は、明年彼通信使の來れる時に彼國王より奉られし書、禮曹より**我國執政**に贈りし書にもみえたり." "慶長11年の秋、朝鮮の禮曹成以文、對馬守義智に贈し書に、**今若日本先爲致書、則我國亦無相報之道乎**、と見え、慶長12年の春、彼國の信使始て來る時に、禮曹吳億齡、我國の執政に贈りし書に、貴國王先奉咫之書、我國王, 玆遣使价, 以答來意、と見えしは、彼國君臣の請ひによられて慶長11年の冬東照宮國書をなされし御事を申す也"(『新井白石全集 3 五事略』 上, 1906年, 631·639쪽).

서계 a)가 『朝鮮通交大紀』에 실리게 된 것으로 볼 수도 있다. 이는 a)가 막부에 전달되지 않았다는 확증을 가지지 못하게 한다. 동시에 하쿠세키가 '선위치서'를 시인해 마지않았음을 알 수 있다.

선조의 국서를 전달하는 것은 6월 6일 히데타다에 대한 조선사절의 傳命禮 때였다. 경섬의 『해사록』 6월 6일조에 보면, "관백이 앉은 자리의 동쪽에 탁자를 놓고 비단 보자기를 깔았는데, 그 위에 우리나라 '書契'를 올려놓은 다음, 예물을 서쪽 기둥 밖에 진열하였다." 라고 있다.[35) 여기서 '서계'가 선조의 국서임은 다음 날의 기사를 통해서 알 수 있다. 즉 7일 박대근을 시켜 예조의 서계와 예물을 執政 佐渡守에게 전하였다고 하고 있다.[36) 전명례 때 전달되는 국서는 가마에 따로 실려 운반되며 上上官을 통해 공식적으로 쇼군측에 전달된다.[37) 그러나 그 이튿날 전달되는 예조의 '집정'에의 서계는 私人을 통해 私的으로 전달되는 듯하다. 1617년 제2차 회답겸쇄환사의 경우에도 8월 26일 쇼군에의 전명례 때 국서가 전달되었지만 예조의 서계와 예단은 그 이튿날 집정에게 전달되고 있다.[38) 그렇다면 예조의 서계는 조선사신측이 건네주기 전에 확인할 수 있지 않을까? 만약 그렇다면 오억령의 a)가 전달되고 b)는 선조의 개작된 국서처럼 한 세트로 내용을 맞추기 위해 1607년 이후 개작되어 『속선린국보기』에 실린 것은 아닐까?[39)

35) "關白坐東設卓子。加錦繡袱。安我國書契於其上。陳禮物於西楹之外."
36) "令朴大根。傳禮曹書幣於執政佐渡守處."
37) 上上官(首譯堂上, 정3품 이상의 역관)이 국서가 든 상자인 서갑을 두 손으로 받쳐 올리고 三使에 앞장서 가 이를 殿外에서 일본 측 受書人에게 건넨다. 이에 受書人이 쇼군에게 이 서갑을 올린 후에 삼사는 절을 올리고 있다.(민덕기, 앞의 책 385쪽).
38) 李景稷, 『扶桑錄』 8월 27일조.
39) 15세기 후반 즈이케이 슈호(瑞溪周鳳)가 편찬한 『善隣國寶記』에는 '일본국왕'이라 자칭·타칭한 무로마치시대 韓日 양국의 서계가 모두 누락되어 있다. 編者가 천황만이 '국왕'이라는 관념에 충실하여 일부러 누락시킨 것이다(민덕기, 앞의 책 283~285쪽).

그럼 요네타니설의 둘째, 즉 경섬 등의 사신과 마사노부와의 대화에 관한 그의 주장을 반박하기로 한다. 우선 경섬이 과연 마사노부에게 떠보기 위해 '선위치서' 이야기를 뚝 던졌을까? 경섬은 이미 대마도에서도 겐소(玄蘇)에게 '일본국왕'이라 날인한 이에야스의 '국서'를 힐문하고 있었다. 마사노부와 대화한 당일인 6월 11일 아침에도 히데타다의 답서를 받아들고 이에야스의 '국서'가 위조되었을 것을 확신하고 있었다. 그렇다면 건성으로 말을 내뱉을 리가 없다. 마사노부를 통해 '선위치서'를 재확인하려는 적극적인 자세로 임했을 것임에 틀림없다.

그리고 마사노부와의 대화가 필담이 아닌 통역을 통한 것일 거라는 추정에 대해서이다. 이를 반박하기 위해 경섬의 『해사록』에서 '쇼군'을 지칭하여 사용된 '關白'과 '將軍'의 표현 용례를 정리하여 논해 보자. 우선 용례를 간단히 소개해 보면 다음과 같다.

3/15 : 사신측이 玄蘇 등에게 묻기를, "關白은 왕의 칭호가 없다 하는데 그렇소?"

4/105 : 景直이 와서 "관백이 셋째 아들 秀忠에게 傳位했고..."

4/195 : 玄蘇 등이 말하길, "관백이 관동일대를 정비하여 사신 맞을 준비를...."

4/255 : 관동에서 온 使者 本田和泉守이 사신에게 秀忠을 '장군'(할주로 '관백'이라 설명)

4/29 : 承兌의 조선사절 박대하자는 주장에 板倉이 반박하는데 히데따다를 '장군'

5/12 : 사신에게 접견을 요청한 使者 島田兵四郎이 秀忠을 '신관백'이라고. 景直도 同席.

5/14 : 사신과 元豐의 대화에 사신이 '家康' '新關白' '舊關白', 元豐이 '舊將軍' '新將軍', 사신이 '舊將軍'

5/16 : 元豐이 박대근 등 역관에게 보낸 편지에서, '家康'에게 전하

니 '新關白'에게 가라고
5/18 : 義智·元豊·景直 등이 사신에게 家康을 '장군'이라 표현
5/24 : 元豊이 사신에게 "관백이 바로 사람을 보내어 문안을 드리려 하였는데..."
5/25 : 관백이 보낸 두 왜인이 사신에게 '장군'의 감사의 뜻 표현, 사신도 '장군'께 감사.
6/20 : 上野守(마사노부의 아들 마사즈미)가 사신에게 '장군'(秀忠)이...
6/21 : 承兌가 관백에게 말하기를 '관백'...
6/23 : 元豊이 피로인의 귀환을 가로막는 왜인을 꾸짖으며, "장군의 명령이 계신데, ...
윤6/5 : 元豊이 板倉에게, "公은 어째서 내 말을 믿지 않소. 내가 장군에게 命을 들었고..."
윤6/7 : 元豊이 쇄환건 관련해 사신에게 '장군'이, 다시 '進貢'건과 관련하여 '장군'이. 이에 사신이 '장군' 元豊이 '장군' 사신이 '장군', 景直이 '장군', 사신이 '관백'

이를 유형화시키면 다음과 같다.

ㄱ) 대마도측과 사신측은 쇼군을 서로 '관백'이라 표현하고 있다. '關白'의 관직에 있었던 도요토미 히데요시(豊臣秀吉)를 '관백'이라 칭한 이후 조선은 일본의 권력자를 '관백'이라 통칭하고 있었다. 쇼군에 대해서 또한 그러했다. 대마도측이 조선의 이러한 관행을 이해했기 때문에 쇼군을 관백이라 말한 듯하다. '관백'이라 칭했을 경우 필담보다는 조선어로, 또는 역관을 통한 통역이었을 가능성이 높다. 쇼군에 대한 '관백' 칭호는 조선용이기 때문이다. 경섬의 『해사록』엔 아래의 3가지 例 외에도 더 있다.

3/15 : 사신이 玄蘇에게

4/10 : 景直이 사신에게
4/19 : 玄蘇가 사신에게

ㄴ) 일본인끼리는 '將軍'이라고 표현하고 있다. 아마도 경섬이 傳言으로 기록한 것이거나 또는 제3자로써 객관적으로 기록하려 했기 때문인 듯하다.
4/29 : 承兌에게 板倉이
6/23 : 元豐이 일본인에게
윤6/5 : 元豐이 板倉에게

ㄷ) 막부관리가 사신에게는 '將軍'이라 표현하고 있다. 이는 무엇을 뜻할까? 통역이 아닌 필담이었음을 뜻하는 것이 아닐까?
4/25 : 막부 관리가 사신에게
5/14 : 元豐이 사신에게
5/18 : 元豐과 대마도 관리가 사신에게
5/25 : 막부 관리가 사신에게
6/20 : 上野守가 사신에게
윤6/7 : 元豐이 사신에게

그러나 ㄱ)~ㄷ)의 유형에 들지 않는 예외도 있다. 5월 12일의 경우, 막부 관리가 사신에게 쇼군을 '新關白'이라 하고 있다. 대마도 관리 가게나오(景直)가 합석하고 있었다고 하니 아마도 그가 통역한 표현으로 여겨진다. 5월 16일의 경우, 元豐이 조선역관에게 서한에서 '新關白'이라 하고 있으나 '家康'이란 표현도 등장하고 있음으로 보아 풀어쓴 듯이 보인다. 5월 24일의 경우, 元豐이 사신에게 '관백'이라 하고 있다. 이는 통역에 의한 것으로 보인다. 6월 21일의 경우, "承兌가 관백에게 말하길"라고 하면서 '관백'이라 한 것이므로 傳言 형식의 표현으로 보인다.

여기에서 주목되는 것은 ㄷ)으로 그 중에서도 5월 14일과 5월 25일 및 윤6월 7일의 경우이다. 5월 14일의 경우, 사신이 '新관백' '舊관백'이라 했지만 '家康'이 등장하는 걸 보면 풀어쓴 것으로 여겨진다. 그러나 元豐이 '신장군' '구장군'이라 하자 사신도 '구장군'이라 하며 '장군'을 쓰고 있다. 사신이 막부 관리의 '장군' 표현을 존중하여 '장군'이라 사용한 것으로 여겨져 필담을 그대로 옮겨 적은 것으로 보인다.[40] 5월 25일의 경우, 막부 관리(兩倭)가 사신에게 '장군'이라 하고 사신도 대답에서 '장군'으로 표현하고 있다.[41] 윤6월 7일조의 경우, 元豐이 '장군'이라 하자 사신도 '장군'으로 표현하고 있다. 쇄환건이나 眞貢件을 다루는 만큼 그 중요성으로 보아 필담이었음에 틀림없어 보인다. 다만 사신이 마지막 대화 속에 '관백'이라 표현한 것은 필담을 옮겨 적는 과정에서의 착오로 여겨진다.[42]

40) 吾等答曰。使臣奉國命而來者。只爲傳命於家康。不可以中間言語。徑往新關白所也。不得已先見舊關白。聽其丁寧之語。然後傳命於新關白。事甚順理。又爲得體。元豐答曰。雖不見舊將軍。只往新將軍。無害於理。吾等答曰。吾等當守我國事體。舊將軍雖不可得見。必須得印信文券。然後方可往彼。而廻還我國。亦有證據.

41) 兩倭曰。將軍慰謝遠來。(使臣)答曰。一路支待。皆致恪謹。無非將軍之令。多感多感。第將王命而來。卽未得傳。以此爲念。

42) 元豐曰。非不力焉。將軍許令願歸者。皆爲刷出。而但被擄之人。皆少時入來。男婚女嫁。生子居產。今至十餘年。有若土着之人。願歸者少。玆以如此。(중략) 且通和一事。專爲進貢天朝也。俺曰。日本之進貢天朝。何預於朝鮮。而言于吾等耶。必欲入貢。自有舊路。日本自當奏請。尤非我國之所知也。元豐曰。朝鮮乃中國一體之國也。欲因朝鮮。導達進貢之意也。將軍於使臣接待之際。欲爲出言。或於書契中。欲爲措辭以送。而以爲如此之事。不可煩瀆於國王前。亦不可泛言於使臣。只可令馬島。通於朝鮮執政云。吾旣聽將軍之言。若只言於馬島。而不告於使臣。則似非尊敬使臣之意。故敢此言及矣。俺等曰。此事極難。(중략) 我國何敢更發此說於天朝。自速罪辜哉。況此事苟是將軍之所大欲。則俺等接見之際。未嘗一言及此。(중략) 俺等答曰。莫大之事。將軍雖對面言之。必須力辨乃已。況於今日。豈但聞之而已乎。(중략) 景直曰唯唯。此事之難。吾豈不知。但將軍有令。則馬島不敢不通矣。(중략) 俺等曰。你等旣知我國決難從之情。則與其通之而不見聽。曷若初不言之爲順且便也。況吾等入來之時。關白及執政之人。所不言之事。(후략)

그러면 요네타니가 통역을 거쳤을 것이라는 전술한 6월 11일의 사신과 마사노부와의 대화를 검토하여 보자.

> ① 佐渡守 및 元豐 등이 말하기를, "將軍이 산 넘고 물 건너 천릿길을 온 貴行을 (생략)"
>
> ②우리들이 대답하기를, "우리나라에게 일본은 잊지 못할 원수가 되지만, 老將軍이 국권을 잡은 뒤에 여러 차례 강화를 청해오고, 먼저 書契를 보내어 '前代의 잘못을 고쳤다.' 하므로, 우리 국왕께서 특별히 사신을 보내어 勤念해 준 將軍의 뜻에 답하려 하였던 것입니다. 그런데, 老將軍이 이미 新將軍에게 傳位하였으므로 사신들이 여기 (에도)로 왔던 것입니다. 이제 新將軍이 이웃나라 사신을 접대하는 성의가 이와 같음을 보니, 어찌 양국의 生靈의 복이 아니겠습니까?"
>
> ③ 佐渡守가 말하기를, "일본도 또한 다행스레 여기고 將軍도 자못 극히 감사하고 기뻐합니다."
>
> ④ 우리들이 묻기를, "우리나라의 예조가 국왕의 명을 받들어 귀국의 執政에게 편지를 보내었습니다. 사신들이 이제 떠나 돌아가려 하니, 곧 답장을 써주기 바랍니다. 그리고 편지 가운데 쇄환에 관한 한 가지 일은 어떻게 하려는지 모르겠습니다. 모름지기 마음을 다하여 일을 성취시켜 양국의 화호를 이루게 하기 바라오."
>
> ⑤ 佐渡守가 말하기를, "마땅히 老將軍께 여쭈어 힘을 다하여 하겠습니다.……"하였다.[43)]

43) 佐渡及元豐等曰。將軍深慰貴行千里跋涉。以不腆薄物。聊表謝意。旣以禮贈。則似不敢拒。不得已受之。左渡曰。此後進退。惟使臣處分。今者和事旣成。源氏之世。更有何嫌。此後如有兩國相通之事。令馬島爲之。俺等答曰。日本之於我國。有不可忘之讎。而老將軍爲國。累次請和。先遣書契。以爲改前代之非者。故我國王。特遣使价。以答將軍致勤之意。而老將軍。已爲傳位於新將軍。故使臣等。入來于此。今見新將軍。接待隣國使价。誠意如此。豈非兩國生靈之福也。佐渡曰。日本亦以爲幸。將軍頗極感悅云。俺等仍問曰。我國禮曹奉國王命。致書于貴國執政矣。使臣等。今將發還。願卽修答。且書中刷還一事未知何以爲耶。須盡心成事。以遂兩國和好也。佐渡曰。當稟於老將軍。盡力爲之云。(경섬, 『해사록』 6월 11조).

이렇게 보면 마사노부가 먼저 '장군'이라 표현하고 있고, 사신이 '장군'으로 받고 있다. 이는 필담이기 때문으로 보인다. 더구나 이에야스의 '국서'나 피로인 쇄환건을 거론하고 있는 만큼 통역으로 지나칠 안건이 아니었을 듯하다.

그런데 요네타니는 필담이 아닌 역관을 통한 통역이었을 것이며, 역관이 대마도와 한통속이 되어 제대로 사신의 표현을 전해주지도 않았을 것이라고 추정하고 있다. 그러나 역관들의 대마도에의 비호나 대마도와의 공모는 아직 강화도 이뤄지지 않은 상황에서는 그 가능성이 희박하다고 하겠다. 강화가 이루어지고 일단의 체제가 정비되어져야 뇌물이나 떨어질 콩고물이 예상되어 역관의 親대마도 행위가 가능할 것이지만, 1607년의 단계에선 일개 역관이 함부로 국가로부터 일탈된 행동을 할 수 없었을 것이다. 실제로 이 시기 유사한 사건은 발생하지 않고 있다.

또한 마사노부(佐渡守)의 대답인 위의 ③이 애매모호하여 긍정도 부정도 하지 않은 것으로 보인다는 요네타니의 설명에 대해서이다. 과연 그럴까? 이에야스의 '국서'가 없었다면 ②의 사신의 말을 마사노부가 ③처럼 받아서는 아니 될 것이다. ③은 ②에 대한 긍정적 답변으로 보아 무방하다고 하겠다.

요니타니는, 만약 민덕기의 주장처럼 이에야스의 '국서'가 있었다면 하쿠세키가 추측하듯 죠타이(承兌)가 초안을 작성했을 텐데, 히데타다의 답서에 일본연호를 사용하자고 한 그가 明의 연호를 쓴 국서를 낼 리가 없다고 말하고 있다.[44]

이와 관련하여 먼저 히데요시의 책봉 문제를 보자. 예전에는 히데요시 본인이 明의 '일본국왕' 책봉 준비에 대해 전혀 알지 못했고, 그러므로 이를 알고 나서는 분노하여 命이 보낸 책봉 조서를 찢고, 곧 다시 조선을 침략했다고 파악하여 왔다. 그러나 전쟁이 장기화되고 국내정세마

44) 요네타니, 앞의 논문 31쪽.

저도 불안해지자 히데요시는 명 정복의 야심은 포기하면서 책봉은 받아(勘合)무역을 통한 경제적인 이득을 획득하려 했던 것으로 최근에는 일컬어지고 있다.45)

히데요시처럼 이에야스도 明의 책봉을 희망하고 있었다. 즉 1600년 8월 그는 明의 인질 茅國科를 시마즈씨를 통해 중국 福建 루트로 송환하면서 '大明總理軍務都指揮 茅國器'를 수신인으로 한 서한에서 "우리나라가 조선과 和平을 맺는다면 중국(皇朝)에 이르러 또한 예전처럼 金印과 勘合으로서 왕복할 수 있을 것이다"라 하여, 우선 조선과의 국교를 회복한 이후 明으로부터 金印과 勘合을 받아 통교관계를 회복하고 싶다는 의향을 표명하고 있었다. 이 서한은 이에야스의 명령으로 외교고문인 죠타이가 작성한 것이었다.46) '日本國王之印'이라 새겨질 '금인'을 요청했다는 것이 明의 책봉을 받겠다는 의지로 볼 수 있는 것처럼, 明과의 관계회복을 기대하여 죠타이가 이애야스의 '국서'에 '일본국왕'과 明 연호를 쓸 수 있었던 것은 아닐까?

무로마치 막부가 조선에 보낸 쇼군의 국서에서 '日本國王'을 자칭한 경우가 4회 보인다. 아시카가 요시마사(義政)와 요시즈미(義澄) 및 요시하루(義晴)가 보낸 것이 그것이다.47) 그중 요시마사의 2통의 「일본국왕」 서한은 『세종실록』 30년 6월 21일(을해)조와 『성종실록』 13년 4월 9일(정미)조에 실려 있다. 前者의 것은 正統이란 明의 연호까지 사용하고 있다. 이에야스가 조선사절이 오는 것을 갈망하였다면 그러한 선례를 감안하여 '일본국왕'이나 明의 연호 사용을 굳이 회피했다고 볼 수 없지 않을

45) 김문자, 「豊臣秀吉의 冊封문제와 壬亂期의 講和교섭 – 정유재란의 원인을 중심으로 –」 『중앙사론』 36, 2012. 263~264쪽.

46) "本邦朝鮮作和平, 則到皇朝, 亦如前規, 以金印勘合, 可作往返."(민덕기, 『조선시대 일본의 대외교섭』 경인문화사, 2010, 116~117쪽).

47) 高橋公明, 「外交稱號, 日本國王某」(『名古屋大學文學部硏究論文集』 113·史學 38, 1992) 248쪽.

까? 그러면 왜 히데타다의 경우의 '국서'는 '일본국왕'도 明의 연호도 회피하고 있었을까? 그것은 答書가 되기 때문이다. 조선과 강화를 맺은 상황에서의 '국서'가 되기 때문이다.

V. 家康 '국서' 위조설의 문제

이에야스 '국서' 위조설은 많은 문제를 가지고 있다. 우선 선조의 발언이다. 선조의 발언은 이에야스가 '선위치서'를 할 리가 없다, 明의 연호를 사용할리 없다, '일본국왕'이라 날인할 리가 없다는 것 등 3가지로 대별할 수 있다. 이는 모두 임진왜란을 겪은 조선의 일본에 대한 강한 불신의 표현이지 결코 위서를 입증하는 발언은 아니다. 선조처럼 경섬 또한 渡日 기간 동안 '선위치서'의 이행을 불신하는 자세를 거듭 나타내고 있다. 전술하듯이 대마도에서 겐소에게 明 책봉사가 남기고 간 '일본국왕'인을 날인했다는 것에 힐문하고 있다. 이에 겐소가 제대로 답하지 않고 웃기만 했다는 것으로 '위조설'의 근거로 삼는다. 그러나 겐소의 묵묵부답은 오히려 책봉을 받지 않은 채로 '일본국왕'인을 주워 어찌 사용하였느냐 하는 경섬의 비웃음에 대한 대응 정도로 이해할 수 있다. 또한 경섬의 '선위치서'에서의 '일본국왕' 자칭과 명 연호 사용도 선조와 같은 불신의 입장에서의 추정에 불과하다.[48]

다음은 傳命禮의 변경과 관련한 경섬의 『해사록』 기록이다.

48) 경섬의 '선위치서'에 대한 관심은 집요하다. 『해사록』 6월 12일 일기엔, 宦奴(5월 17일 일기에 의하면 이에야스를 모시고 있는 被虜人으로 이름은 允福이다)에게 이에야스가 사용하는 印信이 있느냐고 묻고, "전에는 있었으나, 어떤 사람이 그것을 위조하다가 드러나자, 이에야스가 그 사람을 곧 삶아죽이고는 말하기를, '사용하는 도장이 도용을 당하니 수결[着押]하느니만 못하다.'하여, 곧 녹여버리고 지금은 없습니다."라는 답을 듣고 있다.

4/10 : 오사카 체류. 景直이 와서 "관백이 셋째 아들 秀忠에게 傳位했고, 武藏州 江戶에다 새 도읍을 창설하였으므로, 사신 일행이 關東으로 들어가야 할 듯하니, 관백의 확실한 소식을 기다려 진퇴를 결정해야 합니다"라고 말하다.

4/14 : 교토 체류. 元豐 등 왈, 관동까지 15~20일 거리라 관백의 결정이 아직 未도착.

4/19 : 玄蘇 등 왈, '관백'이 관동일대를 정비하여 사신 맞을 준비 중.

4/28 : 景直 왈, 관백이 오라는 소식이 왔으니 5월 6일 관동으로 출발하자고.

5/01 : 景直 왈, 관백이 아들 수충에게 傳位하고 지금 에도에 있으니 그리고 가야한다(關白傳位於其子秀忠。方在關東武藏州江戶府。吾等當奉使臣進去其處云云).

5/02 : 사절이 관동으로 가야하는 사유의 장계를 조선 조정에 보내려 대마도측에 위탁.

5/06 : 교토에서 관동을 향해 출발.

5/14 : 濱松 체류 중. 元豐과 사신과의 아래와 같은 대화.

元豐 왈, 家康이 머물고 있는 스루가로 간다, 고(元豐來辭。先往駿河州家康所住處).

사신 왈, 가지고 온 서계를 마땅히 家康에게 전해야 한다, 고 거듭 타이르다(以賫來書契。當傳於家康之意。反覆開諭).

元豐 왈, "이미 傳位하였으니 (서계를) 받을 리 만무합니다. 다만 사신의 뜻을 家康에게 전달하고, 中路에 마중 나와 보고하겠습니다"(則元豐答曰。旣已傳位。萬無自受之理。第將使臣之意。導達於家康。迎報於中路).

사신 왈, "사신이 國命을 받들고 온 것은 오직 家康에게 명을 전하기 위한 것이니, 중간 사람의 말만 듣고 새 관백에게 지레 갈 수는 없습니다. 부득이하다면, 먼저 옛 관백을 보고 그의 丁寧한 말을 들은 뒤에, 새 관백에게 傳命을 하는 것이 사리에도 매우 타당하고, 또한 체통에도 맞습니다"(吾等答曰。使臣奉國命而來者。只爲傳命於家康。不可以中間言語。徑往新關白所也。不得已先見舊關白。聽其丁寧之語。然後傳命於

新關白。事甚順理。又爲得體).

元豐 왈, "비록 옛 장군을 뵙지 않고 오로지 새 장군에게 간다 하더라도 사리에 해로울 것이 없습니다"(元豐答曰。雖不見舊將軍。只往新將軍。無害於理).

사신 왈, "우리들은 마땅히 우리나라의 事體를 지켜야 합니다. 옛 장군을 비록 뵙지 못하더라도 반드시 印信文券을 받은 뒤에야 바야흐로 새 장군에게 갈 수 있는 동시에, 우리나라에 돌아가서도 또한 증거가 있게 되는 것입니다"(吾等答曰。吾等當守我國事體。舊將軍雖不可得見。必須得印信文券。然後方可往彼。而廻還我國。亦有證據).

元豐 왈, "일본에는 符信 等物이 없고, 다만 언어만 가지고 서로 증빙을 삼으므로, 印信文券으로 할 필요가 없습니다"하며, 숱한 말을 되풀이하다"(元豐答曰。日本無符信等物。第以言語相憑。不須印文爲矣。反覆許多辭說).

사신 왈, "그렇다면 이 한 가지 일은 그대들에게 일임할 터이니, 중간에서 주선하여 文札 하나를 얻어, 서로 증거 삼게 함이 어떻겠습니까?"(吾等答曰。然則此一事。一任爾輩中間周旋。使得一文札而相憑。則如何).

元豐 왈, "그것은 좋습니다"(元豐答曰。是則可矣).

5/16 : 元豐이 駿河에서 김효순·박대근 두 역관에게 보낸 편지에서, "사신의 뜻을 家康에게 전달하였더니, '이미 전위하였으므로 나는 국서를 받을 수 없으니, 사신은 마땅히 에도로 바로 가서 새 관백에게 명을 전하고, 돌아올 적에 서로 만나볼 것이다' 하였소."

5/17 : 義智와 景直이 家康을 뵙고 와서 그의 만족감을 전하다. 家康이 사절의 행차를 직접 층루에 올라가 관람했다고 한다.

5/18 : 元豐 등 왈, 家康이 사절을 접견하고 싶어하나 事體 때문에 먼저 접견함은 곤란하고, 歸路에는 접대 장소도 수리될 터이니 꼭 접견하겠다고 했다고.

5/23 : 사신이 景直에게, 에도에 들어가면 속히 王命을 전하겠다는 뜻을 주선해 달라고 부탁하니, 景直이 답하여, 관백이 정할 것으로

주선은 곤란하다고.

5/25 : 에도 도착 이튿날, 사신이 왕명을 즉시 전하고 싶다고 막부측에 전하다.

6/02 : 관백이 義智·玄蘇·景直 등을 불러 傳命儀를 講定하였는데, 이 달 5일로 가려 정했단다. 대개 의례가 家康에게 갔다 오는 동안에 일자가 많이 허비되므로 이처럼 물려 정한 것이라 했다.

6/05 : 執政 佐渡守가 景直에게 알리길, 날씨가 맑아지면 내일 전명례를 행하겠다고.

6/06 : 전명례를 행하다.

6/11 : 관백이 佐渡守 正信 등을 보내어 회답국서를 전하다. 좌도수 왈, 이제 강화가 이루어졌으니, 源氏의 세상에 다시 무슨 원혐이 있겠습니까? 이제부터 양국 사이에 서로 통할 일이 있으면 馬島를 시켜 하십시오(今者和事旣成。源氏之世。更有何嫌。此後如有兩國相通之事。令馬島爲之).

6/19 : 淸見寺 체류. 景直 등이 駿河가 정리될 때까지 머물기를 청하므로 그대로 머물고 떠나지 않았다.

6/20 : 家康의 宮城으로 들어갔다. (중략) 살고 있는 城은 방금 改築하여 아직 완공하지 못하였다. 上野守가, (중략) "양국이 이미 和好하고 장군도 지극히 기뻐하고 있으니 피차 의심할 것이 없습니다. 우리 父子도 죽기 전에는 또한 다른 마음이 있겠습니까? 앞으로는 모든 일을 馬島로 하여금 相通하게 하겠습니다"(此後凡事。當令馬島相通云云).

이에야스가 傳位를 핑계로 사신에게 秀忠이 있는 에도행을 최초로 제기하는 것은 오사카에서이며 사행이 渡日한지 40일이 지나서인 4월 10일이다(대마도 도착이 3월 1일). 그런데 확정적이지 않는 뉘앙스를 풍기고 있다. 4월 14일에도 그렇다. 딴엔 사신의 충격과 동요를 최소화시키려 그러했는지 모르겠다. 사신이 이에야스의 회답서를 가지고 왔기 때문이다. 4월 19일에 이르러 에도행이 결정되는 듯하다. 그리고 4월 28일 에도행이 확정되고 교토에서 에도로의 출발을 5월 6일로 확정한다. 그러나『해사록』으로 보는 한 사신의 동요는 전혀 없다. 5월 1일 에도로 간다 해도 이에야스가 그곳에 있다고 가게나오(景直)가 말하니 전명례도 에도에서 이에야스에게 행하겠지, 라고 기대했을지도 모른다. 그래서 태연하게 조선 조정에 에도로 간다는 장계를 올렸을 것이다(5월 2일).

문제는 에도로 향하는 길의 나고야(名古屋)에서 스루가(駿河, 現 靜岡)로 가는 중의 하마마츠(濱松 ;浜松)에서 5월 14일 일어난다. 이에야스가 스루가에 있음을 알게 된 사신이 그에게로 가서 국서를 전달해야 함을 누누이 주장하고 있다. 이에 元豐은 傳位한 상태라서 국서를 받을 리가 없다고 반대한다. 사신은 이에야스에게 국서를 전달하는 國命을 받들고 온 입장이라고, 이에야스를 우선하여 접견이라도 하여 그 까닭을 들은 뒤에 '新關白'에게 傳命하겠다고 고집한다. 元豐이 계속 반대하자 사신은 이에야스의 '印信文券'이라도 받아야 히데타다에게 傳命할 수 있고 조정에도 내놓을 증거가 된다고 傳命禮 변경에 대한 이에야스의 사유서라도 받을 양 목소릴 높이고 있다. 그러자 元豐은 일본에는 '符信' 같은 것이 없고 오직 말로만 증빙을 삼는다고 무턱대고 반복하여 거부한다. 이에 사신은 증거 삼을 '文札' 하나라도 얻게 해 달라고 말을 바꾼다. 일본 한복판에서 사신이 저항할 방법은 딱히 없다는 인식하에 꼬릴 내린 것이다. 그러나 '文札'에 대한 것은 元豐의 수락에도 불구하고『해사록』에 이후 보이지 않는다. 무시되고 만 듯하다.

傳位했으므로 국서를 받을 수 없다는 논리로 재삼 사신의 불만을 무마하려 한 이에야스는 대신 歸路의 스루가에서 접견하겠다고 약속한다(5월 16일). 이에야스는 이어 조선사절에 대한 감사와 기쁨을 숨기지 않고 표현하고 있다(5월 17일, 18일).

사신은 에도 도착 전부터 傳命을 서두른다(5월 23일). 도착해서는 곧장 傳命을 재촉한다(5월 25일). 그리고 날씨가 맑은 6월 5일 사신이 히데타다에게 傳命禮를 행한다. 그런데 웬일인지 이에야스에 회답하는 선조의 국서가 히데타다에게로 건네지는 것에 대한 문제의식은 전혀 사신에게 없다. 어찌 된 일일까? 그것은 이에야스의 문제가 되고 말았기 때문이라 여겨진다. 이에야스가 사신이 향할 곳을 변경시켰기 때문이다.

스루가의 城郭은 에도의 경우처럼 완성되지 않은 상태였다(6월 19일, 20일). 이제 본격적으로 출발하는 막부의 모습을 이에야스는 조선사절에게 보여주고 싶었던 듯하다. 그런데 에도에서 마사노부가, 스루가에서 그 아들인 마사즈미가 똑 같은 말을 하고 있다. 이제부터 양국의 교섭은 모두 대마도로 하여금 위임하겠다는 것이다(6월 11일, 20일). 이는 지금까지는 자기들이 해왔다는 이야기로 들려진다. 이제껏 강화교섭의 중심은 막부였고 대마도는 그 하수인에 불과했다는 것으로 들려진다.

VI. 맺음말

세키가하라 전쟁 이전 일본의 강화교섭은 이에야스의 국교 회복에의 적극 의사를 부정하고, 전란에 의해 무역이 단절된 대마도가 獨走하여 조선에 사신 파견을 이어갔다고 종래에는 일컬어 왔다. 그런데 히데요시의 사망에 의한 일본군의 조선 철수와 관련하여 1598년 11월의 『선조실록』엔 흥미로운 기록이 있다.

> 포로가 되었던 사람이 와서 말하기를 "關白이 7월 17일 병으로 죽자 德川家康이란 대장이 國事를 다스리면서 이곳 (조선)에 온 倭將들의 처자를 모두 붙잡아 가두고 모반하지 못하게 하고 두세 번 사람을 보내어 加藤淸正 등을 소환하였으므로 淸正이 이달 내에 들어갈 것이 분명하다"고 하였습니다. 또 도망쳐 돌아온 자가 말하기를 "관백이 7월 초에 병으로 죽고 여덟 살 먹은 자식은 어려서 국사를 다스리지 못하니, 二也思(이에야스)란 왜장이 멋대로 호령을 내리며, (후략)[49]

비록 일본에서 도망쳐 온 피로인의 정보로 히데요시의 사망 시기가 옳지는 않지만, 이에야스가 얼마나 재빠르고 면밀하게 일본 정국을 장악해 가고 있었는가를 시사하는 정보라 하겠다.

1600년 4월 대마도는 고니시 유키나가(小西行長)·데라사와 마사나리(寺澤正成) 등의 서한을 조선에 보내고 있다. 이처럼 유키나가나 마사나리 등이 대마도와 같이 강화교섭에 참여하고 있다는 것은 이미 중앙정부 레벨에서 국교회복 추진이 日程에 올라와 있었음을 시사하는 것이며, 일본 정국을 주도해 가려한 이에야스가 이에 깊게 관여하고 있었음은 충분히 예상할 수 있다.[50)]

세키가하라의 전쟁으로 정국을 장악한 이에야스가 막부를 창설한 것은 1603년이다. 그리고 사명당이 대마도에 도착한 것은 1604년 7월이다. 이에 이에야스는 사명당을 교토로 불렀다. 그해 12월 사명당이 교토에 왔지만 체류가 장기화하고 있다. 이에야스가 世子 히데타다의 上京을 사명당에게 보이고 싶어했기 때문이었다. 히데타다가 쇼군직을 계승한다고 하는 것은 그 당시에 반쯤은 공포되었는데, 이에야스는 사명당 일행에게도 전한 뒤에 그를 만날 것을 요구하였다. 말할 필요도 없이 이 일은 오사카의 도요토미 히데요리를 의식한 것이었다. 3월 21일 오오츠(大津)로부터 10만의 군사와 함께 히데타다를 맞이한다고 하는 사실은, 막 발족한 막부권력의 위광을 보이는 것뿐만 아니라, 막부가 조선외교를 담당한 것, 쇼군직의 도쿠가와 세습을 일본 민중이나 사명당 일행에게도 인상시켜 주는 일이었을 것이다.[51)]

『通航一覽』에는 이에야스가 사명당의 접견에 즈음하여 대마도주 요

49) 『선조실록』 31년 11월 21일(임인).

50) 中尾宏, 『朝鮮通信使と徳川幕府』 明石書店, 1997, 31쪽. 李啓煌, 『文祿·慶長の役と東アジア』 臨川書店, 1997, 232~234쪽.

51) 中尾宏, 「松雲大師 惟政과 日·朝復交」 사명당 기념사업회편, 『사명당과 유정』 2000, 354쪽.

시토시에게,

> 올해 천하를 히데타다에게 양위할 것이다. 이번에 온 조선 사자는 후시미(伏見)에 와서 禮를 나타내야 할 것이다. 그러나 근간에 꼭 信使를 보내게 하여 히데타다에게 禮를 표해야 할 것이다.52)

라고 하였다고 기록하고 있다. 그의 발언에서 주목되는 것은 이번에 온 사명당은 자신이 접견하지만, 곧 쇼군직을 히데타다에게 물려줄 것이므로 그에게 조선 信使를 반드시 파견하게 하여 禮를 표하게 하라고 한 점이다. 히데타다에게 쇼군직이 양위되는 것은 그해 4월이다. 그렇다면 이에야스는 이미 이 시점에서 양위하는 새 쇼군에게 조선의 정식사절인 信使가 파견되길 바라고 있는 것이니, 조선 사절을 통해 쇼군의 위엄과 막부의 정통성을 과시하려는 이에야스의 강력한 희망이 담겨져 있다고 여겨진다.53)

이에야스는 조선이 자신의 서한을 보내라 요구할 것을 이미 '先爲致書'의 提起 훨씬 이전에 알고 있었을 것으로 여겨진다. 대마도를 통한 일본 측의 강화 요청을 대마도의 恣意的 행위로 오해하고 있었기 때문이며, 講和의 意志가 과연 이에야스의 뜻인가를 조선이 계속 의심하고 있었기 때문일 것이다. 이와 관련하여 1603년 1월 송환된 피로인 김광의 상소를 보자.

> 어떤 이는 "일본이 화친을 청하고자 한다면서 어찌하여 이에야스의

52) "當年天下を秀忠公へ御讓あるへし，朝鮮の使者，此度は伏見へ來り御禮申すへし，近年の內に急度信使を渡し，秀忠公へ御禮申し上へし."(『通航一覽』 권 27).

53) 대마도측은 조선의 사신이 히데타다에게로 향하게 될 것을 언제 알았을까? 김경태는 앞의 논문 69쪽에서, 다년간 조선과의 국서를 위조·개작해 온 대마도가 유독 1607년의 宣祖 국서만을 저열하게 개작했다는 것은, 철저한 계획 하에 안정적으로 이루어진 것이 아니라 목적지가 에도로 변경되어 서둘렀기 때문이라고 하고 있다.

글은 없고 平調信의 글만 있는가?" 하는데, 이는 그렇지 않습니다. 무릇 일본이 저희끼리 공격할 때에도 군사를 일으켜 이미 적의 성 밑에 이르렀더라도 적이 서로 화친하기를 청하면 공격하지 않고 군사를 돌립니다. 살상하지 않고 항복받는 것을 좋아하는 것이 왜적의 常情인데, 시게노부가 이에야스에게 속여서 "조선이 화친을 청하니 군사를 동원할 것 없다" 하였으므로 이에야스는 이미 항복한 것으로 알고 좋아하며 화친하는 일을 시게노부에게 전담시켰습니다. 그런데 여러 해 동안 질질 끌므로 지난해 이에야스가 노하여 "明에 稟命한다는 것은 반드시 핑계하는 말일 것이니 군사를 동원하지 않을 수 없다" 하고, 大將을 나누어 정하여 軍機를 정제하니, 시게노부가 청하기를 "올해 반드시 정해질 것이니 다시 사람을 보내야 한다. 일이 이루어지지 않은 뒤에 군사를 동원해도 늦지 않다" 하였습니다. 그래서 도시마사를 보낸 것입니다. 이에야스는 본디 싸우려 하였고 화친하려 하지는 않았는데 다만 시게노부가 속인 것을 믿었을 뿐이니, 이에야스의 글이 오지 않는 것은 의심할 것도 없습니다.[54]

김광의 상소엔 이에야스의 통신사 파견 독촉을 조선 再侵과 연관지어 강조하고 있다는 점을 간과할 수 없다. 즉 이에야스는 화친을 구하는 서한을 먼저라도 조선에 보내려 했는데, 조선이 화친을 청한다고 시게노부가 속이는 바람에 그만두었다는, 이른바 시게노부의 탓으로 잘못을 돌리는 전략으로 조선을 위협하고 있다는 점에서 진정 이에야스가 서한을 보내려 했을까의 여부는 알 수 없다. 다만 주목하고 싶은 것은 조선이 자신의 서한을 갈구하고 있다는 점을 이에야스가 진작부터 숙지하고 있었다는 점이다. 그리고 머지않아 강화가 성립될 결정적 단계에 자신의 서한을 국서로서 요구할 것을 예측하고 있었다고 할 수 있다.

54) 『선조실록』 37년 2월 무신조. 김광의 송환과 관련하여 『通航一覽』(卷 26)에서는, 이에야스의 허락에 의해 송환되게 되었고 대마도측과 필담으로 講和에 대해 상세히 의견을 나누었다고 하고 있다.

이에야스는 에도막부의 쇼군직이 세습되어 결코 히데요시의 아들 히데요리에게 정권이 양도되지 않음을 일본 전국에 밝히고자 했다. 그래서 쇼군이 된 2년 후인 1605년에 아들 히데타다에게 쇼군직을 양위하고 있다. 조선의 통신사가 히데타다에게 파견되어 국서를 전달하게 하는 것, 이것이 막부의 권위를 드높이는 데 더없이 중요한 것임을 아는 이에야스는, 조선의 국서 요구에 큰 부담 없이 응할 수 있었을 것이다. 왜냐하면 '朝鮮通'인 대마도의 諮問을 받아 서한을 보낼 것인 만큼 조선을 만족시킬 수 있는 내용을 담을 것이고, 대마도만 '선위치서'의 행위를 비밀로 지키면 그만이다. 더더욱 조선이 이에야스를 수신인으로 하는 답서를 보내온다 해도 히데타다에게로 가 '傳命禮'를 행하게끔 하면 되는 것이다. 이러한 이에야스의 시나리오를 18세기 초의 학자 아라이 하쿠세키(新井白石)는 꿰뚫고 있었던 듯하다. 다음이 그의 추정이다.

> 丁未(1607)年의 조선사절은 회답사라 일컬었다. 이는 이에야스가 보낸 서한에 답한다는 뜻이었다. 사절이 일본에 이르자 이에야스는 쇼군직을 히데타다에게 물려주었다. 그런 까닭에 일본도 회답하는 바 되어 조선에 먼저 서한을 보내는 것이 되지 않게 되었다.[55]

즉 조선이 이에야스의 서한에 의해 회답이라는 명분을 얻어 渡日할 수 있었던 것처럼, 이에 대해 일본도 이에야스가 아닌 새 쇼군 히데타다가 서한을 내는 방편에 의해 회답의 명분을 가질 수가 있었다고 논하고 있다. 하쿠세키의 논리처럼 히데타다에게는 조선이 먼저 강화를 요청하는 국서와 사절을 파견한 셈이 된다. 그런데 여기서 하쿠세키가 이에야스의 쇼군직 양위는 이에야스에게 보낼 조선의 회답을 회피하기 위해 강

55) "按丁未之聘, 號曰回答使, 蓋言其報神祖(家康)所遣之書也, 使者到日, 神祖傳位, 德廟(秀忠)報書, 故我今所報, 非彼所遣."(新井白石「國書復號紀事」『新井白石全集』3권 所收).

구된 것이라고 추정하고 있어 주목된다.

마지막으로 이에야스에게 조선과의 강화는 어떤 의미를 가진 것이었을까 간단 정리하여 보자. 첫째, 히데요시이 저질러 놓고 죽은 '동북아 전쟁'을 종결시키는 것이 되며, 둘째, 조선과의 강화는 明과의 관계회복의 포석이 되기 때문이다. 명과의 관계회복이 성공하지 못하더라도 조선과의 관계정상화로 朝·明관계에 간접 참여할 수 있게 된다. a(일본)가 b(조선)랑 사귄다면 b의 친구인 c(중국) 또한 a와 간접 친구로 적대관계는 최소한 될 수 없다, 라는 논리가 적용된다면 이에야스야말로 임진왜란으로 인식하게 된 '동북아 세계'에 조선을 통해 발을 담그려 한 것이 아닐까? 셋째, 대내적으로는 장성해 가고 있는 히데요시의 아들 히데요리의 입장을 영세화 시키고 주변화 시킬 수 있기 때문이리라.

〈참고문헌〉

김경태, 「임진왜란 후 강화교섭기 국서문제의 재검토」(『한국사학보』 36, 2009.
김문자, 「豊臣秀吉의 册封문제와 壬亂期의 講和교섭 -정유재란의 원인을 중심으로-」 『중앙사론』 36, 2012.
유재춘, 「壬亂 후 韓日 국교재개와 국서 개작에 관한 연구」 『강원사학』 2, 1986.
李啓煌, 『文祿·慶長の役と東アジア』 臨川書店, 1997.
이현종, 「己酉條約 成立始末과 세견선수에 대하여」 『港都釜山』 4, 1964.
中尾宏, 「松雲大師 惟政과 日·朝復交」 사명당 기념사업회편, 『사명당과 유정』 2000.
홍성덕, 「조선후기 한일외교체제와 대마도의 역할」 『동북아역사논총』 41, 2013.
민덕기, 『전근대 동아시아 세계의 韓·日관계』 경인문화사, 2007.
민덕기, 『조선시대 일본의 대외교섭』 경인문화사, 2010.

高橋公明, 「慶長11年の回答兼刷還使の來日についての一考察—近藤守重說の再檢討—」 名古屋大學文學部硏究論集, XCⅡ 『史學』 31, 1985.

高橋公明,「外交稱號, 日本國王某」『名古屋大學文學部硏究論文集』113·史學 38, 1992.
米谷均,「近世初期日朝關係における外交文書の僞造と改竄」『早稻田大學大學院文學硏究科紀要』41, 1996.
中尾宏,『朝鮮通信使と德川幕府』明石書店, 1997.
田代和生,『近世日朝通交貿易史の硏究』創文社, 1981.
田代和生,『書き替えられた國書』中央公論社, 1983.
田中健夫,『中世對外關係史』東京大學出版會, 1975.
鶴田啓,『對馬からみた日朝關係』山川出版社, 2006.

〈임진왜란 이후 국교재개의 노력 - 家康 '국서'의 眞僞를 중심으로 -〉에 대한 토론문

鄭 成 一(광주여자대학교)

1. 이 논문의 특징과 의의

- 이 논문은 조선이 1606년 6월 일본과 강화 교섭을 진행하는 가운데 대마도 측에 요구했던 두 가지 전제조건 중 하나인 "도쿠가와 이에야스[德川家康]의 국서를 먼저 (조선에) 보내라"는 선위치서(先爲致書)의 문제를 다루었다.
- 그 해 11월 대마도는 조선 측에 "이에야스의 국서"라며 서한을 보내와서 이른바 선위치서의 문제가 일단락되었는데, 그때의 서한(이에야스의 국서)을 대마도가 위조했느냐[僞書說] 수정했느냐[改作說], 그렇지 않느냐[眞書] 하는 문제가 지금까지도 한국과 일본 학계에서 의견의 일치를 보지 못하고 있다.
- 발표자는 이 문제에 대하여 이미 30년 전에 일본 와세다대학에 제출한 석사논문에서 정면으로 다룬 바 있고, 또 최근에는 저서를 통해서 저자가 자신의 기존 입장을 재확인 한 바 있다. 발표자의 주장을 한 마디로 정리한다면, "1606년 11월 조선에 전달된 이에야스의 국서는 위조된 것이 아니다. 대마도가 이에야스의 국서를 일부 수정한 것도 이에야스

의 동의와 명령을 받고 한 것이므로 이를 위서(僞書)라고 볼 수 없다"는 이른바 '진서설(眞書說)'로 요약할 수 있다.

2. 몇 가지 논점

가. 세 가지 가설 : 위조설·개작설·진서설

- 발표자가 비판의 대상으로 삼고 있는 위조설(僞造說)을 주장한 사람은 나카무라 히데다카[中村榮孝]를 비롯하여, 다나카 다케오[田中健夫], 다시로 가즈이[田代和生], 아라노 야스노리[荒野泰典], 미야케 히데토시[三宅英利]와 요네타니 히토시[米谷均]에 이르기까지, 그 수가 많을 뿐만 아니라 일본 학계에서 오랜 시간 동안 이어져 왔다. 그래서 "일본에서는 위조설이 지배적인 학설이 되고 있다"는 것이 발표자의 판단이다.
- 발표자는 위의 위조설과 함께 이른바 개작설(改作說)에 대해서도 비판적인 입장을 가지고 있는 것으로 보인다. 개작설은 1960년대 이현종(李鉉淙)과 1985년 다카하시 기미아키[高橋公明]에 의해 제기된 것인데, 이는 "이에야스의 국서가 대마도까지는 제대로 도착하였는데, 그것을 조선에 전달하는 과정에서 (대마도가 자의적으로) 수정하였다"고 보는 견해이다. 나카오 히로시[仲尾宏], 가미야 노부유키[紙屋敦之], 유재춘(柳在春)이 개작설을 택하고 있다고 발표자는 보고 있다.
- 위조설(僞造說)과 개작설(改作說), 진서설(眞書說)의 차이는 무엇인가? 위조설은 "1606년 11월 조선에 전달된 이에야스의 '국서'는 대마도가 가짜로 만든 것이고, 이에야스는 처음부터 국서를 작성하지

않았다"고 보는 것이고, 개작설은 "처음에는 이에야스가 '국서'를 작성하여 대마도에 전달했는데, 1606년 8월 중순 대마도로 건너간 조선의 사신이 그것을 열람한 뒤 일부 내용의 수정을 요구하자, 대마도가 그 의견을 받아들여 수정한 것이 그해 11월 초순 조선에 전달된 것"이라고 보는 입장이다. 이에 대하여 발표자는 위의 개작설을 일부 받아들이면서도, "1606년 8월 중순 조선 사신이 이에야스 국서의 일부 문구와 서식 등의 수정을 요구하자, 대마도가 이에야스 측에 그 수정을 요구하는 사람을 파견하였고, 그렇게 해서 이에야스의 동의와 명령을 얻어서 대마도가 고친 것"이라고 보는 이른바 진서설(眞書說)을 주장한다.

나. 사료의 해석과 평가 : 사료비판

- 『殊號事略』(1710년대)과 『朝鮮通交大紀』(1725년) : 둘 다 1606년 당대의 기록이 아닌 후대의 것이기는 하지만, 둘 중 아라이 하쿠세키의 『수호사략』이 앞선 시기의 것이고 『조선통교대기』가 그보다 뒤에 나온 것인데, 더 늦은 시기의 기록인 『조선통교대기』에 조선 측 서계의 일부 문구가 빠져 있다는 점에 대한 발표자의 지적과 사료 해석에 대하여 주목할 필요가 있다고 생각한다.
- 통역과 필담의 차이 : 조선의 사신이 일본 측 관계자와 나눈 이야기를 기록한 사료를 분석하면서, 조선과 일본 양측의 대화를 중간에 사람[통역]을 놓고 한 것과 글자[필담]를 매개로 해서 한 것의 차이를 세밀하게 다른 것에도 주목할 필요가 있다고 생각한다. 즉 발표자는 일본의 '쇼군'을 지칭하는 장군(將軍)과 관백(關白)의 두 가지 한자어를 가지고 비교하고 있다. 발표자에 따르면 "쇼군을 '관백'으로 호칭하는 것은 조선용이기 때문에, (사료 가운데) '관백'

이라고 칭했을 경우 필담보다는 조선어나 역관을 통한 통역이 중간에 개입했을 것"이라고 한다. "일본인들끼리는 '쇼군[將軍]'으로 표현되고 있다"고 발표자는 보고 있다. 그런데 막부 관리가 조선 사신에게 한 말이 '장군(將軍)'으로 기록되어 있는 것이 있는데, 이것은 "통역이 아닌 필담으로" 대화가 이루어진 것이 아닐까 하고 발표자는 주장한다. 그런데 발표자도 인정하고 있듯이, 발표자가 위와 같이 도식화 한 것에서 벗어나는 몇 가지 예외도 있다고 했다. 그 예외가 과연 무시할 수 있는 것인지가 포인트가 될 것 같다.

- 발표자는 기존의 학설, 그 중에서도 특히 위조설이 갖는 한계를 때로는 미시적으로 때로는 거시적으로 비판을 가하였다. 논평자 입장에서도 이에 대하여 충분히 수긍이 가고 동의하는 바이다. 특히 '1606년 이에야스의 선위치서(先爲致書)'를 인정한 아라이 하쿠세키[新井白石]의 주장에 대한 발표자의 해석이 그렇다[각주 55번 사료]. "조선이 1607년 사절을 회답사(回答使)라 일컬었다"고 인식한 아라이 하쿠세키가 이는 "이에야스가 보낸 서한에 답한다는 뜻이었다"고 해석하였다. 아울러 "(조선) 사절이 일본에 오자 이에야스가 쇼군직을 히데타다에게 물려준"[A] 사실이 "조선에 먼저 서한을 보내는 것이 되지 않게"[B] 하기 위한 이에야스의 시나리오였음을 꿰뚫은 아라이 하쿠세키도 놀랍지만, 이를 알아차린 발표자의 분석력도 놀랍다. 다만 논평자로서 궁금한 것은 A와 B 사이의 인과관계 또는 상관관계이다. 과연 B를 이루기 위해서 A를 단행한 것으로 보아야 하는가? 아니면 이 둘 사이는 우연한 일로 그런 오해(?)를 불러일으킬 수 있을 뿐이지 상호 관련성이 낮은 별개의 것이라고 보아야 하는가? 혹시 발표자 이외에 위의 아라이 하쿠세키와 같은 해석을 내린 다른 연구자는 있는지?

임진왜란 이후 '통신사 외교'와 조일간의 평화 구축
-광해군대 제2차 '회답겸쇄환사' 파견(1617년)을 중심으로-

이 훈(한림대)

Ⅰ. 머리말

지금까지 임란 이후 조일관계에서는 교린외교의 상징으로 통신사가 주목을 받아왔다. 그리고 연구사 전반의 흐름으로 볼 때, 통신사는 주로 도쿠가와(德川) 막부 장군의 즉위를 축하하기 위해 일본에 파견된 외교사행으로 이들이 일본에 체류하는 동안 일본 측과의 문화교류 활동이 조일간의 평화를 구축하는 데 기여한 것으로 이해되어 왔다. 즉 문화사절로서 통신사가 있었기에 조일간에 우호가 200년 넘게 지속되었다고 하는 이해는 그동안 한국과 일본에서 이루어져 온 통신사 연구의 특성과 무관하지 않다고 생각한다.[1)]

1) 조선시대 통신사에 대한 연구 현황에 대해서는 장순순의 논문(「朝鮮時代 通信使研究의 現況과 課題」, 『통신사·왜관과 한일관계』 소수, 경인문화사, 2005)에 잘 정리되어 있다. 일본에서의 통신사 연구 동향으로는 米谷均의 논문 참조(「일본에서의 근세 일조관계사의 회고와 전망」 『한일관계사연구의 회고와 전망』 소수, 국

그런데 통신사를 이렇게 문화사절로서 보려는 관점이 오히려 임진왜란 이후의 조일관계 구축에 대한 이해를 어렵게 하는 측면이 있다고 생각한다. 『조선왕조실록』을 검색해 보면, 조선 국왕의 명에 따라 통신사라는 명칭으로 사절단이 일본에 파견되기 시작한 것은 이미 1413(태종 13)년 부터로 그때그때 발생하는 현안을 해결하기 위하여 일본에 파견된 외교사절이었다.[2] 임진왜란 직후 '회답겸쇄환사'라는 명칭의 사행 역시 피로인 쇄환이라는 전후처리 문제를 안고 파견되었다. 또 조일양국관계가 안정되는 17세기 중반 이후에 파견된 통신사들도 원래 부여받은 사명 이외에 실무 현안들을 해결한 사례가 있다. 그동안 문화사절의 성격이 크게 부각되다 보니 사행을 파견하기 이전 조일간에 현안을 둘러싸고 자국의 이해득실을 따지는 교섭과정, 파견 의도 등은 비교적 소홀히 취급되어온 측면이 있다. 그 결과 조일간의 통교제도 및 외교사행의 역할에 대해서도 모호하게 서술된 측면이 있었다고 생각된다.

임진왜란 이후 대일본 외교를 보면 통신사 수준의 국왕사절단은 전쟁 직후 '회답겸쇄환사'를 포함하여 모두 12번 일본에 파견되었다.[3] 이 가운데 '회답겸쇄환사'는 1607년·1617년·1624년의 3차에 걸쳐 파견되었다. 1607년 제1차 '회답겸쇄환사'의 경우, 전쟁 직후 반일정서가 팽배한 가운데 조일 간에 교섭을 통해 외교관계 재개라는 성과를 끌어낸 첫 사례라 할 수 있다. 1617년의 제2차 '회답겸쇄환사' 파견 역시 전후 25년이 지나도록 전쟁 피해 복구가 끝나지 않은 상황에서 후금의 압박 등, 국내외 여건으로 볼 때 일본과의 외교가 국정의 우선순위는 아닌 상황에서

학자료원 2002).

2) 통신사로 볼 만한 사행이 언제부터 시작되었는지에 대해서는 연구자에 따라 견해가 다르다. 1413년의 통신사행(박분)은 경상도에서 도항이 중지되었기 때문에 1428년(세종 10) 무로마치 막부 장군의 경조를 위한 박서생 일행을 첫 통신사로 보기도 한다.

3) 본고에서는 '회답겸쇄환사'를 통신사의 범주에 넣어서 보기로 한다.

외교를 했다고 할 수 있다. 그리고 1624년 제3차 파견 당시도 후금의 압박이 더욱 거세지는 가운데 '회답겸쇄환사'를 파견하였다. 전반적으로 '회답겸쇄환사' 파견이란 전쟁 피해로 인한 반일정서가 여전히 존재하는 가운데, 어떻게 보면 17세기 말 이후 통신사 파견 때보다도 더 어려운 여건 속에서 대일본 외교를 한 셈이라 할 수 있다.

그런 만큼 교섭 과정에서는 국내외 변수를 둘러싼 최종 결정권자로서 국왕의 정치·외교적 판단은 물론, 반일정서를 반영한 비판 여론을 진정시키기 위해 명분의 확보가 어느 때 보다도 필요했으리라고 생각된다. 뿐만 아니라 '회답겸쇄환사' 자신들도 긴장 속에서 일본에 체류했다고 생각된다.

지금까지 '회답겸쇄환사' 파견에 대한 선행연구들을 보면, 전반적으로 제1·2·3차 모두 파견 경위에 비해 사행이 일본에 체재하는 동안의 피로인 쇄환과 무역활동을 소개하는 데 초점이 맞추어져 있었다.[4] 오히려 많은 부분들은 사행원의 구성이나 일정, 국서 전달과 같은 외교의례 등, 형태적 설명에 비중이 두어졌다고 할 수 있다. 그 결과 '회답겸쇄환

4) 손승철, 『조선시대 한일관계사연구』(지성의 샘, 1994)
이민호, 「광해군조의 대일관계 고찰」(『동서사학』 4, 1998)
홍성덕, 「조선후기 일본국왕사 검토」(『한일관계사연구』 6, 1996)
홍성덕, 「17세기초 대일정책의 확립과정과 그 성격」(『조선통신사 사행록 연구총서』 4 외교, 학고방, 2008)
민덕기, 『전근대 동아시아 세계의 韓·日관계』(경인문화사, 2007)
양흥숙, 「17세기 전반 회답겸쇄환사의 파견과 경제적 의미」(『항도부산』 21, 2005)
김태훈, 「광해군 초반 대일정책의 전개와 그 특징」(『규장각』 42, 2013)
三宅英利, 『近世日朝關係史の硏究』(日本文獻出版, 1986)
田代和生, 『書き替えられた國書』(日本中公新書 694, 1983)
田代和生, 「朝鮮國書原本の所在と科學分析」(『朝鮮學報』 202, 2007)
仲尾宏, 『朝鮮通信使と德川幕府』(日本明石書店,1997)
仲尾宏, 『朝鮮通信使』(日本岩波書店, 2007)

사'는 형태상으로 통신사와 비슷하지만, 사행 목적이 '피로인 쇄환'이라는 전후처리에 한정되어 있는 점을 들어 1636년 이후 전개되는 '통신사 외교'의 초기 형태, 내지는 전쟁 이후 새로운 외교체제가 안정되기 이전의 과도기 사절로 이해하는 정도였다.

또 교섭 경위에 주목한 연구라 하더라도, 일본 측의 정치적 의도 및 교섭과정에 있어서 '국서 위조' 등 대마도의 역할이 부각되다 보니, 조선은 일본 측의 거듭되는 사절 파견 요구에 부득이 회답 차원에서 수동적으로 대응하는 식의 서술이 많았다. 즉 조선에 대해서는 일본의 사절 파견 요구에 회답하는 사행이라는 명분성을 강조한 결과, 선조대(1607년)·광해군대(1617년)·인조대(1624년)에 걸쳐 국왕이 바뀌어도 '회답겸쇄환사'라는 동일한 명칭으로 사행을 파견하게 된 배경이나 외교적 함의에 대해서는 설명이 부족한 편이었다. 한마디로 조선정부의 국정 운영에서 '회답겸쇄환사 외교'를 어떻게 볼 것인가라는 관점은 결여된 서술이 많았다고 보아도 무방할 것이다.

사실, 사행 명칭을 어떻게 붙일 것인가, 라는 문제를 요즘식으로 표현하자면 전쟁 이후 일본과 새로 시작하는 관계를 어떻게 설정할 것인지, 조선정부의 대일본정책 기조를 결정하는 것과 마찬가지라 할 수 있다. 실제로 '회답겸쇄환사' 파견과 관련된 정부기록물(『朝鮮王朝實錄』, 『備邊司謄錄』, 『同文彙考』, 『通文館志』, 『邊例集要』)을 비롯하여, '회답겸쇄환사' 일행으로 직접 참여했던 사람들의 『使行錄』을 보면, '회답겸쇄환사'를 실제로는 통신사와 동일하게 이해하고 있었다. 그러나 그럼에도 불구하고 광해군과 인조가 사행명칭을 '회답겸쇄환사'로 결정했다고 하는 것은 전쟁 이후 조선의 대일본 외교를 이해하는 데 중요한 실마리가 될 수 있다고 여겨진다. 뿐만 아니라 17세기 중반 이후의 통신사 외교를 이해하는데 있어서도 필요한 작업이라 여겨진다.

따라서 여기에서는 기왕의 연구에서 별로 주목하지 않았던 측면, 즉 조선정부의 대일본 정책이라는 관점에서 광해군대 1617년 제2차 '회답겸쇄환사' 파견 경위와 의도 및 사행의 역할에 대해 검토하려고 한다. 또 이를 바탕으로 조선의 '회답겸쇄환사 외교'가 조선후기 대일본 통교에서 어떠한 의미를 가지고 있는지도 살펴보고자 한다.

II. 1608년 왜사의 국상(國喪) 진향 거절과 대일본관계 구상

광해군은 1608년 2월 1일 선조가 사망하자 바로 그 다음날 제15대 국왕으로 즉위하였다.[5] 그리고 즉위 후 한 달만인 1608년 3월에 '비망기(備忘記)'를 통해 자신의 국정 운영 방안을 처음으로 제시하였다.[6] 광해

5) 광해군은 임란 발발 직후인 1592년에 18살로 세자가 되었다. 세자가 되자마자 전쟁이라는 국난의 한가운데서 지방을 돌아다니며 일본군에 맞써 싸울 전투 병력을 동원하는 과정에서 농촌 현장과 민심을 직접 경험하였다. 또 선조의 의주 피난을 동행하면서 명의 조선 원군 파병과 명·일간의 종전 교섭 과정을 지켜보면서 조선을 둘러싼 국제관계가 어떻게 움직이는지를 현장에서 학습하였다. 또 선조 말년에는 정책 결정에 관련된 당사자는 아니었지만 1607년에 통신사가 아닌 '회답겸쇄환사'라는 외교사행을 일본의 도쿠가와 막부에 파견하여 국교 회복 교섭이 타결될 때까지 10년에 걸친 지루한 교섭 과정을 지켜보았을 것이다. 세자의 신분으로 전쟁에서 외교까지 광해군만큼 국제관계에서 많은 현장 경험을 한 조선의 국왕은 유례가 없다고 할 수 있다.

6) 국왕의 '비망기'란 대간이나 시종 등이 올린 소차(疏箚)에 대해 국왕의 답변을 구두로 전달할 경우 누락되거나 잘못되는 경우가 많아 지시내용을 잊어버리지 않도록 하기 위해 기록으로 작성하여 전달한 것에서 비롯되었다(이근호, 「조선시대 국왕의 備忘記 연구」『고문서연구』 44, 2014). 말하자면 국왕이 어떤 사안에 대해 특별한 견해를 가지고 있을 때 이것을 전달 또는 관철하는 의사결정 방식의 하나로 선조와 광해군은 이 '비망기'를 활용하여 관료들을 통제하는 한편 자신의 의사를 관철시켜 나갔다(이훈, 「임란 이후 '회답겸쇄환사'로 본 대일본외교전략－선조대를 중심으로－」(『한일관계사연구』 49호, 2014).

군의 3월 '비망기'는 즉위 후 인사문제가 아닌 국정 운영에 대한 것으로는 첫 번째 것으로, 먼저 "북쪽 오랑캐와 남쪽 왜인들의 접대에 대해 선조대부터 이미 상세히 강구해 왔으니 묘당에서는 반드시 이를 바탕으로 잘 조처해야 할 것이다"라고 한 후, 민생에 대해 세금 부담을 줄이는 개혁적인 방안들을 언급하였다.[7] 위 '비망기'에는 민생문제 보다도 대외관계가 먼저 언급되어 있어서 즉위 초 외정이 국정의 우선순위에 있었음을 짐작할 수 있다. 광해군은 조선을 둘러싼 국제환경을 '북로남왜'로 보고, 여진에 대해서는 수어를, 일본에 대해서는 선대의 방침대로 '왜인 접대'를 외정의 기본방향으로 제시한 것이다.

이 '왜인 접대'로 상징되는 광해군대의 방향 설정 이후 대마도가 조선에 제기한 첫 번째 외교현안이 바로 1608년 왜사의 상경(上京) 요청이라 할 수 있다. 1607년 제1차 '회답겸쇄환사' 파견으로 일본과 국교가 회복되자 대마도는 광해군 즉위년인 1608년 10월에 '國使'라 칭하며 상경 진향을 요청해왔다.

> 예조가 아뢰기를,
>
> "지금 의지(義智) 등의 서계를 보니, '일본 사신은 따로 별인(別人)을 차출하지 않고 경직(景直)이 스스로 감당하겠다.' 하여, 마치 우리나라를 위하여 폐단을 제거하면서 주선함이 있는 것 같습니다. 그들의 실정을 헤아리기는 어렵습니다마는 이미 국서(國書)를 소지하였고 스스로 왕명을 받들었다고 하니, 우리나라도 당연히 사신으로 접대하고 반드시 깊이 따질 필요는 없겠습니다. 다만 의지가 요전상(澆奠床)을 바치지 못한 것을 실례라고 말하지만, <u>사신이 오지 않아 약조(約條)를 정하기 전에는 진향(進香)할 수 없다는 뜻을 전에 벌써 말하여 보냈으니, 다르게 할 수 없습니다</u>."
>
> 하니, 윤허한다고 전교하였다. 【이때 왜사(倭使)가 국경에 와서 상경하여 진향하기를 청하였기 때문에, 이 아룀이 있었다.】[8]

7) 『광해군일기』 권2, 즉위년(1608년) 3월 2일 기축.

위 예조의 보고를 보면, 선조의 국상 소식을 접한 대마도가 예조에 서계를 보내 상경해서 '진향(進香)'하고 싶다는 의사를 타진해 왔음을 알 수 있다. 그런데 주목할 것은 이들이 대마도주(소 요시토시, 宗義智) 서계 이외에도 도쿠가와 막부 쇼군(將軍) 명의의 '국서'를 지참했다는 명분으로 '國使'라 칭하며 상경 진향을 요청하고 있다는 것이다. 이에 대해 조선은 사전에 (일본쪽에서) 국사(국왕이 보내는 사절)를 보내지 않았을 뿐 아니라, (국사가 지참한 문서에 근거해서) 약조를 정한 바도 없으므로 진향의 예를 행하는 것은 타당하지 않다고 답하였다.[9] 1607년 제1차 '회답겸쇄환사' 파견으로 이미 선조대에 조일 양국관계가 회복되었음에도 불구하고 광해군대에 새삼 약조의 미체결을 이유로 조선의 조경사에 대한 일본사절의 진향을 거절한 것이다.

그런데 1607년 제1차 '회답겸쇄환사' 파견을 준비하는 과정에서 선조와 비변사가 우려하던 것 중의 하나가 바로 국교 회복 이후 일본이 사자를 보내 통문(通問)을 약조(恒式)로 정하자고 요구할지도 모른다는 것이었다. 여기서 '통문'이란 양국의 조경사에 사절을 파견하여 빙문(聘問)의 예를 갖추는 것으로 이에 대해서 일본이 약조 체결을 압박할 수도 있다고 예상하였다. 이때 선조와 비변사가 마련한 방안이, "전부터 양국이 通好하였더라도 사신의 왕래는 드물었다. 더구나 이제는 천조(明)에 물어본 후라야 왕래가 허용될 것이므로 사신의 연속 왕래는 못할 것이다"라는 것이었다.[10] 전근대 교린국 간의 교제란, 상대국의 조경사에 사자를 파견하여 빙문하는 것이 적례(敵禮)외교의 기본이념으로, 실제로 임란 이전 조선이 일본의 무로마치 막부에 파견했던 외교사절(통신사) 가운데는 막부 쇼군의 사망이나 즉위시에 파견된 경우가 많았다.[11] 이러한 경위로

8) 『광해군일기』 권9, 즉위년(1608년) 10월 14일 무진.

9) 홍성덕, 『朝鮮通信使－사행록연구총서 4-외교』(學古房, 2008) 401쪽. 『朝鮮通交大紀』 권5, 萬松院公.

10) 『선조실록』 권205, 39년(1606년) 11월 9일 갑술, 선조의 비망기와 비변사의 답변.

볼 때 선조대에 구상했던 일본과의 관계란, 이에야스 정권과 국교는 회복하되 교린관계라면 당연히 있어야 하는 빙문(통문)을 골자로 하는 적례외교를 하지 않겠다는 것이었다. 그러나 아주 하지 않겠다는 것은 아니고 명의 허락을 전제로 하고 있는 것으로 보아 연속적인 사절 교류를 바탕으로 하는 외교는 되도록 뒤로 미루겠다는 태도, 이것이 바로 선조대에 상정하고 있던 대일본외교의 가이드 라인이었다고 할 수 있다.

1608년 10월 광해군 즉위년에 선조의 국상에 대한 일본 측의 진향을 거절한 것은 바로 일본과 빙문을 바탕으로 하는 '적례외교'를 뒤로 미루겠다는 선조대의 방침을 견지한 것이었다고 할 수 있다. 그것도 일본 쪽에서 먼저 국사 편에 문서를 보내 요청하지 않으면, 다시 말해 '선위치서'하여 그것을 바탕으로 약조를 정하지 않으면 상대국의 조경사에 항례적인 사절의 교류는 하기 힘들다는 것이었다.

그리고 이러한 방침은 1609년 기유약조 체결 시 규정에 반영되었다고 생각된다. 바로 조선이 접대해야 할 일본의 외교상대와 이들의 출입국 절차를 규정한 부분으로, 기유약조에서는 임란 이후 조일간의 통교 재편에 따라 왜관 접대의 대상을 일본의 '국왕사'와 대마도(대마도 특송, 대마도 수직)로 한정하였다.[12] 그 결과 임란 이전 무로마치 막부 시대의

---

11) 민덕기, 『前近代 동아시아 세계의 朝·日관계』(경인문화사, 2007) 19~25쪽.

12) 국교회복 이후 조선이 상대해야 할 일본의 외교주체에 대해서는 이미 1607년 제1차 '회답겸쇄환사' 파견시 선조의 '비망기'(1606년 11월) 단계에서 논의가 있었다. 선조와 비변사는 조선이 임란 이전 제거추사와 구주절도사 까지도 외교상대로 여겨 사사로운 관계(私交)를 맺어 접대의 대상으로 삼았던 것은 일본의 중앙정권인 무로마치 막부가 지방 세력(諸鎭)을 통제하지 못했기 때문이라고 인식하였다. 따라서 임란 이후에는 '關白'(이에야스)이 일본 전국을 통합했기에 제추와의 관계를 다시 설정할 필요는 없다고 판단하였다. 이는 조선이 일본의 이에야스 정권을 중앙정부, 즉 외교상대로 인식했다는 의미로 임란 이전과 같이 '사교'에 바탕을 둔 다원적인 외교를 하지 않겠다는 것이었다. 그럴 경우 조선의 접대 대상을 일본 정국의 변화에 맞춰 일본의 '국왕사'로 일원화시키는 것은 당연한 귀결이었다고 본다 (이훈, 「임란 이후 '회답겸쇄환사'로 본 대일본외교전략 -선조대를 중심으로-」(『한일

'巨酋使' 및 '九州節度使'가 접대 대상에서 제외되고 이들에 대한 관직 제수나 접대 지침도 없어졌다. 그 대신 '국왕사선'(國使, 도쿠가와(德川) 막부의 사자)에 대한 항목이 새로 신설되게 되었다. 그러나 국왕사선에 대한 구체적인 접대 지침 대신, 오히려 새로 신설된 '국왕사선' 마저도 조선 도항시 대마도주의 문인(文引)을 지참하도록 의무화했다. 즉 도쿠가와 막부가 조선에 사자를 파견하는 경우에도 대마도주의 통제를 받도록 한 것이다. 이 규정은 얼핏 보면 대마도주에 대한 특혜 강화로 보일 수도 있으나, 사실은 향후 있을지도 모를 도쿠가와 막부의 조선에 대한 사자 파견 요청을 대마도주로 하여금 제어시킨다고 하는 의도가 내재된 규정이라 할 수 있다.[13]

Ⅲ. 1617년 제2차 '회답겸쇄환사' 파견과 광해군의 대일본외교

앞서 보았듯이 광해군이 집권한 지 얼마 안 된 시점에서는 대마도를 통한 최소한의 교류로 일본과의 관계를 관리하겠다는 것이 대일본통교 방침이었음을 알 수 있었다. 그런데 그럼에도 불구하고, 1617년(광해군 9년)에는 '회답겸쇄환사'라는 명칭으로 광해군의 국서를 지참한 외교사절을 일본의 도쿠가와(德川) 막부에 다시 파견하였다. 그렇다면 광해군대 초기에는 일본 측의 사절 요청을 거절하다가 왜 갑자기 '회답겸쇄환사'

관계사연구』 49호 2014).

13) 민덕기, 「17세기 중반의 조선·막부·대마도 관계」(『前近代 동아시아 세계의 朝·日관계』(경인문화사, 2007) 255쪽). 말하자면 임란 이후의 조선 입장에서 볼 때 도쿠가와 막부가 외교상대가 되긴 했지만, 직접 상대하기보다는 대마도를 통해서 간접적으로 소통 내지는 통제하려는 의지가 깔려 있었던 것으로 볼 수 있다(홍성덕, 「17세기 조일 외교사행연구」(전북대학교 박사학위논문, 1998).

를 파견하기로 결정했을까?

지금까지의 연구 성과를 보면 일본 측의 필요에 주목한 연구에서는 파견 배경을 다음과 같이 설명하고 있다. 일본의 도쿠가와(德川) 막부가 1615년 '오사카 전투'(大坂の陣)에서 도요토미(豊臣) 세력을 멸망시켰으므로 조선 원수의 패망과 일본의 전국 통일을 축하하기 위한 조선사절을 요청해 왔다. 이에 조선은 회답의 뜻으로 '회답사'를 파견했다는 사실의 설명에 그치거나, 비교적 파견 경위를 자세하게 소개한 연구라 하더라도 일본 측이 성의를 다했기 때문에 사자 파견을 결정했다는 설명에 그치고 있다. 또 조선을 둘러싼 국제관계의 변화를 주목한 연구에서는 북방에서 여진의 위협 증대로 인한 남변의 안전 추구 등, 조선의 실리 추구를 결정적 요인으로 설명해 왔다.[14] 물론 일본 정국의 동향 변화나 여진의 위협이 중요한 계기로 작용한 것은 분명하다. 그렇지만 파견 계기를 외부 요인에서만 찾다 보니 광해군대 일본외교의 정책적 성격이나 방향성은 무시된 채, 조선외교의 수동적 성격, 임기응변적 대응만이 강조되어 왔다고 할 수 있다. 요컨대 조선이 일본 측의 사절 요청을 거절하다가 왜 갑자기 '회답겸쇄환사'를 파견하기로 했는지 그 배경에 대해서는 불분명하다고 할 수 있다. 따라서 여기에서는 일본 측과의 교섭 경위를 구체적으로 검토해 보기로 한다.

1. '회답겸쇄환사'의 파견 경위

우선 『광해군일기』에는 모든 통치내용들이 아주 파편처럼 남아 있다. 일본 관련 기사는 중국 관련 기사와 비교할 때 더욱 소략한 편이다. 그러나 다행히 조선이 일본에 사절을 파견하기로 결정한 후 명에 보낸 1617년

14) 이민호, 「광해군조의 대일관계 고찰」(『동서사학』 4, 1998)
양흥숙, 「17세기 전반 회답겸쇄환사의 파견과 경제적 의미」(『항도부산』 21, 2005)

5월 「자문」(咨文)에 사절 파견의 경위가 수록되어 있다. 그리고 일본 측 기록인 『萬曆·天啓·崇禎 年中不時來書』, 『朝鮮通交大紀』 등에도 대마도가 조선에 사절을 요청하는 초기 단계의 교섭 경위가 수록되어 있다. 이들 기록은 각각 조선과 일본의 입장을 반영하는 만큼 사절 파견을 요청해 온 경위가 서로 다르게 기록되어 있다. 바로 이 차이를 통해 광해군대 사절 요청에 대한 인식 및 '회답겸쇄환사'를 파견하게 된 계기를 찾아볼 수 있다.15)

다음의 <표 1>은 조일 양측의 기록을 시간의 순대로 정리해 본 것이다.

〈표 1〉 1617년 제2차 '회답겸쇄환사' 파견 경위

날짜	조선측 기록 「咨文」	일본 측 기록 『朝鮮通交大紀』	조선의 대응	기타
1613.9				-秀忠의 천황가와 국혼, 信使 요청 있을 것이라는 소식(平義智, 특송3선사편) -『접왜사목초책』 『邊例集要』
1614.4		-혼사 축하 전례 없다며 거절(예조참의金緻 답서 1614.4)	-혼사 축하 사절 파견 거절	
1614.11	-신사 요청 -대마도 평의지 사자 橘智正(의정부 장계)	-家康의 명령으로 조선에 통신사 요청 -宗義智 사자 -일본에 사절 파견은 명의 허락 사항이라 거절(예조참의 金闓 답서 1614.11)	-사절 파견 거절	

16) 1617년 제2차 '회답겸쇄환사' 파견시 일본 측의 요청 경위 및 대마도의 역할에 대해서는 仲尾宏의 연구에 자세하다(『朝鮮通信使』, 日本岩波書店、2007 및 『朝鮮通信使と德川幕府』 (日本明石書店、1997)).

1615.7	-신사 파견 안하면 義弘·長政 이 대마도와 조선 위협(의정부 장계)	-신사 요청 -宗義成 사자, 橘智正(=井手弥六左衛門, 1615.7) -경조사에 사절 파견은 전례 없다며 거절 (예조참의 柳澗 답서(1615.10)	-예조참의 柳澗답서(1615.10) -『不時來書』 국편 서계	* 1615년 이전에도 대마도가 家康의 지시라며 通好 요청했으나 중국 핑계로 거절 * 이번(1617년)은 秀忠의 신사 요청(의정부 장계)
1615.9	-'오사카 전투'(大坂の陣) -家康의 일본 통일 -秀忠의 국사 전담 -信使 요청 서계 -대마도주 平貞光(宗義成) 사자, 橘智正 (경상감사 권반 보고)	-'오사카 전투'(大坂の陣), 신사 요청 -家康, 秀忠의 의지 -宗義成 사자, 橘智正	-'오사카 전투'(大坂の陣)를 신사 파견 이유로 보고	
1615.11	-平義成 사자 橘智正 -'오사카 전투'(大坂の陣), 신사 요청 -平義成 사자, 橘智正	-통신사 요청 -대마도주 宗義成 명 橘智正 파견		*피로인 辛景鸞 통해 '오사카 전투(大坂の陣), 家康의 일본 평정, 신사 요청 확인 * 피로인 쇄환
1616.3	- 대마도의 신사 파견 재촉 - 사자 귤지정 (경상감사 성진선 보고)			
1616.4		-平義成, 사자 파견하여 德川家康 사망(1616.4)사실 조선에 알림(1616.?) -일본이 '선위치서'하면 명에 보고 후 '회답사' 전례에 따라 파견 의향(예조참의李瑗 답서 1616.4)	-일본이 '선위치서' 하면 명에 보고 후 '회답사' 전례에 따라 파견 의향	
1616.11	-대마도주 平義成, 1617년 봄에 신사 파견 요청 서계 -사자 橘智正	-대마도주 平義成,신사 파견 요청 재촉서계 -사자 橘智正(1616.11)		
1616.12	-대마도주 신사 파견 재촉 서계 -대마도 사자橘智正,	-1617년의 春夏간 사자 파견 결정(예조참의 柳希亮 답서 1616.12)	-사자 파견 결정 -예조참의 柳希亮 답서 1616. 12) -『不時來書』	
1617.1	-대마도 사자 橘智正, 日本國王 源秀忠 서계 지참 예정 -秀忠의 의지 -경상감사 성진선 보고		-'회답사' 결정 (오윤겸)	* 피로인 愼應昌 보고(비변사등록)

1617.4	-關白(源秀忠) 서계 지참 -隣好 및 信使 요청 -대마도주(平義成) 사자, 橘智正		-통신사 파견 결정(1617.4. 2『비변사등록』)	-'회답사'파견 중국 보고(1617.4. 18) -경상도 피로인 '쇄환' 상소(1617.5)
1617. 5.30	-'회답사' 파견에 대해 명에 '咨文'으로 보고			-'회답겸쇄환사' 명칭 -聖節使 奏文
1617.6	-'회답겸쇄환사' 명칭 결정 -비변사 건의			

조선 : 『광해군일기』, 『備邊司謄錄』, 『邊例集要』
일본 : 『朝鮮通交大紀』, 『萬曆·天啓·崇禎 年中不時來書』(『不時來書』로 약칭)
국사편찬위원회 소장 「서계」('국편'으로 약칭)

<표 1>을 종합해 보면, 제2차 '회답겸쇄환사'는 1613년 9월 대마도가 처음으로 사절 요청 소식을 전달한 때부터 1617년 성사될 때까지 교섭기간이 무려 4년이나 걸렸음을 알 수 있다. 그리고 문서로서 요청해온 1614년부터 치더라도 3년 이상이 소용되었다. 1607년 제1차 '회답겸쇄환사' 파견으로 조일간에 이미 국교가 회복되었음에도 불구하고 교섭기간이 3~4년 가까이 걸린 이유는 무엇일까? 과연 이를 일본이 성의를 다했기 때문이라고 볼 수 있을까?

교섭의 장기화 이유를 찾기 위해 주의 깊게 보아야 할 대목은 조선이 언제부터 일본 측의 사절 파견 요청을 외교현안으로 인식했는가이다.

먼저 조선 측의『邊例集要』를 보면, 1613년 9월 대마도가 특송선사편에 관백 히데타다(秀忠)가 다음해 봄에 천황가와 혼인을 하므로 조선에서 신사를 파견해 주기를 요청해 온 기록이 있다.[16] 그리고 일본 측 기록인『朝鮮通交大紀』를 보면 1614년 4월 예조참의(金緻) 명의로 작성된 답서 가운데, "혼사에 대한 축하는 옛날부터 이러한 전례가 없어 사리에 맞지 않는다"고 거절하는 대목이 있다.[17] 말하자면 조선은 1614년 4

16)『변례집요』 권18 信使, 계축(1613년) 9월.『接待事目錄抄』 계축 9월.
17)『朝鮮通交大紀』卷5, 萬松院公(宗義智) 194쪽.

월 시점에 일본 측의 통신사 파견 요청에 대해 거절 의사를 처음으로 표명한 것으로 보인다. 그런데 1613년 9월 특송선사 이후 대마도가 별도로 사자를 보내 통신사를 요청했다는 문건은 확인되지 않으므로, 이 답변은 아마도 1613년 특송선사의 구두 전달을 통한 인지를 바탕으로 대마도의 요청에 대응한 것이었다고 생각된다.

그런데 『朝鮮通交大紀』를 보면, 조선의 거절 의사에도 불구하고 대마도주(宗義智)는 1614년 4월 이후 사자 귤지정(橘智正) 편에 서계를 보내 국혼을 명분으로 다시 통신사를 요청해 왔으며 이에야스(家康)의 지시에 따른 것이라 하였다.[18] 대마도주(宗義智)에 대한 조선측 답서는 11월 예조참의(金闓) 명의로 작성되었는데, "그간의 일이 이미 문서로서 알려졌으니 별도의 통신사 파견은 필요치 않으며, 중국의 허락이 필요하다는 핑계로 파견 불가 입장을 표명하였다.[19]

물론, 쇼군(히데타다)의 혼사를 명분으로 하는 통신사 요청에 대해서는 대마도의 자작극으로 막부의 의도나 간여 유무에 대해서는 확인할 필요가 있다는 지적이 있다.[20] 그러나 이는 자작극 여부와 상관없이 조선은 조선의 방침에 따라 대응했다는 점에 주목해야 할 것이다.

1615년 1월에는 대마도주(宗義智)가 사망하고 그 아들(宗義成)이 도쿠가와 막부로부터 대마도주의 직책 및 대조선 통교에 대한 권한을 위임받았다. 그리하여 대마도는 1615년 7월 다시 사자(橘智正, 井手弥六左衛門) 편에 새로운 대마도주(宗義成) 명의의 서계를 보내 통신사 파견을 요청하였다.[21] 의정부 장계에 따르면, 대마도는 조선이 통신사를 보내주지 않을 경우 義弘·長政이 대마도를 점거할 수 있으며, 계속해서 거절하게 되면 일본이(이에야스가) 원한을 품을 수 있다며 조선을 위협할 정도였

18) 『朝鮮通交大紀』 卷5, 萬松院公(宗義智) 199쪽.
19) 『朝鮮通交大紀』 卷5, 萬松院公(宗義智) 200쪽.
20) 仲尾宏, 「元和度信使と伏見聘禮」(『朝鮮通信使と德川幕府』 明石書店, 1997)55쪽.
21) 朝鮮通交大紀』 卷6, 光雲院公(宗義成) 206~207쪽.

다.[22] 그러나 조선은 이번에도 예조참의(柳澗) 명의의 답서(1615년 10월)를 통해, 일본에 '경조사'가 있을 때 조선에서 사절을 보내는 일은 아직 없었으며, 일본에 사자 파견은 중국(明)의 허락 사항이라는 이유로 거절의 뜻을 밝혔다.[23]

이렇게 일본 측 기록을 보면 쇼군 히데타다(秀忠)의 혼사를 명분으로 대마도가 사절 파견을 요청한 것이 3번(1613. 9 특송선편/1614. 11 이전 橘智正, 대마도주 宗義智 서계/1615. 7 橘智正, 대마도주 宗義成 서계)이나 된다. 그리고 조선측은 혼사에 사자를 보내는 것은 명의 허락을 받아 약조로서 정한 후에라야 될 일이라며 일관되게 거절하고 있다.

그런데 1617년 조선이 명에 보내는 「자문」에는 도쿠가와 쇼군(히데타다) 혼사를 둘러싸고 2년(1613년 9월~1615년 7월)에 걸친 일본 측(대마도)의 통신사 요청과 조선의 거절이라는 역사적 경위가 분명히 존재했음에도 불구하고 이에 대한 보고가 누락되어 있다. 쇼군 히데타다(秀忠)의 국혼을 둘러싼 통신사 요청 경위는, 단지 "대마도가 이전에도 이에야스(家康)의 지시라면서 통호를 요청해 왔으나 명을 핑계로 늦추었다"정도로 아주 간단히 언급하고 있을 뿐이다.[24]

앞서 보았듯이, 일본 측이 경조사를 핑계삼아 사절의 왕래를 시도한 것은 히데타다(秀忠)의 혼사가 처음은 아니었다. 이미 광해군 즉위년인 1608년에도 선조의 國喪 소식을 전해들은 대마도가 예조에 '진향사' 파견의 의사를 타진해 왔을 때, 선대의 대일본외교 방침에 따라 약조의 미체결을 이유로 진향을 거절했던 전례가 있다.[25]

22) 『광해군일기』 권115, 9년(1617년) 5월 30일 계사.
23) 예조참의 柳澗의 답서(국사편찬위원회 소장 서계 No.8)
『朝鮮通交大紀』 卷6, 光雲院公(宗義成) 206~207쪽.
24) 『광해군일기』 권115, 9년(1617년) 5월 30일 계사.
25) 홍성덕, 『朝鮮通信使 -사행록연구총서 4 -외교』(學古房, 2008) 401쪽.
『朝鮮通交大紀』 권5, 萬松院公.
『광해군일기』 즉위년 10월 무진.

임진왜란 이후 明과의 관계를 보면, 조선은 1604년 5월 명의 「자문」에 근거하여 일본과의 국교회복과 관련된 문제에 대해서는 조선 스스로 결정하되 명에는 사후보고만 하면 되었다.[26] 따라서 일본 쇼군의 혼사에 사절을 파견하는 것 역시 명의 사전 허락이 필요한 사안은 아니었다. 그럼에도 불구하고 명의 허락을 이유로 사절 파견을 거절했던 것은 즉답을 피하거나 거절하기 위한 명분으로 선조대 부터의 대일본 전략이었다. 요컨대 1617년 명에 보내는 「자문」에 1613년부터 1615년에 걸쳐 일본 쇼군의 혼사를 둘러싼 조일간의 교섭 경위가 누락되어 있었던 이유로는, 선조대 이래 연속적인 사절 왕래를 불허하는 대일본 통교 방침으로 볼 때 명에 보고할 가치도 없다고 판단했기 때문이라고 본다.

더구나 1610년에는 기유약조의 후속조치로 왜사의 '상경 금지' 대신 '부산 개시'를 허용하여 대마도의 무역에 대한 요구를 충족시킴으로써 일본과의 긴장도 최소화하였다. 또 1611년부터는 대마도가 세견선을 파견해옴에 따라 일본에 대한 기본적인 정보도 파악이 되고 있었다.[27] 이러한 제도가 정비된 상황에서는 국혼을 핑계로 막대한 비용이 들어가는 국왕 명의의 외교사절을 굳이 파견할 필요가 없었으며, 당연히 뒤로 미루어야만 하는 사안이었다고 생각된다.

그 결과 조선의 1617년 「자문」에는 일본의 사절 요청 건을 명에 대한 보고 현안으로 취급한 시점이 조선의 최초 인지 시점인 1613년보다도 2년이나 늦은 1615년 9월로, 또 요청 이유는 '오사카 전투'(大坂の陣) 이후 일본 평정을 축하하기 위한 사절 요청으로 보고되었다. 그 경위를 좀 더 자세히 살펴보면 다음과 같다.[28] 우선 대마도주(平貞光=宗義成)는 1615년 9월 사자(橘智正)편에 이에야스(家康)의 일본 전국 통일 사실을

26) 민덕기, 『전근대 동아시아 세계의 韓·日관계』(경인문화사 2007), 184쪽.
27) 『朝鮮通交大紀』 권5 萬松院公, 186쪽.
28) 전반적인 경위는 「자문」참조(『광해군일기』 권115, 9년(1617년) 5월 30일 계사).

알려왔는데 내용은 다음과 같았다. "이에야스가 1614~1615년에 걸친 '오사카 전투'에서 도요토미 히데요시(豊臣秀吉) 사후에도 오사카(大坂)를 거점으로 세력을 유지하고 있었던 히데요리(秀頼) 세력을 완전히 소멸시켜 일본 전국을 통일하였다. 뿐만 아니라 조선의 원수인 히데요시 세력을 제거했으므로 '信使'(통신사)를 파견해 달라"는 것이었다.

1615년 9월 경상감사(權盼)의 보고에 따르면, 동래부가 역관을 통해 대마도 사자(橘智正)에게 통신사 요청의 배경을 확인한 바, 이에야스(家康)가 '오사카 전투'를 계기로 국내 분란을 평정하고 히데타다(秀忠)가 국사를 전담하면서 조선과의 수호(通好)를 원하기 때문이라고 했다.[29)]

이러한 사실은 쇄환 포로 신경란에 대한 조사에서도 확인되었다. 신경란은 경상도 양산군 사람으로 1597년 왜적에게 잡혀갔다가 대마도의 선처로 8년만에 귀국했는데, 한성까지 올라가 의정부 배신들이 참석한 가운데 송환 배경 등에 대해서 조사를 받았다. 이 조사에서 이에야스의 전국 평정 사실과 대마도의 통신사 파견 요청이 이에야스의 의지이며, 통신사가 파견되면 일본에 잔류하는 조선의 피로인들이 더 많이 귀국할 수 있을 것이라는 진술을 하였다.[30)]

조선은 대마도가 사자를 보내 통신사를 요청하는 이유를 사자에 대한 구두문답, 그리고 중앙정부의 신료들이 배석한 가운데 포로의 진술을 통해 다시 한 번 확인했던 것이다. 조선 정부는 이러한 과정을 거쳐 '오사카 전투' 이후 명실공히 중앙정부로서 안정된 도쿠가와 막부를 비로소 조선의 외교상대로 인식하기 시작했다고 볼 수 있다. 그러나 한편으로는 대마도의 위협대로 義弘·長政과 같이 '反이에야스 다이묘'가 존재하는

---

29) 이에야스의 다이묘 통제를 위한 '武家諸法度'가 1617년 7월 교토의 후시미성(伏見城)에서 전국의 다이묘들이 모인 가운데 히데타다에 의해 發布되었다. 이러한 조치로 볼 때 1615년 조선의 사절 요청은 도쿠가와 막부의 권위를 전국 다이묘에게 보여줄 수 있는 절호의 기회였다고 생각된다.

30) 『광해군일기』 권115, 9년(1617년) 5월 30일 계사.

한 조선의 안보에 위협을 가져올 수도 있다고 판단했을 수도 있다.[31] 말하자면 이러한 불안감이 일본의 통신사 요청을 무시 내지는 거절하다가 비로소 대응하는 쪽으로 변경하는 계기가 되지 않았을까라고 생각된다. 즉 광해군대에는 즉위 초부터 1615년 7월까지는 선조대의 대일본 통교 방침을 견지하다가 1615년 9월 시점부터 이에야스의 사절 요청을 비로소 외교현안으로 인식하기 시작했다고 생각된다. 조선이 명에 보내는 1617년의 「자문」에 '오사카 전투' 이후 일본정국의 변화를 사자 파견의 배경으로 언급하고 있는 것은 바로 이 때문이라고 본다.

그렇다면 조선은 사자를 바로 파견했을까?

조선은 '오사카 전투'를 알려온 1615년 9월 대마도의 문서를 계기로 일본 측의 통신사 요청을 비로소 외교 현안으로 인식하기 시작했지만, 그렇다고 해서 곧바로 파견을 결정하지는 않았다. 조선에서 파견에 대한 응답이 없자 대마도는 그 이후에도 세 차례나 더 사자를 보내 통신사 파견을 요청해 왔다. 1615년 11월 사자(橘智正)를 파견하여 대마도주 명의

31) 義弘·長政이란 사츠마(薩摩)의 시마즈(島津)씨와 구로다 나가마사(黑田長政)를 일컫는 것으로 소위 反이에야스 다이묘들이었다. 시마즈(島津)씨는 도요토미(豊臣) 정권에 우호적인 다이묘로 임진·정유 두 차례의 전쟁에 모두 참전했으며, 원균을 살해하고 1598년 노량해전에서는 이순신과 승패를 가르기 힘들 정도로 무공이 뛰어났다. 1600년 '세키가하라의 전투'(關ケ原の戰い) 때에는 이에야스 편에 가담하기는 했으나 고전을 면치 못했으며, 히데요리(秀賴)를 멸망시키기 위한 '오사카 전투'(1614~1615년)에는 참가하지 않았다. 시마즈씨는 임진왜란 이후 明과 일본의 종전협상에서도 이에야스의 통제를 받지 않을 정도로 위협적인 존재였다.
구로다 나가마사(黑田長政) 역시 원래는 도요토미(豊臣)의 가신으로 임진·정유 두 번의 왜란에 참전하였으며, 정유재란 때에는 히데요시(秀吉)의 사망으로 일본군이 마지막으로 철수할 때까지 구포 왜성에서 농성하였다. '세키가하라의 전투'에서는 이에야스(家康)편에 가담하였으나, '오사카의전투'에서는 이에야스의 불신 때문에 전투에 참여하지 못하고 에도성(江戶城)을 지켰다. 이들은 이른 바 언제 이에야스를 배신할 지 모르는 反이에야스 다이묘로서, 만약 조선이 외교사절을 보내 이에야스 정권을 안정시키지 못할 경우 대마도를 점거할 수 있으며, 그렇게 되면 조선까지 불안해질 수 있다는 논리였다.

로 통신사 요청이 막부의 지시임을 강조하면서 확인을 재촉하였다. 1616년 2월에는 경상감사가 일본과의 통신 여부에 대한 조선정부의 입장을 재촉했지만 답이 없자, 대마도는 다시 1616년 3월에 사자(橘智正)를 다시 보내 대마도주 명의로 통신사를 요청하였다.

이에 조선은 1616년 4월 예조참의(李瑗) 명의로 답서를 보내, "이전에도 회답한 전례가 있으니 일본이 만약 전례대로 通書하면 중국(明)에 알려 통신사 파견을 생각해보겠다고 답하였다.[32] 그러자 대마도는 1616년 11월 다시 사자를 파견하여 1617년 봄까지 통신사를 파견해 달라고 요청하였다.[33]

조선은 대마도의 거듭되는 통신사 요청에 대해 1616년 12월에서야 겨우 사자 파견을 결정하였다. 1616년 12월 예조참의(柳希亮) 명의의 답서는, 명년(1617년) 봄과 여름 사이에 사자를 보낼 것이라는 내용으로 중국에 주문하였다는 내용이었다. 이 문서는 1617년 1월 접위관(심즙)이 부산에서 조선의 답변을 기다리고 있던 대마도 사자(橘智正, '信使請來差倭')에게 전달되었다. 히데타다(秀忠)의 정치적 의도를 읽고 있던 대마도로서는 조일의 중앙정부간 교섭에 있어서 자신들의 역할을 막부에 어필한 셈이다.[34]

즉답은 아니었으나 조선이 일본의 통신사 파견에 대해 응답 쪽으로 결정을 하게 된 데에는 아마도 이에야스(家康)의 사망 소식이 직접적인 계기였다고 보아진다. 광해군이 1616년 8월 내린 비밀전교를 보면, (대마도에서) 세견선이 오래도록 나오지 않아 도쿠가와 이에야스(德川家康)의 생사를 확실히 알지 못해 일본의 정국동향을 파악도 하지 못하고 있

32) 『通航一覽』 권31, 朝鮮國部 7, 宗氏通信使伺竝掛合.
33) 『광해군일기』 권 9년 5월 계사. 『조선통교대기』 권6, 光雲院公.
『朝鮮通交大紀』 卷6, 光雲院公(宗義成) 209~211쪽.
34) 예조참의 柳希亮의 답서(국사편찬위원회 소장 서계 No.13)
『광해군일기』 권 111, 9년(1617년) 1월 8일 갑술. 『조선통교대기』 권6, 光雲院公.

는데 하삼도의 방비가 허술한 것에 대해 불안해하는 모습을 엿볼 수 있다.[35] 기록에 따르면 이에야스는 1616년 4월 사망한 것으로 되어 있다. 그러나 대마도주(宗義成)가 사자 편에 이에야스 사망 소식을 조선에 알려온 것은 아마도 8월 이후라고 생각된다.[36] 조선은 1617년 1월 쇄환 피로인 진주 유생 신응창의 보고를 통해서도 이에야스(家康) 사망 이후 히데타다(秀忠) 정권의 권력구조라든가 군사력에 대해 확인을 하고 있다. 신응창은 대마도가 이에야스의 명이라며 통신사를 요청하는 것도 대마도가 조일간의 직접 교섭을 막고 중간에서 자신들의 외교적 능력을 어필함으로써 무역을 독점하기 위한 것으로 파악하고, 히데타다의 요청대로 통신사를 파견하지 않는다 하더라도 조선이나 히데타다로서도 아무런 손해가 없다고 하였다. 말하자면 신응창은 통신사 파견의 불필요성을 강조하였다.[37]

그러나 광해군으로서는 이에야스 사후 히데타다가 명실공히 최고통치권자가 되었다 하더라도 이에야스의 후광이 없는 히데타다 정권이 또다시 어떻게 움직일지, 대조선 방침에는 변화가 없을지 등에 대한 불안이 있었을 것으로 생각된다. 조선은 그동안 대마도를 통해서이지만, 임란 이후 일본의 대조선 통교에 대한 요구나 지침이 모두 이에야스의 지시 아래 취해진 것으로 인식하고 대응하였다. 1607년 제1차 '회답겸쇄환사'를 파견할 당시 선조의 국서는 막부의 수장인 쇼군(將軍) 히데타다(秀忠) 앞으로 보내는 것이었다. 따라서 에도성(江戶城)에서 히데타다에게 선조의 국서를 전달하는 외교의례(傳命儀)를 치루긴 했다. 그러나 사행이 귀국길에 은퇴한 쇼군 이에야스(家康)가 있는 슨푸성(駿府城)에 들러 이에야스를 만났던 것은 그가 모든 것을 결정하는 실권자임을 인정했기

35)『광해군일기』권106, 8년 8월 9일 정미.
36)『朝鮮通交大紀』卷6 光雲院公(宗義成), 211쪽.
37)『비변사등록』1책, 광해군 9년(1617년) 1월 9일 및 4월 2일.

때문이다.[38] 따라서 이에야스 사후 명실공히 히데타다의 세상이 되었다고는 하지만 일본의 대조선외교 방침이나 요구가 선대인 이에야스와 같을지 다를지는 미지수였던 것이다.

말하자면, 광해군으로서는 대마도가 그동안 이에야스의 전국 통일과 쇼군 히데타다의 정국 장악을 알려왔음에도 불구하고, 이에야스의 사망을 계기로 조일관계의 안정성이 흔들릴 수도 있다고 판단했다고 본다. 따라서 히데타다 이후 일본의 중앙정치 동향을 조선인의 눈으로 직접 파악할 필요가 있었던 것이다.

이에야스 사망을 1617년 제2차 '회답겸쇄환사' 파견과 관련된 것으로 보는 인식은 인조대 사관은 물론, 조선정부 내에 18세기까지 존재하고 있었던 것 같다. 인조대에 편찬된 『광해군일기』의 1622년 1월 기사에는 '회답겸쇄환사'의 정사 오윤겸을 이에야스 사망으로 파견된 '통신사'로 기록하고 있다.[39] 또 대일본 교섭문서가 집대성되어 있는 『同文彙考』에도 1617년 '회답겸쇄환사'가 지참한 광해군의 국서 등, 관련 문서는 수록되어 있지 않지만, '회답겸쇄환사'를 '통신'으로 분류하여 파견 이유를 "1616년 구 관백 도쿠가와 이에야스(源家康)의 사망 이후 통신사를 요청해 왔기에 사자를 파견하여 통신하였다"라고 기록하였다.[40]

이러한 정황으로 미루어 볼 때 광해군대에는 이에야스의 사망 이후 일본의 정국 변화를 조선의 안보문제로 받아들여 정탐외교를 필요로 했다고 할 수 있다.

한편, 1616년에서야 일본에 사절을 하기로 결정한 또 다른 요인으로는 후금의 북쪽 변방 위협에 대한 광해군의 위기의식도 있었다고 생각된다. 여진의 명에 대한 압박이 거세지면서 1614년 명이 여진을 공격하기

38) 경섬 『海槎錄』 하, 정미(1607년) 6월 20일(신해).
39) 『광해군일기』 권173, 14년(1622년) 1월 22일 무오.
40) 『同文彙考』 附編 권8, 通信 1.

위해 조선에 구원병을 요청해 온 적은 있었지만 국경에 대기시키는 형세만 취했을 뿐 직접적인 전투는 없었다. 따라서 비변사에서도 1615년까지는 남쪽의 전력 상태를 살피기 위해 병조참판(남이공)을 파견하는 정도에 그쳤을 뿐 특별한 변방대책을 마련하지는 않았다.[41)]

그런데 1616년 윤4월 건주여진 누르하치가 후금(後金)이라 칭하고 帝位에 오름으로써 여진의 위협이 현실로 나타났다. 후금은 1616년 4월 명에 선전포고를 하고 곧 무순, 청하를 점령한 후 요동 공격에 나섰으며, 이에 대한 의주부윤(이선복)의 보고가 있었다.[42)] 그리고 곧이어 명이 후금을 정벌하기 위해 조선에 징병을 요청해 왔다.[43)]

광해군은 명의 징병으로 후금과의 마찰이 생길 것을 우려한 가운데 징병을 늦추어보려 했으나, 변무를 담당하는 비변사는 사대 명분론을 바탕으로 징병에 찬성하였다.[44)] 광해군으로서는 명에 대한 징병 요구와 논의가 진행되는 가운데, 일본의 정국 변화에 적절히 대응하지 못함으로써 남쪽에 새로운 긴장이 발생해서는 안된다고 판단했던 것 같다. 후금에 대한 명의 압박에 대응하기 위해서도 우선 일본 측의 사절 파견 요구를 들어줌으로써 남쪽의 안전을 확보할 필요가 있었던 것이다.

단 이와 같은 안팎의 사정이 있었다 하더라도 조선의 사절 파견 절차를 보면, 1607년 제1차 '회답겸쇄환사' 때와 마찬가지로 일본 측에 명의 허락과 '관백'(秀忠)의 '선위치서'를 전제조건으로 내걸었다.[45)] 조선이 일본에 사절을 파견하기 위해서는 먼저 히데타다의 국서가 있어야 한다는 것이 전제였다. 조선의 사절 파견 결정(1616년 12월)은 1617년 1월에서야 대마도에게 전달되었는데, 같은 달 1월에 경상도 관찰사로부터 대

41) 『광해군일기』 권 87, 7년(1615년) 2월 일 임진.
42) 『비변사등록』 2책, 광해군 10년(1618년) 윤4월 5일.
43) 『비변사등록』 2책, 광해군 10년(1618년) 윤4월 12일.
44) 『비변사등록』 2책, 광해군 10년(1618년) 5월 1일 및 5일.
45) 『광해군일기』 권 115, 9년(1617년) 5월 30일 계사.

마도 사자(橘智正)가 히데타다의 서계를 지참해 올 것이라는 보고가 있었다. 그리고 5월에는 마침내 히데타다 명의의 국서(「日本國王源秀忠奉書」)가 도착하였다.[46)]

물론 히데타다의 외교칭호가 '日本國王'호로 되어 있는 이 '선위치서'는 막부가 아니라 대마도가 자의적으로 만든 위서(僞書)로 알려져 있다.[47)] 그러나 일단 조선 측의 명분은 충족되었기 때문에, 1617년 5월 조선의 「자문」은 일본의 관백 히데타다가 먼저 문서로서 수호를 위한 통신사를 요청해 왔기에 오윤겸을 '회답사'로 파견한다는 명에 대한 보고였다.

2. '회답겸쇄환사'라는 명칭

1617년 제2차 '회답겸쇄환사' 파견 배경과 관련하여 또 하나 더 주목해야 할 것은 사절의 명칭 문제라 생각된다. 앞서 보았듯이, 1617년 제2차 '회답겸쇄환사' 파견 이유가 이에야스 사망과 관련이 있었다면 사절 명칭이 왜 '통신사'나 '정탐사'가 아니라 '회답겸쇄환사'라야 했을까?

위의 <표 1>에서 일본 측이 요구하는 조선사절의 명칭은 교섭 초기부터 일관되게 '信使'(통신사)였다. 1613년 대마도가 특송선 편에 처음으로 조선사절의 파견 요청을 전달한 때부터 1616년 11월까지 대마도 사자가 지참해 온 대마도주 명의의 외교문서(서계)에는 사절 명칭이 한결같이 '신사', 즉 통신사로 기재되어 있었다.

뿐만 아니라 이들 대마도의 조선사절 파견 요청과 관련된 경상감사나 동래부사가 올리는 '장계'에도 대마도의 요청 내용을 있는 그대로 인용

46) 『광해군일기』 권 115, 9년(1617년) 5월 30일 계사.

47) 대마도에서 위조한 '日本國王源秀忠' 명의의 '선위치서'(1607년 5월)는 松尾七右衛門(柳川씨 가신)·島川內匠(宗家 佑筆)과 조선측 역관 박대근 등이 작성한 것이다(仲尾宏, 「元和度信使と伏見聘禮」(『朝鮮通信使と德川幕府』).

하기 때문인지 사절 명칭은 '신사'로 기재되어 있었다. 또 광해군대 전반기 대일정책을 주도했던 중앙정부의 신료(이덕형)나 비변사 등도 논의과정에서는 '신사'로 이해하고 있다.[48] 광해군조차도 '신사'로 인식하였다. 심지어는 1617년 5월 명에 보내는 「자문」에도 일본 측의 '신사' 요청으로 기록되어 있다.

그러나 조선은 1616년 4월 사절 파견 쪽으로 가닥을 잡은 때부터, 사절을 파견한다면 그것은 1607년의 제1차 '회답겸쇄환사' 때의 전례와 마찬가지로 '회답사'(回答使)가 될 것임을 대마도에 보내는 답서에 암시하였다. 그리고 1617년 1월 광해군은 '비망기'로 히데타다의 '선위치서'에 대해 '회답사'가 지참할 국서의 작성 등 파견 준비를 지시함으로서 사절 명칭을 '회답사'로 기정사실화하였다.[49] 1월 17일에는 '회답사'의 정사로 동래부사를 지냈던 오윤겸(吳允謙), 부사에 박재(朴梓), 종사관에 이경직(李景稷)의 제수를 시작으로,[50] 조선 국왕의 회답서계에 날인할 도장의 인문, 사행원의 인선, 예물의 준비 및 대중국 보고 등, 이후의 모든 보고와 준비는 1617년 5월말까지 '회답사'를 전제로 이루어졌다. 그러나 사행의 최종 명칭은 비변사의 건의에 따라 일행이 승선하기 직전인 1617년 5월에서야 '회답겸쇄환사'로 최종 결정되었다. 그리고 성절사(聖節使) 파견시 명에 보내는 주문(奏文)에 마침내 '회답겸쇄환사'로 명기되었다.

> (비변사가) 아뢰기를,
>
> "비망기에 '성절사(聖節使)에게, 왜노(倭奴)에의 회답사(回答使)는 오로지 포로된 사람들을 데려오고 아울러 왜정(倭情)을 탐지하기 위하여 병오년 (선조 39, 1606) 선왕 때의 일에 의하여 보낸다'는 것과 '답변할 말들을 하나하나 일러 보낼 것'을 비변사로 하여금 살피도록 전교

48) 김태훈, 앞의 논문 145쪽.
49) 『비변사등록』 광해군 9년(1617년) 1월 3일.
50) 『광해군일기』 권 111, 9년(1617년) 1월 7일 계미.

하셨습니다. 지금 이 주문(奏聞)에 관한 일을 오로지 포로된 사람들을 데려오고 아울러 왜정(倭情)을 탐지하기 위한 것이라고 명칭을 붙이면 사리(事理)에 지당하며 성려(聖慮)가 미치는 바는 실로 우연한 일이 아닙니다. 더구나 병오년 사신의 명칭에 있어 회답(回答)겸 쇄환사(刷還使)라 하였으니 지금의 칭호에 있어서 이 예를 사용하더라도 무방할 듯합니다. 그렇다면 자·주(咨奏) 문서에 있어서도 달리할 것 없이 이에 의하여 마련하는 것이 마땅합니다. 또 지난번 살마주(薩摩州)에 포로된 사람 전이생(全以生)의 친척 정신도(鄭信道)가 쇄환(刷還) 문제로 진소(陳疏 : 상소)하기까지 하였으니 매우 애통하고 절박합니다. 본사(本司)에서 복계(覆啓)할 때에 사신으로 하여금 저쪽에 도착한 후 여러 가지로 활동하여서 반드시 전원이 쇄환되도록 하여 한 사람도 빠지지 않도록 할 것을 품지(稟旨)하여 윤허를 받았으므로 이미 사신에게 분부하였습니다. 승문원의 문서에도 이 사유를 매거(枚擧)하는 것 또한 무방할 듯하니, 승문원으로 하여금 짐작하여 처리하도록 하는 것이 어떻겠습니까?" 하니, 대답하기를,

"윤허한다. 쇄환에 관한 말을 사신으로 하여금 각별히 타이르도록 하여서 착실히 쇄환케 하라." 하였다.[51]

위 보고를 보면, 비변사의 건의는 광해군이 '비망기'를 통해 선조 때의 1607년 제1차 '회답겸쇄환사' 전례에 따라 사행명칭과 수행임무, 명에 대한 보고에 대해 최종점검을 하도록 특별 지시한 것에 따른 것으로,[52] 명에는 사행 파견 이유를 피로인 쇄환과 일본 정탐으로 보고했음을 알 수 있다.

그런데 이 '회답겸쇄환사'라는 명칭은 제1차 '회답겸쇄환사' 파견 때

51) 『비변사등록』 광해군 9년(1617년) 5월.

52) 광해군이 1617년의 '회답겸쇄환사' 파견에 있어서 선조대의 전례를 숙지하고 지침을 견지하려 했음은 여러 군데서 엿볼 수 있다. 광해군이 정사 오윤겸 일행이 떠나기 앞서 사행원을 직접 만나서 사행 임무에 대해 당부하려고 했던 것이나, 1607년에 제1차로 일본에 파견되었던 정사 여우길과 경섬으로 하여금, 부왕 선조가 당부한 사항이 무엇이었는지를 보고하도록 한 것이 그 증좌라 할 것이다(『광해군일기』 권 115, 9년(1617년) 5월 27일 경인).

와 마찬가지로 오윤겸 일행이 가지고 가는 광해군의 국서, 즉 대일본 외교문서에는 기재되지 않았다. 사행 명칭은 1617년 4월 일본에 사행을 파견하기로 결정한 후, 바로 다음 달인 5월 명에 보내는 「咨文」에는 '회답사'로, 聖節使 파견시의 奏文에는 '회답겸쇄환사'로 보고되었다. 사행명칭이 오히려 대명외교문서에 남아 있는 것이다.

광해군은 정작 대일본 외교문서에는 기재되지도 않을 '회답겸쇄환사'라는 사행명칭을 왜 고수하려고 했을까? 우선 금을 압박하기 위한 명의 징병 요구에 군사적 부담을 덜기 위해 일본에 사절을 파견하기는 하되, 어디까지나 일본의 요청에 회답하는 한편 전후처리(피로인 쇄환)를 위한 한시적인 사절임을 어필할 필요가 있었기 때문이라고 본다. 당시 명을 중심으로 하는 조공책봉이 동아시아 국제관계의 중심축이었던 만큼, 일본과의 관계를 유지하기 위해서는 빙문을 전제로 하는 적례외교사절이 아니라 한시적인 사행임을 어필할 수 있는 명분이 필요하였다고 생각된다.

한편 광해군은 비변사의 건의에 따라 사행명칭이 '회답겸쇄환사'로 개칭되었음을 오윤겸 일행도 숙지하고 떠나도록 하였다.[53] 광해군의 지시에 따른 '회답겸쇄환사' 관련 공문은 안타깝게도 오윤겸 일행이 승선한 후에야 부산에 도착했던 것 같다.[54] 그러면 명에 보내는 「자문」은 그

53) 『광해군일기』 권 116, 9년(1617년) 6월 26일 기미.
『비변사등록』 광해군 9년(1617년) 6월 26일.

54) 『비변사등록』 광해군 9년(1617년) 8월 8일.
아뢰기를,
"회답사(回答使) 겸 쇄환사(刷還使)로 호칭할 것을 해조에서 계하(啓下)하지 않았습니다. 그러므로 본사에서 해조 낭청(郎廳)을 추고하라고 개부표(改付標)하여 말을 보내 행이(行移)하였습니다. 지금 동래부사 황여일(黃汝一)의 첩보를 보니 회답사 일행은 이미 7월 초 7일에 배에 올랐으며, 행이는 초 8일에 도착하여 미처 전달하지 못했다고 하였습니다. 동래(東萊)는 비록 11일의 일정(日程)이오나, 말을 보내 비전(飛傳 : 신속히 전함)하는 일에 있어서는 7~8일이면 도달할 수 있습니다. 서울 출발 11일 만에 비로소 동래에 도착하였으니 극히 정체된 것입니다. 그 경역자(京驛子 : 역에 소속된 서울의 마부)를 유사(攸司)로 하여금 수금(囚禁)

렇다 치더라도, 광해군은 왜 굳이 그 명칭을 국내 행정문서에 의식적으로 남기려 했을까? 일본의 통신사 요청에 대한 조선의 태도가 일본이 쇼군 명의의 문서를 먼저 보내오면('선위치서') 이에 대한 답변으로 '회답사'를 보낸다는 것이 기본적인 자세였음은 이미 앞에서 보았다. 그런데 주목할 부분은 사절 파견 직전인 1617년 5월에서야 '쇄환'이라는 문언이 추가되었다는 것이다. 앞서 1615년 쇄환 포로 신경란에 대한 조사에서 보았듯이, 조선정부는 '오사카 전투' 이후 일본의 통신사 요청 의도를 확인하는 한편, 통신사가 파견된다면 더 많은 피로인들이 귀국할 수 있을 것이라는 진술을 확보한 바 있다. 그러나 사명에 '쇄환'이 추가된 데에는 1617년 4월 경상도에서 올린 상소가 결정적 역할을 했던 것 같다. 상소 내용은 '兼司僕' 정신도가 친척인 쇄환 포로 전이생을 통해 사츠마(薩摩)에 조선인이 3만 7백명이나 억류되어 있다는 정보를 바탕으로 '회답사' 편에 피로인 쇄환을 해달라는 청원이었다.[55] '兼司僕' 정신도는 경상도의 관원으로 '장계'를 통해 상부에 의견 개진이 가능했을 터임에도 불구하고 개인 명의로 국왕에게 직접 상소를 올린 것이다. 광해군대에는 1년 평균 30건을 웃도는 '상소'가 올라와 국정운영상 조선의 역대 국왕 가운데서 '상소'를 가장 많이 받아들인 것으로 집계되고 있다. 그러나 대부분의 상소가 특정 인물에 대한 탄핵으로 정치적 의도에서 작성된 것이라면,[56] 정신도의 상소는 피로인 쇄환을 통해 민생의 안정을 호소하는 時務 관련 상소로서 민의를 반영하는 것이었다.

하여 추고하도록 하는 것이 어떻겠습니까?"
하니, 윤허한다고 답하였다.

55) 『광해군일기』 권 114, 9년(1617년) 4월 19일 계축.
정신도는 경상도 영천 사람으로 1617년 '회답겸쇄환사'의 일원(부호군)으로 일본에 파견되어 피로인 쇄환에 힘썼다. 상소를 올릴 시점인 1617년에는 '겸사복'이라는 관직으로 되어 있으나 1618년 무과에 급제한 것으로 되어 있다.

56) 조선의 국정운영상 '상소'의 역할에 대해서는 설석규의 논문 참조(「조선시대 유생 상소의 유형과 추이」(『경북사학』 17, 1995).

실제로 1617년 제2차 '회답겸쇄환사' 파견 논의가 진행되던 1616~1617년 사이의 『광해군일기』를 보면 대일본외교가 국정의 우선순위는 아니었다. 임란 때 파괴된 궁궐과 대소 관청은 전후 25년이 지나도록 아직도 복구되지 못한 상태로 궁궐과 대소 관청의 수리 및 신축을 위한 재정확보 방안이 국사의 주된 내용을 이루고 있다. 광해군은 창경궁과 인왕산의 新宮 건축을 위한 토지 배상비용 등, 재정 부족을 메우기 위한 稅收 확대 방안을 강구하는 한편, 국방비로 조달한 미곡 6천 석까지도 궁궐 건축비로 돌려썼다.[57] 요즘식으로 말하지면 소위 예산의 '전용'(轉用)을 해가면서까지 궁궐 건축에 진력했는데, 이는 중앙정부로서의 집무공간과 국왕의 거처를 마련함으로써 임란 이후 땅에 떨어진 왕권의 권위를 회복하는 한편, 백성들을 안정시키는 것이 당장 해결해야 할 국정현안이었음을 말해준다.

또 광해군은 즉위한 지 10년 가까이 되도록 명(明)으로부터 조선국왕으로서 권위를 인정받지 못하고 있었다. 이에 대명외교를 활용하여 광해군의 국왕으로서 권위를 하루라도 빨리 안정시키는 것이 더 급선무였다. 실제로 '회답겸쇄환사' 논의가 진행되던 1616년 한해만 해도 2월에 동지사, 9월에 사은성절사, 천추사, 주청사(진주사), 12월에 사은사가 차례차례 떠났는데, 이를 위한 사대문서 작성과 예물의 준비만으로도 벅찼을 것으로 생각된다. 특히 奏請使의 경우 (광해군의) 존호 추진을 위한 사절이었다.

이렇게 전후의 재정 부족과 세수 확보, 명으로부터 조선 국왕의 권위를 인정받기 위해 빈번하게 대명외교사절을 파견해야 하는 대내외 사정으로 본다면, 전쟁을 일으켜 많은 백성을 잡아간 일본과 빙문외교를 한다는 것은 당연히 뒤로 미루어야 하는 사안이었다. 왜란 이후 1598년 집계된 조선 인구는 1,085만으로 전쟁 이전의 1,300만 명에서 크게 줄었는

57) 『광해군일기』 권113, 9년(1617년) 3월 19일 갑신.

데, 특히 쇄환 포로 전이생의 진술을 토대로 피로인 숫자를 40만 명 정도로 집계한 경우도 있다.[58] 또 대일본 외교사행의 예단 비용은 대중국 외교사행(동지·정조·성절사)의 예단 비용을 상회할 정도로 부담이 컸다는 지적이 있다.[59] 전쟁으로 인한 인구 감소 등 아직 전쟁 피해 복구가 되지 않은 상황에서 예물의 조달은 백성들의 부담을 배가시키는 일이기도 했으므로 오히려 반일정서를 자극할 수 있었을 것이다. 따라서 비록 광해군이 사행을 파견하는 실제 목적이 이에야스(家康)의 사망 이후 일본 사정의 정탐에 있었다 하더라도, 피로인 쇄환에 대한 청원, 즉 민의를 반영하여 '전후처리'를 명분으로 하지 않는 한 일본에 외교사절을 파견하기는 어려웠다고 본다. '회답겸쇄환사'라는 명칭과 피로인 쇄환에 대한 상소문을 『광해군일기』는 물론, 명에 보내는 「자문」, 『비변사등록』 등의 기록과 행정문서에 의도적으로 남기려 했던 것은 이러한 국내의 반일정서를 진정시키기 위한 명분 확보였다고 본다.

요컨대 광해군대 1617년 제2차 대일본사행의 명칭을 '회답겸쇄환사'로 정할 수 밖에 없었다는 것은, 비록 지금으로부터 400년 전의 전근대 국가라 하더라도 외교에서 명분 확보가 얼마나 중요한 것이었나를 짐작케 한다.

Ⅳ. '회답겸쇄환사 외교'의 실태

오윤겸을 정사로 하는 1617년 제2차 '회답겸쇄환사'의 사명은 광해군

58) 최호균, 「임진·정유왜란기 인명 피해에 대한 계량적 연구」(『국사관논총』 89, 2000) 51~55쪽.
피로인의 규모에 대해서는 연구자에 따라 다르나 10만을 전후하는 의견이 많다.
59) 김덕진 외 4명, 「외교와 경제 -조선후기 통신사외교와 경제시스템-」(『한일관계사연구』 26, 2007) 200쪽.

의 국서(회답서)를 히데타다(秀忠)에게 전달하는 한편, 히데타다의 국서를 받아오는 것이 핵심이었다. 그런데 이때 교토(京都)의 후시미성(伏見城) '전명의(傳命儀)'에서 히데타다에게 전달된 광해군의 국서 및 히데타다의 국서는 2통 모두 대마도에서 개작한 것으로 이미 밝혀진 바이다. 그리하여 기왕의 연구에서는 대마도가 개작한 부분, 즉 조선이 회답서(奉復)로 작성한 것을 발신 서한(奉書)으로 고쳤다거나, 히데타다(秀忠)의 외교칭호('日本國王'), 인장 문제 등, 외교 시스템과 관련된 것들이 많이 연구되었다.[60] 그 결과 왜란 직후의 조일 교린관계 구축과정에서 대마도의 역할은 많이 부각되었다. 반면에 '회답겸쇄환사'라는 조선의 외교사행은 위조된 국서를 주고 받아온 것 이외에 조일간 외교에서 어떤 역할을 했는지는 묻혀버린 측면이 있다. 따라서 여기에서는 오윤겸 일행이 국서 전달 등 부여받은 사명과 그것을 수행하는 외교현장에서 일본 측에 어떤 식으로 자신들의 의사를 전달했는지를 통해 조일 교린외교의 실태를 살펴보려고 한다.

우선 오윤겸 일행의 출발에 대한 결정은 이미 1617년 4월에 있었음에도 불구하고 출발 전 광해군의 직접 면담이 질병 때문에 실현되지 못함에 따라 결국 7월에야 승선할 수 있었다. 그러나 광해군은 사행이 떠나기 전 비변사를 통해 2통의 '비망기'를 내려 사행이 일본에서 수행하고 와야 할 임무를 지시하였다. 먼저 5월 20일자 '비망기'에서는 비변사로 하여금 사행 파견시 일본에서 나는 주홍(朱紅)과 무기(총검 및 군기) 구

60) 손승철의 (「국서개작사건과 교린체제」(『조선시대 한일관계사연구』 소수, 지성의 샘, 1994))를 비롯하여, 仲尾宏의 연구(『朝鮮通信使と德川幕府』(日本明石書店、1997))에서 개작된 용어를 둘러싸고 대마도의 국서 위작 행태에 대해서 이미 많은 부분이 밝혀졌다. 최근에는 국서에 사용된 종이의 材質,중량,밀도,섬유조직, 그리고 印鑑의 형상과 위치 및 색채, 朱의 성분 등을 분석한 과학적 데이터를 통해서도 국서의 진위 여부가 밝혀졌다(田代和生, 「朝鮮國書原本の所在と科學分析」(『朝鮮學報』 202, 2007)).

입 방안을 담당부서와 강구하도록 하였다.[61] '회답겸쇄환사' 파견을 논의할 당시 내정상으로는 선수도감이 주축이 되어 인왕산 아래 새로운 궁전 건축을 위한 재정 확보와 공사 준비가 한참 진행중이었다. 주홍은 아마도 새 궁궐 건축시 도료로 쓰기 위해 필요로 했던 것 같다. 그리고 총검 등 군수 관련 물자를 구입하려고 했던 것은 여진을 의식해서였다. 그러나 비변사는 1609년 기유약조 체결 이후 '부산 開市'를 통해서도 무기조달이 가능하므로 사행원들의 일본 체류중 사사로운 물품 거래를 금지시킴으로써 외교사절로서의 품위를 잃지 않도록 할 것을 건의하였다.[62]

비변사가 사절 파견시 무기구입에 소극적 의견을 제시했던 것은 아마도 1607년의 제1차 '회답겸쇄환사' 일행이 무기 구입과 관련하여 귀국 후에 탄핵을 받은 것에 대한 부담 때문이었던 것 같다.[63] 그 결과 광해군이 비변사의 건의를 반영하여 최종적으로 내려진 것이 5월 28일자 '비망기'로, 회답사가 떠나기 전에 직접 만나서 지시하고 싶었던 사항을 자신의 질병으로 실현되지 못하게 되자 문서로서 이른 것이었다.

> [비밀] 비망기에,
>
> "회답사(回答使)에게 병으로 면유(面諭 : 직접 유시함)하지 못하니, 지난번 비변사에 전교한 것을 하나하나 몸소 행하라.
>
> 1. 일행의 원역(員役) 가운데 우리나라 기밀을 누설하는 일이나
>
> 2. 일행 가운데 궁전(弓箭)등 물품을 가진 자가 있는 경우에는 일일이 엄금하고 자세히 조사하여 엄금 치죄(治罪)할 것이며,
>
> 3. 도망친 역적 및 죄인을 상세히 탐문하여 아무쪼록 잡아오도록 하라.
>
> 4. 왜정(倭情)에 관계된 내용은 하나하나 자세히 탐문하여 아뢸 것

61) 『비변사등록』 광해군 9년(1617년) 5월 22일.
62) 『비변사등록』 광해군 9년(1617년) 5월 22일.
63) 무기 구입은 결국 다른 루트로 실현되었다. 사행원들의 귀국 후 부산 왜관을 통해 도쿠가와 막부로부터 받아온 회답 예물 은자 6000냥 가운데 일부가 병기도감에 할당되어 1619년 4월에는 왜관을 통해 鳥銃 40개 및 環刀 100자루를 구입하였다. (양흥숙, 「17세기 전반 회답겸쇄환사의 파견과 경제적 의미」(『항도부산』 21, 2005).

이며,

5. 포로된 남녀에 대해서는 여러 가지로 타일러서 모두 쇄환하도록 하라.

이총(李叢) 등 및 비변사에서 말한 포로들은 일일이 잡아올 것을 각별히 회답사에게 말 하도록 하라." 하였다.[64]

위의 5월 28일자 '비망기'에서는 무기 구입이 빠지는 대신에 사행원들이 일본에 체류하는 동안에 일본인들과 교류하는 과정에서 조선의 국정이 누설되는 일이 없도록 할 것을 비롯하여, 피로인 쇄환, 일본에 관한 정탐 등을 특별히 지시하였다.

오윤겸을 정사로 하는 제2차 '회답겸쇄환사' 일행은 모두 428명으로, 일본 측에 전달할 광해군의 국서와 '비망기'로 특별 지시한 임무를 띠고 1617년 7월 7일 부산을 떠났다. 8월 26일에는 교토의 후시미성에서 광해군의 국서를 히데타다(秀忠)에게 전달하는 '전명의'를 치르고 3개월 후인 10월 18일 부산으로 귀국하였다.

오윤겸 일행이 일본에 체류하는 동안 사행으로서의 임무, 또 광해군의 특별지시를 얼마나 충실히 이행했는지에 대해서는 『사행록』이 참고가 된다. 특히 오윤겸의 『東槎上日錄』은 정사(正使)의 기록인 만큼 국서의 전달과 피로인 쇄환이라는 사명, 그리고 특별지시를 의식하여 작성한 흔적이 역력하다. 오윤겸 일행이 대마도에 도착한 후부터는 대마도주(宗義成)와 柳川調興이 쇼군 히데타다의 접견 장소인 후시미성까지의 여정을 안내했다. 오윤겸은 대마도 체류 중 사행에 대한 대마도주와 柳川調興의 접대에 아주 소극적으로 응하는 한편, 사행을 찾아오는 일본인들과의 접촉 사례도 대마도 승려 宗方 이외에는 거의 보이지 않아 일본인들과의 잦은 접촉으로 인한 기밀의 누설 방지에도 신경을 썼던 흔적을 엿볼 수 있다.

64) 『비변사등록』 광해군 9년(1617년) 5월 28일 비망기.

그러면 먼저 오윤겸 일행이 부여받은 임무 가운데 가장 중요한 사명이라 할 수 있는 국서의 전달부터 보기로 한다.

첫째, 광해군의 국서를 도쿠가와 막부의 쇼군(히데타다, 秀忠)에게 전달하는 '전명의'는 8월 26일 교토의 후시미성에서 치러졌는데, 이날 전달된 광해군의 국서는 다음과 같다.

<1617년 광해군의 국서>

朝鮮國王 李琿 奉書
日本國王 殿下
此間因廷臣啓稟 <u>屢聞對馬島主義成·柳川調興</u> 傳教
貴國勤疑之意 要請蔽邦信使 而爲錄事非常例 夫敢輕議 今者
貴國<u>平定大坂 統合日域</u> 豈非彼此生靈之福哉 況今日<u>修好敦睦</u>
玆遣使价爲報慇懃 將此曲折<u>已奏</u>
天朝只願
貴國益嗣好音 毋負<u>信義</u> 不勝幸甚 不腆土宜 附在別幅 統希誠諒
不宣
萬曆四十五年五月 日
朝鮮國王 李琿[65]

그런데 앞서 지적했듯이, '전명의' 당일 날 전달된 위의 국서는 조선이 일본과의 수호 조건으로 제기한 '히데타다(秀忠)의 선위치서'에 대해 회답서(奉復)로 작성한 광해군의 국서가 아니었다. 대마도가 중간에서 송서('奉書')의 형태로 개작한 위서(僞書)였다.[66] 그러나 조선측 기록

65) 『朝鮮通交大紀』 권6, 光雲院公(宗義成).
위작 국서의 원본은 일본 京都大學總合博物館에 소장되어 있다.

66) 위의 1617년 광해군 국서는 『善隣通書』(日本 東京國立博物館 소장)에 의하면 대마도의 松尾七右衛門(柳川씨 가신)·島川內匠(宗家 佑筆)·朝鮮譯官 朴大根이 의논하여 개작한 것으로 되어있다(田代和生, 「朝鮮國書原本の所在と科學分析」(『朝鮮學報』202, 2007).

인 『同文彙考』에는 개작되기 이전의 국서는 물론 개작 서계의 사본조차 전하지 않는다. 일본 측 기록인 『朝鮮通交大紀』나 『隣好始末物語』에도 위서만 수록되어 있어서 대마도가 구체적으로 어느 부분을 개작했는지는 알기 어렵다. 따라서 여기에서는 국서 전달의 의미에 대해서 살펴보고자 한다.

국서에는 조선이 보낸 사행을 '통신사' 또는 '회답사'라는 칭호로 명기하지는 않았지만, "대마도주 義成과 柳川調興이 여러 번에 걸쳐 통신사 파견을 요청해 왔기에,[67] 이번 오사카(大坂) 평정으로 일본 전국을 통합한 것에 대해 사자를 보내 수호와 신의를 다지자"는 조선국왕의 의중이 담겨 있는 것으로 되어 있다. 물론 이 '오사카 평정 축하와 우호 유지"가 정말 조선의 진의였는지에 대해서는 의심의 여지가 있다.[68]

그런데 앞서 명에 보내는 「자문」에서 보았듯이, 광해군과 비변사는 피로인의 진술을 통해 '오사카 전투' 이후 이에야스의 일본 정국 장악을 확인하는 한편, 이에야스 사망 이후 히데타다의 대조선정책에 대한 불안 등을 계기로 일본의 신사 요청을 비로소 외교 현안으로 받아들였다. 그리고 이를 사절 파견의 배경으로 명에 보고했다. 그리고 국서를 전달한 '전명의(傳命儀)' 당일 날의 광경을 보면, 정사 오윤겸이 쇼군을 직접 만난 자리에서 구두로 이번 사행이 '오사카의 전투'를 계기로 조선의 원수

67) 1624년 제3차 '회답겸쇄환사' 파견시 예조참판(오백령)이 막부의 집정 앞으로 보내는 서계도 대마도가 개작한 것으로 밝혀졌는데, 본문 내용에 개작하기 전의 진서에는 없던 문언으로 '馬嶋'가 삽입된 것에 대해 대마도의 활약상을 의도적으로 어필하기 위한 것이라는 지적이 있다(田代和生, 「朝鮮國書原本の所在と科學分析」(『朝鮮學報』 202, 2007) 35쪽). 이것으로 미루어 볼 때, 1617년 대마도가 개작한 광해군 국서 본문의 머리 부분에 조선의 사자 파견의 경위를 서술하는 대목에 "對馬島主義成·柳川調興'라는 개인의 이름이 들어가 있는 것도 대마도가 위서 작성 과정에서 신사 파견 요청시 대마도의 역할을 막부에 어필하기 위해 개작한 것으로 짐작된다.

68) 三宅英利, 「元和朝鮮通信使來聘理由への疑問」(『九州史學』 52, 1972)
仲尾宏, 「元和度信使と伏見聘禮」(『朝鮮通信使と德川幕府』 明石書店, 1997)

인 히데요시(秀吉) 세력이 패배함으로써 우호관계가 회복되게 된 것을 광해군이 치하하기 위해 파견한 '회답사'임을 전달하고 있다. 따라서 대마도가 광해군의 1617년 국서를 자신들에게 유리하도록 필요한 만큼 개찬했다 하더라도, "앞으로 신의를 잃지 말고 수호를 돈독히 하자"라는 조선 측의 취지를 완전히 벗어나지는 않았을 것으로 생각된다.

그렇다면 1617년 광해군의 '수호'운운 취지를 어떤 의미로 이해할 수 있을까? 광해군의 '수호' 운운은 1607년 제1차 '회답겸쇄환사'가 지참한 선조의 국서에 도쿠가와 막부의 임진왜란에 대한 사죄의 표현과 이에 대한 조선의 확인 내용이 들어간 것과는 사뭇 다른 내용이라 할 수 있다.[69] 이는 외교적인 의미에서 본다면 단순한 외교적 수사라기보다는 히데타다 정권도 우호 이외의 다른 생각을 품어서는 안 되는 것임을 간접적으로 전달한 것이라 볼 수 있다. 즉 히데타다 정권을 조선의 외교상대로서 인식하여 신의에 바탕을 둔 우호관계로 유도하려는 조선의 의사를 전달하는데 주안점이 있었다고 할 수 있다. 조선의 국내외 사정으로 보았을 때 신뢰에 바탕을 둔 우호관계 유지야말로 군비 감소 등 안보에 대한 비용 부담을 절감할 수 있었기 때문이다.

그런데 국서 전달에서 주목할 것은 문서의 내용도 중요하지만, 정사 오윤겸 일행이 일본에 체류하는 동안 쇼군 당사자나 막부측에 자신들의 의사를 어떤 방법으로 전달했는가라는 점이다.

오윤겸의 사행록인 『東槎上日錄』을 보면, '전명의'를 치르기 이전 막부의 집정(佐渡守 本多正純)이 사행의 숙소(大德寺)를 방문했을 때 정사 오윤겸이 구두로 이번 사행이 선관백(德川家康)이 전대의 잘못을 덮고 국교 회복을 요청하였기 때문에 조선에서 파견한 '회답사'임을 분명히 함으로써 광해군의 회답사행 파견 의도를 막부에 전달하려 했다.[70] 또

69) 『朝鮮通交大紀』 권5, 萬松院公(宗義智) 174쪽.

(전략)今者貴國革舊,以新問札先及乃謂改前代非者, 致款至此(후략)

앞서 보았듯이 국서를 전달한 '전명의(傳命儀)' 당일 날에도 쇼군을 직접 만난 자리에서 정사 오윤겸이 광해군의 사행 파견 취지를 다시 한 번 구두로 전달하였다.[71] 또 '전명의'가 끝난 후 연회 자리에서도 막부측(本多正純)과 직접 환담을 나눌 기회가 있었다.[72]

즉 정사 오윤겸은 구두이긴 하지만 전명의가 치루어지기까지 광해군의 사행 파견 취지를 막부의 집정, 쇼군 본인 등, 적어도 3회에 걸쳐 접촉의 기회가 있을 때마다 직접 전달할 수가 있었다.

그리고 이렇게 '회답겸쇄환사'가 막부측에 직접 자신들의 의사를 전달하는 방식은 히데타다의 국서를 받는 과정에서 다시 확인할 수 있다. 종사관 이경직의 『扶桑錄』을 보면, 히데타다의 국서 초안은 '전명의'가 끝난 후 1617년 8월 30일에 대마도측을 통해 정사 일행에게 전달되었다. 그런데 초안에는 히데타다의 칭호가 '日本國秀忠'으로 되어 있었다. 이에 정사 일행은 역관 박대근을 대마도(島川) 측에게 보내 '日本國王秀忠'으로 고쳐줄 것을 막부의 집정에게 전달해 주도록 요청하였다.[73] 그리하여 9월 4일에는 대마도의 島川가 조선 사행의 국서 개찬 요청을 金地院崇傳을 통해 막부 집정에게 문서로서 부탁했지만, 초안 작성자인 金地院崇傳은 이에야스 때부터 '국왕'이라 칭하지 않았다는 이유로 '왕'자 사용 불가 입장을 전해왔다. 이에 정사 일행은 만약 대마도를 통해 개찬 요구가 잘 전달되지 않을 경우, 막부의 집정이 히데타다의 국서를 가지고 올 때 자신들이 직접 막부측에 요구할 기회를 기다리고 있었다.[74]

그러나 같은 날(9. 5) 막부측(板倉伊賀守, 本多正信)이 가져온 히데타다의 국서는 역시 개찬되지 않은 채였다. 이에 정사 일행은 바로 막부의

70) 오윤겸, 『東槎上日錄』 8월 21일.
71) 오윤겸, 『東槎上日錄』 8월 26일.
72) 오윤겸, 『東槎上日錄』 8월 26일.
73) 이경직, 『扶桑錄』 8월 30일.
74) 이경직, 『扶桑錄』 9월 2일, 9월 4일.

집정을 대면한 그 자리에서 개찬을 요구하였다.[75] 그리고 9월 6일 박대근을 다시 후시미성(伏見城)으로 보내 막부측에 개찬을 요구하도록 하였다. 후시미성으로 갔던 박대근은 그날로 돌아와 막부의 집정이 정사의 요구를 받아들여 히데타다에게 전달했더니 개찬을 허락했다고 보고하였다.[76] 3일 후인 9월 9일 히데타다의 개찬 국서는 막부의 집정이 아니라 대마번의 柳川調興이 가져왔는데, 정사 일행의 요청대로 '日本國王秀忠' 명의로 수정되어 있었다.[77] 柳川調興이 히데타다의 국서를 가져왔다는 것은 박대근의 보고가 거짓으로 대마도가 조선의 요구에 맞추어 국서를 개작하는데 시간이 걸린 것 같다.

물론 대마번을 통해 정사 일행의 개찬 요구 및 항의 전달을 부탁받은 崇傳이 과연 이를 막부의 집정(本多)에게 전달했는지는 확인되지 않는다. 그러나 정사 일행의 답서 개찬 요구가 중요한 것은 개찬의 성사 여부가 아니다. 오윤겸 일행이 비록 대마도를 통해서이긴 하지만 2번이나 막부측에 직접 개찬을 요청할 수 있었다는 사실이다. 만약 대마도를 통해 막부측에 의사전달이 여의치 않을 경우 정사 측은 본인들이 직접 막부를 상대로 서계 개찬을 관철시킬 자세로 있었다. 이는 말하자면 '회답겸쇄환사' 일행이 외교현장에서 대마도를 통하지 않고 일본의 중앙정부를 상대로 언제든지 현안 제기가 가능했다는 의미이다. 뿐만 아니라 정사 일행은 개찬 서계를 받아내기 위해 9월 5일 대마도(橘智正, 島川)에게 과거 이에야스 명의의 서계와 히데타다 명의 '선위치서'에 기재된 '日本國王'호 사용 등, 과거 대마도의 서계 위조를 막부측에 직접 예시하겠다고 위협한 바 있는데,[78] 이는 외교현장에서 문제 발생시 대마도에 대한 통제도 가능했다는 의미이다.

75) 이경직, 『扶桑錄』 9월 5일.
76) 오윤겸, 『東槎上日錄』 9월 5일, 9월 6일.
77) 오윤겸, 『東槎上日錄』 9월 9일.
78) 오윤겸, 『東槎上日錄』 9월 5일. 이경직, 『扶桑錄』 9월 5일.

국서의 전달 및 수령이라는 외교의례가 치루어지는 동안, 1617년 제2차 '회답겸쇄환사' 일행은 동안 적어도 5번에 걸쳐 막부측과 직접 소통을 시도했음을 확인할 수 있었다. 그런데 이는 조일 간의 교린 외교현장에서만 가능한 일이었다. 臣子관계를 바탕으로 하는 事大외교에서는 조선 국왕의 의사가 대등한 입장에서 곧바로 명의 황제에게 전달되지는 않았다. 오로지 명의 예부에서 올리는 문서행정 절차에 따라 황제에게 문서로서 보고될 뿐, 조선의 사절이 명의 황제를 직접 만나 구두로 뭔가를 전달한다는 것은 있을 수 없었다.[79] 이에 비하면 사행의 파견을 통해 이루어지는 조일 교린관계란 조선 국왕과 일본의 쇼군이 직접 면대하지는 않는다 하더라도 서로를 대등한 외교상대로 여겨 직접 의사전달을 하는 소통시스템이었다고 할 수 있다. 이에 '회답겸쇄환사' 오윤겸이 '전명의'라 하여 광해군의 국서를 전달하는 의례장소에서 쇼군을 면대하여 직접 구두로 광해군의 의중을 전달하는 것도 가능했던 것이다. 뿐만 아니라 막부의 집정이 외교사행에 대한 접대를 주관하는 한편 의사전달을 도왔기 때문에, 문제가 발생했을 경우 외교현장에서 대마도를 통하지 않고 직접 막부를 상대로 교섭할 수 있는 기회가 언제든지 가능했다고 생각된다. 말하자면 '회답겸쇄환사' 파견이란 임란 이후 대마도를 통한 간접통교 시스템 속에서 언제든지 일본의 중앙정부를 상대로 직접 소통할 수 있는 또 하나의 루트를 확보한 것으로 보아야 할 것이다.

다음으로 피로인 쇄환 건은 어떠했을가?

오윤겸 일행은 피로인에 대한 免役·免賤·救恤을 약속하는 예조참판과 참의 명의로 작성된 「諭文」을 지참한 채 부산을 떠난 직후부터 사행을 호행하는 대마도주(宗義成)나 柳川調興에게 대마도 안의 피로인 숫자의 확인을 요청하는 등, 피로인 쇄환에 적극적이었다. 그리고 '전명의'(8월 26일)를 치른 후에는 역시 막부의 집정을 통해 '피로인 쇄환'을 쇼군

79) 김경록, 「朝鮮後期 事大文書의 종류와 성격」(『한국문화』 35, 2005)211~214쪽.

(관백)에게 전달해 주도록 구두로 부탁하였다. 그 결과 쇄환에 대한 쇼군(히데타다)의 명령은 1607년의 전례에 따라 피로인을 송환하되, 숨기고 내놓지 않는 전국의 다이묘에 대해서는 논죄한다는 수준의 것이었다.[80] 그리고 9월 9일에는 피로인 쇄환에 대한 집정의 서한을 받았다.[81] 귀국할 때 쇄환 피로인의 숫자는 여러 루트를 통해 노력한 끝에 321명에 그쳤다.[82] 오윤겸 일행의 피로인 쇄환에 대한 부담은 1607년 제1차 '회답겸쇄환사' 때보다도 컸을 것으로 짐작되나 전후 20년이 지난 시점에서 성과를 내기에는 어려웠을 것으로 생각된다.[83] 그러나 여기에서도 주목할 것은 정사 일행이 예조참판의 의사를 외교현장에서 집정에게 직접 구두로 요청할 수 있는 기회가 있었기에 조선 측의 의사가 막부측에 빠른 시간에 전달될 수 있었다는 것이다.

---

80) 오윤겸, 『東槎上日錄』 9월 3일.
81) 오윤겸, 『東槎上日錄』 9월 9일.
82) 『광해군일기』 권120, 9년(1617) 10월 26일 정사.
83) 1617년의 '회답겸쇄환사'가 쇄환해온 피로인 321명은 1607년 제1차 '회답겸쇄환사' 때의 1,418명에 비하면 적은 인원이라 할 수 있다. 감소 이유로는 여러 가지를 생각해볼 수 있다. 우선 국교 회복 교섭 때보다도 막부나 대마도의 태도가 소극적인 데다가, 귀국 후 조선정부의 피로인 대책도 쌀 10일분을 지급했다는 기록 이외에는 찾을 수가 없다. 게다가 전란 중 죽은 자들의 절의를 강조하고 위계화하는 과정에서 살아 돌아온 피로인에 대해서는 차별적 시선도 있었다. 그리고 무엇보다 왜란 이후 20여년이 지난 시점에서 피로인들의 귀국 의지가 현저히 감소되었던 것 같다. 이미 일본사회에 정착해버린 피로인들도 상당수 있었으며, 어린아이로 피로인이 되었던 경우는 거의 조선어를 하지 못하였으며, 귀국한다 하더라도 이미 만나야 할 가족이 없는 경우도 있었다. 또 귀국하려고 통신사 일행을 찾아온 경우라 하더라도 도중에 심경변화를 일으킨 경우도 있어서, 1617년에는 귀국의 정당성을 알리며 설득을 해야 할 대상으로, 1607년의 제1차 '회답겸쇄환사' 때와 같은 성과는 거두지 못하였다.(김문자, 「임진·정유재란기의 조선 피로인 문제」(『중앙사론』 19, 2004), 김정신 「임진왜란 조선인 포로에 대한 기억과 전승」(『한국사상사학』 40, 2012), 민덕기 「임진왜란기 납치된 조선인의 일본잔류 배경과 그들의 정체성 인식」(『한국사연구』 140, 2008), 구지현 「임진왜란 피로인에 대한 회답겸쇄환사의 인식변화」(『한국어문학연구』 63, 2014).

마지막으로 일본 정탐에 대해서는 어떠했을까?

오윤겸의 사행록인 『東槎上日錄』에는 대마도를 떠나 교토로 가는 도중에 머물렀던 체류 지역에 대해 이에야스의 정국 장악 이후의 변화를 중심으로 기록되어 있다. 혼슈(本州)의 관문인 아카마세키(赤間關)에서는 長門州의 접대를 받았는데, '세키가하라 전투(1600년)'때 이에야스에게 패한 이후의 모오리(毛利輝元) 부자의 행적에 대한 것이 기록되어 있다.[84] 그리고 히데요리(秀頼)의 거점이었던 오사카(大坂)에 대해서는 '오사카 전투'로 히데요리가 전사한 후 관백의 지시에 따라 마츠다이라(松平忠明)의 지휘 아래 도시가 재건되는 모습 등이 기록되어 있다.[85] 그리고 무엇보다 중요한 것은 히데타다의 명에 따라 교토 후시미성(伏見城)에서 조선의 외교사행을 맞이하는 외교의례를 위해 전국 66주의 제장이 각각 군병을 거느리고 교토 주변에 체류하고 있는 상황이 보고되었다.[86] 즉 오윤겸의 사행록인 『東槎上日錄』에는 정사의 기록인 만큼 '오사카 전투'를 계기로 이에야스를 불안하게 했던 히데요리와 히데요리를 추종하던 다이묘까지 제거함으로써 제2대 쇼군 히데타다의 전국 장악에 대한 사실, 후시미성에서 조선사행에 대한 접대의례 이후 에도성(江戶城)으로 복귀 등이 보고되었다.

제2차 '회답겸쇄환사'의 일본 정국 안정에 대한 정탐은 귀국 후 광해군에게 보고되었으며,[87] 국왕의 지시사항을 무사히 수행하고 귀국한 오윤겸 일행에 대해서는 포상이 있었다.[88]

84) 오윤겸, 『東槎上日錄』 8월 4일.
85) 오윤겸, 『東槎上日錄』 8월 17일.
86) 오윤겸, 『東槎上日錄』 8월 21일.
87) 『광해군일기』 권121, 9년(1617) 11월 13일 갑술.
88) 『광해군일기』 권122, 9년(1617) 12월 27일 무오.

Ⅴ. 맺음말

지금까지 1617년 제2차 '회답겸쇄환사' 파견이라는 대일본 통교 행위를 광해군대의 대일본 정책이라는 측면에서 살펴보았다. 그 결과 전반적으로는 다음과 같은 결론을 얻을 수 있었다.

첫째, 광해군은 즉위 초기단계에서는 도쿠가와 막부의 쇼군을 조선국왕의 외교상대로 인식하되 특별히 긴장이 발생하지 않는 한 빙문을 전제로 한 적례외교로는 확대하지 않으려 했다고 보았다. 1608년 대마도사자가 일본의 '국사'라 칭하며 선조의 국상에 대한 상경진향을 요구했을 때 이를 거절했던 것이 바로 그것이다. 그리하여 1609년 기유약조에서도 도쿠가와 막부의 쇼군이 보내는 사자를 '(일본)국왕사'로 설정은 했지만, 그렇다 하더라도 대마도주의 문인(文引)을 지참하도록 하도록 규정하였다. 이 문인 규정은 임란 이전과 마찬가지로 대마도주에 대한 특혜를 인정한 것이기는 하지만, 한편으로는 일본 국왕사라 하더라도 대마도주의 문인 지참이라는 입국절차를 설정함으로써 도쿠가와 막부와의 사절 교류가 확대되는 것을 견제하려는 의도가 있었다고 보았다.

둘째, 조선은 1613~1615년에 걸쳐 대마도가 도쿠가와 막부의 제2대 쇼군 히데타다(秀忠)의 딸과 천황가의 혼사 축하를 명분으로 조선에 통신사 파견을 요청해 왔지만 명의 허락을 이유로 응하지 않았는데, 쇼군가의 조경사에 빙문하는 적례관계는 신뢰가 형성된 후에라야 가능하다는 선조대의 방침을 견지한 것으로 보았다. 조선이 일본의 통신사 파견 요청을 외교 현안으로 인식하게 되는 것은 1615년 '오사카 전투' 이후 이에야스의 정국 장악 소식이 계기가 되긴 했으나, '회답겸쇄환사'를 파견하기로 결정하게 된 직접적인 이유는 이에야스(家康)의 사망으로 보았다. 그러나 사행 목적이 이에야스의 사망을 빙문하기 위한 것은 아니었으며, 이에야스 사후 히데타다(秀忠) 정권의 대조선정책에 대한 불안감이 정탐외교를 필요로 했기 때문이라고 보았다.

셋째는 1617년 사절 파견의 계기가 이에야스의 사망과 관련되어 있었음에도 불구하고 사절 명칭이 '통신사'나 '정탐사'가 아니라 '회답겸쇄환사'였던 이유를 검토한 바, 대내외적인 명분 확보를 위해서였다고 보았다, '회답겸쇄환사'라는 명칭에서 '쇄환'이라는 문언은 정신도의 '상소'를 계기로 오윤겸 일행이 떠나기 직전인 1617년 5월에서야 추가되었는데, 사행 명칭은 일본에 가져가는 광해군의 국서가 아니라, 대명외교문서에 기재되었다. 당시 명을 중심으로 하는 조공책봉이 동아시아 국제관계의 중심축이었던 만큼, 일본과의 관계를 유지하기 위해서는 빙문을 전제로 하는 적례외교사절이 아니라 피로인 쇄환 등 전후처리를 위한 한시적인 사행임을 어필할 수 있는 명분이 필요하였다고 생각된다.

또 '회답겸쇄환사'의 '쇄환'이라는 문언은 국내적으로는 전후 25년이 지나도록 전쟁피해 복구가 끝나지 않은 상황에서 반일정서를 진정시키기 위한 명분 확보용으로 보았다. 『광해군일기』와 『비변사등록』의 정부기록에 피로인 쇄환에 관한 상소문, 행정문서에 '회답겸쇄환사' 라는 명칭을 의식적으로 남기려 했던 것은 비록 400년 전이라 하더라도 민의를 무시한 외교는 성립되기 어려웠던 것으로 보았다.

한편, 광해군대 1617년 제2차 '회답겸쇄환사' 파견은 임란 이후 260여년에 걸친 대일본외교에서도 중요한 의미가 있음을 지적하였다.

우선 첫째는 광해군대의 대일본 외교가 결코 소극적이지는 않았다는 것이다. 현재 전하는 광해군의 국서는 '위서(僞書)'로 대마도의 구체적인 개작 부분은 알 수 없다. 그러나 1617년 제2차 '회답겸쇄환사'의 정사 오윤겸이 '전명의' 당일날 쇼군(히데타다)에게 전한 광해군의 사행 파견 취지가, "일본의 大坂 평정을 축하하며, 앞으로 신의를 잃지 말고 수호를 돈독히 하자"였던 것으로 보아 광해군 국서의 취지도 이를 크게 벗어나지는 않았다고 보았다. 그렇다면 조일간의 우호 유지를 어필하는 1617년의 '회답겸쇄환사' 파견은 일본의 히데타다 정권도 우호 이외의 다른 생각을 품어서는 안 되는 것임을 간접적으로 전달한 것이라 할 수 있다. 말하자면 광해군대에는 신의에 바탕을 둔 우호를 어필하여 조일 간의 긴장을 완화시킴으로써 누르하치 세력이 명을 위협할 정도로 커진 가운데 남쪽 안보에 대한 부담을 덜어보려 했던 것으로 보았다.

따라서 1617년의 제2차 '회답겸쇄환사' 파견이란 기왕의 연구에서처럼 일본의 거듭되는 통신사 요청에 조선이 마지못해 수동적으로 대응한 것이 아니라, 여진의 세력이 명을 위협할 정도로 위협적인 상황이 되는 가운데 남쪽의 안보에 불안을 느낀 조선이 조일 간의 긴장을 늦추기 위해 우호를 유도하는 외교적인 메시지가 포함되어 있었다고 보았다. 즉 신뢰에 바탕을 둔 우호 유지야말로 안보 비용을 절감할 수 있었기 때문이다.

둘째는 사행 파견을 통한 일본 정탐을 계기로 도쿠가와 막부에 대한 조선의 인식도 달라지지 않았을까라는 것이다. '오사카 전투' 이후 명실공히 중앙정부로서 안정된 히데타다 정권에 대한 오윤겸 일행의 확인, 그리고 귀국 후의 보고는 조선정부에게 일본이 이제는 안정된 외교상대라는 인식을 갖게 했다고 생각된다. 물론 '회답겸쇄환사'라는 명칭의 사절이 1624년에도 일본에 한 번 더 파견되기는 하지만, 향후 전개될 '통신사 외교'의 밑바탕이 되지 않았을까 라고 생각된다.

셋째는 조일 교린외교 시스템의 특징과 관련된 부분이다. 임란 이후 조일간의 통교체제는 1609년의 기유약조로 일본의 중앙정부인 도쿠가와 막부와는 대마도를 통해서 간접적으로 소통하는 시스템이 정비되었다. 그러나 대마도를 통한 간접 통교 루트로는 일본에 대해서 대마도를 통해 한번 걸러진 정보만이 일방적으로 전달되었다고 할 수 있다. 그런데 조선 국왕이 막부의 쇼군 앞으로 '회답겸쇄환사'를 파견했다는 것은 조선 국왕과 막부 쇼군이 문서로서 직접 의사소통할 수 있는 장치가 또 하나 생긴 셈이라 할 수 있다. 뿐만 아니라 정사 일행이 히데타다(秀忠)의 국서를 수령하는 과정에서 볼 수 있었듯이, 문제 발생시 일본에 체류하는 동안 막부의 집정이나 쇼군 당사자 등, 막부측에 구두 내지는 문서로서 조선의 의사를 전달할 수 있는 기회가 또 있었다는 의미이다. 말하자면 '회답겸쇄환사' 파견이란 임란 이후 대마도를 통한 간접통교 시스템 속에서 언제든지 일본의 중앙정부를 상대로 직접 소통할 수 있는 또 하나의 루트를 확보한 것으로 보았다. 그리고 이 직접 루트를 확보했다는 것 자체가 대중국 사대외교와는 결정적으로 다른 점이라 할 수 있는데, 향후 전개될 일본의 대조선 외교에서 대마도에 대한 견제 역할을 할 수 있었다고 보았다.[89]

---

89) 전근대 조일 교린관계란 의사 전달체계가 대명 사대관계와는 달랐다. 상대국의 외교상대에게 직접 문서를 전달할 수 있었으며, 구두로 보완할 수 있는 기회도 많았기 때문에, 전달력이나 소통, 교섭의 성과라는 측면에서 볼 때는 효율성이 좋은 외교시스템이었다고 본다.

이훈 선생님의 논고에 대한 토론문

나카오 히로시(仲尾 宏, 일본 조형예술대학 객원교수)

이훈 선생님의 논문을 읽어 보았습니다. 이훈 선생님은 1990년경 제가 국사편찬위원회를 처음으로 방문했을 때에 아주 큰 신세를 졌던 분이십니다. 너무 감사했습니다.

이번의 논고는 「광해군 대의 제2차 회답 겸 쇄환사(1617)를 중심으로」라는 부제가 달려 있습니다. 조선통신사 12회의 방일 사적 가운데, 생각해보면 이 제2차 사절은 매우 중대한 의의를 내포하는 것이었습니다. 왜냐하면, 1607년의 제1회 사절은 국교회복이 실현된 사실을 직접 나타내는 사절이며, 문자 그대로 「종전처리」의 상징이라 말할 수 있는 사절단이었습니다. 그런데 제2회 째인 1617년의 경우는 사절파견의 형식, 목적이 당초부터 사전에 일본에 있어서도 조선왕조에 있어서도 책정되어 있었던 것이 아니며, 다음에 보는 바와 같은 복잡한 경과를 거쳐 그 형식과 표면상의 목적이 정비된 것이었습니다. 이 훈 선생님은 그 점을 우선 처음으로 언급하고 계십니다. 즉 대마도 사자가 요청해 온 선조국왕의 서거를 조문하는 사절파견을 거절한 일에 대해 언급하시고, 이 시기는 조선왕조로서의 임진왜란 이후의 대일 외교정책이 아직은 확립되어 있지 않았고, 명나라의 허가사항이기도 하다는 이유, 그리고 단순히 조선조 전기의 대일관계를 답습하는 것도 불가능하기 때문에, 도쿠가와 이에야스의 죽음을 알고도 조문하는 데에 주저함이 있었다고 이해하고 계십니다. 이 점은 매우 중요한 점으로 도쿠가와 정권의 대(對)조선정책도 반드시 명확하지 않은 시기라는 점을 감안하면, 광해군으로서는 적극적인 대일외교에 나설 수 없었던 것은 어쩌면 당연한 일이었을 것입니다. 조선조정이 할 수 있는 일은 전번과 마찬가지로 회답사라는 형식과 내용이라면 파견해도 좋다, 라는 것이었겠지요. 피로인 쇄환문제에 대해서는 일본에서의 그들에 대한 상황파악이 곤란했기 때문에 당초부터 사절파견의 목적으로 삼기에는 주저가 있었다고 생각합니다. 이 건에 대해서는 1617년 정월에 있었던 진주의 유생·신응창(愼應昌)의 귀국보고가 영향을 미친 측면도 있어서 「피로인 쇄환」이 목적에 추가되었습니다. 「오사카평정 축하」는 아직 도쿠가와 정권과의 안정된 관계가 성립되어 있지 않은 시기이기 때문에 「이에야스(家康) 조의(弔意)·히데타다(秀忠) 습직(襲職) 축하」로 하기에는 망설임이 있는 가운데, 억지로 그 명분으로 사용된 형적이 있습니다. 그 점에서 말하자면, 1613년 이래 대마도의 사자가 종종 히데타다의 혼인이나 「신군(神君)[이에야스]의 명령」이라 하여 신사(信使) 파견을 요청하기도 하고, 선조국왕의 죽음에 대한 조문사자의 한성 파견을 요청해 왔을 때, 조선 측으로서는 확고한 대일외교 방침이 확정되지 않은 채로 일본과의 외교관계의 올바른 틀을 정할 수 없었던 것은 당연한 일이라 하겠지요.

그러나 결과적으로, 1617년의 제2회 회답사 파견은 좋은 결과를 초래했습니다. 그 요인은 도쿠가와 정권이 사절단을 두텁게 대접하고 우호친선의 의사를 표시한 점, 히데타다의 회답 국서에 「성신(誠信)」으로 답하는 태도가 명확히 나타나 있어서 도쿠가와 정권의 조선에 대한 태도가 확인된 점입니다. 또한 대마도와의 교섭뿐만 아니라, 중앙정권인 도쿠가와 정권의 각료들과 예조 참의 클래스 사이의 직접적인 교섭이 시작된 점도 이후의 신뢰관계 양성에 도움이 되었습니다.

선생님의 논고 가운데에서는 충분하게 언급되어 있지 않습니다만, 이 1617년과 다음의 1624년의 회답사절 파견에 대해서는 동북아시아의 동란이 시작되는 시기에 해당하는 만큼 조선왕조로서 대외정책을 신중하면서도 또한 과감하게 추진하지 않으면 안 되는 시기였습니다. 그러한 점도 포함하여 보다 깊은 고찰을 하는 것이 앞으로의 과제의 하나입니다. 또한 일본 측과의 교섭과정 속에서의 소위 「국왕」 칭호의 문제도 유교적 명분론의 관점에서 뿐만 아니라, 일본 무가정권에 대한 인식의 문제로서도 금후 한일 쌍방에서 한층 더한 연구의 심화가 요망되는 과제라고 생각합니다.

경청해 주셔서 감사합니다.

참고문헌

(1) 仲尾 宏 「丁巳·元和度(1617年)~元和度信使と伏見聘禮」 『朝鮮通信使と徳川幕府』 소수(1997년, 日本·明石書店 간행)
(2) 仲尾 宏 「朝鮮通信使の伏見城聘禮」 『朝鮮通信使と京都』 소수(2011년, 日本·世界人權問題硏究センター간행)

李薫先生論考に対する討論文

仲尾 宏(日本国造形芸術大学 客員教授)

李 薫先生の論考を拝見しました。李 薫先生は1990年頃、私が国史編纂委員会を最初に訪問した際、大変お世話になった方です。ありがとうございました。

今回の論考は「光海君代の第2次回答兼刷還使(1617)を中心に」という副題がついています。朝鮮通信使12回の訪日の事蹟の中で、考えてみればこの第2次使節はとても重大な意義をはらむものでした。というのは、1607年の第1回使節は国交回復が実現したことを直接指し示す使節であり、文字通り「終戦処理」の象徴といえる使節でした。ところが第二回目の1617年の使節派遣の形式、目的は当初からあらかじめ日本においても、朝鮮王朝においても策定されていたわけではなく、次に見るような複雑な経過をたどってその形式と表面上の目的が整えられたものでした。李 薫先生はそのことをまず触れています。すなわち対馬の使者の宣祖国王の逝去を弔う使節派遣を絶ったことに触れて、この時期は朝鮮王朝としての壬辰倭乱後の対日外交政策は確立されておらず、明の許諾事項でもある、という理由、そして単純に朝鮮朝前期の対日関係を踏襲することもできないため、徳川家康の死去を知っても弔問することにためらいがあった、とされています。この点はとても重要な点で徳川政権の対朝鮮政策もかならずしも明確でない時期であってみれば、光海君としては、積極的な対日外交に踏み出せなかったことは当然だったでしょう。朝鮮朝廷が出来うることは、前回同様、回答使という形式と内容であれば派遣してもよい、ということだったでしょう。被虜人刷還問題については、日本での彼らの状況把握が困難なため、当初から使節派遣の目的とすることにためらいがあった、と思われます。この件については1617年正月に晋州の儒生・慎応昌の帰国報告が影響したこともあって「被虜人刷還」が目的に加えられました。「大阪平定祝賀」はまだ徳川政権との安定した関係が成立していない時期なので、「家康弔意・秀忠襲職祝賀」とすることがためらわれるなかで無理やりに用いられた形跡があります。その点でいえば、1613年以来、対馬の使者がたびたび秀忠の婚姻や「神君(家康)の命令」だといって信使派遣を要請したり、宣祖国王の薨弔問使者の漢城派遣を求めてきたとき、朝鮮側としては、確固とした対日外交方針が未確定なまま、日本との外交関係のありかたを決めることができなかったことは当然だったでしょう。

しかし結果として、1617年の第二回回答使派遣はよい結果をもたらしました。その要因は徳川政権が使節団を手厚くもてなし、友好親善の意思を示したこと、秀忠の回答国書に 「誠信」に答える態度が明確に示されて、徳川政権の対朝態度が確認されたことです。また対馬とのやりとりだけでなく、中央政権である徳川政権の閣僚たちと礼曹参議クラスとの直接のやりとりも始まったことも後の信頼関係醸成に役立ちました。

論考の中では十分触れられていませんでしたが、この1617年と次の1624年の回答使節派遣については、東北アジアの動乱のはじまりの時期に当たり、朝鮮王朝として、対外政策を慎重、かつ果敢に進めねばならない時期でした。そのあたりを含めてのより深い考察が今後の課題の一つです。また日本側とのやりとりのなかでのいわゆる 「国王」称号の問題も、儒教的名分論だけではなく、日本の武家政権に対する認識の問題としても、今後、日韓双方で一層の研究の深まりが望まれる課題だ、と思います。

ご静聴ありがとうございました。

参考文献

①中尾 宏「丁巳·元和度(1617年)＝元和度信使と伏見聘礼」1997年『朝鮮通信使と徳川幕府』所収 日本·明石書店 刊

②中尾 宏「朝鮮通信使の伏見城聘礼」2011年『朝鮮通信使と京都』所収 日本·世界人権問題研究センター 刊

명청교체기 중·조·일 삼국의 외교관계와 문인 교류

- 명청정혁[鼎革]기간 동아시아 국제정치와 문화의 여러 양상[諸相]을 중심으로 -

첸 보(陳波, 난징대학)

중·한 간의 문인교류는 역사가 유구한데, 당대 이래 왕조의 교체로 심각한 좌절이 나타난 적은 없는 것 같다. 그러나 17세기 조선의 사행록 즉, 편폭이 거대한 연행록과 『해행총재』 등의 사적을 훑어보면 오히려 문인교류의 시각에서 17세기 후반부의 중한관계는 아마도 매우 특수한 시기에 처해 있음을 자못 느낄 수 있다. 전체적인 느낌은 연행사절단과 청조 문인 사이에는 공무 외에 사적인 교류가 거의 없었으나 바다 쪽에서는 조선 통신사절단과 일본 유학자의 왕래가 매우 빈번하였다. 이렇게 분명하게 대비되는 국면의 형성은 도대체 어떠한 국제정치와 문화 생태에 근거한 것인가? 상당히 흥미로운 문제라고 말하지 않을 수 없다.

1644년 이자성(李自成)이 북경을 점령하고 숭정제가 목을 매 자살하고 만청(滿淸)이 입관의 서막을 열면서부터 1683년 남명(南明) 정삭(正朔)을 받드는 연평왕(延平王) 정극상(鄭克塽)이 청에 항복하기까지, 이 단계는 만청과 명조 잔여세력이 천명유귀(天命攸歸)와 목민의 정통을 쟁탈하기 위해 사력을 다해 다툰 시기로 볼 수 있는데, 본문에서는 우선 이

역사 단계를 명청정혁기[鼎革期]로 설정하였다. "명청정혁[明淸鼎革]"은 도처에 있는 당시 유민들이 보기에 이미 "성을 고치고 연호를 바꾸는[改姓易號]" 시대 교체, 나아가 "하늘이 무너지고 땅이 갈라지는 사태[天崩地解]"식의 대단히 큰 변국이 아니었다. 그것은 중국 내지의 복명[復明] 세력과 만청 정권이 수십 년에 달하는 결사적인 대결을 불러 일으켰을 뿐만 아니라 동아시아 국제 질서에 큰 파장을 일으킨 주요한 계기가 되었다. 명청정혁기는 동아시아 신·구 국제질서의 과도기였으며 이 기간에는 청조, 조선 혹은 일본을 막론하고 자신의 미래에 대한 국제적인 역할의 위치 측정도 모두 분명하지 않아서 안도감이 결여되어 있었다. 국제교류 방면에서는 정보 교섭을 중심으로 한 정치 색채가 비교적 중요하게 구현되었으나 시가창수를 중심으로 한 문화 겨루기[角力]의 비중은 비교적 경시되었다. 본문에서는 『연행록』과 『해행총재』 등의 조선 사료를 중심으로 일본과 한국에 현존하는 필담사료를 결합하여 나의 의견을 간략하게 나타내고자 한다.

Ⅰ. 명청교체기 청조와 조선의 관계
-『연행록(燕行錄)』을 중심으로 한 고찰

청조 입관 후 조선왕조에 대한 정책은 전의 위압적인 형세에서 일변하여 완화된 방향으로 바뀌었다. 조선사절이 왕래하는 데 길이 멀고 불편한 것을 고려하여 주동적으로 명조로부터 답습한 동지, 정조, 성절, 세폐 등 4차례 사절단을 하나로 합쳐서 삼절연공사(三節年貢使)로 칭하고 명조의 천추사는 폐지되었다. 그러나 그럼에도 불구하고 이때는 마침 다사다난한 시기로 양국관계에 많은 변수가 존재했기 때문에 비정기적인 주청사, 진주사, 사은사, 진하사, 진향사, 진위사 등등은 여전히 왕래가 빈번하였다. 예를 들면, 순치 시기에는 평균 매년 4.3회의 조선 사절단이 북경으로 갔다. 이러한 빈도수는 당시에 청조와 왕래하는 외국 중에서 여전히 수위를 차지하고 있는 것이었다.[1] 강희제 즉위 이후에는 조선에 대해서 한층 더 관용적인 정책을 채택하여 조선사절단이 북경으로 간 빈도수는 더욱 줄었다. 강희 원년(1662)부터 정씨 정권이 멸망한 강희 22년(1683)에 이르기까지 22년간, 조선은 모두 47차례 사절단을 파견하였고 연 평균 단지 2.14차례만 있었다. 그러나 특수한 해, 예를 들어 삼번의 난이 발생한 다음해, 즉 강희 13년(1674)에는 조선에서는 현종이 죽고 중국에서는 정세가 격변하였기 때문에 조선에서 모두 5개의 사절단을 파견하여 북경으로 갔다.[2]

대체로, 형식상 청초 40년간 조선왕조는 청조에 대해 여전히 공손한 태도를 유지하고 있었다. 그러나 명조 시기에 조선에서 북경으로 파견한 사절단과 비교해 보면 이 시기의 조선사절단은 특수한 부분이 있었다. 여러 문헌을 헤아려 보면, 명조는 북경으로 가는 조공 사행을 "조천(朝天)"이라 칭했으며, 사행 기록을 "조천록(朝天錄)"이라 하였다. 그러나 청이 들어온 후에는 "연행(燕行)" 혹은 "연행록(燕行錄)"이라고 고쳤다. 이는 의심할 바 없이 당시 조선왕조가 청조에 대해 결코 인정하지 않는 기본적인 태도를 분명하게 밝히고 있는 것이다.

『연행록』에 기록된 조선사절이 청조에 대해 수집한 정보의 내용은 매우 제한되어 있고 완전한 것이 아니었다. 그래서 청초 조선사절은 청조에 대한 정보를 적극적으로 수집하였는데, 이 시기 조선의 청에 대한 조공관계의 실태를 이해하는 데 매우 중요한 측면이었다. 어떤 정도 상

1) 陳尙勝, 『朝鮮王朝(1392~1910)對華觀的演變－<朝天錄>和<燕行錄>初探』, 山東大學出版社, 1999, 12쪽。

2) 使行錄 참고, 『燕行錄全集』제27책, 224~225쪽 참고. 使行錄은 원래 『同文彙考』 보편 권7-8(국사편찬위원회, 1978)에 수록되어 있다. 명·청시기 조선왕조가 북경으로 파견한 외교 사절단의 기본적인 상황이 기록되어 있다.

에서는 심지어 조선이 청조에 대한 정보를 얻을 수 있는 가장 중요한 통로라고 말할 수 있는 것이 바로 연행사의 파견이었다.

조선사절단은 청조가 존재하는 동안에 정보 수집을 위해서 어떠한 수단도 가리지 않았다. 예를 들어 금법을 위반하는 도서의 구매, 청조의 공문 구입, 청측 인원 매수, 여러 사람들(예를 들어 유구사절, 피로조선인, 청인 등)에게 탐문하여 정국에 변동 발생이 가능한 민감한 시기에 특히 적극적으로 활약하였다.[3] 관련된 기록은 『연행록』을 제외하고 『동문휘고(同文彙考)』 보편(補編)에 수록된 「사신별단(使臣別單)」에서 비교적 집중적으로 보이며, 『조선왕조실록』, 『비변사등록』, 『승정원일기』 등 편폭이 긴 편년체 사서에서도 매우 많이 기록되어 있어 여기에서는 장황하게 늘어놓지 않겠다.

(1)

그리고 청초, 조선과 명조가 고락을 함께 한 연대감과 동질감은 단순히 사인(士人)에만 그친 것이 아니고 국내의 각 계층에 깊숙이 침투해 있었다. 예를 들어 이자성이 북경에 들어오고 숭정제가 스스로 목을 매 자살하였으며, 오삼계가 청병을 이끌고 입관한 소식이 조선에 전해졌을 때 "雖輿臺下賤, 莫不驚駭隕淚"라고 하였다.[4] 통치계층은 국왕에서부터 대신에 이르기까지 "정묘호란"(1627)과 "병자호란"은 그들로 하여금 많은 가정이 흩어져 함께 살지 못하게 하였으며, 국왕 인조 본인조차도 어쩔 수 없이 삼전도에서 강요에 의한 맹약을 맺는 굴욕을 겪을 수밖에 없

3) 관련된 연구는 伍躍, 「朝貢關係と情報收集—朝鮮王朝對中國外交を考えるに際して」(夫馬進編, 『中國東アジア外交交流史の研究』, 京都大學學術出版會, 2007), 張存武, 『朝鮮對淸外交机密費之硏究』("臺灣"中央硏究院『近代史硏究所集刊』1976년 제5기)참고。

4) 『仁祖實錄』 권45, 인조 22년 5월 갑오, 제35책, 184쪽.

었다. 소현세자와 봉림대군을 인질로 삼아 바쳤을 뿐만 아니라 고급 관료 역시도 볼모로 보내졌고 청군은 자녀와 옥백(玉帛)을 충분히 약탈해 북으로 가져가도록 내버려 두었으며 또한 군신의 맹약을 증명하는 것으로써 "대청황제공덕비"의 건립을 요구하였다.

소현세자와 봉림대군은 숭정 2년(1637)부터 시작하여 줄곧 심양에 장기간 머물렀는데, 8년 후 즉 순치 2년(1645) 봄이 되어서야 조선으로 돌아왔다. 그러나 세자는 이후 얼마 되지 않아 세상을 떠났고 그 아우 봉림대군이 이어서 세자로 세워졌는데, 바로 뒷날의 효종이다. 효종은 순치 6년(1649)에 왕위에 올라 재위 10년 간 "해동송자(海東宋子)"로 명성이 높은 의리척화파 송시열(宋時烈: 1607~1689)을 중용하여 존주사명(尊周思明)을 강력히 제창하고 북벌을 도모하였다.

송시열은 조선 유학사 상에서는 지위가 단지 퇴계 이황(李滉: 1501~1570)과 율곡 이이(李珥: 1536~1584)의 다음이지만, 조선역사 상에서는 유일하게 "자(子)"로써 서로 칭하는 인물로, 평생 시국의 변동과 조우하였으며 곡절을 경험하였고 또한 조선 당쟁과 밀접하게 관련이 있었다. 입사 초기, 조정에서는 서인과 남인이 주요한 파벌이었는데, 송시열은 결국 서인파의 영수가 되었다. 1649년 효종이 즉위하고 곧 송시열을 기용하여 적극적으로 북벌 문제를 궁리하였으나 김자점의 밀고로 청 조정에서 압력을 가하여 효종은 어쩔 수 없이 그를 산림으로 돌려보내었다. 그러나 효종 9년(1658), 송시열은 다시 중용되어 잇따라 이조판서, 판의정부사, 판중추부사, 좌참찬에 임명되면서 권력이 일시에 압도되었다. 하지만 1659년 효종이 세상을 뜨면서 북벌 계획은 결국 무산되었다.

효종의 아들 현종(1659~1674 재위)이 즉위하고 현종이 어떠한 복상이 마땅한 것인지를 둘러싸고 송시열과 남인파 윤휴(尹鑴, 자 희중(希仲), 호 백호(白湖), 1617~1680) 사이에 이견이 발생하여 격렬한 논쟁이 전개되었는데, 조선역사상 제1차 예송논쟁이 되었고 역사에서는 "기해예송"

이라고 부른다. 비록 서인이 이번의 예송에서 우위를 점하였으나 송, 윤은 오히려 이로부터 서로 빙탄지간이 되었으며 서인과 남인파의 모순 역시 이에 따라 한층 더 격화되었다.

현종 15년(1674), 인선왕후(효종비)가 죽자 자의대비(慈懿大妃, 1624~1688)[5]가 어떠한 상복을 입어야 하는지에 대한 문제로 서인, 남인 두 당파 간에 또다시 의견이 맞지 않았다. 송시열은 『대명률』과 『경국대전』을 인용하여 "기년지제(期年之制)" 즉 복상기간 1년을 강력히 주장하였으나 윤휴 등의 사람들은 복상기간이 3년이 타당하다고 여겼는데, 역사에서는 "갑인예송"이라고 부른다. 오래지 않아 현종이 서거하고 숙종(1674~1720 재위)이 어린 나이에 왕위를 계승하였다. 윤휴가 중용되어 남인파가 득세하면서 송시열은 먼 곳으로 유배되었는데 (그 기간이) 5년에 달하였다.

숙종 6년(1680) 남인파 허적(許積)과 아들 허견(許堅)이 역모를 꾀한다고 하여 숙종이 남인을 삭탈관직하고 서인파가 다시 정권을 잡았는데, 역사에서는 "경신환국"이라고 칭한다. 송시열이 조정에 돌아온 후 숙종이 그에 대하여 매우 존중하였는데, 심지어 어떤 때는 스스로를 "소자(小子)"라고 칭하고 송시열을 "대로"라고 칭하였다. 송시열은 일찍이 윤휴, 허적 등을 "참적(讒賊)"이라고 공격하였는데, 윤휴, 허적은 결국 서인파가 죄명을 꾸며 사형에 처해졌다.[6] 그러나 서인파 내부에서 윤휴, 허적

5) 조선왕조 제16대 국왕 인조의 계비. 본관은 양주조씨이다. 인조 13년(1635) 인조의 정비인 인렬왕후가 서거하자 조씨가 3년 후에 인조의 계비가 되었다. 1649년 인조가 서거하고 정비 인렬왕후 소생의 봉림대군이 왕위를 계승하여 효종이 되었기 때문에 왕대비로 승격된 조씨는 자의의 존호를 받았으며 자의왕대비(혹은 자의대비)라고 칭하였다. 효종은 비록 자의대비의 소생은 아니지만 오히려 자의대비에게 정성을 보였다. 자의대비가 19세에 갑자기 중병으로 경미한 중풍을 앓았는데, 인조는 중풍이 전염될 수 있다는 미신을 믿고 결국 왕후를 경덕궁으로 옮겨 요양하게 하였으며 총애는 귀인 조씨에게로 옮겨갔다. 이로부터 다시는 살펴보지 않았다. 그러나 봉림대군(효종)은 자주 살피러 갔다.

의 처형에 대하여 다른 의견이 있었는데, 대표자는 송시열의 문인 윤증(尹拯: 1629~1714)이다. 그는 서인당에서 소장파의 대표로 일찍이 송시열에게서 수학하였으며 또한 송시열의 신임을 받았다. 그러나 윤증이 남인과 인척관계를 맺었고, 그 아버지 윤선거(尹宣擧)가 윤휴에 대하여 또한 매우 경외해서 살아있을 때 송, 윤 두 사람의 모순이 조화를 이루도록 힘썼다. 송시열은 "갑인예송"으로 송시열과 그 문인이 죄를 얻어 유배되었을 때, 오로지 윤증만이 남인과 인척관계를 맺어 홀로 (죄를) 면한 일을 항상 마음에 두고 있었다. 그래서 윤선거가 생전에 일찍이 저술한 소위 『기유의서』에는 "尹鑴, 許積二人, 安得斷以讒賊, 而不容之乎?" 등의 말이 있었는데, 송시열에 대한 불만을 표현한 것이었다. 윤선거가 죽은 후 윤증이 "父師存亡, 義不容有隱"을 이유로 책을 세상에 공개하였고, 송시열이 알게 된 후에 몹시 분개하였으며 윤씨 부자를 적대시하였다. 숙종 7년(1681) 윤증이 저술한 『신유의서』에서 송시열의 심보, 학문 등 여러 방면의 결점을 공격하면서 결국 두 사람의 사제의 정은 철저히 틀어지게 되었다. 이 일은 또한 서인 내부가 송시열을 영수로 한 소위 "노론파"와 윤증을 영수로 한 "소론파"가 각자 자기의 길을 가게 되고 조선 정국의 동요가 격화되는 것을 상징하는 것이었다.

송시열과 윤휴 두 사람은 당시 조선 사림과 관료사회에서 모두 몹시 두터운 명성과 인망이 있는 수령으로 윤휴는 효종 9년(1658)에 벼슬길에 올랐으며 송시열의 추천을 받았다. 그러나 두 사람은 후에 "기해예송" 사건의 의견이 달라서 반목하였다. 처음에는 감정 다툼에서 비롯한 것에 불과하였으나 후에는 사상 상에서도 두 세력은 병립할 수 없을 정도로 발전하였다. 윤휴의 사람됨이 재주가 뛰어나고 기질이 높았지만 기국이 얕고 덕이 천박하였다. 일찍이 『설변(說辨)』에서 논이기(論理氣) 관계를

6) 송시열과 윤휴의 갈등에 관해서는 三浦國雄, 「17世紀における正統と異端－宋時烈と尹鑴」, 『朝鮮學報』102, 1982, 191~243쪽 참고.

저술하여 주자의 잘못을 공격하였고, 『중용』을 논할 때 주자의 장구를 제거하고 개인의 의견을 제멋대로 설명하고 널리 주장하였는데, 문도들이 서로 다투어 널리 전파하여 그 학문이 주희를 초월한다고 여겼다. 그러나 송시열은 곧 단호하게 주희를 옹호하였으며 또한 윤휴를 책망하며 이르길 "朱子後聖也. 堯舜以下, 群聖之道, 因朱子而大明. 鑴也敢肆其訾侮, 以立其說, 則此乃淫邪遁之甚, 斯文世道之亂賊也"라고 하였다.[7] 이로부터 보면 청조 초기에 조선 내부는 유학 그 자체의 이해에 대해 이미 혼단이 발생했으며 심지어 이전에는 도전이 용납되지 않은 주자학 역시 질의를 겪게 되었고 또한 당쟁을 초래하였다. 이것은 어쩌면 명대 후기 주자학과 양명학의 논쟁이 조선에서 확장되고 지속된 것으로, 이 시기 조선왕조는 사상 상에서도 결코 똘똘 뭉친 것이 아니었음을 설명하는 것이다. 그러나 이 시기 이런 사상의 틈 및 그에 따라 야기되는 당쟁은 결코 조선의 대청외교에 대해 근본적인 영향을 발생시키기에는 충분하지 않았다. 송시열의 존주존명(尊周尊明), 폄청양이(貶淸攘夷) 사상은 각 파에 의하여 엄격하게 지켜졌고 그 숙적 윤휴는 이 문제에 있어 송시열과 차이가 없었고 심지어 더 급진적이었다.[8] 예를 들어 강희 13년(현종 15) 3월 2일, 사은사 김수항(金壽恒)이 역관을 먼저 보내어 한성에 이르게 하여 오삼계 반란의 일을 보고하였다.[9] 윤휴는 오래지 않아 바로 밀소를 올려 현종이 기회를 틈타 북벌을 서둘러 성사시키도록 하였는데, 이는 효종이 미처 이루지 못한 꿈을 완성하기 위함이었다. 한창 조선 유생들의 감정이 격앙된 시기에 현종이 서거하면서 숙종이 어린 나이에 왕위를 계승하고 윤휴가 중용되어 계속해서 북벌을 강렬히 제창하였는데, 조선이 반드시 실행해야 하는 3가지 계책을 제시하였다. "北伐一也, 渡海通

---

7) 宋時烈, 『宋子集選』「尤菴先生事實記」, 韋旭昇點校, 中華書局, 1999, 44~45쪽。

8) 이 점에 관해서는 孫衛國, 『大明旗號與小中華意識』, 商務印書館, 2007, 155쪽 참고。

9) 『顯宗實錄』권22, 현종 15년 3월 병인, 제37책, 61쪽.

鄭二也, 與北絶和三也"라고 하였다. 하지만 같은 남인파의 영의정 허적은 조선은 오랫동안 쇠퇴하여 함부로 큰 일을 일으키는 것은 적당하지 않으며 그 밖에 대신 또한 서로 (그 의견에) 따랐다.[10] 이후 윤휴는 여러 차례 진언하여 대만 정씨와 연합할 것을 요구하였고 북벌을 힘써 실행하였는데, 숙적 송시열과는 효종 연간의 소행과 조금도 다르지 않았다. 상술한 바를 종합하면, 조선 군신은 명조에 대한 그리움과 청조에 대한 적개심이 청초 40년에는 심지어 당파의 울타리까지도 초월하여 조선의 대청관계를 처리하는 데 결정적인 영향(력)을 발휘하였다. 이것은 또한 이 단계 조선 사신이 저술한 소위 "연행록"이 이후 사행기록이 일부 공유하는 특징과는 다름을 보여준다. 여기에 참고를 위해 청조 입관 40년간 조선 사신이 저술한 "연행록"을 표로 다음과 같이 열거한다.[11]

명청교체기 연행록 일람표(1644~1684)

사신연도	명칭	작자	생졸년	사행시 직분 및 본직	사행명칭	판본	책수	비고
순치원년 1644	1. 『西行日記』	미상	미상			사본	28	두 종은 대부분 필치가 일치하고, 당시 심양에 억류되었던 조선의 소현세자와 봉림대군의 심복이 쓴 것이다.
	2. 『瀋陽日記』	미상	미상			사본	28	
순치2년 1645	3. 『燕行詩』	李淯	1622~1658	정사 麟坪大君(종실)	진하겸사은	『松溪集』 권1~3	21	자는 用涵, 호는 松溪, 인조의 3자, 효종의 동생, 『全集』에는 "渲"로 적힘. 실제로 『使行錄』을 바로 수정한 것으로 오해하였다.
	4. 『燕行日記』	成以性	1595~1664	서장 집의		排印本	18	비교적 상세하다.
순치3년 1646	5. 『燕行錄』	李景奭	1595~1671	정사 우의정	사은겸진주	『白軒集(遺稿)』 권7	18	詩만 수록
순치6년 1649	6. 『己丑飮氷錄』	鄭太和	1602~1673	정사 우의정	진하겸사은	『陽坡遺稿』 권13	19	
	7. 『燕山錄』上下	李瑛	1604~1651	정사 인흥군(종실)	사은진주겸삼절연공	『先君遺卷·雜著』	19	左江교수에 따르면, 537~538쪽과 535~536쪽이 겹친다고 한다.
순치9년 1652	8. 『燕臺錄』	申濡	1610~1665	부사 사직	사은	『竹堂集(遺稿)』	21	이외 『瀋館錄』이 있으며 『竹堂集』 권1에도 전재되었다.

10) 『肅宗實錄』권2, 숙종 원년 2월 정유, 제38책, 244쪽.
11) 이 표는 左江, 「燕行錄全集 考訂」(『域外漢籍硏究集刊』제4집, 中華書局, 2008, 37~65쪽) 및 『使行錄』, 『燕行錄全集』제27책 참고.

순치10년 1653	9. 『癸巳燕行日錄』	沈之源	1593~1662	정사 판서	삼절연공	『晩沙稿』권5	18	
	10. 『癸巳燕行錄』	洪命夏	1607~1667	부사 사직		『沂川集』권2	20	詩만 실림
순치11년 1654	11. 『燕行詩』	李一相	1612~1666	부사 사직	진하사은 삼절연공	『延安李氏聯珠集』	21	시만 실림
순치13년 1656	12. 『燕途紀行』上中下	李㴭	1622~1658	정사 인평대군(종실)	사은	『松溪集』권5~7	22	『燕途紀行』의 서문과 다른 것을 참조하면, 인평대군은 1640~1657년 사이에 심양에 3차례 갔으며, 10번이나 북경에 가면서 조선과 청의 외교활동에 혁혁한 공을 세웠다.
	13. 『野塘燕行錄』	金南重	1596~1663	부사		『野塘文集』	18	시만 실림
순치17년 1660	14. 『翠屛公燕行日記』	趙珩	1606~1679	정사 판서	삼절년공	사본	20	
	15. 『燕京錄』	姜栢年	1603~1681	부사 사직		『雪峰遺稿』권14	19	시만 실림
	16. 『燕行路程記』					사본		출처가 불분명하여 조사가 필요하다.
강희원년 1662	17. 『壬寅飮氷錄』	鄭太和	1602~1673	정사 영의정	진하겸진주	『陽坡遺稿』권14	19	『全集』 제19화에 『陽坡朝天實錄』에 鄭太和의 서명이 있고, 그것은 『己丑飮氷錄』과 『壬寅飮氷錄』을 합친 것이다.
강희2년 1663	18. 『朗善君癸卯燕行錄』	李俁	1637~1693	정사 郞善君(종실)	진위겸진향	排印標點本	24	
강희3년 1664	19. 『燕行錄』	洪命夏	1607~1667	정사 우의정	사은겸진주	사본, 卷首右上題 "甲辰" 二字	20	
	20. 『甲辰燕行錄』					『沂川集』권2		시만 수록
강희5년 1666	21. 『燕行錄』	孟胄瑞	1610~1680	서장 장악정	사은겸진주	사본	21	판별이 쉽지 않다. 좌강교수에 따르면 작자는 서장관인 孟胄瑞이며 정사 許積은 아니다. 『全集』목록은 착오이다. 이외 『全集』 23책은 『曾祖考燕行錄』에 수록되었고 내용과 필치가 완전히 같다.
	22. 『燕行錄』	南龍翼	1628~1692	부사 사직		『壺谷集』권12	23	시만 수록
강희7년 1668	23. 『西溪燕錄』	朴世堂	1629~1703	서장 지평	삼절연공사	사본	23	좌강교수에 따르면 346~347과 350~351쪽에 중복되었다고 한다.
	24. 『使燕錄』					『西溪集』권1		시만 실림. 『西溪集』은 『문집총간』 제134책에 실림.
강희7년 1669	25. 『老峰燕行詩』	閔鼎重	1628~1692	정사 판서	삼절연공	『老峰集』	22	『老峰集』은 『문집총간』 제129책에 실림.
	26. 『老峰燕行記』					사본		
	27. 『赴燕日錄』	成後龍	1621~1671	상통사		사본	21	행초로 씌어졌고, 판별이 쉽지 않다. 『聞見錄』 중에 「王秀才問答」과 「顏知縣問答」의 내용은 「老峰燕行錄」

								과 동일하다. 成後龍은 閔鼎重이 사신으로 갈 때 따르던 통사로 추정됨.
강희16년 1677	28. 『燕行日錄』	孫萬雄	1643~1712	서장 사예	사은겸 삼절연공	『野村文集』	28	
강희17년 1678	29. 『燕行日記』	金海一	1640~1691	서장 집의	사은진하진주겸삼절연공	『檀溪文集』	28	좌강교수에 따르면 205~206 쪽과 203~204쪽이 겹친다고 한다. 『檀溪集』은 『한국역대문집총서』 제1559책에 영인됨.
	30. 『燕行錄』							
강희19년 1680	31. 『燕行錄』	申晸	1628~1687	부사 사직	진위겸진주	『汾涯遺稿』	22	시만 실림
강희21년 1682	32. 『兩世燕行錄』	韓泰東	1646~1687	서장 장령	진하사은겸진주	사본	29	『全集』에 두 종의 『兩世燕行錄』이 실렸다. 다른 일종의 기록은 계사(1713) 11월이고 韓泰東의 아들 韓祉가 서장관으로 청에 다녀왔을 때의 작품이다.
	33. 『搗椒錄』 上下	金錫胄	1634~1684	정사 우의정	사은겸 삼절연공	『息庵遺稿』	24	시만 실림.
강희22년 1683	34. 『燕行日記』	尹攀	1637~1685	부사 사직	삼절연공	사본	27	행초로 씌어졌으며 판별이 쉽지 않다.
강희23년 1684	35. 『甲子燕行雜錄』	南九萬	1629~1711	정사 좌의정	사은겸 삼절연공	『藥泉集』	23	

이 표에 열거한 『연행록』은 모두 『연행록전집』에서 나온 것이고 이 대형 총서가 세상에 나온 후 그 오류를 평소 학계에서 지적하고 있는데, 이로 인해 관련이 있는 문제에 대해서는 표에서 일부 필요한 설명을 하였다. 그러나 전집은 연행록에 대한 수집이 비교적 완전하고 별본 또한 많이 수록하고 있으며, 이전의 각종 선집과 비교하면 또한 삭제하는 것을 허용하지 않은 장점이 있다. 전집에 근거하여 필자는 1644~1684년간의 연행록, 전부 35편을 열거하였으며 별본은 모두 넣지 않았다. 설명이 필요한 것은 『서행일기』와 『심양일기』인데, 심양에 체류하는 인질인 조선의 소현세자와 봉림대군(효종)을 수행한 배신의 손에서 나온 것으로, 소현세자가 청군을 따라 북경에 들어간 것과 인평대군이 심관에서 유수한 실록으로 나눈다.[12] 엄격하게 말해서 결코 사행기록은 아니지만

12) 『仁祖實錄』 권45, 인조 22년 4월 정묘 : 丁卯/輔養官金堉·賓客任絖等馳啓曰: "兩宮(世子與嬪)前月二十四日到瀋陽. 二十六日, 龍骨大及加麟博氏率鄭譯, 來詣館所, 留右議政李敬輿, 且言 : '李景奭·李明漢·朴潢·閔聖徽·許啓·曹漢英,

청조 입관에 대한 중대한 역사 사실과 관련이 매우 깊은 점을 고려하면, 사료가치가 매우 높아서 우선 그것을 포함시켰다. 그리고 마지막에 남구만의 『갑자연행잡록』을 포함시킨 이유는 그가 이 행차에서 공식적으로 청조의 대만 통일 소식을 알게 된 것을 고려했다.

지면이 한정되어 있어 이 35편의 연행록을 일일이 소개할 수는 없다. 그러나 이 35편의 연행록을 총괄적으로 보면, 사람에게 주는 대체적인 인상은 내용이 부실하며 심지어 일부는 대강 일을 마무리했다고 말할 수 있다. 그 중 인평대군 연행시, 이경석 연행록, 신유 연태록, 홍명하 계사연행록, 이일상 연행시, 김남중 야당연행록, 강백년 연경록, 홍명하 갑진연행록, 남용익 연행록, 박세당 사연록, 민정중 노봉연행시, 신정 연행록, 김석주 도초록 등 13편에 수록된 바는 실제로 모두 작자가 출사과정 중에 지은 시 작품으로 대개 모두 명조의 서리(黍離)에 대한 감회를 드러내고 있으나 청조 통치에 대해서는 오히려 크게 비난하고 있다. 큰 정도상에서 대다수 연행록은 모두 출사보고 혹은 사행일기의 성질을 가지고 있고 시 그 자체는 결코 기사에 적용되는 것이 아닌데, 직접적인 타이틀이 "연행록"인 것은 매우 이상한 일인 것 같지만 이것이 바로 문제의 관건이다. 청조는 비록 입관하여 중원에 왕조를 건립하였으나 조선 선비들은 분명하게 명말 난국을 틈타 정권을 훔치고 제위를 분수 넘치게 넘보는 이적의 나라에 멸시를 마음속에 품었다. 그들은 중국에 도착하면 결코 천자를 알현하지 않았고 다만 연도로 파견 간 것뿐이었다. 비록 표면적으로 공손하였지만 마음속으로는 분노와 굴욕이 가득 차있었다. 이러

無非志在南朝者, 幷令罷職. '龍將又曰 : '收用五臣(五臣指李敬輿·李景奭·李明漢·朴潢·閔聖徽) 孰主張是 ? 領相及吏判, 當受其罰'云. 四月初九日, 九王將西犯, 世子當從焉. 元孫, 諸孫去留, 使之任意, 而麟坪則留瀋, 鳳林則近當出送矣. 以收用五臣之故, 大致詰責, 將順付勑書于鳳林之行云. 且聞涉河·寧遠自潰, 皇城又爲流賊所圍, 諸鎭皆入援, 故九王將乘虛直擣云." 한국 국사편찬위원회, 1973, 제35책, 179쪽.

한 정서는 강희 21년(1682) 삼절연공 정사를 담당한 김석주의 글에서 매우 분명하게 드러나는데, 그는 연도의 행차를 도초(搗椒)에 비유하여 청조에 출사하는 것은 실로 "고되고 힘든"일이라고 여겼다. 그리고 "정호음(鄭湖陰)"(정사룡(鄭士龍))[13] 이 가정(嘉靖)시기에 명조에 출사한 것과 비교해 보면, "正當皇明熙昌之運"이여서 그야말로 마치 "사탕수수를 씹는 것(噉蔗)"과 같은 달콤한 여행이라고 일컬었으나 뜻밖에도 시를 지을 때는 "搗椒剩有余辛在"라 하여 매우 억지를 부리는 것처럼 보였다. 그러나 그는 이번 출사에서는 "所接者鱗介, 與語者侏㒧, 劍槊盈路, 葷羶塞鼻. 玉河五旬之拘縶, 遼陽易歲之行李"라고 하여 굴욕과 어찌 할 수 없는 (마음으로) 가득 찼다.[14] 실제로 유사한 감상은 그에 비해 몇 개월 일찍 서장관으로 출사한 한태동의 글에서 볼 수 있으며, 단어를 사용해 괴로움과 격분을 더욱 드러냈는데, "黽勉驅馳, 周旋異域, 日見醜類, 凌逼飽盡, 無量苦痛, 礬折腥膻之庭, 跪叩犬羊之賜, 固已不勝, 其大赧矣"라고 하였다.[15] 이러한 정서가 지배적인 상황에서 청조는 대서특필할 가치가 있는 어떠한 것도 없었다고 할 수 있으며, 정·부사와 서장관은 학식이 두터운 문사로서 도중에 시와 연구를 짓는 것은 마음속에 쌓인 분노를 해소하는 방식으로 생각할 수 있다.

이상에서 연행시의 내용상에서는 명백하게 공통된 점이 많이 있다.

---

13) 정사룡(1494~1573) 자는 雲卿, 호는 호음이며 본적은 동래이다. 영의정 鄭光弼의 조카이며, 조선 중기 관각 출신의 저명한 문신이다. 정사룡은 중종시기 일찍이 두 차례 명조에 출사하였다. 중종 29년(명 가정13년, 1544) 그는 잇따라 조선 동지사를 맡아 명에 들어갔고 또한 『조천록』과 『갑진조천록』 2편의 시고를 남겼다.(후자의 내용은 간략하며 다만 시 6수만 남아 있고 『湖陰雜稿』 권3에 수록되어 있다).

14) 金錫胄, 「搗椒錄」後序, 『연행록전집』제24책, 동국대학교 출판부, 2001, 163~164쪽。

15) 題韓泰東 「兩世燕行錄」, 『연행록전집』제29책, 244쪽. 이 책은 결코 한태동 자신이 쓴 글이 아니고 그의 아들 한지(韓祉)가 저술했을 가능성이 있기 때문에 제목이 "양세(兩世)" 일 수도 있다. 그러나 여기에서 서술한 것은 한태동의 사행 감상이다.

예를 들어, 대체로 국경의 용만, 압록강 등지를 곧 넘으려고 하는 중에는 조선 사신의 심정이 곧 미묘하고 민감하게 변하는데, 소무(蘇武)의 절개를 가지고 나라를 떠나 고향을 그리워하는 비장한 심정을 많이 가지고 있다. 예를 들면, 인평대군은 순치 2년의 「도압록강」에서 "一渡江水意不平, 回頭遙望隔王京"이라고 하였다.[16] 순치 11년(1654) 이일상이 압록강을 건널 때에는 "鴨綠江水鏡樣平, 星軺直渡指燕京. 鄉音已別華夷界, 家信誰傳弟妹情"이라고 하였다.[17] 그리고 압록강에서 조선쪽인 용만은 조선 사신이 국경내에서 (머무는) 마지막 참이므로, 또한 자주 그 가슴에 꽉찬 근심을 불러일으켰는데, 예를 들어, 순치 17년(1660) 출사한 강백년 용만도중의 한 시에서 "男兒過此偏多慨, 撫劍悲吟涕自橫"이라고 말하였다.[18] 강희 5년(1666)에 출사한 남용익은 「渡龍灣感懷」서 이르길 "塞草蕭蕭塞日陰, 回頭已失鴨江潯"이라 하였다.[19] 김석주는 「別鴨江龍尹」에서 "絶塞登臨地, 携君雙玉瓶. 乾坤三大水, 夷夏一高亭"이라고 하였다.[20] 반면 일단 국경을 곧 떠나려고 하면 마치 물고기가 못을 벗어나고, 새가 울타리를 벗어나는 것과 같이 마음이 기쁨으로 가득 찼다. 예를 들어, 강백년은 「出鳳凰城有吟」에서 "行盡燕京萬里程, 今朝始出鳳凰城. 燈前幾結思鄉夢, 日下遙懸戀闕情. 水泮鴨江春水長, 雪消龍峽石稜生. 忽忽歸意催鞭馬, 何似驚鳧擧翮輕"이라 하였다.[21] 남용익은 「出鳳城柵門志喜」에서 이르길 "喜甚兒歸母, 輕于鳥脫樊"이라고 하였다.[22]

16) 麟坪大君, 「燕行詩」, 『연행록전집』제21책, 536쪽.
17) 李一相, 「燕行詩」, 『연행록전집』제21책, 270쪽.
18) 姜栢年, 「燕行錄」, 『연행록전집』제19책, 426쪽.
19) 南龍翼, 「燕行錄」, 『연행록전집』제23책, 156쪽.
20) 金錫胄, 「擣椒錄」上, 『연행록전집』제24책, 31쪽.
21) 『연행록전집』제19책, 441쪽.
22) 『연행록전집』제23책, 195쪽. 또한 예를 들어 인평대군의 「연도기행」에서 그는 귀국하는 길에 나설 때, "强病作行, 頭疼目眩, 寒熱往來, 倘非歸程, 實難啓行. 而一出燕都, 滿腔欣悅, 忘却呻吟, 心兮若狂."라고 말하였는데, 유사한 심정을 묘사

북경에 도착한 후에는 각종 번거로운 조공 절차를 이행해야 하는데, 조선 사절에게 있어서는 악몽과도 같았다. 그 중 예를 들어 남용익은 「애연도부(哀燕都賦)」에서 긴 부의 형식으로 조선 사절의 괴로운 속내를 남김없이 드러냈다. 그는 오삼계가 청병을 이끌고 입관한 행위를 질책하였고 더 나아가 천리가 공평하지 않음을 원망하여 "誰招虎而入室兮, 取中原如探囊. 終奪此而與彼兮, 天理錯兮不可詳"이라고 하였다. 그리고 옛 명나라의 옛 도읍의 커다란 변화와 세상이 완전히 바뀐 것에 대해서는 더 비할 바가 없이 마음 아파하여 "指衣冠而嗤笑兮, 故老或有嗟傷. 經長安之舊迹兮, 追遺迹而杳茫. 華何變而爲夷兮, 海何變而爲桑"이라고 하였다. 조참과 연향의 행위에 관해서는 실로 참아내기가 어려움을 느껴 "鎖玉河之空館兮, 經一日之九廻腸, 淸人導余于朝參兮, 扶病軀而踉蹌 …… 瞻山龍之寶扆兮, 坐單于於御床"이라고 하였으며, 다만 주연을 벌이는 과정에서 황명시기 사절과 천조 대신이 만나 즐겁게 이야기를 나누었던 광경을 회상하는데 이르러 "卽其地而想其人, 宛玉佩之鏘鏘"이라고 하였다. 스트레스를 줄이고자 하였으나 결국에는 슬픔만 더해져 "歸旅舍而自悼兮, 嘿無言兮涕自雱"이라고 하였다.[23] 이 외에 순치시기에는 천하가 아직 안정되지 않았기 때문에 조선 사절은 북경에서의 교류 활동에 적지 않은 제한이 있었고, 이는 연행시에서 또한 어느 정도 구체적으로 드러나고 있다. 예를 들어, 순치 9년(1652) 청조로 출사한 신유가 상마연을 거행하는 광경을 시로 기록한 것을 보면,

> 高堂設簟紅卓床, 中廚爛熳烹牛羊. 禮官盛飾非章甫, 來押餞宴稱兀觴.
> 不道姓名但道官, 手循其發中自傷. 爲呼象胥傳漢語, 停觴似欲吐心腸.

하고 있다. 『연행록전집』제22책, 172쪽.

23) 『燕行錄全集』제23책, 185~186쪽.

> 眞如少卿字立政, 畏彼猜疑人在傍。明朝上馬別烏蠻, 脈脈那堪流涕滂.[24]

이라고 하였다. 그 중에서 압연(押宴)을 언급한 한인 예관은 한(漢)을 생각하고 있는 마음이 뚜렷해서 석상에서 심정을 무심코 드러냈는데, 그러나 조선 사절에게 (청조에 대해) 피하여 꺼려지거나 불편함을 드러내는 상황에는 거리낌이 있었다.[25] 실제로 강희가 즉위한 후에는 비록 조선사절에 대해 항상 관대함을 보였으나 특수한 시기에는 여전히 적지 않은 제한이 있었다. 예를 들어 김석주의 「燕京感舊八首」 중 한 수에서는 청조가 조선 사절의 자유로운 옥하관 출입을 제한하는 것에 대하여 강렬하게 불만을 표현하였다.

> 玉河深閉困吾曹, 散步無緣出衍遨. 長袂鳴琴應媚嫵, 高歌擊筑孰雄豪.
> 中華禮讓今餘律, 大國儀章盡佩刀. 歸日倘乘開館早, 一尊燕市醉春醪.[26]

시에서 청조가 군인을 파견해 옥화관 문을 지키고 조선 사절을 연금해 "중화예양(中華禮讓)"을 잃은 것을 비난하였다. 사실상 김석주는 옥화관에 이미 강희 22년(1683) 봄에 도착하였는데, 마침 청조가 대만을 평정하는 전야에 있었기 때문에 이번 일은 마치 조선 사절이 출입하여 정보를 염탐하는 것을 엄중히 방비하는 데 의미가 있는 것 같았다.[27]

24) 申濡, 「연대록」 上馬宴(『연행록전집』제21책, 93쪽)

25) 1649년 출사한 정태화의 『기축음빙록』에도 유사한 상황이 묘사되어 있다. : "詣禮部設行下馬宴, 尙書曹姓漢人押宴, 見吾冠帶, 凝泪滿眶."(『연행록전집 』제19책 참조, 337쪽.)

26) 『연행록전집』제24책, 103쪽.

27) 이 연작시 중 한 수에서 "鄭經割据今三世, 聞道臺灣近贛泉. 南粵尉佗聊左纛, 東征楊僕幾樓船. 炎洲翡翠中原絶, 日域琉球海舶連. 蠻土戰云終未了, 八閩民物

오가는 도중에 무릇 요충지나 혹은 명·청이 일찍이 격전을 벌이던 옛 전장을 거치게 되면 시를 읊는 일이 많이 있었다. 예를 들어, 홍명하 『계사연행록(癸巳燕行錄)』의 「우가장도중차서장운(牛家莊途中次書狀韻)」에서 "遼塞山河余壁壘, 漢家天地幾滄桑"이라고 하였고, 「산해관(山海關)」 시에서 "丸泥思漢將, 鞭石想秦皇"이라고 말하고 있다.28) 김석주 『도초록』의 「부차부사심양운(復次副使瀋陽韻)」에서는,

> 呼蠻呼獐各聽過, 鳥鼠龍龜果孰多. 嫁漢娶胡都是虜, 似驢非馬亦成騾.
> 中原盡入完顏界, 武力爭推曳落河. 最是中宵堪墮淚, 奚兒齊唱鼓嚨歌.29)

라고 하였다. 대부분은 명조에 대한 그리움을 토로하고 있으나 청조에 대해서는 분노와 불만을 드러내고 있다. 그 중에서 분량이 비교적 많고 수록된 시가 비교적 훌륭한 것은 인평대군 「연행시」, 김석주 「도초록」, 남용익 「연행록」 등이 있다.

(2)

이 13편의 "연행시"를 제외하고 그 나머지 연행록은 기사로 쓰였는데, 후에 북학파 홍대용(洪大容)이 지은 「담헌연기(湛軒燕記)」, 박지원(朴趾源)의 「열하일기(熱河日記)」 등 사람들에게 회자되는 연행록 명작

日騷然"이라고 하였다. 조선 사신이 당시 전세에 대하여 매우 관심을 가지고 있고 또한 대략적으로 이해하고 있음을 설명하고 있다.

28) 『연행록전집』제20책, 376·379쪽.

29) 『연행록전집』제24책, 47쪽.

들과 비교하면 두 말 할 것도 없이 내용이 빈약하고 사상이 부족함을 드러내고 있으며, 청조의 각 방면의 상황에 대한 깊이 있는 통찰도 결여되어 있다. 하지만 이것은 아마 이 때의 연행록이 아직 초창기였기 때문에 각 방면에서 결코 숙련되지 못했고, 또한 당시 조선 사인은 격렬한 화이관념을 구현하고 있었다. 조선 사절이 보기에 입관한지 얼마 되지 않은 청조는 예악이 파괴되었고 풍속이 야박했으며 거의 하나도 옳은 데가 없었다. 상례로 예를 들어 보면, 순치 13년(1656) 북경에 들어온 인평대군이 북경에서 이미 "喪制敗壞, 行喪專用陸象山禮, 作樂娛屍"를 발견하였다.[30] 4년 후, 조형(趙珩: 1606~1679)이 또한 북경 순치 황제의 서거 후 "道士等設樂讀經終朝", 更是覺得聞來駭然"을 보았다.[31] 이어서 강희3년(1664) 홍명하의 「연행록」에 한족인 이원명(李元名)이 아버지의 상을 치르는 기간에 고기를 먹었으니 "오랑캐와 다르지 않다"고 하였다. 강희8년(1669) 민정중의 「노봉연행기」에 또한 "中國喪制大壞, 今則盡化胡俗, 尤不足言, 而最是沿路棄棺無數……"라고 기록하고 있다.[32] 심지어 속국의 사신을 접대하는 연향례도 본래 마땅히 장중하고 엄숙하며 경건해야 함에도 불구하고 청조의 연향례는 오히려 상하의 구분이 전혀 없으니 질서가 크게 어지러웠다. 예를 들어, 순치 10년(1653) 심지원(沈之源)이 조선 사신이 황극전에서 베푼 연회에 참석하였을 때 다른 사람이 쓴 웃음을 지을 수밖에 없는 장면을 언급하였다.

> 甲午(1654)正月一日……禮畢, 就儀仗之西青帳幕下而坐, 皇子在前行, 諸王在第二行, 三使臣隔四五間許而坐, 與諸王同一行也. 先行茶禮, 次之以果盤, 次之以熟牛肉. 有一人忽來, 稱之一宰相, 持肉一塊而去, 韓巨源(卽彼國通官)拳毆其人之頭, 所着墜地, 而不釋其肉,

30) 인평대군, 「燕途紀行」, 『연행록전집』제22책, 175쪽.
31) 趙珩, 「翠屛公燕行日記」, 『연행록전집』제20책, 231쪽.
32) 『연행록전집』제20책, 281쪽 ; 제22책, 354쪽.

令人捧腹.

2년 후, 인평대군 또한 놀라며 "其宴禮也不行, 酒乍進乍撤. 左右紛紛, 專無紀律, 酷似華擔契會, 牛羊骨節堆積殿宇."를 발견하였고, "可惜神器誤歸天驕"라고 하며 한탄을 금치 못했다.[33] 그리고 신앙 방면에서는 순치 2년(1645) 출사한 서장관 성이성이 청조가 유가의 예의를 존중하지 않고 음사(淫祀)를 극진히 숭상하는 것을 발견하고 "關王之廟, 無處無之, 而至于淫祠寺刹, 遍滿村閭……城邑之中, 殆無虛地, 金碧照耀, 匾額輝煌"이라고 하였다.[34] 강희 21년(1682) 한태동은 『양세연행록』에서 "其俗最好尊佛事鬼……初喪送葬之際, 廣設齋會, 緇徒塡空, 佛樂盈路."라고 기록하고 있다.[35] 뚜렷하게 전통 예속과 주자학설을 견지하고 있는 조선 사인의 글에서 대청제국의 사회와 문화는 이미 원래의 궤도를 점점 벗어났다. 우리가 지금에 와서 가늠해 볼 때, 이러한 이족이 주인이 되어 사회와 문화의 전통이 빗나갔기 때문에 이 동방국가가 복인지 화인지에 대해서는 실제로 대답하기 어려운 문제이다.[36] 그러나 이러한 청조 풍속 파괴에 대한 부정적인 묘사는 이후의 연행록으로 줄곧 계승되었다.

전체적으로 말하자면 청조가 입관한 40년의 기간에 조선사신이 저술한 연행록에서 높이 평가할 수 있는 것은 그다지 많지 않다. 그 중에서 비교적 특별히 훌륭한 것은 순치 연간 인평대군의 『연도기행』이 대표적이며 강희 연간 송시열의 문하생인 민정중의 『노봉연행기』의 내용이 대표적이다. 『연도기행』의 이요의 自序에 근거하면 그는 1640~1657년의 기간에 모두 3차례 심양에 도달했으며 10차례 북경으로 출사하여 조선

33) 인평대군, 「燕途紀行」, 『연행록전집』제22책, 152쪽.
34) 成以性, 「燕行日記」, 『연행록전집』제18책, 153쪽.
35) 『燕行錄全集』제29책, 252쪽.
36) 葛兆光, 「寰宇中誰是中華－從17世紀以後中朝文化差異看退溪學的影響」, 『天津社會科學』 2008년 제3기 참조.

의 청과 관련된 외교활동을 처리하는 데 커다란 공헌을 하였다. 실제 그 본인도 순치 13년(1656) 청으로 출사한 이후 다음 해에 귀국하여 병사했다. 그의 『연도기행』은 바로 마지막으로 청에 출사한 것을 기록한 것으로 내용이 비교적 풍부하다. 「노봉연행록」은 연행일기, 견문별록, 왕수재문답(王秀才問答), 안지현문답(顏知縣問答), 성전위차(聖殿位次) 등의 다섯 부분으로 구성되어 있다. 『연행일기』는 서문에 출사한 날마다의 과정 및 알려지지 않은 흥미로운 이야기를 기록하였다. 다만 청의 시국과 관련된 중요한 내용은 모두 견문별록에서 찾아볼 수 있으며 그 중에서 강희제에 대한 묘사는 현재 우리의 강희제에 대한 인식과 비교적 차이가 있다. 강희제의 용모에 대해 "身長不過中人, 兩眼浮胞深睛, 細小無彩, 顴骨微露, 頰瘠頤尖."이라 하였으며 성격과 행동에 대해서는 "性躁急, 多暴怒, 以察爲明 …… 誅殺旣多, 猜疑積中."이라 언급하였다. 이외에 청의 喪禮, 軍制, 服飾 등에 대해서도 포함하고 있으며 특히 청조의 내외의 시국에 대해 상세하다. 예를 들면, 강희 초년 輔政四大臣의 相爭 및 鰲拜가 구금된 사건, 俄羅斯·蒙古와 臺灣 鄭經의 동향, 청과 蒙王 阿不乃간의 긴장관계 등을 들 수 있다. 왕수재문답은 민정중이 옥전현(玉田縣)의 수재 왕공탁(王公濯)의 집에 잠시 묶으면서 주인과의 필담을 기록한 것으로 모두 32조이다. 다음으로 안지현문답은 저자가 복건 출신의 廣寧知縣 顏鳳恣와 필담한 기록으로 모두 27조로 필담의 합계는 59조이다. 담화의 대상은 한번은 民, 한번은 官으로 서로 어울려 아름다운 운치를 더하였으며 당시 중국 官紳의 시국에 대한 인식과 태도를 진실하게 반영하고 있다. 필담 중에 민정중은 특별히 남명 정권의 존몰여부와 남명의 정삭을 받든 대만 정씨의 상황에 관심을 보였으며 왕공탁 영력(永曆)의 여러 신하들은 "降者降, 而死者死."하였고 영력제 본인도 "爲緬國所獻, 今已五六年矣."이라고 성실하고 솔직하게 말해주었다. 이와는 상반되게 顏知縣은 "南徼事不便言, 前朝事亦不敢盡述."라고 말하였으니 분명히 관원의 신분이었기 때문에 꺼리고 감추어 누설하지 않은 것이다. 하지만 민정중에게는 직접적으로 "貴國尙存漢官威儀"라고 하여 그의 미묘하고 복잡한 심리상태를 반영하고 있다. 특별히 언급할 만한 가치가 있는 것은 왕공탁이 강희제를 비교적 적극적으로 평가한 것으로 그의 친정 이후로 "覺勝于前" 하고 신하에 대해 "廉貪屢有黜陟"이라고 하여 민정중의 강희제에 대한 "以察爲明", "猜疑積中" 평가와 상반되게 자못 부정적인 평가를 하였다. 이외의 필담 중에 청가 堂子에서의 제사를 보급한 일, 도주한 사람에 대한 條例, 조정의 득실 및 冠服帶履의 제도 등, 청초의 모든 것을 금기 없이 일절 논의한 것이 지면 위에 생생하게 나타났기 때문에 매우 진귀하다. 聖殿位次의 일부에는 민정중이 "병란 이후"임을 고려해볼 때 유가의 성인인 공자의 "胡人不復尊祀"에 대해 특별히 山海關 및 寧遠衛의 夫子廟의 "聖殿位次"를 살펴 기록하였다. 그는 山海關의 夫子廟를 "位次顚倒失序且有缺失處"로 寧遠衛의 聖殿을 "有殿而無廡"라고 여겼다. 이는 병자호란 이후 유학 이념의 보수 지식분자가 집착했던 중국 공묘의 제사제도에 대한 관찰과 상상을 반영하고 있으며, 우리에게 오늘날 청초 유가의 廟祀제도의 실태 또한 제공하는 귀중한 자료로서의 가치가 있다. 민정중의 연행일기는 중시될 만한 가치를 지니고 있는데, 왜냐하면 수많은 연행기록과 동일하지 않으며, 단지 관례대로의 공문서인 출사보고와는 다르게 여행일기로서의 색채를 지니고 있기 때문이다. 예를 들어 조선왕조실록, 승정원일기 등 사료의 저술과 비교하면 그가 단순히 조선정부가 반드시 필요로 했던 군사외교와 문화학술정보뿐만이 아니라 중국의 풍속과 습관, 일상의 사소한 일 내지 당시 중국의 일반적인 官紳의 상식과 심리활동에도 관심이 적지 않았음을 발견하지 어렵지 않다. 그 정도는 위에서 이미 설명하였으며 이러한 글쓰기 방법이 시작된 것은 『열하일기』로 대표적인 일기체 연행기록의 효시이다.

특별한 것은 순치제와 강희제를 창업의 군주로 여기고 모두 영명한 군주라 불릴 자격을 충분히 지니고 있는데, 이는 대개 청사연구자의 공통된 인식이다. 하지만 두 조선 사신의 글에서는 모두 혹평을 당한다. 『연도기행』에서는 순치제의 용모에 대해 "年甫十九, 氣象豪俊, 既非庸流, 眸子暴獰, 令人可怕."[37]라고 언급하였다. 순치제의 통치술에 대해 이르러서는 다음과 같이 말한다.

> 兒皇力學中華文字, 稍解文理, 聽政之際, 語多驚人, 氣象桀驁. 專厭胡俗, 慕效華制. 暗造法服, 時或着御, 而畏群下不從, 不敢發說. 清人惑巫, 元來習性, 而痛禁宮中, 不復崇尙. 然氣俠性暴, 拒諫太甚. 間或手劍作威, 專事荒淫, 驕侈自恣, 罕接臣鄰, 不恤蒙古, 識者頗憂云.

이뿐만 아니라 순치제가 대단히 음탕하며 여색을 좋아하여 "宮中貴妃一人, 曾是軍官之妻也, 因慶吊出入禁闈, 帝頻私之, 其夫則構罪殺之. 勒令入宮, 年將三十, 色亦不美, 而寵遇爲最, 其夫兄賞賜累鉅万, 仍册封東宮正后, 定日迺今月二十日也."[38]라고 하였다. 그리고 민정중은 있는 힘을 다해 강희제를 악랄하게 헐뜯어 글의 스타일이 두 가지가 아주 비슷하여, 그는 귀국한 이후 현종이 소견할 때에 힘껏 강희제 및 그 시대의 부정적인 부분을 강조하면서 강희제를 "猜疑群下, 每事必親, 務爲察察, 國人甚苦之, 公然怨罵, 少無忌憚. 性又喜射, 故日事山獵."이라 말하고, 이어서 "必有蕭墻之患也"[39]라고 하였다. 강희제의 친정 이후에 대해 "廉貪屢有黜陟"라고 하며 잇달아 유민에 대한 "覺勝于前"의 정확한 정황은 한 마디도 언급하지 않으니, 이러한 종류의 실제 견문과 인식의 사이의 차이는 깊게 생각해볼 가치를 지니고 있다. 특별히 웃음을 참지 못

37) 『연행록전집』제22책, 152쪽.
38) 『연행록전집』제22책, 155~157쪽.
39) 좀더 자세한 것은 『顯宗實錄』18권, 현종 11년 윤2월 을미 및 『顯宗改修實錄』권22, 현종 11년 윤2월 을미조 참조.

하는 것은 한태동이 강희제가 직접 커다란 물고기를 사냥한 것을 크게 비평한 것으로 그의 경시하는 태도는 끝을 찾아볼 수 없었다.

> 皇帝卽位以后, 荒淫成性, 盤游無節. 姑以近事言之, 夏間幸瀋之時, 不由修治正路, 躍騎驅馳, 上下山坂, 日以射獵爲樂. 及到遼東, 設打魚之戲, 皇帝着拒水袴袜, 戴小帽, 親入水叉魚, 大臣明珠及諸王以下皆令執罟, 沾体涂足, 喪失威儀, 近處軍民許其聚觀, 不使拘呵. 且言皇帝能炮善射, 每當游獵, 勇前當獸, 發必命中云, 可見其自輕無度之實矣.[40)]

실제 오늘날 우리들의 역사인식으로 살펴보면 강희제가 물고기를 사냥한 것은 단지 만주의 과거 풍속에서 나온 것이다. 직접 물가에 들어가 물고기를 잡고 "臣明珠及諸王以下皆令執罟"도 단지 신민을 향해 선조의 창업이 지극히 어려웠음을 나타낸 것이다. 즉, 마치 한족의 황제가 황후를 이끌고 春耕 의식을 거행하여 신민을 향해 국가가 농업을 근본으로 여긴다는 것을 나타낸 것과 마찬가지이다.

(3)

청이 입관한 40년의 기간에 명조의 잔여세력은 여전히 존재하였다. 특히 삼번의 난은 명 부활의 깃발을 내세운 것으로 조선사신이 보기에 명조가 부흥할 가능성도 없지 않았기 때문에 연경으로 들어가는 길에 적극적으로 南明과 臺灣 鄭氏, 三藩과 관련된 정치, 군사정보를 수집하였으니, 이는 마땅히 시국이 변화할 가능성에 대한 것이며 연행록에도 구체적인 표현이 다수 존재한다. 예를 들면 박세당이 연경에 들어올 때(1668) 지나온 沙河驛에도 바로 姜씨 성을 지닌 秀才에 대해 여러 방면

40) 韓泰東, 「兩世燕行錄」, 『연행록전집』 제29책, 246쪽.

으로 시국을 탐문하고 있다.

宿沙河驛, 主人姓姜, 稱秀才, 夜與語. 臣問：此地秋事如何？答：半收. 問：十三省同然否？答：外省多被水灾. 問：何地最甚？曰：山東爲最. 問：云貴兩廣福建四川等地何人鎭守？答：不知. 因又問, 曰：大約俱在太平境. 問：五岭外皆是淸官耶？有漢官同守乎？答：淸冷官署俱是漢人, 如有錢在, 滿洲居多. 問：聞蒙古向者來犯喜峰, 遼東等地, 信否？答：喜峰不遠, 絶未有聞. 問：十三省絶無盜賊竊發之患乎？答：未聞. 屢問, 乃曰有之. 問：何方爲尤？曰：蒙古爲首. 又問：頻來犯境乎？答：未聞犯邊, 但聞要賞. 卽又曰, 四川下四府生民一無所有. 問：爲何無存者？答曰：皇上惡其通水盜. 問：水盜爲誰？曰：鄭宏公. 問：宏公時在何地？曰：不知去向. 問：四府民被殺在何時？答：五年秋. 問：鄭是水盜, 常在海中, 四川去海絶遠, 緣何相通？答：何論遠近？問：聞大臣執政者多奪漢民田, 以與滿人. 然否？答：去年正月十六日, 永平盡署滿洲, 十存一二. 問：十取八九以與滿洲, 而漢民只得一二乎？曰：然. 問：何人主行此令？答曰：但聞兩黃旗換地, 以至如此. 問：兩黃旗爲誰？則不肯明說. 問：皇帝親政后, 民心如何？曰：甚好. 又問, 則曰：皇帝好處甚多. 問：聞明裔有在西方羌胡中者, 果有此說耶？順治長子亦在西撻, 常有爭端, 亦然乎？答：明之后未聞, 先皇之後有此聞. 臣所與問答者如此. 其人亦似稍愿, 故隨聞以記. 但見此流居路傍, 多閱東使, 故習于酬酢, 覘人意向, 順口便說, 顯有抑揚之色, 所言未必盡信.

이 중간의 대만의 정씨에 대해 들은 것 중 강수재는 “鄭成功”을 “鄭宏公”으로 오인하고 있다. 앞에서 서술한 1년 이후 민정중은 왕공탁에게 영력제가 살아있는가를 물어보고 이미 사로잡혔다는 것을 알게 된 후 대단히 실망하였다. 그리고 정씨에 대하여 비교적 정확한 정보를 얻는다.

鄭經在南海中, 据有七十余島, 其中一島長數百里, 廣七十里, 時時出海掠奪. 遣所謂相王者, 領兵往福建防備, 又疑南民與之相連, 循海邊三百余里, 撤民居長蘆荻不通人迹, 只置偵候之官, 而亦不得領兵, 有變擧烽則總兵登時進鬪. 自南海至北海皆禁漁採, 漁利永絶, 民不聊生. 小艇片舸已盡毁去, 只存漕船, 自今夏亦廢漕船云. 漕船之廢, 未知的否, 而通州江邊舊船檣如簇, 合行所見僅有七八小船, 過山海關時, 登望海樓, 水邊無一漁船, 問之則有禁, 不敢已久云.[41]

삼번의 난 시기에, 조선사신들은 삼번과 청의 전쟁국면의 확대에 매우 관심을 기울였다. 강희 16년(1678) 연경에 들어온 서장관 孫萬雄이 저술한 연행일록은 내용이 대단히 부실하지만, 삼번의 난에 관련해서는 필묵을 아끼지 않았다. 여정 중에 그는 만주인의 전쟁을 혐오하는 심리를 발견하기도 하였다.

聞胡兒唱歌, 歌曰：月明紗窓, 情動閨里之兒女. 秋高戍樓, 思切塞外之征夫. 父母相離, 邊事棘矣. 戰伐未已, 曷月歸哉？一唱後有惶惧之色. ……問其故, 答曰：此乃南征軍思歸之歌也. 此歌一出, 人心動搖, 赴戰者厭去, 在家者皆悲, 故令申曰, 有敢歌此曲者罪之云.

또한 오삼계가 군대를 일으킨 이래, 청이 "皆以三桂之奴擺站于各路, 而盤山爲尤多. 擺站云者, 我國所謂定配也."라고 들었다. 대개 배역은 관외의 역참에 유배해 강제 노역시키는 일종의 적극적인 처벌이었기 때문이다. 그 본인은 오삼계에 대해 실은 아무런 호감이 없어 "手握重兵, 外召夷狄, 一片神州, 終爲羯胡之窟."이니 죄업이 무겁다고 여겼다. 하지만 오삼계의 반청에 대해서는 청로 하여금 크게 원기를 상하게 하고 심지어 쾌감을 느낄 수 있으니 "軍興四載, 兵馬之南征者, 已過百萬, 而對壘江邊, 水土爲祟, 人馬病斃, 有去無歸."라고 하였다. 아울러 계속해서 "淸國之有三桂, 比若腹心之疾."라고 언급해 멸망할 운명이며 이미 구제할 수

41) 『연행록전집』 제22책, 367~368쪽.

없다고 하였다. 연경에 도달하여 옥하관에 머무른 이후 조선의 사신은 "給面幣致款"을 아끼지 않았으며 청조의 "門將"에게 뇌물을 주어 최신의 전황을 들었으며 "門將吳三桂方在長沙, 而頭發已長, 衣冠皆漢制, 雖擁十萬之衆, 率多烏合之卒. 而但于手下有五六千敢死之兵, 所謂苗奴也. 捏齒漆膝, 白布裹頭, 其目深而黑, 其劍長而廣, 其勇如飛, 其戰無敵. 且於江邊高處, 埋伏大椀砲, 其丸大如拳, 觸者盡碎, 勢難交鋒, 未易平定."을 알게 되었다, 이외에도 "自甲寅以後, 南征之兵, 至于百有二十萬之多, 而門將之 所謂卽今防戍者, 只余八萬云."[42]을 알게 되었다. 위에서 언급한 전황에 대하여 조선의 사신은 매우 흥분을 감추지 못했으며 신속하게 "使臣別單"의 형식으로 국내에 보고하였다.[43] 실제 당시의 오삼계와 청군은 長沙에서 서로 대치하는 중으로 전반적인 전황은 이미 청조에게 유리한 방향으로 흘러가고 있어, 손만웅 또한 福建의 민간에서 불리는 "頭戴明朝帽, 身穿清朝衣. 過了乙卯年, 照樣歸康熙." 가요를 들었다. 아니나 다를까 오래지 않아 耿精忠은 강희제에게 신복했다고 말한다. "而在清朝後方, 就連業已歸化清朝的朝鮮被擄人也, 覺得賦斂甚薄, 安居而樂業" 하고 손만웅은 청의 명운이 이미 원래상태로 돌아갈 방법이 없다고 느꼈으며 기본적인 판단이 대단히 일치하지 않는다고 느꼈다.[44] 그리고 다음해 삼절연공의 사신단으로 충원되어 연경에 들어가는 도중 끊임없이 오삼계가 이미 죽었다는 소식을 전해 듣는다.

> (十二月)初五……到遼東站, 招李素問吳三桂消息, 答以或云已死, 或云未死, 未能的知云.
>
> 初七日……張炫來言：逢新自岳州來人, 則言吳三桂已死, 其侄子

---

42) 孫萬雄,「燕行日錄」,『연행록전집』제22책, 330·340·368·355쪽.

43)『同文彙考』보편 권2「使臣別單·丁巳謝恩兼冬至行書狀官孫萬雄聞見事件」, 국사편찬위원회, 1978, 1585쪽.

44) 孫萬雄,「燕行日錄」,『연행록전집』제22책, 370, 322쪽.

永夔與馬三寶守城. 三寶已通降于清兵, 岳州城中毀家爲薪, 陷在朝夕, 淸兵又圍長沙云.

初十日……聞吳三桂死于八月, 其孫又死. 吳永夔·馬三寶, 方爲守備, 淸兵圍岳州, 不久當平定, 皇帝以此大喜, 日事游田.[45]

이런 슬프고 처량한 현실에 대하여 조선의 사신은 분명하게 심리적으로 받아들이기 어려웠으며 『조선왕조실록』에 수록된 관련된 기록을 통해 대략이나마 이해할 수 있다.

柾等探彼國情形別單曰: "撫寧縣榜文云: '吳三桂八月十七日身死.' 又言: '衡州府城內城門, 四日不開, 二十一日僞將軍馬寶·胡國柱·王將軍從永興來, 開城門.' 又聞差人往岳州, 喚吳應期·三娘娘于岳州, 喚吳世琮于廣西云. 而金巨軍曰: '長沙府旣已得之, 四五月間, 當以吳賊之平, 將頒赦.' 此言難信. 又得房姓人册子, 上年四月三桂卽位, 定都長沙, 又言: '馬寶奉吳世霖密旨, 葬三桂于雲南, 同都督陳壽組練軍馬, 其後陳壽殺破淸兵, 而至稱陳壽以神出鬼沒.' 又言: '淸兵爲馬寶所敗, 急請援兵.' 又言: '應期, 三桂之侄; 世霖, 三桂之孫; 三娘娘, 三桂之姬妾, 而鞠育世霖.' 漢人或云: '三桂實不死, 淸人做出誑言.' 或云: '三桂雖死, 世霖勝于其祖, 馬寶·陳壽等, 亦頗獲勝. 梧州陷沒·廣西全省歸吳輔臣, 屢爲吳之茂所窘, 鄭錦跳梁海上, 而耿精忠敗走. 況上以盤游無度, 漁色無厭, 下以貪饕成風, 賄賂公行, 國之危亡, 迫在朝夕.' 云."[46]

「연행록」에 근거하면 강희 17년(1678) 10월 30일 사조한 삼절연공의 사절단은 정사는 福平君 李柾, 부사는 의정부좌참찬 閔點, 서상관은 사헌부집의 金海一이다.[47] 그리고 김해일의 「연행일기」에 근거하여 사절단은 대략적으로 오삼계가 이미 사망했다는 소식을 확인했다는 것을 파

45) 金海一, 「燕行日記」, 『연행록전집』 제28책, 202, 203쪽.
46) 『肅宗實錄』 권8, 숙종5년 3월 임인, 제38책, 405쪽.
47) 『연행록전집』 제27책, 128쪽 참조.

악할 수 있다. 하지만 국내를 향해 정황을 보고한 별단에서는 이에 대하여 대강 얘기하고 지나가며 오히려, 오삼계의 군대가 여전히 용맹스럽고 싸움을 잘하나 수차례 청군에게 패배하여 서로 대치하는 국면을 이미 원하지 않았으며 오군은 실제로는 열세에 처한 현실이었다. 강희 21년(1682) 한태동이 연경에 들어왔을 때 청군은 이미 오삼계군의 근거지인 昆明을 돌파하여 삼번의 난을 철저하게 평정하였다. 한태동은 당시 오삼계 본인에 대해서는 아무런 호감이 없었지만 당시 여정에 오삼계의 부조의 묘지가 청인에 의해 파헤치고 훼손된 것을 보고 벌을 받는 것이 마땅하다고 여기며 오삼계에 대해 "始則延納羶腥, 穢亂區夏, 末乃豪据一隅, 身僭大號, 盖未嘗爲朱氏扶立血胤, 規復舊物之意, 實中華亂賊, 淸虜叛臣, 若祖父之驁逆子孫也."라고 질책하였다. 청조에 대해서 "自南方平定以後, 君臣上下, 益以驕逸, 方稱稱述功德, 賁餙樂章, 山呼鳳鳴之慶, 一乳三男之祥, 題奏頻繁."라고 만족스러워하는 태도를 취하였으나 마음속으로는 좋지 않은 심정이어서 "吳家余党尙未盡剿, 多有保擧山谷, 攻掠州縣者. 故調發軍兵, 更迭鎭守矣. 鄭錦据有海島, 侵軼沿海地方"[48]라고 강조하였다. 더욱이 정씨의 무리가 멸망하여 청조가 통일한 국면을 실현한 이후에도 조선의 사신은 변함없이 매우 달가워하지 않았다. 예를 들어 강희 23년(1684) 북경에 들어온 남구만의 「갑자연행잡록」 중에서 "館中愁寂, 取見册鋪所賣小說, 則借陳亡後衣冠子孫不仕于隋室者爲之說 …… 末題曰 '成化二十二年太平游樂之圖'乃是假托成化, 實譏當朝者也. 人心所在, 抑可知也."[49]라고 언급하였다. 총괄적으로 말하면 가능한 청조를 나쁘게 헐뜯고 정면으로 마주치는 정황에 대하여 모두 마주치는 상황을 직면하는 것을 원하지 않았다.

위에서 말한 것을 종합해보면 조선의 군신은 삼번의 난 기간에 신하

48) 韓泰東, 「兩世燕行錄」, 『연행록전집』제29책, 218·248·249쪽.
49) 『연행록전집』제23책, 327쪽.

된 마음이 아니라 난동을 부리려는 마음이 꿈틀거리고 있었다. 예를 들어 집권한 남인의 정신적 영수인 윤휴는 수차례 남쪽의 정씨와 통하여 청조를 북벌하자고 열렬히 주장하였으나, 현실정치를 종합적으로 고려하여 실제행동으로는 채택되지 않을 뿐만 아니라 청조와의 조공관계를 유지하면서 신중하였다. 이에 대하여 재일 중국인 학자인 伍躍는 조선이 고려한 것은 만약 명조가 다시 흥성하는 것이라고 지적하였다. 즉, 조선은 명조가 다시 부흥한 시기에 무엇 때문에 도움이 없었는지 고려할 필요가 있었다. 중국의 황제를 정점으로 하는 국제질서 하에서 종주국이 명 혹은 청이든 관계없이 조공책봉 관계는 유지되었다. 이에 대해 조선왕조의 존재는 모두에게 불가결적인 것으로 조선은 번속국이 되었으며 아울러 자유롭게 종주국을 선택할 수 없었다. 또한 이런 국제질서 하에서 이탈을 희망하지 않았다. 조선은 단지 되도록 가능한 범위 내에서 자신의 이익을 추구하여, 이로 인하여 조선의 청에 대한 정보공작은 번속국의 국가성격을 결정하고 있었다.[50] 이 기간에 다수의 연행록에 포함되는 연행기록의 하나의 중요한 특징은 특별히 청조에 대한 정보수집을 중시하는 것이다. 청조가 입관한 40년의 기간은 바로 송시열이 존주양이 사상을 조선의 각 정치파벌에 덮어씌운 시대로 이는 이 시기의 연행기록에 청조에 대한 관찰에 있어 특별히 정치 방면의 내용을 중시하였다. 일본학자 후마 스스무도 명확하게 같은 시기 조선사신이 일본에 출사한 기록을 비교해보면 조선의 사신이 빈번하게 한성과 북경의 사이를 왕래한 것을 발견할 수 있다고 지적하였다. 다만 대부분 청조의 사인과 어떠한 실질적인 교제가 없었으며, 이는 조선의 사신이 만주족의 통치를 받는 한인을 멸시하였기 때문에 문화교류를 추악하다고 여겼다.[51] 조선 사신

50) 伍躍, 「朝貢關係と情報收集—朝鮮王朝對中國外交を考えるに際して」(夫馬進編, 『中國東アジア外交交流史の研究』, 京都大學出版會, 2007) 참조.

51) 이 관점과 관련해서는 夫馬進著·伍躍譯, 『朝鮮燕行使與朝鮮通信使』, 中華書局, 2010, 114~115쪽 참조. 예를 들어 閔鼎重의 『노봉연행시』에는 福建출신이자 廣

단의 구성원과 청조의 사인이 교류하게 된 것은 18세기 중엽 홍대용, 이덕무, 박지원 등의 인물이 연경에 들어오면서부터 비로소 정식으로 시작된 것이었다.

II. 명청교체기 조선과 일본의 교린 왕래 -倭情咨文과 문인교류

청인이 입관한 40년의 기간에 동아시아의 국제정치의 구조는 여전히 분명하지 않은 형세로, 전기에는 남명정권이 장강 이남에서 여전히 상당한 실력을 유지하고 있었으며 후기에는 8년에 달하는 오랫동안의 삼번의 난으로 화이질서 혹은 화이관의 중심이 결국에 어느 국가 혹은 지역으로 귀속될지 결정되지 않았다. 청조는 팔기의 무력에 의한 우세에 의지하여 명말 어지러운 시국에서 북경에 정권을 정하였으나, 그 낙후된 문화 및 종족의 신분은 통치의 합법성에 치명적인 약점이었다. 남명정권 혹은 반청복명을 기치로 삼은 한인 군벌 및 할거하는 세력은 비록 화이의 도리를 분별하는 데 명분상 우세를 점할 수 있었지만 무풍을 이겨낼 수 없었다. 총체적으로 말하자면 명청정혁의 시기 정통성 쟁탈에 있어서는 열세에 처해 있었다.

그러나 명청정혁을 동아시아 국제정치의 구조에서 벗어나 객관적으로 살펴보면 이 기간의 역사가 굉장히 복잡함에 직면하게 된다. 대체적으로 말하면 한자문화권인 조선, 일본, 유구, 월남 등의 국가는 화이관념의 영향을 깊게 받아, 심리적으로는 본래 관외의 외진 모퉁이의 "畜類同然"이라 부르던 이적이 중원의 주인이 된 것을 인정하지 않았으며 특히

寧知縣인 顏鳳姿의 七律一首가 실렸다. (중략) 그 유사들의 문사·학문에 대해 듣지도 묻지도 않았습니다."라고 하였다.

조선과 일본의 태도에서 가장 명확하게 나타난다. 주자학을 받아들인 일본 유학자들이 보기에 당시 중국대륙은 “唐魯才保南隅, 而韃虜橫行中原”의 상황이니 이른바 “華變于夷之態也”[52]이다. 마찬가지로 주자학의 전통에 충실한 조선의 사인도 청조가 굴기한 유감스러운 현실에 대하여 “終奪此而與彼兮, 天理錯兮不可詳……華何變而爲夷兮, 海何變而爲桑.”[53]라 슬피 탄식할 뿐이었다. 서로 닮은 것은 놀랍다고 말할 수 있다. 명청 정혁은 동아시아의 여러 국가가 과거의 중국에 대해 마음속으로 따르는 것처럼 다시는 우러러보지 않게 하였으며, 마주보는 것에서 나아가 경시하게끔 변화시켰다. 즉, 과거의 중화는 몰락하여 이적이 되버린 것이며 가령 “漢唐中華文華”의 정맥(소중화)를 서로 표방하는 “자아중심주주의”가 성립되어 각기 자신의 국가의 독립문화와 동일시하여 순리에 맞게 이루어졌다. 이러한 종류의 중화의 정통인가 비전통인가 하는 다툼의 국제적인 경쟁은 명조가 정권을 상실한 이후 동아시아 국제정치의 바둑판은 점점 치열해져갔다. 필자의 좁은 소견으로는, 이 지점의 이해가 일본과 조선 간의 통신 관계의 문인왕래에 있어 필수적으로 많은 관심을 가져야 하는 역사적 환경이다.

명청정혁 기간 조선은 겨우 2차례 일본에 通信使를 파견하였다. 사절단의 방일 기간에 양국의 문사의 교류에 관해 李元植, 仲尾宏, 夫馬進 등 대표적인 한일학자들에 의해 이미 상세하고 세밀한 연구가 다수 존재한다.[54] 근래 중국학자 또한 나날이 많은 관심을 보이나[55] 여기서는 번

52) 林恕·林鳳岡, 「華夷變態」(東方書店, 1981 重印版). 서문에 1674년(延寶 2 甲寅) 弘文學士 林叟라 적혔는데, 여기서 林叟는 하야시 가보(林鵞峰)를 가리키고 이름이 又三郎·春勝·恕恕이고 에도막부의 주자학자 하야시 라잔의 3남이다.

53) 南龍翼, 『연행록』 哀燕都賦, 『연행록전집』제23책, 185쪽.

54) 仲尾宏, 『大系朝鮮通信使 善隣と友好の記錄』 전8권(辛基秀 共編, 明石書店, 1993~96) ; 李元植 『朝鮮通信使の研究』 제8장 「文化度(1811)の使行」, 京都 : 思文閣, 1997 ; 夫馬進著·伍躍譯, 『朝鮮燕行使与朝鮮通信使』, 中華書局, 2010. 위 세 사람의 단편 논문이 많기 때문에 일일이 들지 않는다.

거룹게 언급하지 않는다. 여기서는 소위 국제정치의 바둑판에 비친 양국 문인의 왕래를 강조할 필요가 있다고 느끼며, 결국 화이의 구조가 아직 결정되지 않은 형세에서 필담을 서로 주고받으며 시는 짓는 등의 風雅한 행동도 잔혹한 시국의 특유의 긴장된 분위기를 피해갈 수 없었다.

먼저 1655년의 조선통신사 사절단의 일본행부터 살펴보자. 이때의 사신을 파견한 직접적인 목적은 1대 막부 쇼군 德川家綱이 작위를 이어받은 것을 축하하기 위해서이다. 당시의 국제적 구조에 대해 말하자면 청조는 이미 북경에 수도를 정했으나 남명정권은 파손된 국토에 의지하여 버티려고 노력하고 있었다. 조선 국내의 사상과 정치 형세에 대해 말하자면 당시 국왕인 효종은 특히 심양에 볼모로 머무른 기간을 생애의 치욕으로 여겨서 "해동송자"로 명성이 높은 송시열을 중용하여 부국강병 정책을 추진하고 청조에 대한 북벌을 도모하여 군부의 원함을 씻으려고 하였다.

그러나 반청척화 문제를 둘러싸고 서인 혹은 남인 등은 정치파벌이 동일하지 않았으며 각기 긴급한 일의 경중에 있어 책략을 구별할 수 있었다. 다만 "尊周思明"은 가장 높은 정치사상의 원칙으로 엄숙하지 않은 파가 없었다. 조선의 이러한 반청의 동향에 대해 청 조정은 매우 관심을 기울였으며 압박 혹은 회유를 번갈아하는 수단을 통하여 엄격하게 통제하였다. 일본 방면으로는 도쿠가와 막부가 성립된 이후 청 조정과 어떠한 정치적 연계도 수립되지 않았다. 아울러 바다를 사이에 두고 마주 대하여 지리적으로 통하지 못해 중국대륙의 전란이 들끓는 국면에서 커다란 지정학적 실질적인 압력이 형성되지 않았다. 하지만 수많은 명조의 유민이 동쪽 일본으로 건너와 있는 힘을 다해 청조의 야만과 폭력을 과

55) 張伯偉, 「漢文學史上的1764年」, 『文學遺產』2008年第1期。 葛兆光, 「葛兆光再談 "從周邊看中國"」, 『東方早報』, 上海, 2013.12.8, 第B01版 ; 「文化間的比賽 : 朝鮮赴日通信使的意義」, 『中華文史論叢』2014년 제2기.

장하였으나 그 정도에 있어서는 도쿠가와 막부의 조야의 상하는 元寇가 습격한 역사적 기억을 촉진시켰다. 동시에 대표적인 주자학자[56] 하야시 라잔(林羅山, 1583~1657)[57]은 기회를 틈타 화이지변의 이념을 바탕으로 재물과 황제가문의 국제적 분위기를 자세히 기억하려고 하였다. 그로부터 화이지변의 이념에 익숙해져 재물과 제왕가의 국제 분위기를 갖추었다.

라잔은 하야시씨의 가학을 막부의 관학으로 삼아 다른 유학 파벌보다 높은 지존의 지위로 자리를 정하려고 하였으며, 그의 아들인 林春勝(1618~1680), 손자인 林信篤(1645~1732)와 함께 익혀 하야시 3대라 불렸다. 아울러 林鳳岡을 1대로 하여 林家에서 5명이 大學頭를 이어받아 막부말기에 이르렀다. 林羅山 등 조손 3인의 유학에 있어 성취를 논하면 라잔은 스승인 藤原惺窩의 학통을 계승하였으며 더욱 발전시켰다. 유학으로 하여금 의지하던 선종에서 분리시키고 아울러 주자학을 관학의 지위로 다져 가히 과거를 이어받아 앞길을 개척한 한 세대의 유종이라 할 수 있다. 그러나 林春齋 및 林鳳岡은 부조의 음덕을 이어받았을 뿐으로

56) 朱謙之, 『日本的朱子學』, 人民出版社, 2000, 198쪽 참조.

57) 藤原信時의 아들이고 교토사람이다. 林道春의 초명은 三郎信勝이고 호는 羅山이다. 22세 때, 후지와라 세이카(藤原冷泉惺窩)한테서 주자학을 배웠다. 23세 때 징소를 받고 이에야스 막하에 들어가 막부의 정치를 도왔다. 寛永 7년(1630), 쇼군가의 光命으로 하야시가의 별장(江戶城上野忍岡, 현 우에노공원)에서 聖堂을 건조하였다. 寛永 9년(1632) 오와리에서 德川義直 先聖殿 건축을 도왔다. 중앙에 공자를 안치하고 안회·증자·자사·맹자 네 사람의 좌상을 배치하였다.(이 전의 유적은 현 彰義隊碑에 있다) 그 후 또 炎·黃·堯·舜·禹·湯·文武·周公·孔子 등 성인 21폭의 화상으로 늘어났다. 유명한 화가 狩野山雪의 필치다. 관영 13년(1636)에 조선에서 사신이 왔을 때 부사 金世濂이 화상을 보고 찬하였다. 관영 10년 초 제사를 지냈고, 쇼군가는 공자묘에 가서 공자상을 참배하였다. 아울러 道春이 『尙書·堯典』을 강연하였다. 井伊直孝·酒井忠勝·土井利勝이 참석하였고 이후에는 늘 참석하였다. 明歷 3년(1657) 에도에 큰 불이 나서 하야시가는 불에 탔고 수만 권의 시집이 잿더미로 변하였다. 도춘은 75세에 병으로 죽었고, 성당의 동북쪽에 묻혔으며 후에 사당을 건립하여 제사가 행해졌다.

지위는 날이 갈수록 융성해졌으나 사상과 학문의 추세는 보수적이고 빈약해졌다.

일찍이 春齋의 시대에 林家의 관학은 이미 일본 유림을 다시 덮어씌울 수 없었고 양명학자인 나카에 도쥬(中江藤樹)와 공개적으로 대립하고 주자학 진영 내부에서도 야마자키 안사이(山崎闇齋, 1618~1682)로부터 서로 대립하게 된다.[58] 林鳳岡의 시대에 林氏의 관학은 더욱 엄중한 도전을 맞이하였으며 그 중에서 최대의 적수는 소위 기노시타 쥰앙(木下順庵의 10명의 뛰어난 제자를 가리키며, 木下順庵 역시 후지와라 세이카(藤原惺窩)의 학생이다.)의 하나인 아라이 하쿠세키(新井白石, 1657~1725)이다. 다만 新正白石은 1644년에서 1683년의 기간에 林家의 제2대 상속인인 林春齋에 대해 말하자면 의외로 손아랫사람으로 청조가 입관한 최초의 40년에 林氏의 관학은 유력한 경쟁상대가 없었다고 말할 수 있으며 마치 해가 중천에 떠올라 손을 델 것 같이 뜨거운 것과 같다고 말할 수 있다.

하지만 흥미로운 것은 조선통신사의 눈에는 설령 일본 유림에서 林氏 일족이 걸출한 인재일지라도 그 문학소양은 값어치가 없다고 비웃었다. 안목이 자못 높은 남용익도 이 방문에 참가하여 술을 주고받으며 교제한 일본의 문사에 대하여 인상이 분명하게 남지 않아 가볍게 "稱爲文士者八人"라고 서술하고 있다. 그 중 1명인 포로로 잡힌 조선인 후예 李全直을 제외하고 그 나머지는 모두 林羅山 일족 및 그 문인이었다. 후자에 대해 남용익은 거의 모두에게 혹평을 했는데 라산을 일컬어 "年過七十位, 至民部卿, 亦稱法印, 以文鳴于一國, 制撰文書皆出其手, 且多著述, 有『神社考』等書"이라 하여 객관적으로 존중하여 말했으나 붓의 방향을 바꾸어 "詩文則該博富贍, 多讀古書, 而詩則全無調格, 文亦猶昧蹊徑."고 하였다.

그렇다면 어떤 원인으로 조선통신사가 대학두 하야시 일가 및 추종자

58) 南龍翼,『扶桑錄』「聞見別錄」.

들의 학문과 품행에 이런 냉정한 소감을 초래했을까? 반대로 하야시 일가를 대표로 하는 일본 문사는 조선통신사를 어떻게 보았을까? 일본사료에 의하면 대비되는 바가 크거나 또는 생각밖으로 하야시 일가와 조선사신과 응대하는 세부내용에 주목하게 된다. 첫 번째는 하야시 라잔의 넷째 아들 임정[59] 및 임춘재는 필담에서 예사롭지 않은 언어를 쓴 것에 대해 조선사절단의 자존심을 크게 자극했을 것이다.

安藤右京·源定成二人請見洪譯, 使之往見, 則頗問淸國事, 隨便答之, 則不爲强問.[60]

林道春之子林靖函三子稱號者, 來門外請見讀祝官. 許聞其問安答

59) 라잔의 넷째 아들이고 이름은 모리카츠(守勝) 또는 야스시(靖)이다. 자는 子文·彦復이고, 僧號는 春德이다. 松永尺五한테서 가르침을 받았고, 正保 3년(1646) 막부의 儒官을 지냈고, 형과 함께 『羅山集』을 편집하였다. 萬治 4년(1661) 3월 15일에 죽었고 저서로는 『本朝遯史』가 있다. 조카 林信篤도 뛰어난 영재였다.(林信篤, 『自叙譜略』, 早稻田大學 소장, 享保 16년[1731], 自筆本, 10쪽)

60) 南龍翼, 『扶桑錄』 1682년 10월 초4일조, 『해행총재』 재19책. 실제로 통신사가 에도에 체류할 때, 라잔과 安藤右京은 이러한 유사한 거동이 있었다. 1643년 『東槎日記』 7월 13일 甲辰조에 따르면 道春과 右京은 館에 와서 洪·李 두 역관을 불러서 작은 종이에 글을 쓰게 하고, …… 또 묻기를 "십여 년 전 대명에 난이 있을 때, 거괴가 말하기를 李는 돌아갔고 陝西 延安府로 돌아갔으며, 그 후 또 말하기를 李將軍이란 자가 섬서에서 산동·하남·사천으로 큰 난이 파급되었다는 것이 사실인가요? 귀국은 이 사실을 반드시 들었을 것으로 그 슬픈 일을 자세히 알고자 합니다." 洪역관이 통역하여 답하기를 "……중원에는 流寇가 원래부터 있었고, 호걸들이 일으킨 무리일 뿐이라 걱정하지 않아도 됩니다. 옛날부터 조정에서 도외시한 일로 소위 이장군이란 자는 들어보지 못했습니다. 바닷길이 가로막혀 중원의 소식을 듣지 못한 것이 근래의 일이라 어떻게 되는지 알 수 없습니다." 道春이 말하기를, "바닷길이 막힌 지 몇 년이 되었습니까?" 답하기를, "올해까지 6,7년입니다," 道春이 말하기를, "듣자니 毛장군이 섬에서 방어하고 있다는데 여기에 계십니까?" 답하기를, "毛장군이 죄가 있어 벌을 받고 있고, 후에 장차 지킬 것입니다. 정축년 청병에 무너진 후, 바닷길이 막혔습니다." 또 묻기를, "귀국과 그 나라는 어떠합니까?" 답하기를, "양국은 서로 좋게 통교하고 있고 아무 일도 없습니다. 도춘 등은 고개를 끄덕이고 떠났다."

說話, 則書而問之曰："大明近歲之兵革如何？十五省迷入淸國之手乎？年號順治至今猶存乎？皇明之宗脈不絶如線乎？鄭芝龍·吳三桂存歿如何？陝西之李自成·四川之張獻忠皆免摧滅乎？答以疆域絶遠, 未能詳知云, 則不爲更問.[61]

위 사료는 일본 관반(館伴) 다이묘의 부하와 조선통신사 사이에서 벌어진 일이다. 하지만 임정과 이명빈(李明彬, 호는 石湖)의 필담에서 연이은 시국에 대한 질문은 서로에게 압박을 주기도 하였다. 이명빈은 "문사들의 만남은 한바탕 문장을 논할 뿐이다"라고 얼버무렸다. 실제로는 조심하지 않고 무의식중에 나타낸 것이다.[62] 위 사료에서 이명빈과 임정은 두 번째 만남이었고 전날 임정은 형 임춘재를 통해 접견하였다. 그러나 하루 지나 이명빈은 후배인 임정의 이름과 휘를 잊어버리고 다시 질문하였으며 후자는 갑자기 질문을 계속하더니 한 동안 매우 긴장한 분위기를 조성하였다.

실제로 위 사건은 우연이 실례를 범한 것은 아니다. 하야시 일가족은 직권을 이용하였으며 중국에 대한 정보를 수집하기 위하여 별의별 궁리를 다 하였기 때문이다. 일반적인 담화에서 나가사키 중국어 통사(長崎唐通詞)로 넘어 임씨 안건 외에 명말의 유민에 있어 조선사절단을 통해 조심스럽게 알아보는 것도 정보수집에 있어서도 순서중의 하나이기 때문이다. 하야시 일가는 3대 명청의 서적을 수집하는 데 있어 모든 방법

61) 南龍翼, 「부상일록」 1655년 10월초 9일 기미조.

62) 『續群書類從』권882 「續善鄰國寶外記·韓使贈答」 448~449쪽：函三："大明近歲之兵革如何. 十五省悉入韃虜之手乎？國號大淸, 年號順治, 至今獨然乎？吳三桂存沒如何？且陝西之皇明之宗脈, 不絶如縷乎？鄭芝龍·李自成·四川之張景憲, 皆旣摧滅乎？"石湖："示事則我國不能詳知, 亦無異于貴邦. 旣不能詳知, 則非所當書示. 文士相逢, 只是一場論文是矣, 何必語及不知之事乎？"그 중 하야시가와 그 문도들이 조선통신사와 창수했던 내용은 雨森芳洲 文庫本『朝鮮信使東槎紀行』에 실렸으나 이 책은 보지 못했다(大塚鐙, 「芳洲文庫本朝鮮信使東槎紀行について」, 『朝鮮學報』 10, 1956 참조).

을 사용하였다. 예를 들어 『화이변태』의 임춘재의 서론에 이르기를, "崇禎登天, 弘光陷虜, 唐香才保南隅, 而鞋虜橫行中原, 是華變于夷之態也. 雲海渺茫, 不詳其始末, 如『剿闖小說』,[63]『中興偉略』,[64]『明季遺聞』[65]等, 概記而已."라고 하였다. 『剿闖小說』도 출간한지 얼마 안되어 일본에 전해갔으며 필사본으로 퍼져나갔다. 『中興偉略』, 『明季遺聞』 두 책은 1646년과 1662년에 일본에서 발간되었다.

그 외, 마츠우라 아키라의 글에 이르기를, 명말 모문룡(毛文龍)의 역사사실인 『毛大將軍海上情形』란 책에 정보 4년(1647)에 하야시 라잔을 책머리에 소개하였다.[66] 오늘의 시각에서 본다면 임씨 일가는 막부의 공문을 관리하였을 뿐만 아니라 당시 일본 외사정보 부분에서 최고 관직에 있었음을 말해준다. 실제로 조선사신단의 이번 정보수집은 성과가 풍부하다. 남용익의 『부상일록』에 많은 부분에 왜황대서, 관백차서, 대마도주세계, 관제, 주계, 도리, 산천, 풍속, 병량, 인물 등 분야의 정보가 상당부분 언급되어 있다. 이런 내용의 대부분, 혹은 많은 상당부분 내용은 전에 기록해 놓은 역대 통신사의 보고서의 내용이기도 하지만 필자가 직접 몸으로 체험하고 관찰한 부분도 포함되어 있다. 혹은 본래 정보수집은 시문에 맞장구를 친다거나, 처음부터 당시 국제정치에 있어 속과 표면의 구성이며, 교차와 얽힘이 서로 분리할 수 없는 관계이다.

---

63) 『剿閱小說』, 全稱『新編剿闖通俗小說』又名『剿闖小史』·『剿闖孤忠小說』·『剿闖小說』·『忠孝傳』等, 存本最早爲明弘光元年(1645)興文館刊十回本, 題"西吳懶道人口授", 未詳作者爲何人. 浦廉一注 : 『剿闖小說』, 西吳懶道人, 明版二册, 日本寫本二册."

64) 浦廉一注 : "『中興偉略』, 馮夢龍, 明版二册, 日本正保三年刊一册."

65) 浦廉一注 : "『明季遺聞』, 清鄒漪, 四册, 日本寬文二年刊, 四册."

66) 松浦章, 『天啓年間毛文龍占据海島及其經濟基盤』, 鄭沽西 等譯, 『明淸時代東亞海域的文化交流』, 江蘇人民出版社, 2009, 111~112쪽 참조. 이외 李光濤, 「跋毛大將軍海上情形」(『明淸檔案論文集』에 전재, 聯經出版社, 1986) 및 王鐘翰, 「毛大將軍海上情形跋」(『淡江史學』1993년 제5기) 참조.

기타 사료를 종합하여 보면 임정은 이번 조선사신들의 태도에 무례한 외에, 전체적으로 후자들에게 남긴 인상은 꽤 좋은 편이다. 남용익은 특별히 "얼굴표정이 풍부하고 성격이 순진하며 언어문자는 그 형보다 더 우수하다(顏面豐厚, 性質純眞, 言語文字比厥兄頗優)."란 만족스러운 평가를 내려주었다. 임춘재의 회상에도 그의 실력을 승인하였고, 이명빈의 직언이 알려주기를 비록 형이지만 글재주는 동생보다 "不及鄕一頭地"[67] 라고 하였다. 그 외 임춘재의 장자 임춘신도 조선사신들에게 좋은 인상을 남겼지만 어린 나이에 요절하였다.[68] 임씨 일가의 제2대 장자 임춘재 본인으로서 현재까지 이어온 교제에서 조선사신들에게 아주 나쁜 인상을 남겼다. 다음은 조선사신단 성원 이명빈과 임춘재의 필담기록을 살펴보도록 하겠다.

春齋：朝鮮中城郭幾多乎？

石湖：各道列邑皆有, 城郭間或依險阻筑山城, 其數倉促之間, 何能一一歷擧乎？

春齋：唐李勣攻高麗入平壤, 拔七十余城. 平壤之內其壘何其乎？抑是七十余城, 高麗國內乎？

石湖：所謂七十城, 卽平壤之內也. 其時唐師大敗, 不能過平壤, 而東所拔之城, 皆復爲我國之有.

春齋：朝鮮王城者, 古于三韓之內, 屬何地乎？舊都平壤在何道內乎？今王城地名奈何？

石湖：都城舊是辰韓地, 地名漢陽. 平壤在平安道.

春齋：都城爲辰韓之地, 則馬韓辨韓亦有都會, 而使人治之乎？

石湖：馬韓辨韓之地, 皆屬八道中, 而方伯梱師及列邑守宰治之爾.

春齋：新羅·高麗·百濟, 其疆界分明否？今八道何爲新羅？何爲高麗·百濟？欲詳聞之.

67) 『鵝峰先生林學士文集』권77, 「哀悼五·西風泪露上」

68) 이밖에 朱舜水 저·朱謙虛 정리, 『朱舜水集』 권21 「勉亭林春信碑銘」(北京：中華書局, 2008), 596~601쪽 참조.

石湖：三國疆域皆分明之, 新羅則慶尙道是也, 百濟則忠淸道地也, 高麗則統三國爲一.

春齋：王城之外, 有別都乎？若然則欲聞其名.

石湖：別都有松都·江都·南漢.

春齋：此三都使誰人守之乎？

石湖：皆有留守經歷等官.

春齋：貴國先儒李穡『貞觀吟』曰：“謂是囊中一物耳, 那思白羽落玄花。”此謂唐太宗拔遼東安市城時, 流矢中其目也. 此事中華之書不記之. 然太宗自遼東有疾, 不幾而崩, 則李穡之言, 非無其謂乎？貴國若知其放矢之人姓名, 則詳言之.

石湖：東史云：安市城主梁萬春中傷唐太宗之目, 太宗之班師也, 萬春于城上揖之, 太宗賜百縑以謝之.

春齋：遼東今屬韃靼乎？附隸貴國乎？

石湖：鶴野西北, 則皆非吾國有乎.

春齋：鶴野去鴨綠江幾百里乎？

石湖：道里遼, 未嘗往來, 不詳知.

春齋：俸祿效中華之制, 而以若干戶爲差等乎？其或以幾千石幾萬戶爲俸乎？

石湖：余今春始登科第, 卽隨使臣來. 此朝廷間事, 未得周知耳. 或有所傳聞, 而未得其詳, 不能書耳.

春齋：貴國執政百官, 在朝廷者, 是文武官, 各可官其職也. 其外郡縣置守令乎？

石湖：外郡縣皆有守令, 在廷文武官, 各盡其職耳.

春齋：貴國王族分封郡國乎？其建國之數幾多乎？

石湖：王族功臣, 皆有采地, 而其數亦難歷擧.

春齋：封國之爵, 有公侯伯子男乎？

石湖：皆稱君, 如戰國時四君之稱耳.[69]

위 필담을 보면 임춘재는 근근이 이명빈에게서 역사관련 고대사 문제와 가르침을 받으려 한 것 같다. 예를 들어 고구려와 당나라와의 관계

69) 『續群書類從』권882, 「續善鄰國寶外記·韓使贈答」, 457~458쪽.

등등이다. 하지만 아주 교묘하게 에둘러서 현실과 연결지었으며 기회를 빌어 이명빈한테서 조선의 내정과 외교정보를 빼내려 하였다. 당시 그의 나이는 40살에 가까웠고, 학식에 있어서 고구려와 당조의 관계를 모를 수 없다. 예를 들어 고구려 안시성주가 태종의 눈을 맞친 이 현안에 대해 조선 고대사를 실제로 파악하고 있음을 스스로 드러내기도 하였다. 하지만 그의 말에 숨은 뜻이 있듯이 역사상 고구려는 당을 이긴 군사적으로 휘황찬란한 시절이 있었는데 반대로 조선은 청나라에 굴복하여 강토가 축소되었음을 반 풍자적으로 말하였다. 전체적인 대화내용은 평범해 보이지만 몰래 칼을 품고 있으며 이명빈에 대한 모욕의 뜻이 숨어 있다. 이에 남용익은 "性質冥頑, 擧止倨侮."라는 평가를 내렸다.

재미있는 사실은 조선사신단의 글에서 일본 유학에서 하야시 일가는 뛰어난 인재로 한문수준이 상당하다고 하였다. 임춘재의 회상에 이번 조선통신사단과 임씨 일가의 글과의 교전에서 최고봉은 하야시 라잔과 조선통신사 부사 유창(兪瑒, 호는 秋潭) 사이의 5언장시의 화답으로 된 미담이며[70] 하야시 일가의 승리로 보아야 할 것이다.

> 樂天悟眞寺詩者長篇殊長者也, 江匡房[71]安樂寺詩二千言, 效樂天乎？然事混眞僞, 用字不粹, 近世談長篇者唯以東坡五百言爲無類之事. 如五百言則先考及余與靖汝亦屢作之, 且有至千言者. 就中先考和

70) 라잔과 유창이 서로 말을 주고받은 오언시 장편의 전문은『續群書類從』권882(「續善隣國寶外記·韓使贈答」), 453~456쪽을 참고. 이외 林羅山,『羅山林先生詩集』권49,「外國贈答下·和秋潭扶桑壯游幷序」, 110~114쪽 참고.

71) 오오에노 마루후사(大江匡房)는 長久 2년(1041)에 태어나 天永 2년 11월 5일(1111년 12월 7일)에 사망하였다. 집안은 줄곧 문장으로 이름이 났다. 赤染衛門과 大江匡衡은 그의 증조부이고 그도 신동으로 명성이 났다. 11세에 시부를 알았고 학업을 시작해서 3번째 해인 18세에 과거 급제하여 이름을 올렸으며 東宮學士, 藏人, 中務大輔, 右少弁, 美作守, 左大弁, 勘解由使長官, 式部大輔 등 보직을 지냈다. 寬治 2년(1088) 參議로 임명되었고, 54세에는 權中納言으로, 57세에는 大宰權師를 맡았으며, 71세에는 大藏卿에 임명되었지만 임기 중에 사망했다.

> 朝鮮俞秋潭千五百言, 驚動韓人, 以爲我國美談. 其時先妣病諸, 家內紛忙, 余雖在其側, 不能贊一辭. 然秋潭發府前夕達其詩卷以需和, 先考不能默, 而先唱一句, 靖筆之, 余讀來詩, 以告其韻字, 先考支枕叩齒, 則句成, 靖筆不休, 仲龍在側, 逐句淨書之, 自亥刻至寅刻, 百五十韻頓成, 乃附譯使追及秋潭, 其明到小田原達之, 秋潭服其神速, 擧世皆所知也. 先考時七十三歲, 其老猶壯者, 可類推之, 靖或一夜作律詩長篇十余首, 或數刻之間作絶句二十八首, 其神速之達亞先考.

이번 "문전(文戰)"은 유창이 에도를 떠나기 전 계속된 질문으로 5언 장편으로 하야시 라잔에게서 구한 시이다. 하야시 일가는 3대가 협력하여 하루 밤 사이에 150운을 써 조선사신단에 전하였으며 우세에 처해 있던 유창도 진심으로 탄복하였다. 문인간에 시가나 문장, 노래 따위를 지어 서로 주고받으며 부르는 것이 한문화권에서는 정상적인 상태이지만 사적인 장소에서는 우정을 돈독하는 하나의 교류방식이다. 그러나 이번 일은 국경을 넘어 외교장소에서 벌어졌으며 국체와 관련된 큰 사건이다. 조선통신사의 말로 말하면 "우리의 한문을 빛내는 것이다"라고 볼 수 있으며 이것을 담당한 관원은 책임이 또한 크다.[72] 현대학자들은 아예 "외교장소에서 시를 읊고 노래 따위를 지어 서로 주고받고 글 쓰는 것은 중국문화권과 같은 문화권내의 여러 나라 사이에서 습관화된 국제적인 예의이다"[73]라고 하였다. 그러므로 일본과 조선사이에 이런 외교장소에서의 시문창수는 단순 문자 게임이 아니라 국제정치의 일부분으로 형성되었다. 그러므로 서로 질 수 없는 관계였으며 성의를 다하여 혼신의 힘으로 대응하여 누구에게도 지려 하지 않았다. 이렇게 볼 때, 시가창수에서 정보수집까지 하려고 하고 당시 국제사회의 밝은 면과 어두운 면 두 양상을 띠게 된다. 양자는 서로 교차하며 공동으로 당시 한·일 간의 외교

---

72) 申維翰, 『青泉集續集』권3 『문집총간』제200책, 422쪽.

73) 中村榮孝, 「朝鮮の日本通信使と大阪」, 『日鮮關係史の研究』下, 吉川弘文館, 1969, 344쪽.

의 역사극을 펼쳤다고 볼 수 있다.

만약 위 사실을 좀 더 확실하게 이해하려면 먼저 1655년 조선통신사 파견의 배경을 명확히 하여야 하며 즉 중국대륙 청이 남명과 대립된 시국임을 알고 있어야 한다. 1637년 청이 조선과 종번관계를 맺은 후, 청은 조선과 일본사이의 교린관계를 묵인하여 왔다.[74] 조선은 사대외교원칙에 따라 비정기적으로 청에 일본의 상황을 보고하였다. 조선은 일본의 모든 상황을 청에 보고한 것이 아니라 "왜로 오랑캐를 친다(以倭制虜)"는 뜻으로 견제 책략을 써왔다. 예를 들어 인조 21년(1643)에 통신사 부사로 홍문관 전한 조경(趙絅)이 일본으로 갈 때, 인조에게 이 외교전략을 강력하게 말하였다.[75] 조경은 "성신교린 이장국세(誠信交隣, 以壯國勢.)"의 외교책략을 주장하였다. 대부분의 상황에서 청은 개의하지 않지만 조선이 조금만 법을 어긴다면 청은 매우 민감하게 반응하였다. 예를 들어 순치 7년(1650), 조선 효종이 일본의 행동이 심상치 않음을 이유로 청조에 "修城集兵, 整頓器械."을 요청하였지만 청의 허가를 받을 수 없었고 중대한 외교풍파를 조성하였다.

조선이 요구한 축성비왜(築城備倭)의 배후의도가 청에 의해 간파되자[76] 순치제는 칙유에 당시 북벌의 뜻이 있는 효종을 엄하게 질책하였다.[77] 그 후, 조선은 재차 변명하였으며 청에 소식을 누설한 경상도 관찰

74) 『清史稿』 권526, 「屬國」1(朝鮮)(中華書局, 1976~1977, 14578쪽), 이 가운데 삼전도의 맹약 가운데 일본 무역은 이전과 같이 시행한다는 조항이 있다.

75) 『仁祖實錄』 권40, 인조 18년 5월 기축, 87쪽 : 誠信交鄰,以壯國勢. 日本與我旣已通好, 非始謀結援也, 唯不誠信耳. 若遣一介之使, 明陳我困于虜之狀, 則彼之然諾爲我國, 必不待辭之畢也. 議者曰 : "日本非親信之國," 此虜獨可親信乎? 事之交之, 俱出于不得已也. 與其均出于不得已, 無寧藉旣和之勢, 以報敵怨之虜乎? 況臣之計, 唯欲助聲勢而已, 非卽曰請倭兵, 同我前驅也. 彼虜亦常問倭來否, 且曰吾亦欲送使至彼, 盖憚彼也. 誠將如此情實, 密諭日本, 使之飛一書于虜中, 以責侵我鄰好, 則彼雖始怒我使之, 而知我與倭深結, 終不能輕易加兵于我矣, 此眞所謂落其機牙者也.

76) 『同文彙考』 원편 권78, 「陳請築城備倭奏」, 1455~1456쪽.

사 이만(李曼)과 동래부사 노협(盧協) 등 두사람을 엄히 처벌하였으며 순치제의 허가를 얻지 못하였고 순치 8년 이 사건은 종료되었다.[78] 하지만 청은 남명정권과 대만 정씨를 철저히 격파하기 전까지는 해로를 통해 일본정보를 수집하였으며 조선이 적극적으로 일본의 정보를 보내주지 않는 한 다른 순서를 통한 정보수집은 없었다. 청은 조선이 일본에 대한 정보를 제대로 제공하지 않는 것에 대해 불만이 많았다. 예를 들어 순치 6~8년(1652~1654), 일본 정보와 관련하여 청과 조선은 외교분쟁이 생겼으며 이는 비교적 전형적인 예이다. 확정되지 않은 상황에 청은 조선과 일본의 교류에 있어 경계심을 늦추지 않았으며 높은 경계를 하였음을 알 수 있다. 1655년 통신사는 청조의 축성사건의 고압에 고려하여 예부의 자문을 받은 후에야 정식으로 파견되었다.[79]

1655년 조선사신단과 일본 문인들과의 교전은 승부를 가리기 어려웠고, 1682년 파견한 조선통신사절단의 시문창수는 생각밖으로 일본 문인집단의 멸시로 불만을 일으키기도 하였다. 일본이 출판한 창수집 기록에 "凡韓人三百六十二員, 身通操觚者只四人, 所謂學士成翠虛, 進士李鵬溟, 判事安愼徽, 裨將洪來叔也, 可謂得文材之難也."이라고 하였다. 반대로 일본 쪽 사람은 林春常, 林信篤, 藤倫, 藤士峰, 坂井伯元, 人見友元 등 하야

77) 『同文彙考』원편 권78, 「飭虛張倭情敕」, 1456~1457쪽 : 皇帝敕諭朝鮮國王某, 据奏, 倭國相惡, 欲修城集兵, 整頓器械, 此語不止一二次. 自爾先王以至今日, 亦不知凡幾. 緣此, 所以遣巴哈納祁充格等賚敕, 往問眞僞. 巴哈納祁充格等回奏云 : 臣等提取慶尙道觀察使李曼·東萊府使盧協等仔細訊問, 答云 : "倭國, 朝鮮素向和好, 幷無怨亂兵戈之事, 前奏系欺罔巧詐"等語. 由此觀之, 其修城集兵, 整頓器械之事, 原禮倭國無涉, 專欲與朕爲難也. 意圖進修城池, 招集兵馬, 整頓器械, 所以期罔巧詐, 禮節有違, 朕惟備之而已, 夫復何言. 順治七年七月二十日.

78) 『同文彙考』 원편 권78, 「謝飭諭表」, 「攝政王前謝飭諭及賜緞表』, 「辨明倭情飭諭及一表兼謝奏」, 「攝政王前辨明奏」, 「諭李曼等復職斥和臣等免罪敕」, 「謝降敕及賜緞表」, 1455~1461쪽.

79) 『同文彙考』 원편 권78, 『報關白新立例遣信使咨』 및 『報關白新立例遣信使咨』, 1461, 1463~1465쪽.

시 일가의 인재들이 대거 출동하였을 뿐만 아니라 木下順庵, 柳順剛, 新井白石, 貝原益軒 등 대량의 하야시 일가 외의 유사(儒士)들도 참가하였으며 그중에 木下順庵이 처음으로 얼굴이 알려져 사람들의 주목을 끌기도 하였다.80)

이번 일본문사는 하야시 일가뿐만 아니라 학문의 조예에서도 목하순암 문하의 신예 如柳順剛 등이 질의하여 당송 8대가 등 고문에 대한 견해와 많은 유학문제에 있어 조선은 거의 패하다 싶어81) 사절단의 구성인원이 모두 문벌이 낮음이 폭로되었다.82) 일본은 이번 조선사신단의 구성인원의 소질이 낮음에 불만을 품었고 조선사절단에 대해 "稱禮儀之邦, 謂君子之國, 而手厠籌, 足文史, 或箕踞涉筆, 或側臥讀書, 禮義之君子, 何入他邦而, 如斯之怠慢哉？"이라고 비판하였다. 이에 대해 조선사신단의 洪禹載도 인정하지 않을 수 없었다.83)

조선사신단의 행위에 대해 일본 쪽에서 응대에 참여한 인사들도 경시하는 분위기를 보였다. 예를 들어 貝原益軒은 만년에 『扶桑紀勝』이라는 책에 조선을 독하게 평하기를, "朝鮮國土地之形頗優, 法制亦云頗佳, 人物之性質劣于日本. 其形體雖健于日本人, 然武勇不及. 多大山, 草木茂盛, 禽獸魚介等多事勝于本邦, 禮儀·法制·衣冠·文物擬于中華, 然人品多欲, 柔弱, 不義, 不信, 甚卑劣"84)라고 하였다. 또 『陶情詩集』에 新井白石을 크게

80) 三宅元孝(日本) 等編 『和韓唱酬集』제7책 「東使紀事」序, 京都丁子屋源兵衛刊行, 한국 국립중앙도서관 소장, 1683, 2~4쪽 참조. 이외에도 통신사자료는 매우 많다. 京都大學人文科學研究所 水野直樹編, 朝鮮通信使關係資料目錄(http://www.zinbun.kyoto-u.ac.jp/-mizna/tsushinshi/index.html) 여기에서는 총 69건의 각종 사료를 열거하였다. 그 중에서 『和韓唱酬集』은 가장 많은 부분을 차지하면서도 가장 중요한 필담 자료이다.

81) 熊谷了庵, 『朝鮮人筆談竝贈答詩』, 한국국립중앙도서관 소장본, 32~53쪽.

82) 李慧淳, 『朝鮮通信使의 文學』, 서울:이화여자대학교 출판부, 1996, 115쪽.

83) 洪禹載, 「東槎錄」 1682년 7월초 1일 : "行中下輩, 不戢禁令, 出入無常, 與彼鬩鬪, 責在吾儕, 痛不可說."

84) 鄭章植, 『使行錄に見る朝鮮通信使の日本觀』, 明石書店, 2006, 234쪽.

추앙하여 이름을 떨쳐 木下順庵의 문하에 들어가게 되었지만 진심으로 감격하지 않고 오히려 자신감만 증가했다. 일본은 중국과 조선을 압도하는 유교의 도덕 전통을 자립하고 강렬한 자존의식이 생겨 1711년 조선통신사가 왔을 때, 서계문제에 있어 힘을 다하여 조선정사 趙泰億에 대항하였으며 조태억은 귀국 후, 국위를 실추시켰다 하여 그에 상응한 벌을 받았다.

그 외 그는 소위 "장기무역신령(長崎貿易新令)"을 촉성하여 1714년에 반포하였으며 나가사키에 와서 무역하는 청국상인에 대해 많은 멸시모욕적인 조항을 넣었다. 이유는 "我國優于万國, 自古號稱稱武. 今受侮于此等船商, 固國體所不容"이라고 하였다.[85] 실제 일본의 이런 자아팽창의 조짐은 1682년 조선통신사의 "문전(文戰)"에서 생성되었을 것이다. 조선사신단의 졸렬한 표현은 일본문인들로 하여금 자신감을 얻게 하였으며 심지어 창수집의 서문에 조선은 청의 신하임을 지적하였다.

> 庶奴之欺倭人也, 庶主如今臣事大清, 而曰不隸之. 用大清洪熙之號, 而曰庶國無號. 振古未聞文物之國無號. 姑以『東國通鑒』論之, 三韓或隸于渤海, 或隸于契丹, 或隸于女直, 或隸于中國, 韓主不能自立……胡爲今不隸于清矣. 凡中國進貢之主, 皆受中國之封册, 用中國之號. 我日本自建太寶以來, 歲序旣一千年, 官階服色禮儀制度卓然自立, 而無受他邦之號册. 庶主皆受中國之册, 豈不用號耶? 脫諱隸于胡主欺之, 元主又胡族也, 古之庶主何進貢于元朝乎? 雖欺倭, 庶奴自欺也.

위 사료는 언어가 격렬하고 조선사신단에 대해 청에 굴한다는 사실로 멸시하였고 일본은 뛰어난 독립임을 자랑하였다. 한·일 창수문자의 서문으로 오늘 읽어봐도 히스테리 화이정서를 잘 체험할 수 있다. 서문의 말미에 조선사신단에서 "身通操觚"로 뛰어난 4인에 대해서도 비웃으며

85) 新井白石著·周一良譯,『折焚柴記』, 北京大學出版社, 1998, 171~176쪽.

"李氏姑舍之, 若成·安·洪三氏, 可謂沙中之金玉也, 然尙未免有胡臭也."[86] 라고 하였다. 이는 이미 종족주의이다.

조선이 이번 조선사신단의 일본행의 파견에 있어 소홀한 것은 대륙의 '삼번의 난'에 대한 사태에 대해 더욱 주목하게 되어 외교중심은 일본 쪽에 있지 않았다. 조선통신사 사단의 사무와 관련하여 소홀함과 동시에 조선은 삼번의 난 시기 청에 간 사신들은 서로 쫓아가는 길이라 시문풍아에는 관심이 없었고 주의 깊게 살펴본 것은 일본이 엿들어온 삼번과 동맹군 정씨에 관한 정보들이다. 삼번의 난의 최종결과는 조선의 정치안정과 매우 밀접한 관계가 있기 때문이다. 이번 조선통신사사단과 일본과의 교섭임무는 실제로 직위가 조금 낮은 당상역관 洪禹載와 押物通事 金指南에게 위탁하였다. 두 사람은 서둘러 『東槎錄』과 『東槎日錄』을 사행 보고서를 작성하였으며 이는 1655년 직위가 높고 재능이 뛰어난 정사 조형과 종사관 남용익과의 사행보고와[87] 선명한 차이를 보인다. 이것은 1682년 통신사의 관심은 대륙정보이지 문학창수[88]가 아니다. 필경 문사들은 나라의 체면을 세울 수 있지만 정보작업에 있어 어떻게 할 길이 없으며 오히려 일본어를 할 줄 아는 역관이 더 필요할 뿐이다.

예를 들어 숙종 6년(1680) 7월, 安愼徽는 왜관에서 倭書 한 장을 입수한다. 내용은 당년 鄭錦이 대만으로 후퇴할 무렵 여러 반역장군을 죽였다는 것이다. 이 사건은 신속히 漢文으로 번역되어 동래부사에 전해졌으며 이 왜서는 風說書로 오늘 일본어 역문은 『화이변태』[89]에 실려 있다.

---

86) 三宅元孝(日本) 等編, 『和韓唱酬集』제7책, 「東使紀事」 序, 4~7쪽.

87) 조형의 「부상일기」, 남용익의 「부상록」이 있고 이외 작자 미상의 「日本紀行」도 있다.

88) 鄭章植, 『使行錄に見る朝鮮通信使の日本觀』, 明石書店, 2006, 199쪽 참고. 예를 들어, 사행록에서 비탄에 잠기는 詩들을 살펴보면, 남용익은 재능을 과시하려는 욕망이 있었던 것으로 보인다. (…) 사행에서 시문을 짓는 것에 관심이 많았던 사신들로 판단했을 때 국정 탐색은 아마도 다음 문제일 것이라고 보았으나, 정장식은 이것을 분명히 부인하였다.

정보부분이 뛰어난 원인이기도 하다. 1682년 안신휘는 사신단과 함께 갈 때, 홍우재도 자기와 안신휘를 포함한 4인이 일으키는 중요성에 대해 조금도 말하려 하지 않았다. 이야기하기를, "與學士較詩數句, 寫士李華立, 李三錫, 上判事安愼徽, 飛筆數幅, 夜深罷還……示服遠人, 誠可幸也, 惟我四人. 朴·卞·洪·安, 汨沒公務, 病于困勞. 一行諸僚, 無一相濟"[90]라고 하였다.

실제 삼번의 난 때, 조선왕조와 덕천막부는 정부획득에 있어 각자 승리할 수 있어 서로 정보교환에 대한 강렬한 수요가 생겼다. 정보를 둘러싸고 교환에 이르러 여러 가지로 복잡한 외교를 진행하였다.

일본은 여러 차례 거짓된 정보로 조선의 반응을 살펴보았다. 조선은 있는 힘을 다해 정보를 막았다. 양국은 서로 겉보기에는 교린원칙을 따르지만 실제는 각자 이익을 노리는 것이며 수시로 상대방의 정보를 캐내려고 한다. 이는 일본이 임진왜란을 일으킨 역사적인 원한이 있기도 하고, 조선이 청에 굴복한 현실에 직면했기 때문이다. 삼번의 난의 발생에 대해 의리의 측면에서 생각하면 청에 굴복했지만 존명에 대한 강렬한 잠재의식이 있어 조선군신들은 기뻐하기도 하였지만 중국과 대등한 예의를 취하고자 하는 일본으로 말하면 명청이 교체되는 중국의 변화에 이족의 역사적 기회는 수포로 돌아가는 변수가 있다. 유자와 막부의 태학두 이중 신분인 임서(林恕)는 삼번의 난에 있어서 "若夫有爲夷變于華之態, 則縱異方域, 不亦快乎."라고 설명하고 있지만 큰 부분에서 당시 일본국가의 의지를 반영하기도 하여 고찰하고 연구가 필요한 문제이다. 그러나 현실적인 지정학 관계로 말하면 일본과 중국은 바다를 사이두고 마주보고 있고 조선과 청은 땅을 경계로 하고 있어 삼번의 난이 초래한 화이질

89) 『華夷變態』 보유 권2 「二番普陀山船之唐人口述」, 3003~3004쪽; 『肅宗實錄』 권9, 숙종 6년 7월 정유, 38책, 463쪽.

90) 洪禹載, 『東槎錄』 1682년 6월 28일조.

서의 조정은 가능하지만 일본은 전혀 무관심한 관계와 같고 조선은 슬픔과 기쁨이 서로 연결되어 있다.

일본은 있는 힘을 다해 존왕양이를 높이 표방하지만 태아검을 넘겨주고 한갓 도통이 저절로 세워졌다고 내세웠다(太阿倒持는 권한 [태아검]을 남에게 넘겨주고 한갓 빈 그릇만 껴안고서 천하가 함께 높이는 주인이라고 칭하는 고사에서 따온 말 『한서』 梅福傳 및 『통감절요』 成烈王의 기사를 따온운 것임; 편집자 주). 조선에 있어서 청의 승리는 조선이 존주사명의 본심과 부합하지 않아 삼번이 승리해야만 청을 섬긴 데 대한 치욕을 씻을 수 있고 죄를 반성할 수 있다. 또한 반드시 일본의 대륙으로의 진출을 막아야 하고 부득불 예의와 현실에 있어 긴장감에 맴돌며 자신의 안전을 확보해야 한다.[91] 청의 삼번의 난이 장강 이남까지 절반이 난군에 넘어갔으며 일본에 대하여 조선에 대한 침략에 관심을 가져야 한다. 조선과 일본의 교류는 신경전이라 예를 들어 강희 15년, 조선은 대마도, 오삼계의 거병에 공문을 보내 일본의 유혹[92]에 넘어가지 않도록 효유하였다. 1682년 통신사는 역시 청의 예부의 승인을 받고 정식 파견된 것이다.[93]

---

91) 졸고 「『華夷變態』 拾零」, 『域外漢籍研究集刊』 8, 2012.5, 191~192쪽을 참조.
92) 『同文彙考』 원편 권78, 「報島倭來報吳三桂擧兵咨」 및 「禮部知會曉諭島倭勿爲煽惑咨」, 1461~1463쪽.
93) 『同文彙考』 원편 권78, 「報關白新立例遣信使咨」, 1463쪽.

Ⅲ. 고무하는 말: "현장에 없었던 당사자 [不在場的在場者]"–한일교린배후의 청조

명청교체기의 조·청외교는 문화교류를 완전히 포기하였다고 말할 수 있다. 조선 선비들은 명말 난국을 틈타 정권을 훔치고 제위를 분수 넘치게 넘보는 이적의 나라에 멸시를 마음속에 품었다. 조선 선비들은 이 시기 청의 모든 것에 대해 언급할 가치가 없다고 하였다. 예를 들어 강희 21년(1682)에 한태동은 연행길은 "黽勉驅馳, 周旋異域, 日見醜類, 凌逼飽盡, 無量苦痛, 讋折腥膻之庭, 跪叩犬羊之賜"[94]라 언급하였다. 동년 연행사로 간 김석주도 "所接者鱗介, 與語者侏離, 劍槊盈路, 葷羶塞鼻. 玉河五旬之拘縶, 遼陽易歲之行李"로 여겨 마음이 아주 고통스러움을 알 수 있다.[95] 김석주는 심지어 시에도 화이정서를 표출하기도 하였으며 "嫁漢娶胡都是虜, 似驢非馬亦成騾."라고 하였다.[96] 청인을 짐승과 같은 존재로 인식함에 있어 조선사신들은 연경과 한성으로 빈번히 오가는 중에 조선사신들은 대부분 대만정씨와 삼번의 난에 관련된 정치군사정보를 수집하는 데 집중하였다. 예를 들어 금지도서, 청조공문, 청관원 매수, 여러 사람(유구사자, 조선인포로, 청인 등)과 관계를 맺었다. 심지어 거금을 들여 정보수집에 사용하였으며[97] 많은 부분이 연행록에 기재되어 있다. 이는 마침 당시 조청의 조공관계 실질을 반영하였다고 볼 수 있다.

94) 題韓泰東, 「兩世燕行錄」, 『연행록전집』 제29책, 244쪽. 이 책은 韓泰東이 지은 것이라고 할 수 없고 아들인 韓祉가 편찬한 것이다. 본래 제목에 兩世가 들어갔고, 거기에는 한태동이 사신 갔을 때의 감회가 들어갔기 때문에 『양세연행록』이라고 명명한 것으로 판단된다.

95) 金錫胄, 「搗椒錄後序」 『연행록전집』 제24책, 동국대학교 출판부, 2001, 163~164쪽.

96) 『연행록전집』 제24책, 47쪽.

97) 張存武, 「朝鮮對清外交機密費之硏究」, 臺灣中央研究院 『近代史研究所集刊』 1976년 제5기.

다른 한편으로는 명·청교체기 조선이 일본에 단 2차례의 통신사(1655, 1682)를 파견하였지만 문화교류는 매우 깊다. 1636년과 1643년 두차례의 정식 사신의 파견까지 합치면 조·일간의 문인문화교류는 심히 깊다고 이야기 할 수 있다. 하지만 주목할 부분은 조·일 간의 통신사 왕래는 청으로 하여금 관심이 없었던 것은 아니라 "장소에 있었던 당사자"[98]마냥 지켜보고 있었음을 말해준다. 일본과 조선이 전개한 절충준조(折冲樽俎-무력을 사용하지 않고 연회석상에서 외교적으로 담판을 벌여 타협하는 것을 말한다)는 청이 면밀히 주목하였을 뿐만 아니라 청은 조선에 "왜정"의 자문을 요구하기도 하였고 심지어 조선을 통해 일본과 직접적으로 관계를 맺으려 하였다. 조·일간의 문화경쟁의 통신왕래, 기준척도는 중국문화를 모두 근원으로 하고 있다.

조선으로 말하면, 주도하는 "존주사명"의 이념은 처음부터 자외(自外)와 조공체제의 내재적인 동력이 결핍하였고, 조선으로는 명의 도통(道統)을 계승하는 위치에 있어서 스스로 "소중화"란 자기 지위와 상상(想像)으로 만족함으로써 청에 조공을 계속하였다. 또한 청에 일본상황을 보고하기도 하고 조공의 의무로 간주하기도 하였으며 동시에 "성신교린, 이장국세(誠信交鄰、以壯國勢.)"의 외교전략을 실현하려고 하였다. 또 통신사를 일본에 보내는 것으로 중화문화의 정통지위를 이어받았음을 과시하고 날로 무너져 가는 일본통치계층의 야심을 굴복시켜 동북아에서 유력한 정치질서의 중심에 자리를 잡으려 하였다. 그러나 일본은 조선과 달리 화이변태를 대표로 한 정치이념은 처음부터 중국을 대체하려는 욕망이 있었다. 에도시대 일본구축(日本構築)이 자신들을 중심으로 한 소위 일본형 화이질서 사상의 원천으로 형성되었으며 조선통신사의 통신왕래를 통하여 일본은 나날이 향상하는 자신의 문화에 자신감을 얻고 조

98) 葛兆光, 「葛兆光再談"從周邊看中國"」(『東方早報』(上海), 2013년 12월 8일, 第B01版), 「文化間的比賽：朝鮮赴日通信使的意義」, 『中華文史論叢』 2014년 제2기.

선과 중국을 경시하기 시작하였다.[99] 후에 일본이 주변국들에 대한 병탄과 점령은 사람들로 하여금 일본식 화이질서 "잠규칙(潛規則)"에서 점차 "현규칙(顯規則)"으로 변화발전하였음을 인식하게 한다.[100]

99) 張伯偉「漢文學史上的1764年」,『文學遺產』2008년 제1기 참조.

100) 韓東育,「關于東亞近世"華夷觀"的非對稱畸變」,『史學理論硏究』2007년 제3기 참조.

明清交替之際中朝日三國的外交關系與文人交流
- 聚焦明清鼎革期間東亞國際政治與文化的諸相

陳　波(南京大學)

中韓之間的文人交流源遠流長，自唐代以來似未嘗因王朝鼎革而出現過嚴重挫折。不過通過翻閱十七世紀朝鮮的使行彔－－包括篇幅巨大的燕行彔和≪海行總載≫等史籍，却頗感到從文人交流的角度看，十七世紀后半頁的中韓關系可能處于一个极爲特殊的時期。總体感覺是燕行使團与清朝文人之間公務之外几无私人交接，而在海的那一邊，朝鮮通信使團与日本儒者交往极爲頻繁。這种形成鮮明反差的局面倒底基于怎樣的國際政治与文化生態？不得不說是一个饒有興味的問題。

自 1644 年李自成攻占北京，崇禎帝自經，滿清入關拉開序幕，到1683年奉南明正朔的延平王鄭克塽降清爲止，這一階段可以認爲是滿清与明朝殘余勢力爭奪天命攸歸与牧民正統的殊死角力時期，本文姑且將這一歷史階段設定爲明清鼎革期。“明清鼎革”在在当時的遺民看來，已非“改姓易号”的朝代更替，更是“天崩地解”式的絶大變局，其不僅僅引起中國內地夏明勢力与滿淸政權長達數十年的殊死較量，也成爲引發東亞國際秩序大震蕩的主要契机。明清鼎革期是東亞新旧國際秩序的過渡期，此期間无論是清朝、朝鮮或日本，對于自身的未來國際角色定位都不淸晰，缺乏安全感，國際交往方面体現爲以情報交涉爲中心的政治色彩較重，而以詩歌唱酬爲中心的文化角力分量較輕。本文擬以≪燕行彔≫及≪海行總載≫等朝鮮史料爲中心，幷結合日本韓國現存的筆談史料，略呈己見。

(一) 明清鼎革期间清朝与朝鲜的关系 —以≪燕行录≫为中心的考察

清朝入關后對朝鮮王朝的政策，一改之前的威壓態勢而轉向和緩，考慮到朝鮮使節往來道遠不便，主動將沿襲自明朝的冬至、正朝、圣節、歲幣等四次使團合而爲一，称爲三年年貢使，取消了明朝的千秋使，但盡管如此，由于此間正値多事之秋，兩國關系存在諸多變數，所以不定期的奏請使、陳奏使、謝恩使、進賀使、進香使、陳慰使等等仍然往來頻繁，如順治時期，平均每年有4.3个朝鮮使團前往北京，這种頻率在当時与清朝往來的外國中仍居于首位。[1]康熙帝卽位以后，對朝鮮采取了更加寬容的政策，朝鮮使團前往北京的頻率進一步降低。自康熙元年(1662年)至鄭氏政權覆滅的康熙二十二年(1683)，二十二年間朝鮮共遣使團四十七次，年均只有2.14次。但在特殊的年份，如三藩之亂發生的次年，也就是康熙十三年(1674)，由于朝鮮顯宗去世以及中國局勢的突變，朝鮮共派出五个使團前往北京。[2]大体而言，從形式上清初四十年間，朝鮮王朝對于清朝仍然保持了恭順的態度。但是与明朝時期朝鮮派往北京的使團相比，這个時期的朝鮮使團有其特殊之處。揆諸文獻，明朝称前往北京的朝貢使行爲“朝天”，使行記彔爲“朝天彔”，而入清之后則改爲“燕行”或“燕行彔”，這无疑表明当時朝鮮王朝對于清朝幷不認同的基本態度。

1) 陈尚胜≪朝鲜王朝(1392~1910)对华观的演变—〈朝天彔〉和〈燕行彔〉初探≫，山东大学出版社，1999年，第12页。

2) 参见≪使行彔≫，收入≪燕行彔全集≫第27册，第224~225页。≪使行彔≫原收入≪同文汇考≫补编卷七、卷八(韩国国史编纂委员会，1978年)，记载了明清时期朝鲜王朝向北京派出外交使团的基本情况。

≪燕行彔≫所記朝鮮使者對于清朝情報搜集的內容, 十分有限且不全面。而清初朝鮮使者積极搜集清朝情報, 又是理解這一時期朝鮮對淸朝貢關系實態的一个非常重要的側面。某种程度上甚至可以說, 朝鮮獲取淸朝情報最重要的管道, 就是燕行使的派遣。朝鮮使團在淸朝期間的情報搜集, 手段无所不用其极, 如采買違禁圖籍、收購淸朝公文、賄賂淸方人員, 向各色人等打探(如琉球使者、被擄朝鮮人、淸人等), 在政局可能發生變動的敏感時期尤其活躍[3)]。而相關的記載, 除≪燕行彔≫外, 而比較集中地見于≪同文匯考≫補編所收≪使臣別單≫, ≪朝鮮王朝實彔≫、≪備邊司謄彔≫、≪承政院日記≫等大部頭的編年体史書也有大量記載, 玆不贅述。

(1)

而淸初朝鮮与明朝休戚与共的連帶感和認同感, 則不僅僅止于士人, 而是深深滲透到國內的各階層。如当李自成入京崇禎自縊以及吳三桂引淸兵入關的消息傳至朝鮮時, "雖輿台下賤, 莫不惊駭隕泪。"[4)]至于統治階層, 從國王到大臣, "丁卯胡亂"(1627)和"丙子胡亂"(1636)使他們很多家庭骨肉离散, 就連國王仁祖本人, 也不得不在三田渡飽受城下之盟的折辱, 不僅奉上昭顯世子李 及鳳林大君李淏作爲人質, 高級官僚也都送出質子, 听任淸軍飽掠子女玉帛北去, 還要樹上一塊"大淸皇帝功德碑", 作爲君臣之盟的見証。昭顯世子和鳳林大君自崇德二年(1637)起一直羈留沈陽, 八年之后也卽順治二年(1645)年春方才歸國, 而世子本人此后不久就去世,

3) 相关研究可参见伍跃≪朝贡关系と情报收集——朝鲜王朝对中国外交を考えるに际して≫(收入夫马进编 ≪中国东アジア外交交流史の研究≫, 京都大学学术出版会, 2007年)、张存武≪朝鲜对清外交机密费之研究≫("台湾"中央研究院≪近代史研究所集刊≫1976年第5期)。

4) ≪朝鲜王朝仁祖实彔≫卷45, 仁祖二十二年五月甲午, 第35册, 第184页。

其弟鳳林大君繼立爲世子, 也就是日后的孝宗。孝宗于順治六年(1649)登上王位, 在位十年間重用有“海東宋子”令名的義理斥和派宋時烈(1607～1689), 力倡尊周思明, 并謀求北伐。宋時烈在朝鮮儒學史上, 地位僅次于退溪李滉(1501～1570)和栗谷李珥(1536～1584), 也是朝鮮歷史上唯一以“子”相称的人物, 一生遭逢時變, 經歷坎坷, 并且与朝鮮党爭密切相關, 入仕之初朝中以西人和南人爲主要派別, 而宋時烈竟成西人派首領。1649年孝宗登基, 即征用宋時烈, 積极謀划北伐事宜, 却因金自点告密, 清廷施壓, 孝宗被迫將他放歸山林。但孝宗九年(1658), 宋時烈再獲重用, 先后任吏曹判書、判議政府事、判中樞府事、左參贊, 權傾一時。但1659年孝宗駕崩, 北伐計划遂告流產。孝宗之子顯宗(1617～1680在位)即位, 圍繞顯宗應如何服喪, 宋時烈与南人派尹鑴(字希仲, 号白湖, 1617～1680)發生分歧, 展開激烈爭論, 成爲朝鮮歷史上第一次礼論之爭, 史称“己亥礼訟”, 雖然西人在此次礼訟中占上風, 而宋、尹却從此相爲冰炭, 西人与南人派的矛盾也隨之進一步加劇。顯宗十五年(1674), 仁宣王后(孝宗王妃)去世, 對于慈懿大妃(1624～1688)[5]如何服喪的問題, 西人、南人兩派又生齟齬。宋時烈援引≪大明律≫和≪經國大典≫, 力主“期年之制”, 即服喪一年, 但尹鑴等人認爲当服喪三年, 史称“甲寅礼訟”。不久之后顯宗駕崩, 肅宗(1674～1720在位)以冲齡継位, 尹鑴得到重用, 南人派得勢, 宋時烈被流配邊遠之地長達五年之久。肅宗六年(1680), 因南人派許積子許堅謀逆, 肅宗斥退南人, 西人派重新執政, 史称“庚申換局”。宋時烈回到朝廷后, 肅宗對他

5) 朝鲜王朝 第16代国王仁祖的継妃, 本贯杨州赵氏。仁祖13年(1635年)仁祖嫡妃—仁烈王后逝世, 赵氏在3年后成为仁祖継妃。1649年仁祖去世, 由嫡妃仁烈王后所生的凤林大君継位, 是为孝宗, 并为升格为王大妃的赵氏上尊号慈懿, 称慈懿王大妃(或是慈懿大妃)。孝宗虽非慈懿大妃所出, 但却对慈懿大妃克尽孝道。慈懿大妃在19岁时突患重病导致轻微中风, 仁祖迷信中风会传染, 遂令王后迁往庆德宫养病, 移宠贵人赵氏, 从此不再前往探视, 而凤林大君(孝宗)却是天天前往看顾。

极爲尊重，甚而有時自称“小子”，而称宋時烈爲“大老”。因宋時烈曾攻尹鑴、許積等爲“饞賊”，尹鑴、許積遂被西人派羅織罪名處死[6]。但是西人派內部對于尹鑴、許積被處死一事有不同意見，代表者是宋時烈的門人尹拯(1629~1714)，他是西人党中少壯派的代表，曾受學于宋時烈，且很受宋時烈器重。但尹拯与南人聯姻，其父尹宣擧對尹鑴亦非常敬畏，在世時常致力于調和宋、尹二人的矛盾。宋時烈對于“甲寅礼訟”宋時烈及其門人獲罪流放之時，唯尹拯与南人聯姻而獨獲免之事耿耿于怀。而尹宣擧生前曾寫有所謂≪己酉擬書≫，其中有“尹鑴、許積二人，安得斷以饞賊，而不容之乎？”等語，表達對宋時烈的不滿，尹宣擧去世后，尹拯以“父師存亡、義不容有隱”爲由，將書公諸于世，宋時烈得知后甚爲气憤，敵視尹氏父子。肅宗七年(1681)，尹拯撰寫≪辛酉擬書≫，攻擊宋時烈在心術、學問等諸方面的缺点，遂致二人師生之誼徹底決裂，此事也標志西人內部以宋時烈爲首的所謂“老論派”与尹拯爲首的“少論派”分道揚鑣，加劇了朝鮮政局的動蕩。

宋時烈与尹鑴二人，在当時朝鮮士林与官場中都是深孚衆望的首領人物，尹鑴于孝宗九年(1658)登仕，還承蒙宋時烈的推荐。但二人后來因“己亥礼訟”事件意見不同而反目，初不過出于意气之爭，但后來發展到思想上亦勢同水火。尹鑴爲人才胜气高而器淺德薄，曾著≪說辨≫論理气關系，攻朱子之失，論≪中庸≫則去除朱子章句，而大肆闡揚个人意見，其門徒爭相傳誦，以爲其學超越朱熹。而宋時烈則堅決維護朱熹，并斥尹鑴曰：“朱子后圣也。堯舜以下，群圣之道，因朱子而大明。鑴也敢肆其訾侮，以立其說，則此乃淫邪遁之甚，斯文世道之亂賊也。”[7]由此看來清朝初期朝鮮內部對于儒學本身的理解已經發生裂痕，甚至昔日不容挑戰的朱子學也

6) 关于宋时烈与尹鑴的矛盾，可参见三浦国雄≪十七世纪における正统と异端—宋时烈と尹鑴≫，≪朝鲜学报≫第102辑，1982年，第191~243页。

7) 宋时烈≪宋子选集≫之≪尤庵先生事实记≫，韦旭升点校，中华书局，1999年，第44~45页。

遭到質疑，并釀成党爭，這或許亦是明代后期朱子學与陽明學之爭在朝鮮的擴展和延續，說明此時朝鮮王朝在思想上也并非鐵板一塊。但是此時這种思想的縫隙及其導致的党爭并不足以對朝鮮的對清外交產生根本影響。宋時烈的尊周尊明、貶清攘夷思想爲各派所凜遵，其死敵尹鑴在這个問題上与宋時烈沒有區別，甚至更爲激進[8]。如康熙十三年(顯宗十五年)三月二日，謝恩使金壽恒所派譯官抵達到達漢城，稟報吳三桂叛亂之事[9]。尹鑴不久就進密疏，力促顯宗借机北伐，以完成孝宗未竟之志。正在朝鮮儒生群情激昂之際，顯宗駕崩，肅宗以冲齡継位，尹鑴得到重用，継續力倡北伐，擧張朝鮮應實行三策，“北伐一也，渡海通鄭二也，与北絶和三也。”但同爲南人派的領議政許積則以朝鮮積弱，不宜妄興大事，其它大臣亦相附和[10]。此后尹鑴多次進言，要求聯合台湾鄭氏，力行北伐，与宿敵宋時烈在孝宗年間的作爲毫无二致。綜上所述，朝鮮君臣對于明朝之思怀及對于清朝的敵愾之心，在清初四十年甚至超越党派的藩籬，在朝鮮處理對清關系上發揮了決定性的影響。這也使得這一階段朝鮮使臣撰寫的所謂“燕行录”，呈現出不同于此后使行記录的一些共有特征。玆將清朝入關四十年間朝鮮使者所撰“燕行录”表列如后，以供參考[11]。

8) 关于这一点，可参见孙卫国≪大明旗号与小中华意识≫，商务印书馆，2007年，第155页。
9) ≪朝鲜王朝显宗实录≫卷22，显宗十五年三月丙寅，第37册，第61页。
10) ≪朝鲜王朝肃宗实录≫卷2，肃宗元年二月丁酉，第38册，第244页。
11) 此表参考了左江≪〈燕行录全集〉考订≫(≪域外汉籍研究集刊≫第四辑，中华书局，2008年，第37~65页)以及≪使行录≫，收入≪燕行录全集≫第27册。

明清鼎革期燕行录一览表(1644~1684)

出使年份	名称	作者	生卒年	使行職份及原職	使行類別	版本	册數	備考
順治元年 1644	1 ≪西行日記≫	不詳	不詳			寫本	28	兩者很大一部分筆迹相似, 應皆系出自跟隨羈質沈陽的朝鮮昭顯世子李及鳳林大君李淏(即后來的孝宗)陪臣之手。
	2 ≪沈陽日記≫	不詳	不詳			寫本	28	
順治二年 1645	3 ≪燕行詩≫	李湝	1622 ~1658	正使麟坪大君(宗室)	進賀兼謝恩	≪松溪集≫卷一至卷三	21	李湝, 字用涵, 号松溪, 仁祖次子, 孝宗胞弟。≪全集≫目录作"渲", 實誤, 据≪使行录≫徑改。
	4 ≪燕行日記≫	成以性	1595 ~1664	書狀執義		排印本	18	較詳
順治三年 1646	5 ≪燕行录≫	李景奭	1595 ~1671	正使右議政	謝恩兼陳奏	≪白軒先生集≫卷七	18	僅收詩
順治六年 1649	6 ≪己丑飲水录≫	鄭太和	1602 ~1673	正使右議政	進賀兼謝恩	收入≪陽坡遺稿≫卷十三	19	
	7 ≪燕山录≫上下	李瑛	1604 ~1651	正使仁興君(宗室)	謝恩陳奏兼三節年貢	收入≪先君遺卷·雜著≫	19	据左江考証, 頁537~538与頁535~536重。
順治九年 1652	8 ≪燕台录≫	申濡	1610 ~1665	副使司直	謝恩	≪竹堂先生集≫所收	21	另有≪沈館录≫, 收于≪竹堂先生集≫卷一。
順治十年 1653	9 ≪癸巳燕行日录≫	沈之源	1593 ~1662	正使判書	三節年貢	收入≪晩沙稿≫卷五	18	
	10 ≪癸巳燕行录≫	洪命夏	1607 ~1667	副使司直		收入≪沂川集≫卷二	20	僅收詩
順治十一年 1654	11 ≪燕行詩≫	李一相	1612 ~1666	副使司直	進賀謝恩三節年貢	≪延安李氏聯珠集≫	21	僅收詩
順治十三年 1656	12 ≪燕途紀行≫上中下	李湝	1622 ~1658	正使麟坪大君(宗室)	謝恩	≪松溪集≫卷五至卷七	22	据≪燕途紀行≫李湝 自序, 他從1640到1657年間, 共三次到沈陽, 十次出使北京, 在朝鮮處理對清關系的外事活動中立下了汗馬功勞。
	13 ≪野塘燕行录≫	金南重	1596 ~1663	副使		≪野塘先生文集≫所收	18	僅收詩
順治十七	14 ≪翠	趙珩	1606	正使判書	三節年貢	寫本	20	

	屛公燕行日記≫		~1679					
年 1660	15 ≪燕京彔≫	姜栢年	1603~1681	副使司直		收入≪云峰遺稿≫卷十四	19	僅收詩
	16 ≪燕行路程記≫					寫本		來源不明，待考。
康熙元年 1662	17 ≪壬寅飮水彔≫	鄭太和	1602~1673	正使領議政	進賀兼陳奏	收入≪陽坡遺稿≫卷十四	19	≪全集≫第19還收有署名鄭太和的≪陽坡朝天實彔≫，乃將≪己丑飮水彔≫及≪壬寅飮水 彔≫合二爲一。
康熙二年 1663	18 ≪朗善君癸卯燕行彔≫	李俣	1637~1693	正使郎善君(宗室)	陳慰兼進香	排印標点本	24	
康熙三年 1664	19 ≪燕行彔≫	洪命夏	1607~1667	正使右議政	謝恩兼陳奏	寫本，卷首右上題"甲辰"二字	20	
	20 ≪甲辰燕行彔≫					收入≪沂川集≫卷二		僅收詩
康熙五年 1666	21 ≪燕行彔≫	孟胄瑞	1610~1680	書狀掌樂正	謝恩兼陳奏	寫本	21	辨識不易。据左江考証，作者應爲書狀官孟胄瑞，而非是行正使右議政許積，≪全集≫目彔誤。另≪全集≫23册所收 ≪曾祖考燕行彔≫，內容与此完全相同，筆迹亦同。
	22 ≪燕行彔≫	南龍翼	1628~1692	副使司直		收入≪壺谷集≫卷十二	23	僅收詩
康熙七年 1668	23 ≪西溪燕彔≫	朴世堂	1629~1703	書狀持平	三節年貢使	寫本	23	据左江考証， 頁346~34与頁350~351重。
	24 ≪使燕彔≫					≪西溪集≫卷一		僅收詩。≪西溪集≫收入≪影印標点韓國文集叢刊≫134册。
康熙八年 1669	25 ≪老峰燕行詩≫	閔鼎重	1628~1692	正使判書	三節年貢	≪老峰先生集≫所收	22	≪老峰先生文集≫收入≪影印標点韓國文集叢刊≫第129册
	26 ≪老峰燕行記≫					寫本		
	27 ≪赴燕日彔≫	成後龍	1621~1671	上通事		寫本	21	行草，辨識不易。其中有≪聞見彔≫一目，內容是≪王秀才問答≫及≪顔知縣問答≫， 同于≪老峰燕行彔≫，可知成後龍可能

								是隨閔鼎重出使的通事。
康熙十六年 1677	28 《燕行日录》	孫万雄	1643 ~1712	書狀司藝	謝恩兼三節年貢	《野村先生文集》所收	28	
康熙十七年 1678	29 《燕行日記》	金海一	1640 ~1691	書狀執藝	謝恩進賀陳奏兼三節年貢	《檀溪先生文集》所收	28	据左江考証, 頁205~206与頁203~204重。《檀溪先生文集》收入《韓國歷代文集叢書》第1559册。
	30 《燕行录》							
康熙十九年 1680	31 《燕行录》	申晸	1628~1687	副使司直	陳慰兼陳奏	《汾涯稿》所收	22	僅收詩
康熙二十一年 1682	32 《兩世燕行录》	韓泰東	1646 ~1687	書狀掌令	進賀謝恩兼陳奏	寫本	29	《全集》中收入兩种《兩世燕行录》, 后一种紀事起自癸巳十一月, 当爲1713年, 應是韓泰東子韓祉充書狀官出使清朝時所作。
	33 《搗椒录》上下	金錫胄	1634 ~1684	正使右議政	謝恩兼三節年貢	《息庵先生遺稿》所收	24	僅收詩
康熙二十二年 1683	34 《燕行日記》	尹攀	1637 ~1685	副使司直	三節年貢	寫本	27	行草, 辨識不易。
康熙二十三年 1684	35 《甲子燕行雜录》	南九万	1629 ~1711	正使左議政	謝恩兼三節年貢	《藥泉集》所收	23	

此表所列入的《燕行录》, 都出于《燕行录全集》, 而這一大型叢書自問世之后, 其錯訛倒誤素爲學界詬病, 因此對于相關問題在表中作了一些必要的說明。但全集對于燕行录搜集較全, 別本也多收入, 較之以前的各种選本亦有其不容抹殺的优点。根据全集, 筆者列出了1644~1684年間的燕行录共三十五部, 別本皆不計入。需要說明的是, 《西行日記》和《沈陽日記》, 出自跟隨羈質沈陽的朝鮮昭顯世子李　及鳳林大君李淏(即后來的孝宗)陪臣之手, 分別是昭顯世子隨清軍進入北京及麟坪大君李　留守沈館的實录[12], 嚴格上說并非使行記录, 但鑒于其對清朝入關這一重大

12) 《朝鲜王朝仁祖实录》卷45, 仁祖二十二年四月丁卯 : 丁卯/辅养官金堉、宾客任絖等驰启曰: "两宫(世子与嫔)前月二十四日到沈阳。 二十六日, 龙骨大及加麟博氏率郑译, 来诣馆所, 留右议政李敬舆, 且言 : '李景奭、李明汉、

史事關涉极深，史料价値极高，姑且將其列入。而最后之所以將南九万≪甲子燕行雜彔≫也列入，是考慮到他此行正式獲知淸朝統一台湾。

限于篇幅，不可能一一介紹這三十五部燕行彔。但通觀這三十五部燕行彔，會給人一个大体印象，就是內容單薄，甚至可以說有些敷衍了事。其中如麟坪大君李 ≪燕行詩≫、李景奭≪燕行彔≫、申濡≪燕台彔≫、洪命夏≪癸巳燕行彔≫、李一相≪燕行詩≫、金南重≪野塘燕行彔≫、姜栢年≪燕京彔≫、洪命夏≪甲辰燕行彔≫、南龍翼≪燕行彔≫、朴世堂≪使燕彔≫、閔鼎重≪老峰燕行詩≫、申晸≪燕行彔≫、金錫胄≪搗椒彔≫等十三部所收實際上都是作者出使過程中的詩作，大抵都表達了感怀明朝的黍离之思，而對淸朝統治則大張撻伐。很大程度上大多數燕行彔都具有出使報告或旅行日記的性質，而詩本身并不适用于紀事，徑直冠名"燕行彔"，似乎非常奇怪，但這恰恰是問題的關鍵所在。因爲淸朝盡管入關定鼎中原，但朝鮮士人顯然對于這个乘着明末亂局竊取神器僭居大位的夷狄之邦心存蔑視，他們到中國，并不是來朝覲天子，而只是到燕都來出差，雖然表面恭敬，但心里却滿怀怨憤屈辱。這种情緒在康熙二十一年(1682)因充三節年貢正使的金錫胄筆下表露得十分明顯，他將燕都之行比作搗椒，認爲出使淸朝實在是一件"辛苦艱難"的差事，而相形之下"鄭湖陰"(鄭士龍)[13]在嘉靖出使明朝"正当皇明熙昌之運"，簡直可称爲有如"噉

朴潢、闵圣徽、许启、曹汉英，无非志在南朝者，并令罢职。' 龙将又曰：'收用五臣,(五臣指李敬舆、李景奭、李明汉、朴潢、闵圣徽) 孰主张是？领相及吏判，当受其罚。' 云。四月初九日，九王将西犯，世子当从焉。元孙、诸孙去留，使之任意，而麟坪则留沈，凤林则近当出送矣。以收用五臣之故，大致诘责，将顺付勑书于凤林之行云。且闻涉河、宁远自溃，皇城又为流贼所围，诸镇皆入援，故九王将乘虚直捣云。"韩国国史编纂委员会，1973年，第35册，第179页。

13) 郑士龙(1494~1573)字云卿、号湖阴，原籍东莱，为领议政郑光弼之侄，是李朝中期馆阁出身的著名文臣。郑士龙在中宗时期曾经两度出使明朝。中宗二十九年(明嘉靖十三年，1534)和三十九年(嘉靖二十三年，1544)，他先后担任

蔗”的甛蜜旅行, 竟然作詩說“搗椒剩有余辛在”, 顯得十分矯情。而他此番出使則 “所接者鱗介, 与語者侏漓, 劍槊盈路, 葷羶塞鼻。玉河五旬之拘縶, 遼陽易歲之行李”, 充滿屈辱与无奈[14]。實際上類似的感受, 也見于比他早几个月充書狀官出使的韓泰東筆下, 用詞更顯辛酸激憤, 曰“黽勉駈馳, 周旋异域, 日見丑類, 凌逼飽盡, 无量苦痛, 謦折腥膻之庭, 跪叩犬羊之賜, 固已不胜, 其大赧矣。”[15]在此种情緒支配下, 可以說清朝几乎沒有什么値得大書特書之處, 而正副使与書狀官作爲修養深厚的文士, 使途中作詩聯句不失爲一澆心中塊壘的方式。

以上燕行詩內容上无疑有很多共通之處, 如大抵在將要跨越國境的龍湾、鴨綠江等地, 朝鮮使者的心情就變得微妙敏感, 大有蘇武持節去國怀鄕的悲壯情怀。如麟坪大君李㴭順治二年的≪渡鴨綠江≫曰：“一渡江水意不平, 回頭遙望隔王京。”[16]順治十一年(1654)李一相過鴨綠江之際則曰：“鴨綠江水鏡樣平, 星軺直渡指燕京。鄕音已別華夷界, 家信誰傳弟妹情。”[17]而在鴨綠江朝鮮一側的龍湾, 是朝鮮使臣在國境內的最后一站, 也往往牽動其滿怀愁緖, 如順治十七年(1660)出使的姜栢年≪龍湾途中≫一詩有言：“男儿過此偏多慨, 撫劍悲吟涕自橫。”[18]康熙五年(1666)出使的南龍翼≪渡龍湾感怀≫則曰：“塞草蕭蕭塞日陰, 回頭已失鴨江潯。”[19]金錫冑≪別鴨江湾尹≫則曰：“絶塞登臨地, 携君双玉瓶。乾坤三大水, 夷

朝鲜冬至使入明, 并留下了≪朝天录≫和≪甲辰朝天录≫两部诗稿(后者内容简略, 仅存诗六首, 收入≪湖阴杂稿≫卷3)。

14) 金锡胄≪搗椒录≫后序, ≪燕行录全集≫第24册, 东国大学出版部, 2001年, 第163~164页。

15) 题韩泰东≪两世燕行录≫, ≪燕行录全集≫第29册, 第244页。此书可能并非韩泰东自撰, 而是其子韩祉所撰, 故题“两世”。但这里所述是韩泰东的出使感受。

16) 麟坪大君李㴭 ≪燕行诗≫, ≪燕行录全集≫第21册, 第536页。

17) 李一相≪燕行诗≫, ≪燕行录全集≫第21册, 第270页。

18) 姜柏年≪燕行录≫, ≪燕行录全集≫第19册, 第426页。

19) 南龙翼≪燕行录≫, ≪燕行录全集≫第23册, 第156页。

夏一高亭。”[20]与之相反，一旦將要离開國境，則好比如魚脫淵、如鳥脫藩，滿心歡喜，如姜栢年≪出鳳凰城有吟≫曰："行盡燕京万里程，今朝始出鳳凰城。灯前几結思鄉夢，日下遙懸戀闕情。水泮鴨江春水長，雪消龍峽石稜生。忽忽歸意催鞭馬，何似惊鳧擧翮輕。”[21]南龍翼≪出鳳城柵門志喜≫曰："喜甚儿歸母，輕于鳥脫樊。”[22]

至于抵達北京之后，要履行种种繁瑣的朝貢程序，對于朝鮮使者而言則不啻于噩夢，其中如南龍翼≪哀燕都賦≫以長賦的形式，將朝鮮使者的內心煎熬表達得淋漓盡致。他指責吳三桂引清兵入關之擧，進而埋怨天理不公，"誰招虎而入室兮，取中原如探囊。終奪此而与彼兮，天理錯兮不可詳。”而對故明旧都的滄桑巨變及人事全非感到无比傷怀，"指衣冠而嗤咲兮，故老或有嗟傷。經長安之旧迹兮，追遺迹而杳茫。華何變而爲夷兮，海何變而爲桑。”至于朝參燕饗之擧，就覺得實在難以忍受，"鎖玉河之空館兮，經一日之九回腸，淸人導余于朝參兮，扶病軀而踉蹌……瞻山龍之宝扆兮，坐單于於御床。”以致于只有在宴飲過程中追憶皇明時期使節与天朝大臣面晤言歡的情形，"卽其地而想其人，宛玉佩之鏘鏘”，以減輕壓力，到頭來却又徒增傷感，"歸旅舍而自悼兮，嘿无言兮涕自雱。”[23]另外，在順治時期，由于天下尙未底定，對于朝鮮使者在北京的活動交往有不少限制，這在燕行詩中亦有所体現。如順治九年(1652)出使淸朝的申濡以詩記擧行上馬宴的情形：

高堂設簟紅桌床，中廚爛熳烹牛羊。礼官盛飾非章甫，來押餞宴称

20) 金锡胄≪捣椒彔≫上，≪燕行彔全集≫第24册，第31页。

21) ≪燕行彔全集≫第19册，第441页。

22) ≪燕行彔全集≫第23册，第195页。又如李渻 ≪燕途纪行≫提到他启程归国时，"强病作行，头疼目眩，寒热往来，倘非归程，实难启行。而一出燕都，满腔欣悦，忘却呻吟，心兮若狂。”描述了类似的心情。≪燕行彔全集≫第22册，第172页。

23) ≪燕行彔全集≫第23册，第185~186页。

兀觴。

不道姓名但道官，手循其發中自傷。爲呼象胥傳漢語，停觴似欲吐心腸。

眞如少卿字立政，畏彼猜疑人在傍。明朝上馬別烏蛮，脉脉那堪流涕滂。[24)]

其中提到押宴的漢人礼官顯然有思漢之心，以致席間眞情流露，而碍于嫌疑又不便向朝鮮使者透露的情景。[25)]實際上，即便到康熙即位之后，盡管對朝鮮使臣每示寬大，但在特殊時期仍有不少限制，又如金錫胄≪燕京感旧八首≫中有一首表達對清朝限制朝鮮使者自由出入玉河館的强烈不滿：

玉河深閉困吾曹，散步无緣出衍遨。長袂鳴琴應媚嫵，高歌擊筑孰雄豪。

中華礼讓今余律，大國儀章盡佩刀。歸日倘乘開館早，一尊燕市醉春醪。[26)]

詩中指責清朝派遣軍人把守玉河館門，幽禁朝鮮使者有失"中華礼讓"。事實上金錫胄在玉河館中已到了康熙二十二年(1683)春，,正處于清朝平定台湾的前夜，此擧似意在嚴防朝鮮使者出入打探情報[27)]。

往返途中，凡所經要地，或明清曾經鑿戰的古戰場，多有詩吟咏。如洪命夏≪癸巳燕行彔≫之≪牛家庄途中次書狀韻≫曰："遼塞山河余壁壘，

---

24) 申濡≪上马宴≫，收于≪燕台彔≫，≪燕行彔全集≫第21册，第93页。

25) 如顺治六年(1649)出使的郑太和在≪己丑饮水彔≫提到类似的情形："诣礼部设行下马宴，尚书曹姓汉人押宴，见吾冠带，凝泪满眶。"见≪燕行彔全集≫第19册，第337页。

26) ≪燕行彔全集≫第24册，第103页。

27) 此组诗中有一首提到："郑经割据今三世，闻道台湾近赣泉。南粤尉佗聊左纛，东征杨仆几楼船。炎洲翡翠中原绝，日域琉球海舶连。蛮土战云终未了，八闽民物日骚然。"说明朝鲜使臣对于当时的战局非常关注，亦大致了解。

漢家天地几滄桑。”≪山海關≫詩有曰：“丸泥思漢將，鞭石想秦皇。”[28]金錫胄≪搗椒录≫之≪夏次副使沈陽韻≫曰：

> 呼蛮呼韃各听過，鳥鼠龍龜果孰多。嫁漢娶胡都是虜，似驢非馬亦成騾。
>
> 中原盡入完顔界，武力爭推曳落河。最是中宵堪墮泪，奚儿齊唱鼓嚨歌。[29]

大都是抒發對明朝之思怀，而表達對清朝之怨憤不滿。其中部頭較大、收詩較佳者有麟坪大君≪燕行詩≫、金錫胄≪搗椒录≫、南龍翼≪燕行录≫等。

(2)

除這十三部“燕行詩”，其余燕行录則爲紀事之作，与后來出自北學派的洪大容≪湛軒燕記≫、朴趾源≪熱河日記≫等膾炙人口的燕行录名篇相比，无疑顯得內容單薄，思想貧乏，缺乏對于清朝的各方面情況的深入洞察，但這一方面或是由于此時的燕行录還處于草創階段，各方面并不成熟，另一方面也体現了当時朝鮮士人激烈的華夷觀念。在朝鮮使者看來，入關不久的清朝禮崩樂坏，風俗澆漓，几乎一无是處。以喪禮爲例。順治十三年(1656)進入北京的麟坪大君李㴭，發現北京已經“喪制敗坏，行喪專用陸象山禮，作樂娛尸”[30]。四年之后,趙珩(1606～1679)又看到北京順治皇帝駕崩后“道士等設樂讀經終朝”，更是覺得“聞來駭然”[31]。接下來的康熙三

28) ≪燕行录全集≫第20册，第376、379页。
29) ≪燕行录全集≫第24册，第47页。
30) 麟坪大君李㴭 ≪燕途纪行≫，≪燕行录全集≫第22册，第175页。
31) 赵珩≪翠屏公燕行日记≫，≪燕行录全集≫第20册，第231页。

年(1664), 洪命夏≪燕行彔≫就記載漢族人李元名在父喪期間食肉, “与胡无异”。康熙八年(1669)閔鼎重≪老峰燕行記≫又記載“中國喪制大坏, 今則盡化胡俗, 尤不足言, 而最是沿路弃棺无數……”[32]甚至接待屬國使臣的宴饗礼本應庄重肅穆, 但清朝的宴饗礼却全无上下之分, 秩序大亂。如順治十年(1653)沈之源提到朝鮮使臣出席皇极殿賜宴時另人苦笑不得的一幕：

> 甲午(1654)正月一日……礼畢, 就儀仗之西青帳幕下而坐, 皇子在前行, 諸王在第二行, 三使臣隔四五間許而坐, 与諸王同一行也。先行茶礼, 次之以果盤, 次之以熟牛肉。有一人忽來, 称之一宰相, 持肉一塊而去, 韓巨源(卽彼國通官)拳毆其人之頭, 所着墜地, 而不釋其肉, 令人捧腹。

兩年后, 麟坪大君李㴭 也吃惊地發現“其宴礼也不行, 酒乍進乍撤。左右紛紛, 專无紀律, 酷似華担契會, 牛羊骨節堆積殿宇”, 不禁哀嘆“可惜神器誤歸天驕。”[33]而信仰方面, 順治二年(1645)出使的書狀官成以性發現清朝不尊儒家礼儀, 极尙淫祀, “關王之廟, 无處无之, 而至于淫祠寺刹, 遍滿村閭……城邑之中, 殆无虛地, 金碧照耀, 匾額輝煌。”[34]康熙二十一年(1682)韓泰東≪兩世燕行彔≫則記載“其俗最好尊佛事鬼……初喪送葬之際, 广設齋會, 緇徒塡空, 佛樂盈路。”[35]顯然在堅持傳統礼俗和朱子學說的朝鮮士人筆下, 大淸帝國的社會和文化已經漸漸偏离原來的軌道。以我們今天的后見之明, 這种由于异族入主而導致的社會与文化的傳統偏离, 對于一个東方國度是福是禍, 實際上是一个難以回答的問題。[36]而這种對

32) ≪燕行彔全集≫第20册, 页281；第22册, 第354页。
33) 麟坪大君李㴭 ≪燕途纪行≫, ≪燕行彔全集≫第22册, 第152页。
34) 成以性≪燕行日记≫, ≪燕行彔全集≫第18册, 第153页。
35) ≪燕行彔全集≫第29册, 第252页。
36) 参见葛兆光≪寰宇中谁是中华——从17世纪以后中朝文化差异看退溪学的影响≫, ≪天津社会科学≫2008年第3期。

于淸朝風俗敗坏的負面描述，一直爲后來的燕行彔所継承。

總体而言，清朝入關四十年間朝鮮使臣所撰寫的燕行彔值得称道的幷不多。其中較爲出色者，順治年間以麟坪大君李㴭《燕途紀行》爲代表，而康熙年間，則以宋時烈之門生閔鼎重《老峰燕行記》內容爲代表。据《燕途紀行》李㴭自序，他從1640到1657年間，共三次到沈陽，十次出使北京，在朝鮮處理對淸關系的外事活動中立下了汗馬功勞，而實際上他本人在順治十三年(1656)年出使淸朝后，次年歸國卽病逝。而他的《燕途紀行》，正是反映他最后一次出使淸朝的使行之作，內容亦較爲丰富。《老峰燕行彔》由《燕行日記》、《聞見別彔》、《王秀才問答》、《顏知縣問答》、《圣殿位次》等五部分构成。《燕行日記》以日爲序記出使過程，間及逸聞趣事，而但凡關涉淸朝時局的重要內容都見于《聞見別彔》，其中對于康熙帝的描述与我們現時對于康熙帝的認識之間有較大的落差，記康熙帝相貌云"身長不過中人，兩眼浮胞深睛，細小无彩，顴骨微露，頰瘠頤尖"，而關于性格行事則曰："性躁急，多暴怒，以察爲明……誅殺旣多，猜疑積中。"此外，對于淸朝的喪礼、軍制、服飾等也有涉及，而尤詳于淸朝的內外局勢，如康熙初年輔政四大臣相爭及鰲拜被囚事，俄羅斯、蒙古和台湾鄭經的動向，淸朝同蒙王阿不乃之間的緊張關系等。《王秀才問答》是閔鼎重借住玉田縣秀才王公濯家中時与主人之間的筆談記彔，共三十二條，緊接其后的《顏知縣問答》是作者与出身福建的广宁知縣顏鳳恣的筆談記彔，共二十七條，兩則筆談合計五十九條，談話對象一民一官，相映成趣，眞實地反映了当時中國官紳對于時局的認識及態度。筆談中閔鼎重特別關心南明政權的存沒情況，以及奉南明正朔的台湾鄭氏的情形，而王公濯坦誠告以永曆諸臣"降者降，而死者死"，永曆帝本人也"爲緬國所獻，今已五六年矣。"与之相反，顏知縣則告以"南徼事不便言，前朝事亦不敢盡述"，顯系碍于官員身份而諱莫如深，但也向閔鼎重直言"貴國尙存漢官威儀"，反映了他微妙夏雜的心態。特別值得一提的是，王公濯給予康熙帝以較爲積极的評价, 說他親政之后“覺胜于前”, 對臣下“廉貪屢有黜陟”, 頗不同于閔鼎重對于康熙帝“以察爲明”、“猜疑積中”的負面評价。此外, 筆談中所涉及清朝堂子之祀、逃人條例、朝政得失及冠服帶履之制等, 在清初都屬于不无禁忌的一些議論, 在此却輕易地躍然紙上, 因此弥足珍貴。≪圣殿位次≫一節, 是閔鼎重有鑒于“兵亂以后”, 對于儒家圣人孔子“胡人不夏尊祀”, 因此特別照录山海關及宁遠衛夫子廟的“圣殿位次”, 他認爲山海關夫子廟“位次顚倒失序且有缺失處”, 而宁遠衛圣殿則“有殿而无廡”, 這反映了“丙子胡亂”(指1636~1637年清朝侵入朝鮮的事件)之后執着于儒學理念的保守知識分子對于中國孔廟祭祀制度的觀察与想象, 對于我們今日了解清初儒家廟祀制度的實態亦提供了値得珍視的材料。閔鼎重的燕行日記之所以値得關注, 是因爲它不同于很多燕行記录, 僅爲例行公事之出使報告, 而是具有旅行日記的色彩。如果与≪朝鮮王朝實录≫、≪承政院日記≫等史料作對比, 不難發現它不僅僅關注對于朝鮮政府而言所必需的軍事外交和文化學術情報, 對中國的風俗習慣、日常瑣事乃至当時中國普通官紳的常識与心理活動也不乏關注, 某种程度上可以說, 這种寫法開啓了以≪熱河日記≫爲代表的日記体燕行記录的先河。

特別値得一提的是, 順治帝和康熙帝作爲創業之君, 都称得上是大有爲之英主, 這大約是清史研究者的共識, 然而二者在朝鮮使者筆下皆遭酷評。≪燕途紀行≫提及順治帝之狀貌曰“年甫十九, 气象豪俊, 旣非庸流, 眸子暴獰, 令人可怕。”[37]至于順治帝之治術則云：

> 儿皇力學中華文字, 稍解文理, 听政之際, 語多惊人, 气象桀驁。專厭胡俗, 慕效華制。暗造法服, 時或着御, 而畏群下不從, 不敢發說。清人惑巫, 元來習性, 而痛禁宮中, 不夏崇尙。然气俠性暴, 拒諫太甚。間或手劍作威, 專事荒淫, 驕侈自恣, 罕接臣鄰, 不恤蒙古, 識者

37) ≪燕行录全集≫第22册, 第152页。

頗憂云。

不惟如此，還大曝順治荒淫好色，“宮中貴妃一人，曾是軍官之妻也，因慶吊出入禁闈，帝頻私之，其夫則构罪殺之。勒令入宮，年將三十，色亦不美，而寵遇爲最，其夫兄賞賜累鉅万，仍册封東宮正后，定日迺今月二十日也。”[38]而閔鼎重极力丑詆康熙，筆調与之如出一轍，他歸國之后受顯宗召見，刻意强調康熙帝及其時代的負面部份，言康熙帝“猜疑群下，每事必親，務爲察察，國人甚苦之，公然怨罵，少无忌憚。性又喜射，故日事山獵”，幷斷言“必有蕭墻之患也。”[39]對于康熙帝親政后“廉貪屢有黜陟”，連遺民也“覺胜于前”的正面情况則只字不提，這种實際見聞与認識之間的落差値得玩味。而尤可噴飯者，韓泰東對于康熙親自射獵打魚大發議論，認爲他自輕无度：

> 皇帝卽位以后，荒淫成性，盤游无節。姑以近事言之，夏間幸沈之時，不由修治正路，躍騎驅馳，上下山坂，日以射獵爲樂。及到遼東，設打魚之戲，皇帝着拒水袴袜，戴小帽，親入水叉魚，大臣明珠及諸王以下皆令執罟，沾体涂足，喪失威儀，近處軍民許其聚觀，不使拘呵。且言皇帝能炮善射，每当游獵，勇前当獸，發必命中云，可見其自輕无度之實矣。[40]

實際上以今天我們的歷史認識來看，康熙射獵打魚无非出自滿洲旧俗，其所以親自下水捕魚，“臣明珠及諸王以下皆令執罟”，无非是向臣民昭示祖先創業之艱難，就好比漢族皇帝携皇后舉行春耕儀式一樣，向臣民昭示國家以農爲本。

38) ≪燕行彔全集≫第22册，第155~157页。
39) 可分別参见≪朝鲜王朝显宗实彔≫及≪显宗重修实彔≫卷22，显宗十一年闰二月乙未。
40) 韩泰东≪两世燕行彔≫，≪燕行彔全集≫第29册，第246页。

(3)

清朝入關四十年間, 由于明朝的殘余勢力還存在, 尤其是三藩之亂一度打出复明旗幟, 在朝鮮使者看來, 明朝不无興复的可能性, 所以入燕之行往往積极搜集与南明、台湾鄭氏以及三藩相關的政治軍事情報, 以應對可能出現的變局, 這在燕行彔亦多有体現。如朴世堂入燕(1668)之際行經沙河驛, 就向一位姜姓秀才多方打探時局：

> 宿沙河驛, 主人姓姜, 称秀才, 夜与語。臣問：此地秋事如何？答：半收。問：十三省同然否？答：外省多被水灾。問：何地最甚？曰：山東爲最。問：云貴兩广福建四川等地何人鎭守？答：不知。因又問, 曰：大約俱在太平境。問：五岭外皆是淸官耶？有漢官同守乎？答：淸冷官署俱是漢人, 如有錢在, 滿洲居多。問：聞蒙古向者來犯喜峰、遼東等地, 信否？答：喜峰不遠, 絶未有聞。問：十三省絶无盜賊窃發之患乎？答：未聞。屢問, 乃曰有之。問：何方爲尤？曰：蒙古爲首。又問：頻來犯境乎？答：未聞犯邊, 但聞要賞。卽又曰, 四川下四府生民一无所有。問：爲何无存者？答曰：皇上惡其通水盜。問：水盜爲誰？曰：鄭宏公。問：宏公時在何地？曰：不知去向。問：四府民被殺在何時？答：五年秋。問：鄭是水盜, 常在海中, 四川去海絶遠, 緣何相通？答：何論遠近？問：聞大臣執政者多奪漢民田, 以与滿人。然否？答：去年正月十六日, 永平盡署滿洲, 十存一二。問：十取八九以与滿洲, 而漢民只得一二乎？曰：然。問：何人主行此令？答曰：但聞兩黃旗換地, 以至如此。問：兩黃旗爲誰？則不肯明說。問：皇帝親政后, 民心如何？曰：甚好。又問, 則曰：皇帝好處甚多。問：聞明裔有在西方羌胡中者, 果有此說耶？順治長子亦在西韃, 常有爭端, 亦然乎？答：明之后未聞, 先皇之后有此聞。臣所与問答者如此。其人亦似稍愿, 故隨聞以記。但見此流居路傍, 多閱東使, 故習于酬酢, 視人意向, 順口便說, 顯有抑揚之色, 所言未必盡信。

其中問及台湾鄭氏，而姜秀才將“鄭成功”誤爲“鄭宏公”。而如前所述，一年之后，閔鼎重還向王公濯打听永歷帝存沒，得知其被擒后非常失望。而對于鄭氏，得到比較准确的情報：

鄭經在南海中，据有七十余島，其中一島長數百里，广七十里，時時出海掠奪。遣所謂相王者，領兵往福建防備，又疑南民与之相連，循海邊三百余里，撤民居長芦荻不通人迹，只置偵候之官，而亦不得領兵，有變擧烽則總兵登時進斗。自南海至北海皆禁漁採，漁利永絶，民不聊生。小艇片舸已盡毁去，只存漕船，自今夏亦廢漕船云。漕船之廢，未知的否，而通州江邊旧船檣如簇，合行所見僅有七八小船，過山海關時，登望海樓，水邊无一漁船，問之則有禁，不敢已久云。41)

在三藩之亂期間，朝鮮使臣十分關注三藩与清朝之間戰局的發展。如康熙十六年(1678)入燕的書狀官孫万雄所著≪燕行日录≫內容十分單薄，但只要涉及三藩之亂，則不惜筆墨，大肆渲染。如途中他發現滿人有厭戰心理：

聞胡儿唱歌，歌曰：月明紗窗，情動閨里之儿女。秋高戍樓，思功塞外之征夫。父母相离，邊事棘矣。戰伐未已，曷月歸哉？一唱后有惶惧之色。……問其故，答曰：此乃南征軍思歸之歌也。此歌一出，人心動搖，赴戰者厭去，在家者皆悲，故令申曰，有敢歌此曲者罪之云。

又听說自吳三桂軍興以來，清朝“皆以三桂之奴擺站于各路，而盤山爲尤多。擺站云者，我國所謂定配也。”盖配役關外驛站是一种极重的体罰。他本人對吳三桂其實并无好感，認爲他“手握重兵，外召夷狄，一片神州，終爲羯胡之窟”，可謂罪孼深重。但是對于吳三桂反清，使得清朝大傷元气甚感快意，提到“軍興四載，兵馬之南征者，已過百余万，而對壘江邊，水土

41) ≪燕行录全集≫第22册，第367~368页。

爲祟, 人馬病斃, 有去无歸”, 并斷言“淸國之有三桂, 比若腹心之疾”, 覆滅命運已經无可挽回。到達北京入住玉河館后, 朝鮮使者不惜“給面幣致款”, 賄賂清朝的“門將”, 打听最新戰况, 得知“吳三桂方在長沙, 而頭發已長, 衣冠皆漢制, 雖擁十万之衆, 率多烏合之卒。而但于手下有五六千敢死之兵, 所謂苗奴也。洰齒漆膝, 白布裹頭, 其目深而黑, 其劍長而广, 其勇如飛, 其戰无敵。且於江邊高處, 埋伏大椀砲, 丸大如拳, 触者盡碎, 勢難交鋒, 未易平定”, 另外得悉“自甲寅以后, 南征之兵, 至于百有二十万之多, 而門將之所謂卽今防戍者, 只余八万云。”[42]對于關于上述戰况, 朝鮮使者不免興奮万分, 迅速以“使臣別單”的形式向國內報告[43]。實際上当時吳三桂与清軍在長沙相持, 總体戰局已向清朝有利的方向發展, 孫万雄也打听到福建民間傳唱這樣的歌謠：“頭戴明朝帽, 身穿清朝衣。過了乙卯年, 照樣歸康熙。”而果然“未久耿精忠果臣服于康熙云。”而在清朝后方, 就連業已歸化清朝的朝鮮被擄人也覺得“賦斂甚薄, 安居而樂業”, 与孫万雄覺得清朝命運已无可挽救的基本判斷甚不相符。[44]而次年充三節年貢使團在入燕途中, 一路陸續傳來吳三桂已死的消息：

> (十二月)初五……到遼東站, 招李素問吳三桂消息, 答以或云已死, 或云未死, 未能的知云。
>
> 初七日……張玹來言：逢新自岳州來人, 則言吳三桂已死, 其侄子永夔与馬三宝守城。三宝已通降于清兵, 岳州城中毁家爲薪, 陷在朝夕, 清兵又圍長沙云。
>
> 初十日……聞吳三桂死于八月, 其孫又死。吳永夔、馬三宝方爲守備, 清兵圍岳州, 不久当平定, 皇帝以此大喜, 日事游田。[45]

42) 孙万雄≪燕行日彔≫, ≪燕行彔全集≫第22册, 第330、340、368、355页。
43) ≪同文汇考≫补编卷二≪使臣别单·丁巳谢恩兼冬至行书状官孙万雄闻见事件≫, 韩国国史编纂委员会, 1978年, 第1585页。
44) 孙万雄≪燕行日彔≫, ≪燕行彔全集≫第22册, 第370、322页。
45) 金海一≪燕行日记≫, ≪燕行彔全集≫第28册, 第202、203页。

對于這个慘淡的現實，朝鮮使者顯然心理上難以接受，從≪朝鮮王朝實彔≫的相關記載可窺知一二：

> 樫等探彼國情形別單曰："撫宁縣榜文云：'吳三桂八月十七日身死。'又言：'衡州府城內城門，四日不開，二十一日僞將軍馬宝、胡國柱、王將軍從永興來，開城門。'又聞差人往岳州，喚吳應期、三娘娘于岳州，喚吳世琮于广西云。而金巨軍曰：'長沙府旣已得之，四五月間，当以吳賊之平，將頒赦。'此言難信。又得房姓人册子，上年四月三桂卽位，定都長沙，又言：'馬宝奉吳世霖密旨，葬三桂于云南，同都督陳壽組練軍馬，其后陳壽殺破清兵，而至称陳壽以神出鬼沒。'又言：'淸兵爲馬宝所敗，急請援兵。'又言：'應期，三桂之侄；世霖，三桂之孫；三娘娘，三桂之姬妾，而鞠育世霖。'漢人或云：'三桂實不死，淸人做出誑言。'或云：'三桂雖死，世霖胜于其祖，馬宝、陳壽等，亦頗獲胜。梧州陷沒、广西全省歸吳輔臣，屢爲吳之茂所窘，鄭錦跳梁海上，而耿精忠敗走。况上以盤游无度，漁色无厭，下以貪饕成風，賄賂公行，國之危亡，迫在朝夕。'云。"[46]

根据≪使行彔≫，康熙十七年(1678)年十月三十日辭朝的三節年貢使團正使爲福平君李樫，副使是議政府左參贊閔点，而書狀官爲正是司憲府執義金海一[47]。而据金海一的≪燕行日記≫可知，使團已經大致确認吳三桂已經死亡的消息，但是向國內報告情況的別單對此輕描淡寫，轉而突出吳三桂軍依然驍勇善戰，屢敗淸軍，而不愿直面相持局面已經打破、吳軍實處下風的現實。而当康熙二十一年(1682)韓泰東入燕時，淸軍已于上年攻破吳軍老巢昆明，徹底平定三藩之亂。韓泰東對吳三桂本人毫无好感，当他途中看見吳三桂父祖墳茔被淸人掘毁，覺得他是罪有應得，指責吳三桂"始則延納膻腥，穢亂區夏，末乃豪据一隅，身僭大号，盖未嘗爲朱氏扶立血胤、規夏旧物之意，實中華亂賊，淸虜叛臣，若祖父之驁逆子孫也"。

46) ≪朝鮮王朝肅宗实彔≫卷8，肅宗五年三月壬寅，第38册，第405页。
47) 参见≪燕行彔全集≫第27册，第128页。

但是面對清朝"自南方平定以后，君臣上下，益以驕逸，方此称述功德，賁餙樂章，山呼鳳鳴之慶，一乳三男之祥，題奏頻繁"的志滿意得之態，心中又頗不是滋味，于是强調"吳家余党尙未盡剿，多有保擧山谷，攻掠州縣者。故調發軍兵，更迭鎭守矣。鄭錦据有海島，侵軼沿海地方"[48]甚至在鄭氏集團覆滅，清朝實現一統局面之后，朝鮮使者仍然很不甘心。如康熙二十三年(1684)入燕的南九万在其≪甲子燕行雜識≫中提到："館中愁寂，取見册鋪所賣小說，則借陳亡后衣冠子孫不仕于隋室者爲之說……末題曰"成化二十二年太平游樂之圖"，乃是假托成化，實譏当朝者也。人心所在，抑可知也。"[49]總之，盡一切可能丑詆清朝，而對于正面情况，則一概不愿面對。

綜上所述，可知朝鮮君臣在三藩之亂期間雖然不臣之心蠢蠢欲動，如執政的南人派精神領袖尹鑴屢屢鼓吹南通鄭氏、北伐清朝，但是基于現實政治的綜合考慮，并未采取實際行動，而是謹愼地維持了与清朝之間的朝貢關系。對此，旅日華人學者伍躍指出，朝鮮的顧慮在于，如果明朝再興，則朝鮮需要考慮如何辨明在明朝再興之際，爲何沒有施以援手。在以中國皇帝爲頂点的國際秩序下，无論是与宗主國明或者清維持朝貢册封關系，對于朝鮮王朝的存在都是不可或缺的，作爲藩屬國的朝鮮，并无自主選擇宗主國的自由，也沒有脫离這种國際秩序的愿望。朝鮮只是盡可能在允許的范圍內追求自身利益，因此朝鮮的對清情報工作，是由作爲藩屬國的國家性格所决定的。[50]此期間包括大量燕行彔在內的燕行記彔，一个重要特点就是特別關注對清朝的情報收集。清朝入關四十年間，正是宋時烈尊周攘夷思想籠罩朝鮮各政治派別的時代，這决定了這一時期的燕行記彔，對于清朝的觀察特別注重政治方面的內容。日本學者夫馬進就明确指出，通過

48) 韩泰东≪两世燕行录≫，≪燕行录全集≫第29册，第218、248、249页。
49) ≪燕行录全集≫第23册，第327页。
50) 参见伍跃≪朝贡关系と情报收集——朝鲜王朝对中国外交を考えるに际して≫，收入夫马进编≪中国东アジア外交交流史の研究≫，京都大学学术出版会，2007年。

同時期朝鮮使者出使日本的記录對比，就會發現朝鮮使者雖然頻繁往來于漢城与北京之間，但是几乎与清朝士人没有任何實質性的交往，這是由于朝鮮使者蔑視受滿族統治的漢人，認爲与之進行文化交流是肮臟的[51)]。朝鮮使團成員与清朝士人訂交往來， 直到18世紀中叶洪大容、李德懋、朴趾源等人入燕時方才眞正開始。

(二) 明清鼎革期间朝鲜与日本的交邻往来
—倭情咨报与文人交流

在清人入關前四十年間，東亞的國際政治格局還處于不明朗的態勢，前期南明政權在長江以南還保持相当實力，后期又發生長達八年之久的三藩之亂，這意味着華夷秩序或言華夷格局的中心倒底歸于哪个國家或者地區尚懸而未決。清朝依恃八旗騎射的武力优勢乘明末亂局定鼎北京，但是其落后文化及种族身份成爲統治合法性的致命弱点，南明政權或以反清夏明爲旗号的漢人軍閥及割据勢力盡管在華夷之辨的道義名分上占据优勢，但奈何武風不競，總体來說在明清鼎革之際的正統爭奪中全面處于劣勢。

但是如將明清鼎革置于東亞的國際政治格局中去觀察， 這段歷史就呈現更爲夏雜的面向。大体而言， 漢字文化圈的朝鮮、日本、琉球、越南等國深受華夷觀念的影響，心理上對于本來僻處關外一隅所謂"畜類同然"

51) 关于这一点，参见夫马进著、伍跃译≪朝鲜燕行使与朝鲜通信使≫，中华书局，2010年，第114~115页。如闵鼎重≪老峰燕行诗≫中收有赠与出身福建、名为颜凤恣的广宁知县的七律一首，这样的赠答可以说是少有的例外，并且近于一种虚与委蛇。另≪桑韩埙篪集≫(亨保五年(1720)刊本， 卷十≪韩客笔语≫，页22)提到一则问答从侧面印证了这一点。濑尾源五郎："贵邦之人，往来清朝。即今缙绅家中，其杰出者，有几位否？"申维翰："虽有使介往来，不与其人相结。……其儒士文辞学问非所闻问。"

的夷狄之邦入主中原不能認同，而尤以朝鮮与日本表現得最爲明顯。在接受了朱子學的日本儒者看來，当時中國大陸"唐魯才保南隅，而韃虜横行中原"的現狀，是所謂"華變于夷之態也"，[52] 而同樣以恪守朱子學傳統的朝鮮士人，對于屈事淸朝的无奈現實也發出了這樣的哀嘆，"終奪此而与彼兮，天理錯兮不可詳……華何變而爲夷兮，海何變而爲桑"[53]。可謂惊人地相似。明淸鼎革使得東亞諸國對于昔日的中國從心底不再仰望，而改爲平視乃至鄙夷。在朝鮮、日本、越南諸國的心目中，既然昔日的中華一變而爲淪爲夷狄，那么，以"漢唐中華文化"之正脉(小中華)相標榜，以"自我中心主義"建立各自國家的獨立文化与認同，也就成爲順理成章之擧。這种爭奪中華正統或者正閏的國際競爭，在明朝喪失政權后的東亞國際政治博弈中漸漸趨于白熱化。筆者竊以爲這一点是理解日韓通信關系的文人交往所必須關切的歷史語境。

明淸鼎革期間朝鮮僅兩次向日本派出通信使團，關于使團訪日期間期間兩國文士的交往，以李元植、仲尾宏、夫馬進等爲代表的韓日學者已多有詳密的研究[54]，近來中國學者也日益關切[55]，在此无煩贅言。但在此還是覺得需要强調必須關切兩國文人往來所折射出的國際政治博弈，畢竟處于華夷格局尙未底定的時勢之下，就連唱酬筆談、聯詩作句等風雅之擧也不免濡染殘酷時局的特有緊張气氛。

52) 林恕、林凤冈≪华夷变态≫(东方书店, 1981年重印版)卷首序文, 题款曰："延宝二年(1674)甲寅六月八日, 弘文学士林叟发题"。林叟发即指林恕, 初名春胜, 幕府御用朱子学者林道春(号罗山)之子。

53) 南龙翼≪燕行录≫之≪哀燕都赋≫, ≪燕行录全集≫第23册, 第185页。

54) 仲尾宏≪大系朝鲜通信使 善邻と友好の记录≫全8卷, 与辛基秀共编, 明石书店, 1993~96年；李元植≪朝鲜通信使の研究≫第八章≪文化度(1811) の使行≫, 京都：思文阁, 1997 年；夫马进著、伍跃译≪朝鲜燕行使与朝鲜通信使≫, 中华书局, 2010年。上述三人亦多有单篇论文, 兹不赘举。

55) 张伯伟≪汉文学史上的1764年≫, ≪文学遗产≫2008年第1期。葛兆光≪葛兆光再谈"从周边看中国"≫, ≪东方早报≫, 上海, 2013年12月8日, 第B01版；≪文化间的比赛：朝鲜赴日通信使的意义≫, ≪中华文史论丛≫2014年第2期。

先來看1655年的朝鮮通信使團的日本之行。此次遣使的直接目的是賀新一代幕府將軍德川家綱襲位。就当時的國際格局而言，淸朝雖已定都北京，但南明政權還依恃剩山殘水勉力支撑。就朝鮮國內的思想与政治形勢而言， 当時國王孝宗甚以羈留沈陽期間的質子生涯爲耻， 重用有“海東宋子”令名的宋時烈，推行富國强兵之策，圖謀北伐淸朝，以雪君父之仇。雖然圍繞反淸斥和問題西人或南人等不同政治派別各有緩急輕重的策略性區別，但“尊周思明”作爲最高的政治思想原則各派无不凜尊。而對于朝鮮的此种反淸動向，淸廷十分關切，通過威壓或怀柔交替的手段予以嚴格控制。日本方面，在德川幕府建立之后就并沒有与淸朝建立任何政治聯系，并且得益于隔海相望的地理阻隔，中國大陸的鼎沸亂局對其沒有造成多大地緣政治的實際壓力。但大量明朝遺民東渡日本， 极力渲染淸朝的野蛮殘暴，某种程度上激活了德川幕府朝野上下對于元寇襲來的歷史記憶，同時也使得以林羅山(1583～1657)爲代表的朱子學者[56]夤緣際會， 因爲從此嫻習于心的華夷之辯理念具備了貨与帝王家的國際氛圍。林羅山奠定了林氏家學作爲幕府官學凌駕于其它儒學派別之上的至尊地位，与其子林春胜(1618～1680)、其孫林信篤(1645～1732)一起習称林家三代， 并且自林鳳岡這一代起，林家世襲從五位下大學頭，直至幕府末期。林羅山等祖孫三人中， 就儒學造詣而論， 林羅山繼承乃師藤原惺窩之學統并且發揚光大，

56) 藤原信时之子，京都人。林道春，初名又三郎信胜，号罗山。22岁从藤原冷泉惺窝习朱子学。23岁征召 入家康幕下，辅佐幕政。宽永七年(1630)。将军家光命于林家别墅(江户城上野忍冈，现上野公园)内修建圣堂。宽永九年(1632)，尾张德川义直助建先圣殿，于其中安置孔子及颜曾思孟四子之座像。(该殿遗址现为彰义队碑所在地)其后又增炎黄尧舜禹汤文武周公孔子等圣人二十一幅画像，名画家狩野山雪之笔也。宽永十三年(1636)，朝鲜来使，副使金世濂为画像作赞。宽永十年初祭奠，将军家光亲临孔庙，拜孔子像，并请道春宣讲≪尚书·尧典≫。井伊直孝、酒井忠胜、土井利胜参列。后以为常例。明历三年(1657)，江户大火。林家被焚，数万卷诗书为灰烬，道春时年七十五，忧愤而病卒。葬于圣堂之东北，后建祠堂以祭之。

使得儒學擺脫對于禪宗的依附，并且奠定了朱子學的官學地位，可謂継往開來的一代儒宗。而林春齋及林鳳岡不過承父祖余蔭，雖地位日隆，而思想學問則趨向保守貧乏。早在春齋時代， 林家官學已不复能籠罩日本儒林，如陽明學者中江藤樹就公開与之對立，在朱子學陣營內部也有山崎暗齋(1618~1682)起而分庭抗礼[57]。到林鳳岡這一代，林氏官學就面臨更爲嚴峻的挑戰，其中最大的對手，乃是所謂木門十哲(指木下順庵的十位高徒，木下順庵也是藤原惺窩的學生)之一的新井白石(1657~1725)，但新井白石在1644至1683年這一歷史階段，對于林家第二代家督林春齋而言，還是后生小輩，在清朝入關的最初四十年，林家官學可以說缺乏有力的競爭對手，可謂如日中天，炙手可熱。

但是有趣的是在朝鮮通信使眼中， 即便作爲日本儒林翹楚的林氏一族，其文學素養也不値一哂。眼界頗高的南龍翼對于此行參与酬酢交接的日本文士顯然印象不深，僅輕描淡寫地提到"称爲文士者八人"，其中除一个名叫李全直的被擄朝鮮人后裔外，其余則皆爲林羅山一族及其門人。而對于后者，南龍翼几乎皆予以酷評，称林羅山"年過七十位，至民部卿，亦称法印，以文鳴于一國，制撰文書皆出其手，且多著述，有≪神社考≫等書"，尙称客觀，但筆鋒一轉，称其"詩文則該博富贍，多讀古書，而詩則全无調格，文亦犹昧蹊徑。"至于其子林恕，則更遜一籌，僅僅称得上"能継家業，稍解詩文。"并且還特別称其"性質冥頑， 擧止倨侮"。倒是林恕之弟林靖(字彥复，号函三，又号讀耕齋，1624~1661)及林恕之子林春信(1643~1666)給朝鮮使者留下不錯印象，前者"顏面丰厚，性質純眞，言語文字比厥兄頗优"，后者"年十六，眉宇姸秀，亦能寫字綴句。"(根据后文筆談史料，可知其時年十三歲)至于林羅山的弟子之中，人見友元"年才二十余，姿狀淸明，應對恭謹，其才亦足以通書辭、制詩律。"藤潛(字子默， 号勿齋)"性頗沈靜，而解詩文，年貌才質略与林恕相近。"源尙胜"气質柔懦，文字答問之

---

57) 参见朱谦之≪日本的朱子学≫，人民出版社，2000年，第198页。

間雖不成說話，而亦頗引用古語，有似涉獵經籍者然。”可以說几无一句溢美之詞[58]。林家尚得如此酷評，那么日本總体的文化水准当然更不值一提，南龍翼給出了總体性評价，謂“所謂行文頗胜，而犹昧蹊徑。詩則尤甚无形，多有强造語。寫字則无非鳥足，皆學洪武正韻。而字体輕弱横斜，不成模樣。畵則最胜，无讓于我國……(書籍)怪誕駁雜，皆无可觀者……解之者絶少，而向慕之情，則上下同然。如得我國人只字片言，則宝藏而傳玩之。尤喜書法，雖下輩亂草。爭相求得。以爲屛簇者亦多矣。”總之在南龍翼看來，日本在漢文化水准上還處于蒙昧混沌的狀態，絶對无法与朝鮮爭鋒，心底肯定是极爲得意的。

那么究竟是什么原因導致朝鮮通信使團對于大學頭林家及其追隨者的學問乃至品行有如許刻薄觀感呢？而反過來，以林家爲代表的日本文士又是如何看待朝鮮通信使團呢？如揆之日本史料，反差之大還是不免出人意料，其中林家与朝鮮使者酬酢的兩个細節令人關注。首先一幕是林羅山之第四子林靖[59]及林春齋在筆談之際有不同尋常的言語，可能极大刺激到朝鮮使者的敏感自尊：

> 安藤右京、源定成二人請見洪譯，使之往見，則頗問清國事，隨便答之，則不爲强問。[60]

58) 南龙翼≪扶桑录·闻见别录≫。

59) 林罗山第四子，名守胜，又名靖。字子文、彦夏。僧号春德。学于松永尺五，正保三年(1646)仕为幕府儒官， 与其兄编≪罗山先生集≫万治四年三月十五去世，著有≪本朝遁史≫。其侄林信笃也称其“强记博文，英才绝伦”(林信笃≪自叙谱略≫，早稻田大学藏亨保十六年自写本，第10页)。

60) 南龙翼≪扶桑日录≫十月初四日条，≪海行摠载≫第19 册。实际上早在此前的一次通信使团滞留江户期间，林罗山和安藤右京就有类似举动，据≪癸未(1643)≪东槎日记≫七月十三日甲辰(韩国国立中央图书馆藏本)：道春及右京等来到馆中，招洪、李两译，以小纸所书，……又问：“自十余年前大明有乱，其巨魁曰李回。回起于陕西延安府，其后有曰李将军者，自陕西取山东，乱入河南、四川，既至大乱，其然否？贵国定闻其事，欲详其事哀云。”洪译林道春之子林靖函三子称号者, 來門外請見讀祝官。許聞其問安答說話, 則書而問之曰：“大明近歲之兵革如何？十五省迷入清國之手乎？年号順治至今犹存乎？皇明之宗脉不絶如線乎？鄭芝龍、吳三桂存歿如何？陝西之李自成、四川之張獻忠皆免摧滅乎？答以疆域絶遠。未能詳知云。則不爲更問。[61]

以上兩幕一發生在日方館伴藩士与朝鮮通事人員之間, 職司所系尚屬情理之中。但林靖与李明彬(号石湖)筆談之時, 一連串關于時局的發問无疑顯得咄咄逼人。李明彬当即以“文士相逢, 只是一場論文是矣”搪塞, 實際上已不經意流露些微不悅,[62] 因爲根据上下文, 当時李明彬和林靖不過是二度面晤, 在前一天林靖剛由其兄林春齋引見, 但時隔一天李明彬忘記作爲后輩的林靖之名諱, 再度詢及之后, 后者突然發難, 一時造成气氛之緊張可以想見。實際上此事幷非偶然失態之擧, 因爲林氏一族利用職務便利, 在對華情報的搜集方面一直處心積慮。除了風說書例由長崎唐通事輾轉進呈林氏案頭外, 与明末來日的遺民以及朝鮮使者交往過程中隨時留心

答曰：“……中原之有流贼自前有之, 而此不过豪侠作乱之徒, 不足为虑, 故朝廷置之度外, 所谓李将军曾未闻之。自海路见阻。不闻中原消息。近来之事。未知如何。”道春曰：“海路之阻几年乎？”答曰：“今已六七年矣。”道春曰：“曾闻毛将在岛中防御, 今亦在否？”答曰：“毛将有罪被诛, 其后他将守之, 丁丑年见陷于清兵, 自此海路阻塞矣。”又问：“贵国与彼国今则如何？”答曰：“两国结好相通, 无他事矣。道春等颔之而去。”

61) 南龙翼≪扶桑日录≫十月初九日己未条。

62) ≪续群书类从≫卷八百八十二≪续善邻国宝外记·韩使赠答≫(第448~449页)：函三：“大明近岁之兵革如何。十五省悉入韃虏之手乎？国号大清, 年号顺治, 至今独然乎。吴三桂存没如何？且陕西之皇明之宗脉, 不绝如缕乎？郑芝龙、李自成、四川之张景宪, 皆既摧灭乎？”石湖：“示事则我国不能详知, 亦无异于贵邦。既不能详知, 则非所当书示。文士相逢, 只是一场论文是矣, 何必语及不知之事乎？”其中关于林家及其门徒与朝鲜通信使唱酬的内容, 都来自雨森芳洲文库本≪朝鲜信使东槎纪行≫, 此书未见, 参见大冢镫≪芳洲文库本朝鲜信使东槎纪行について≫, ≪朝鲜学报≫第10辑, 1956年。

打听，无疑也是搜集情報的途徑之一。林家祖孫三代似乎還着力搜羅与明清鼎革的有關書籍，如≪華夷變態≫林春齋自序就提到，“崇禎登天，弘光陷虜，唐香才保南隅，而鞋虜横行中原，是華變于夷之態也。云海渺茫，不詳其始末，如≪剿闖小說≫63)、≪中興偉略≫64)、≪明季遺聞≫65)等，概記而已。”根据浦廉一注，可知≪剿闖小說≫成書不久就傳至日本，被抄寫流傳，余二書日本依次有正保三年(1646)刊本及寛文二年(1662)刊本。另外，松浦章撰文提到，關于明末毛文龍史事的≪毛大將軍海上情形≫一書，也在正保四年(1647)前備置林羅山案頭66)。揆之以今日眼光，也完全可以說林家不僅執掌幕府文翰，也是当時日本外事情報部門的最高主管。而實際上，朝鮮使團此行的情報搜集亦成果丰碩，南龍翼≪扶桑日录≫有很大一部分篇幅，都是涉及倭皇代序、關白次序、對馬島主世系、官制、州界、道里、山川、風俗、兵粮、人物等方面的情報，這些內容或許有很多不過是輾轉沿襲歷次出使報告，但也不乏作者親身經歷的最新体驗与觀察。或許本來情報搜集与詩文唱酬，本來就是构成当時國際政治博弈的里子与面子，交錯纏繞又不可分离。

綜合其它史料記載，林靖除了這次在朝鮮使者表現唐突之外，總体留給后者的印象還算頗佳，南龍翼還特別給予“顏面丰厚，性質純眞，言語文字比厥兄頗优”的良好評价，且据林春齋其后回憶也承認，李明彬直言相告其

63)≪剿闯小说≫，全称≪新编剿闯通俗小说≫又名≪剿闯小史≫、≪剿闯孤忠小说≫、≪剿闯小说≫、≪忠孝传≫等，存本最早为明弘光元年(1645)兴文馆刊十回本，题“西吴懒道人口授”，未详作者为何人。浦廉一注：≪剿闯小说≫，西吴懒道人，明版二册，日本写本二册。”

64) 浦廉一注：“≪中兴伟略≫，冯梦龙，明版二册，日本正保三年刊一册。”

65) 浦廉一注：“≪明季遗闻≫，清邹漪，四册，日本宽文二年刊，四册。”

66) 参见松浦章≪天启年间毛文龙占据海岛及其经济基础≫，收入郑洁西等译≪明清时代东亚海域的文化交流≫，江苏人民出版社，2009年，第111~112页。另可参见李光焘≪跋毛大将军海上情形≫(载≪明清档案论文集≫，联经出版社，1986年)及王钟翰≪毛大将军海上情形跋≫(≪淡江史学≫1993年第5期)。

雖爲兄長, 但文才較其弟“不及鄉一頭地”[67]。另外林春齋之長子林春信也給朝鮮使者留下不錯印象, 可惜后來英年早逝[68]。只是作爲林家第二代家督的林春齋本人, 却在接下來的酬酢過程中給朝鮮使者留下极坏印象。以下來看一段朝鮮使團成員李明彬与林春齋的筆談記录：

春齋：朝鮮中城郭几多乎？

石湖：各道列邑皆有, 城郭間或依險阻筑山城, 其數倉促之間, 何能一一歷擧乎？

春齋：唐李勣攻高麗入平壤, 拔七十余城。平壤之內其壘何其乎？抑是七十余城, 高麗國內乎？

石湖：所謂七十城, 卽平壤之內也。其時唐師大敗, 不能過平壤, 而東所拔之城, 皆夏爲我國之有。

春齋：朝鮮王城者, 古于三韓之內, 屬何地乎？旧都平壤在何道內乎？今王城地名奈何？

石湖：都城旧是辰韓地, 地名漢陽。平壤在平安道。

春齋：都城爲辰韓之地, 則馬韓辨韓亦有都會, 而使人治之乎？

石湖：馬韓辨韓之地, 皆屬八道中, 而方伯梱師及列邑守宰治之爾。

春齋：新羅、高麗、百濟, 其疆界分明否？今八道何爲新羅？何爲高麗、百濟？欲詳聞之。

石湖：三國疆域皆分明之, 新羅則慶尙道是也, 百濟則忠清道地也, 高麗則統三國爲一。

春齋：王城之外, 有別都乎？若然則欲聞其名。

石湖：別都有松都、江都、南漢。

春齋：此三都使護人守之乎？

石湖：皆有留守經歷等官。

春齋：貴國先儒李穡≪貞觀吟≫曰：“謂是囊中一物耳, 那思白羽落玄花。”此謂唐太宗拔遼東安市城時, 流矢中其目也。此事中華之

67) ≪鵝峰先生林学士文集≫卷第七十七≪哀悼五·西风泪露上≫。

68) ≪鵝峰先生林学士文集≫卷第七十七≪哀悼五·西风泪露上≫。另可参见朱舜水著、朱谦虛整理≪朱舜水集≫卷二十一≪勉亭林春信碑铭≫, 北京：中华书局, 2008年, 第596~601页。

書不記之。然太宗自遼東有疾，不几而崩，則李穡之言，非无其謂乎？貴國若知其放矢之人姓名，則詳言之。

石湖：東史云：安市城主梁万春中傷唐太宗之目，太宗之班師也，万春于城上揖之，太宗賜百縑以謝之。

春齋：遼東今屬韃靼乎？附隶貴國乎？

石湖：鶴野西北，則皆非吾國有乎。

春齋：鶴野去鴨綠江几百里乎？

石湖：道里遼，未嘗往來，不詳知。

春齋：俸祿效中華之制，而以若干戶爲差等乎？其或以几千石几万戶爲俸乎？

石湖：余今春始登科第，卽隨使臣來。此朝廷間事，未得周知耳。或有所傳聞，而未得其詳，不能書耳。

春齋：貴國執政百官，在朝廷者，是文武官，各可官其職也。其外郡縣置守令乎？

石湖：外郡縣皆有守令，在廷文武官，各盡其職耳。

春齋：貴國王族分封郡國乎？其建國之數几多乎？

石湖：王族功臣，皆有采地，而其數亦難歷擧。

春齋：封國之爵，有公侯伯子男乎？

石湖：皆称君，如戰國時四君之称耳。[69]

從上述筆談看，林春齋似乎僅僅是向李明彬討教歷史的古史問題，如高麗時期与唐朝的關系等等，然而却是非常巧妙地影射現實，并借机向李明彬套取朝鮮的內政与外交情報。考慮到他当時已年近不惑，度其學識似絶非不知高麗与唐朝的關系，如他提到高麗安市城主射傷太宗眼睛這一疑案，明顯透露出其對于朝鮮古史的實際掌握程度，而其弦外之音可能是以歷史上高麗面對盛唐的軍事輝煌，來反諷朝鮮当下屈事清朝且疆土日蹙。整个提問過程看似平淡无奇而實則暗藏机峰，并且對于李明彬顯有侮弄之意。也怪不得南龍翼給他一个“性質冥頑，擧止倨侮”的不佳評价了。

69) ≪续群书类从≫卷八百八十二≪续善邻国宝外记·韩使赠答≫，第457~458页。

饒有興味的是，在朝鮮使者筆下，似乎作爲日本儒林翹楚的林家漢文學水准不值一提。但是据林春齋事后回憶，此次朝鮮通信使團与林家文字交鋒的高潮劇－卽林羅山与朝鮮通信使團副使俞瑒(号秋潭)之間以五言長詩酬答的佳話[70]，應該是以林家完胜收場：

> 樂天悟眞寺詩者長篇殊長者也，江匡房[71]安樂寺詩二千言，效樂天乎？然事混眞僞，用字不粹，近世談長篇者唯以東坡五百言爲无類之事。如五百言則先考及余与靖汝亦屢作之，且有至千言者。就中先考和朝鮮俞秋潭千五百言，惊動韓人，以爲我國美談。其時先妣病諸，家內紛忙，余雖在其側，不能贊一辭。然秋潭發府前夕達其詩卷以需和，先考不能默，而先唱一句，靖筆之，余讀來詩，以告其韻字，先考支枕叩齒，則句成，靖筆不休，仲龍在側，逐句淨書之，自亥刻至寅刻，百五十韻頓成，乃附譯使追及秋潭，其明到小田原達之，秋潭服其神速，擧世皆所知也。先考時七十三歲，其老犹壯者，可類推之，靖或一夜作律詩長篇十余首，或數刻之間作絶句二十八首，其神速之達亞先考。

此次“文戰”，是俞瑒离開江戶前突然發難，以五言長篇托人向林羅上求取和詩。林家祖孫三代合力一夜寫成“一百五十韻”并附驛使追及朝鮮使團，使得主動索戰的俞瑒也不得不“服其神速”，甘拜下風。文人之間以詩歌唱酬，在漢文化圈本不過是常態，私下場合不過是敦睦情誼的一种交流方式。但是此事一段跨越國界，發生在外交場合，便成了攸觀國体的大事

70) 关于林罗山与俞瑒相互酬答的五言诗长篇，全文见于≪续群书类从≫卷八百八十二≪续善邻国宝外记·韩使赠答≫，第453~456页。另可参见林罗山≪罗山林先生诗集≫卷四九≪外国赠答下·和秋潭扶桑壮游并序≫，第110~114页。

71) 大江匡房生于长久二年(西元1041年)–天永二年十一月五日(西元1111年12月7日)，家世一向以文闻名，赤染卫门以及大江匡衡都是他的曾祖父，而他自己也被赞誉为神童，11岁就懂得诗赋，在完成学业的第三年，十八岁时试第上榜，曾任东宫学士、藏人、中务大辅、右少弁、美作守、左大弁、勘解由使长官、式部大辅等职位。宽治二年(1088年)任参议，54岁当上权中纳言、57岁当上大宰权师，71岁上任大藏卿任期中逝世。

了, 用朝鮮通信使自己的話說, 此關乎"宣耀我國文華者", 也因此負責其事的制述官"事繁而責大"[72]。而現代學者干脆指出"在外交場合以漢詩唱酬筆談, 乃中國文化圈同文諸國間習慣化的國際礼儀"[73]。如此一來, 日本朝鮮之間這种在外交場合詩文唱酬的舉動, 就不再是單純的文字游戲, 而成爲当時國際政治的一部分, 于是双方都顯得輸不起, 无不用盡心智, 拼盡全力, 誰也不肯承認己方落于下風。這樣看來, 詩歌唱酬以及穿插其間的情報搜集, 呈現了当時國際政治的明暗兩面, 兩者纏繞交錯, 共同演繹了当時日朝之間外交博弈的精彩歷史活劇。

如果須透徹了解上述活劇, 或許應首先明确1655年朝鮮通信使團派遣的最重要背景, 乃是中國大陸清朝与南明對峙的時局。自清朝迫使朝鮮于崇德二年(1637)与之締結宗藩關系之后, 清朝默認朝鮮与日本継續保持交鄰關系[74], 朝鮮按照事大外交的原則向清朝不定期地咨報日本情形, 盡管朝鮮幷非机械地將日本情形轉咨清朝, 而是出于一种 "以倭制虜"的牽制策略, 如仁祖二十一年(1643)担任通信使團副使出使日本的司諫趙絅, 就曾上書仁祖力陳這一外交戰略[75]。對于趙絅所擧張的 "誠信交鄰、以壯國勢"之外交策略, 大部分情況下清朝似不以爲意, 而一旦朝鮮稍有逾矩,

72) 申维翰≪青泉集续集≫卷三, ≪韩国文集丛刊≫第200册, 第422页。

73) 中村荣孝≪朝鲜の日本通信使と大阪≫, ≪日鲜关系史の研究≫下, 吉川弘文馆, 1969年, 第344页。

74) ≪清史稿≫卷526≪属国一·朝鲜≫中提到三田渡之盟中有一条是"日本贸易, 听尔如旧"。中华书局, 1976~1977年, 第14578页。

75) ≪朝鲜王朝仁祖实录≫卷40, 仁祖十八年(1640)五月己丑(9日)(第87页): 诚信交邻,以壮国势。日本与我既已通好,非始谋结援也, 唯不诚信耳。若遣一介之使, 明陈我困于虏之状, 则彼之然诺为我国, 必不待辞之毕也。议者曰:"日本非亲信之国。" 此虏独可亲信乎?事之交之,俱出于不得已也。与其均出于不得已,无宁藉既和之势,以报敌怨之虏乎? 况臣之计, 唯欲助声势而已,非即曰请倭兵,同我前驱也。彼虏亦常问倭来否,且曰吾亦欲送使至彼,盖惮彼也。诚将如此情实,密谕日本,使之飞一书于虏中,以责侵我邻好,则彼虽始怒我使之,而知我与倭深结,终不能轻易加兵于我矣。此真所谓落其机牙者也。

清廷也十分敏感, 例如順治七年(1650), 朝鮮孝宗以日本擧動异常爲由, 向清朝陳奏要求"修城集兵、整頓器械", 而終未獲清廷許可, 且釀成重大的外交風波。朝鮮要求筑城備倭的背后意圖被清廷識破[76], 順治帝于敕諭中切責当時有"北伐"之意的朝鮮孝宗[77]。此后朝鮮雖一再給予解釋, 但孝宗要求嚴厲處置向清廷走漏消息的慶尙道觀察使李曼、東萊府使盧協等二人, 始終未被順治帝所許可, 直到順治八年這段公案才總算告一段落[78]。而清朝在未徹底擊敗南明之前, 兼之台湾鄭氏縱横東南沿海, 亦无通過海路獲知日本情況的可能, 除要求朝鮮主動咨報倭情之外, 實无其它可靠途徑。清朝對于朝鮮有選擇的倭情咨報亦有不滿, 例如順治六年至八年(1652-1654)圍繞倭情咨文, 清朝与朝鮮產生外交紛爭, 只是其中比較顯著的一例, 可見在天下尙未底定的情勢下, 清朝對于朝日交往, 不无警覺甚至可說是高度戒備。至于1655年的通信使團, 鑒于清朝在筑城事件方面的高壓, 是在取得礼部回咨之后方才正式派遣[79]。

1655年朝鮮使團与日本文士的交鋒可謂難分胜負, 而1682年派出的朝鮮通信使團在詩文唱酬的表現則相当出人意料, 以致于引起日本文士极大

76) ≪同文汇考≫原编78≪陈请筑城备倭奏≫, 第1455~1456页。

77) ≪同文汇考≫原编卷78≪饬虚张倭情敕≫(第1456~1457页) : 皇帝敕谕朝鲜国王某, 据奏, 倭国相恶, 欲修城集兵, 整顿器械, 此语不止一二次。自尔先王以至今日, 亦不知凡几。缘此, 所以遣巴哈纳祁充格等赍敕, 往问真伪。巴哈纳祁充格等回奏云 : 臣等提取庆尚道观察使李曼、东莱府使卢协等仔细讯问, 答云 : "倭国、朝鲜素向和好, 并无怨乱兵戈之事, 前奏系欺罔巧诈"等语。由此观之, 其修城集兵、整顿器械之事, 原与倭国无涉, 专欲与朕为难也。意图进修城池, 招集兵马, 整顿器械, 所以期罔巧诈, 礼节有违, 朕惟备之而已, 夫复何言。顺治七年七月二十日。

78) ≪同文汇考≫原编卷78≪谢饬谕表≫、≪摄政王前谢饬谕及赐缎表≫、≪辨明倭情饬谕及一表兼谢奏≫、≪摄政王前辨明奏≫、≪谕李曼等夏职斥和臣等免罪敕≫、≪谢降敕及赐缎表≫, 第1455~1461页。

79) ≪同文汇考·原编≫卷78≪报关白新立例遣信使咨≫、≪报关白新立例遣信使咨≫, 页1461、1463~1465。

輕蔑与不滿。据日方出版的唱酬集記載, 此次朝鮮使團“凡韓人三百六十二員, 身通操觚者只四人, 所謂學士成翠虛、進士李鵬溟、判事安愼徽、裨將洪來叔也, 可謂得文材之難也”, 而相對而言, 日方人員參与不僅有林春常(林信篤)、藤倫(藤士峰)、坂井伯元、人見友元等“林門之英杰”, 而且還出現木下順庵、柳順剛、新井白石、貝原益軒等大量林門之外的儒士, 其中木下順庵門下的初露頭角尤其引人注目[80]。此行日本文士不僅自称不僅林門“文風殆壓韓人”, 而且在學問造詣方面, 木下順庵門下新秀如柳順剛等質詢關于唐宋八大家等古文的見解以及諸多儒學問題, 朝鮮方面几乎一敗涂地[81], 暴露了使團成員主流皆爲門閥低下的“委巷文士”的淺薄无知[82]。日本方面甚至對于此次朝鮮使團人員素質之低下大爲不滿, 毫不客气批評朝鮮使團人員“称礼儀之邦, 謂君子之國, 而手厠籌, 足文史, 或箕踞涉筆, 或側臥讀書, 礼義之君子何入他邦而如斯之怠慢哉？”關于此点就連朝鮮使團的洪禹載也不得不承認其咎在朝鮮一方[83]。朝鮮使團种种行爲令日方几乎所有參与酬酢的人士側目, 例如貝原益軒晚年還在其≪扶桑紀胜≫一書中對朝鮮加以酷評曰：“朝鮮國土地之形頗优, 法制亦云頗佳, 人物之性質劣于日本。其形体雖健于日本人, 然武勇不及。多大山, 草木茂盛, 禽獸魚介等多事胜于本邦, 礼儀、法制、衣冠、文物擬于中華, 然人品多欲、柔弱、不義、不信, 甚卑劣。”[84]而自著≪陶情詩集≫獲朝

80) 参见三宅元孝(日本) 等编≪和韩唱酬集≫第七册≪东使纪事≫序, 京都丁子屋源兵卫刊行, 韩国中央图书馆藏, 1683年, 第2~4页。关于此次通信使团的史料很多, 京都大学人文科学研究所水野直树编水野直树编≪朝鲜通信使关系资料目录≫(http://www.zinbun.kyoto-u.ac.jp/~mizna/tsushinshi/index.html)就列举了各种史料共计69件, 其中≪和韩唱酬集≫是其中部头最大也是最主要的笔谈史料。

81) 熊谷了庵≪朝鲜人笔谈并赠答诗≫, 韩国中央图书馆藏本, 第32~53页。

82) 李慧淳≪朝鲜通信使の文学≫, 首尔 : 梨花女子大学校出版部, 1996年, 第115页。

83) 洪禹载≪东槎录≫七月初一日 : “行中下辈, 不戢禁令, 出入无常, 与彼哄斗, 责在吾侪, 痛不可说。”

84) 转见郑章植≪使行录に见る朝鲜通信使の日本观≫, 明石书店, 2006年, 第234页。

鮮使團制述官成琬作序并加以推崇的新井白石，實因此而暴得大名，得以投入木下順庵門下，但似乎并沒有因此衷心感激，反而极大地增强了自信，并從內心產生將日本凌駕于中國及朝鮮之上的道統自立和强烈自尊意識，并在1711年的朝鮮通信使來日之際，　在書契問題上力挫朝鮮正使趙泰亿，使后者歸國之后"以辱國抵罪"。另外他促成所謂"長崎貿易新令"(1714年頒行)的出台，　對于至長崎貿易的清朝商人制訂了許多帶有歧視侮辱性質的條款，其理由是"我國优于万國，自古号称尚武。今受侮于此等船商，固國体所不容。"[85]而實際上日本這种自我膨脹的苗頭，　很可能就是在与1682年朝鮮通信使團的"文戰"中產生。朝鮮使團的拙劣表現使得日本文士獲得极大自信，甚至在唱酬集的序文中將苗頭直指朝鮮臣事清朝：

> 庶奴之欺倭人也，庶主如今臣事大清，而曰不隶之。用大清洪熙之号，而曰庶國无号。振古未聞文物之國无号。姑以≪東國通鑒≫論之，三韓或隶于渤海，或隶于契丹，或隶于女直，或隶于中國，韓主不能自立……胡爲今不隶于清矣。凡中國進貢之主，皆受中國之封册，用中國之号。我日本自建太宝以來，歲序旣一千年，官階服色礼儀制度卓然自立，而无受他邦之号册。庶主皆受中國之册，豈不用号耶？脫諱隶于胡主欺之，元主又胡族也，古之庶主何進貢于元朝乎？雖欺倭，庶奴自欺也。

這段話語气激烈，充滿對朝鮮使團掩飾屈事清朝這一事實的輕蔑，而夸耀日本之卓然獨立。將此作爲日韓唱酬文字的序文，至今讀來還是可以体會到其中歇斯底里的華夷情緒。在序文末尾，　干脆連朝鮮使團中"身通操觚"表現极佳的四人也予以譏諷，言"李氏姑舍之，若成、安、洪三氏，可謂沙中之金玉也，然尙未免有胡臭也"。[86]這已經可以說是种族主義了。

85) 新井白石著、周一良译≪折焚柴记≫，北京大学出版社，1998年，第171~176页。

86) 三宅元孝(日本) 等编≪和韩唱酬集≫第七册≪东使纪事≫序，第4~7页。

只是朝鮮此次通信使團的派遣之所以顯得馬虎其事，或因当時關于三藩之亂的大陸事態更惹人關注，以致外交重心根本不在日本這邊。在對朝鮮通信使團事宜漫不經意的同時，朝鮮在三藩之亂期間遣往清朝的各种使團不僅相踵于途，完全不關心什么詩文風雅之學，并且非常注意從日方探听有關三藩及其同盟軍鄭氏的情報。這或許并不奇怪，畢竟三藩之亂的最終結果更与朝鮮的地緣政治安全休戚相關。无都有偶，此行朝鮮通信使團与日方交涉的中心任務，實際上都委托給了職卑位低的堂上譯官洪禹載以及押物通事金指南，二人也分别執筆完成出使報告《東槎彔》及《東槎日彔》，這与1655年的出使報告[87]由位崇才高的正使趙珩及從事官南龍翼親自操刀形成鮮明反差，這恰恰說明在1682年通信使團的關切所在是大陸情報而非文學唱酬[88]，畢竟文學之士雖能爲國家掙得顏面，而于情報工作却无從施其長技，反而是通曉倭語的譯官更能派上用場。例如早在肅宗六年(1680)七月，安愼徽就從与之相厚的“館倭”處得到“一張倭書”，內容是關于当年鄭錦敗退台湾前夕誅殺叛將施亥一事，并迅速將其譯成漢文上報東萊府使，此倭書卽風說書，今日文譯文仍見存于《華夷變態》一書中[89]。可能正是因情報工作出衆，1682年安愼徽才隨團出使，洪禹載也對自己和安愼徽在內的四人所起到的關鍵性作用毫不諱言，聲称“与學士較詩數句，寫士李華立、李三錫、上判事安愼徽，飛筆數幅，夜深罷還……示服遠人，誠可幸也，惟我四人。朴、卞、洪、安汨沒公務，病于困勞。一行諸僚，无一相濟。”[90]實際上在三藩之亂期間，由于朝鮮王朝与德川幕府在獲取

87) 参见赵珩《扶桑日记》、南龙翼《扶桑彔》，另有《日本纪行》，作者不详。

88) 郑章植《使行录に见る朝鲜通信使の日本观》：“如从使行彔中具有感伤气氛的诗来看，南龙翼具有夸示其诗才的深切欲望……对于使行之中主要关心汉诗唱和的使臣而言，国情探索等大概只能成为其次的问题了。”明石书店，2006年，第199页。郑章植的观点无疑反证了这一点。

89) 《华夷变态》补遗卷2《二番普陀山船之唐人口述》，第3003~3004页；《朝鲜王朝肃宗实录》卷9，肃宗六年七月丁酉(10日)，第38册，第463页。

90) 洪禹载《东槎彔》六月二十八日条。

情報方面各擅胜場，双方產生情報交換的强烈需求，并圍繞情報交換展開了錯綜复雜的外交博弈。日本屢屢以虛假情報試探朝鮮的反應，朝鮮則极力進行情報封鎖，兩國表面上依据交鄰原則互通聲气，實則同床异夢，時刻提防對方的情報詭詐。這或許既是緣于日本曾經野蛮入侵朝鮮的歷史積冤，而又面臨朝鮮業已屈事滿淸的現實分野。對于三藩之亂的發生，從義理的層面考慮，　屈事淸朝且有强烈思明情結的朝鮮君臣自然歡欣鼓舞，但對有着抗礼中國傳統的日本而言，明淸易代華變于夷的歷史机遇則有付諸東流之患。有着儒者和幕府大學頭双重身份的林恕，盡管對三藩之亂有“若夫有爲夷變于華之態，則縱异方域，不亦快乎”的告白，可是這多大程度上眞實反映当時日本的國家意志，却是大可考究的問題。但就現實的地緣政治而言，日本与大陸隔海相望，而朝鮮則与淸朝壤界相連，三藩之亂所導致的華夷秩序調整之可能，　對于日本不啻秦越肥瘠，　而對朝鮮實爲休戚攸關。日本大可以极力鼓吹尊王攘夷高自標榜，而行太阿倒持、道統自立之實。而對于朝鮮，淸朝胜利不符朝鮮尊周思明之本心，三藩胜出則有“服事淸國”之耻并遭“申罪致討”之患，　又必須時刻提防日本滋生假途滅虢或問鼎中原之妄念，從而不得不在礼義与現實乖离的緊張感中小心周旋，以确保自身安全[91]。而淸朝鑒于三藩之亂長江以南半壁江山淪入亂軍的時局，對于日本及朝鮮的絲毫不逞擧動都加以關切，至于朝鮮与日本交往更是神經緊張，例如康熙十五年，就針對朝鮮所呈對馬島關于吳三桂擧兵的咨文，特別曉諭朝鮮勿爲日本所“煽惑”[92]。同樣，1682年的通信使團，也是在取得淸朝礼部回咨准允后方才正式派遣[93]。

91) 参见拙文≪〈华夷变态〉拾零≫，≪域外汉籍研究集刊≫第8辑，2012年5月，第191~192页。

92) ≪同文汇考·原编≫卷78≪报岛倭来报吴三桂举兵咨≫、≪礼部知会晓谕岛倭勿为煽惑咨≫，第1461~1463页。

93) ≪同文汇考·原编≫卷78≪报关白新立例遣信使咨≫，第1463页。

(三)余论："不在场的在场者" — 朝日交邻背后的清朝

明清鼎革期間的中朝外交， 可謂几乎完全將文化交流抛在一邊。朝鮮士人顯然將乘着明末亂局窃取神器僭居大位的清朝蔑視爲夷狄之邦，并視燕都之行爲畏途。在朝鮮士人看來，此時期清朝所有的一切似乎都不值一提，如康熙二十一年(1682)韓泰東概括其入燕之行不過是"黽勉駈馳，周旋异域，日見丑類，凌逼飽盡，无量苦痛，讋折腥膻之庭，跪叩犬羊之賜。"[94] 同年出使的金錫胄也徑称此番出使 "所接者鱗介，与語者侏漓，劍槊盈路，葷羶塞鼻。玉河五旬之拘縶，遼陽易歲之行李，"完全是類似 "搗椒"一般的折磨身心的感受。[95]金錫胄甚至在詩作中盡情發泄華夷情緒，所謂"嫁漢娶胡都是虜，似驢非馬亦成騾"云云[96]，已經陷入一种癲狂与偏執，類似近代荼毒天下的种族主義。旣然清人已經被視爲禽獸般的存在，那么雖然朝鮮使者往來頻繁往來于燕京与漢城之間，却与之鮮有交接就毫无足怪了。而朝鮮使團的大部分精力，都集中于積极搜集与台湾鄭氏以及三藩相關的政治軍事情報，如采買違禁圖籍、購買清朝公文、賄賂淸方人員，交結各色人等(如琉球使者、被擄朝鮮人、清人等)， 甚至不惜重金爲情報搜集撥出秘密專款[97]，以上种种也大量見諸燕行彔記載，這恰恰反映了此期間清日朝貢關系的實質。

另一方面，在這一歷史階段盡管朝鮮僅向日本派遣過兩次(1655、1682)通信使團，但文化交流却相對深入得多，如果算上1636年及1643年度兩次

94) 題韩泰东≪两世燕行彔≫，≪燕行彔全集≫第29册，第244页。此书可能并非韩泰东自撰，而是其子韩祉所撰，故题"两世" 。但这里所述是韩泰东的出使感受。

95) 金锡胄≪搗椒彔≫后序，≪燕行彔全集≫第24册，东国大学出版部，2001年，第163~164页。

96) ≪燕行彔全集≫第24册，第47页。

97) 张存武：≪朝鲜对清外交机密费之研究≫，"台湾"中央研究院≪近代史研究所集刊≫1976年第5期。

正式遣使在內，會發現朝日之間文人的交流可謂既深且广。然而需要注意的是，朝日之間的通信往來，清朝絶非漠不關心的旁觀者，而是一个“不在場的在場者”[98]。日本与朝鮮展開的折冲樽俎，不僅盡在清朝密切關注之下，清朝還要求朝鮮按期咨報“倭情”，甚至試圖通過朝鮮与日本建立直接聯系。并且朝日之間以文化競胜的通信往來，其一切准繩尺度皆源于中國文化。對于朝鮮而言，其秉持的“尊周思明”的理念從一開始就缺乏自外于朝貢体制的內在動力，而是將朝鮮置于継承明朝道統的定位，這种情况下朝鮮大可以滿足于“小中華”的自我地位与想象，同時心安理得地向清朝貢不輟。而向清朝咨報日本情形，不僅僅是作爲朝貢國的義務，同時也可以用以實現其“誠信交鄰、以壯國勢”的外交戰略。至于不定期選撥有倚馬之才的朝鮮士人組建通信使團，則是向日本夸示其継承中華文化正統的地位，以期慴服日漸耽溺文藝的日本統治階層之野心，從而取得在未來東亞政治秩序中的有利地位。日本則不同，其所謂“華夷變態”的政治理念，本身就是一种欲取中國而代之的道統自立宣言，成爲了爲江戶時代日本构筑以自我爲中心的所謂日本型“華夷秩序”的思想源泉。并且通過与朝鮮使者的通信往來，日本日益從自身學術与文化的飛速進步過程中獲得自信，對于朝鮮乃至中國日漸輕視[99]。日本后來對周邊國家和地區的蚕食、攻略甚至吞并与占領，爲人們清楚地地勾勒出日式華夷秩序“潛規則”漸次演變爲“顯規則”的大致經緯[100]。

98) 葛兆光：≪葛兆光再谈“从周边看中国”≫(≪东方早报≫(上海)，2013年12月8日，第B01版)、≪文化间的比赛：朝鲜赴日通信使的意义≫，≪中华文史论丛≫2014年第2期。

99) 参见张伯伟≪汉文学史上的1764年≫，≪文学遗产≫2008年第1期。

100) 参见韩东育≪关于东亚近世“华夷观”的非对称畸变≫，≪史学理论研究≫2007年第3期。

陳波 교수의 〈明淸交替期 中·朝·日 三國의 외교관계와 문인 교류〉에 대한 토론문

하 우 봉(전북대 사학과)

1. 논문의 내용과 의의

명청교체기(1644년~1683년, 필자는 '明淸鼎革期'라고 표현) 동북아시아 삼국 간의 정치외교적 관계와 지식인(외교사절단과 현지의 문인)들의 문화교류에 관해 서술한 논고이다.

본론에서는 청조와 조선의 관계와 조선과 일본의 관계 두 부분으로 나누어 고찰하였는데, 평자가 보기에 정채를 발하는 부분은 전자라고 생각된다.

(1) 청과 조선의 관계

이 시기 조선과 청 양국의 정치정세를 소상하면서도 정확하게 조망한 위에 조선에서 저술된 연행록 35종의 내용을 분석하였다. 당시 조선의 燕行使 수행원들이 기술한 연행록은 내용이 상대적으로 소략하고 부실하다고 보았으며, 청나라의 문물에 대한 관심과 통찰력이 결여되어 있고, 부정적 평가가 대부분이었다고 하였다. 그리고 전통적 華夷觀과 敵對意

識에 입각해 '反淸思明'의 정서가 강하게 표현되어 있으며, 公務를 제외하고는 청나라 문인들과 문화적 교류를 하려고 하지도 않았다고 하였다. 당시 조선의 사행원들이 관심을 가진 분야는 오로지 淸의 정치와 군사정보 수집에 치우쳐 있으며, 특히 南明정권과 대만의 鄭氏, 三藩 세력의 동향과 明의 부흥 가능성에 집중되어 있었다고 하였다.
매우 홍미로운 내용이 치밀한 분석을 통해 얻어졌다는 점에서 주목할 만하다.

(2) 조일 교린관계와 교류

이 시기 대일통신사행은 1655년과 1682년 두 차례 파견되었는데, 이 두 차례의 사행을 통한 통신사행원과 일본지식인과의 교류를 고찰하였다. 그런데 주된 분석대상을 일본인들이 저술한 筆談唱和集을 삼고 있으며, 기존 연구에 관해서도 일본 측 연구성과를 참조했을 뿐 한국 측의 연구성과는 전혀 참고하지 않고 있다. 그래서인지 내린 결론에 대해 평자는 납득이 되지 않는 부분이 꽤 있다. 예컨대 1655년 양국 문사 간의 '文戰'에서는 무승부이고, 1682년의 경우에는 일본의 우세로 판정났다고 하는 견해는 동의하기 힘들다.

당시 조선의 통신사행원이 저술한 일본사행록에는 전혀 다른 평가와 인식이 기술되어 있다. 일반적으로도 17세기까지에는 일본의 유학과 한문학의 수준이 충분하게 발전하지 못하였기 때문에 조선의 통신사행원들에게 한 수 지도받는다는 태도가 일반적이었다고 본다. 18세기에 들어서는 일본유학과 한문학이 발전되면서 대등한 수준의 토론이 이루어지고, 유학에서는 朱子學과 古學을 둘러싼 치열한 논쟁이 일어나기도 한다. 발표자가 본 논문에서 많이 참고하고 있는 夫馬進 교수의 책에서도 그러한 경향은 1748년의 사행 이후부터 활발하게 나타난다고 하였다.

1711년 新井白石의 통신사제 개변 주장이나 조선에 대한 인식이 1682년 '文戰'에서의 우위를 바탕으로 생성되었으며, 청과 조선에 대한 우월의식을 드러내었다고 하는 주장에는 동의하기 어렵다.

일본문사들의 필담창화집이나 학파 내부에서의 토론의 내용에는 '國內用'이 많이 있다. 그것을 조선의 통신사행원에게 직접 나타내거나 대외적으로 표현하지는 않는다. 그런 내용만을 분석대상으로 삼을 경우 실상과는 동떨어진 결론에 도달할 위험이 있다. 그 점에서 두 번째 부분의 논의는 朝淸관계에 대한 서술에 비해 분량면에서도 적고, 내용면에서도 긴장감이 많이 떨어진다.

2. 질문

(1) 17세기 후반(본 논문에서 분석한 1655년과 1682년) 조선과 일본 사이에는 문화교류가 본격화되기 시작하는데, 朝淸관계에서는 여전히 정치, 군사적 관점에서 정보수집에 치중하는 단계에 머물러 있다고 분석하였다. 그 차이의 원인이라고 보시는지?

(2) 조선의 연행사행원의 청 문물에 대한 인식과 燕行錄의 서술경향이 바뀌는 시기는 언제부터인지?
추가적 설명을 듣고 싶다.

제3세션 종합토론

사회자(손승철)=안녕하세요. 강원대학교 손승철입니다. 오늘 제3세션 종합토론 진행을 맡게 되었습니다. 지금 시간이 12시 15분입니다만, 원래 예정은 13시부터 식사가 예정되어 있습니다. 금강산도 식후경이니까 1시에 마칠 수 있도록 하겠습니다.

이번 우리의 국제학술회의가 한일수교 50주년을 기념해서 계획이 되었습니다. 한일수교 50주년이지만, 이번 심포지엄을 주관하는 우리 학회는 올해로 23년이 되었습니다. 1992년에 시작되어 23년이 경과되었는데, 오늘 이 자리에 역대 우리 학회의 회장을 역임하신 회장님들이 거의 다 참가를 해 주셨습니다. 이번 기회에 이 말씀을 꼭 드려야 되겠다고 생각했습니다만, 아마도 23년의 결실을 이 자리에서 보여주는 게 아닌가 생각이 듭니다.

이번 자리는 5개국 학술대회인데, 우리가 매년 한두 차례 한일 국제학술대회를 개최해 왔습니다만, 이번처럼 규모가 큰 5개국 학술대회 개최는 처음인 것 같습니다. 이를 통해서 바로 우리 학회의 능력이나 자긍심을 이 자리에서 표현하는 게 아닐까 이런 생각을 하면서 오늘 토론을 시작하고자 합니다.

오늘 제3세션의 주제가 전쟁과 평화, 그리고 고대부터 근세까지의 한일관계 검토, 즉 현안, 갈등, 그리고 역사적 재조명을 주제로 진행해 왔습니다. 아침부터 발표를 쭉 들어보면서 지금 우리가 살고 있는 21세기의 한일관계의 제 양상과 그렇게 크게 다르지는 않구나 하는 점을 느꼈습니다. 그래서 오늘 종합토론을 어떻게 해야 할까 생각을 하면서 결국 제일 중요한 어떤 키워드는 한일 간의, 물론 여기에 중국을 포함해도 좋습니다만, 동아시아 국제관계에 있어서의 여러 가지 역사적인 경험을 우선 공유한다는 인식이 중요하지 않겠는가 이런 생각을 했습니다. 그러한 역사인식을 공유할 때 현재와 미래의 한일관계를 어떻게 해가야 할 것인가, 이런 가능성, 방향성 이런 것들에 대한 시사가 있지 않을까 그러한 점들도 생각해 보았습니다.

그럼 오늘의 토론에 대해서입니다만, 시간이 많지 않지만 약정토론이기 때문에 각 발표에 대해 토론자 선생님들께서 여러 가지로 토론문을 작성해 주셨습니다. 다만 시간의 제약이 있기 때문에 다 말씀하시기보다는, 바로 오늘 한일국교정상화 50주년을 지향해서, 대주제도 '상호이해와 협력'입니다. 그래서 특히 고대부터 근세까지의 전근대에 걸친 시대에 있어서의 이러한 키워드들을 어떻게 풀어갈까, 이러한 관점에서 좀 우리가 인식을 공유할 수 있는 토론이 되었으면 합니다. 따라서 토론문에 작성되어 있는 것처럼 너무 구체적이고 전문적이고 학술적인 것은 조금 지양을 해주시고, 대주제에 맞도록 고대부터 조선시대후기까지의 한일 간의, 오늘 주로 다루고 있는 주제가 상호인식의 문제, 전쟁의 문제, 그리고 전쟁을 평화의 시대로 전환해 나가는 문제와 같은 것들이었습니다. 그러한 거시적인 관점에서 물론 토론문을 전제로 하지만 그런 시각에서 한가지씩만 말씀을 해 주시고, 또 답변도 간략하게 해주시길 부탁드립니다. 남은 시간이 약 40분 정도입니다. 한분에, 한 주제에 5~6분씩, 따라서 3분 질문에 3분 답변, 그리고 플로어에서 한두 분 발언 기회를 드리는 것으로 해서 전체 1시간 안에 종합토론을 마무리하도록 하겠습니다. 그럼 협조를 다시 한 번 당부 드리면서 토론을 시작하도록 하겠습니다.

먼저, 고대입니다. 고대에 관해서는 연민수 선생님이 발표해 주셨는데, 토론은 나카무라 슈야 선생님께서 해주시겠습니다. 토론문은 발표자료집에는 실려 있지 않지만 이미 토론문이 여러분에게 배포된 것으로 알고 있습니다. 그럼 나카무라 선생님 3분 정도로 부탁드립니다.

토론자(나카무라)=분쿄대학의 나카무라입니다. 잘 부탁드립니다. 연 선생님의 발표는 매우 알기 쉬운 내용이었기 때문에 제가 달리 설명을 덧붙이지 않아도 좋을 것 같습니다. 저는 고대의 신라관에 대해서 저의 생각을 말씀드리기로 하겠습니다. 연 선생님의 연구는 아주 성실하게 일본서기의 기술을 해석하신 것으로, 역으로 지나치게 일본서기를 신용하고 있는 측면이 있는 게 아닌가 하는 생각이 듭니다. 그 점은 일본의 연구자들도 거의 같은 입장입니다. 즉 연 선생님과 마찬가지로 일본인 연구자들도 일본서기를 지나치게 신뢰하여 당시의 일본인이 지닌 반신라성, 신라에 적대적인 생각을 지니고 있었다는 결론입니다

그러나 일본서기의 기술은 과연 신뢰할 수 있을까 하는 문제가 있습니다. 663년의 백촌강의 전투에서 패전한 일본은 당의 지배를 받습니다. 이점에 관해서는 제가 이전에 한일관계사학회에서 발표를 했습니다. 당의 지배가 10년 간 있었습니다만, 일본이 당의 지배를 벗어날 수 있었던 것은 신라가 당을 한반도에서 쫓아낸 덕분입니다. 따라서 일본은 신라에 대해서 은혜를 느끼는 일은 있어도 적대시할 이유는 특별히 없습니다. 현실적인 문제로서 일본서기 속에서도 백촌강 싸움 이후에 천지조 다음의 천무조에 신라와의 교류가 상당히 많았고, 친하게 교류하고 있습니다.

그런데 8세기가 되면 연 선생님이 말씀하신 것처럼 반신라적인 역사관이 생겨납니다. 그 이유가 무엇인가를 생각해보지 않으면 안 됩니다만, 저는 백제멸망 후에 일본에 온 백제 망명 지식인들의 영향이 크지 않을까 생각합니다. 왜냐하면 백제인은 신라에게 모국을 멸망당했고, 멸망 후 망명해 온 백제인들이 율령이나 일본서기 등의 편찬에 관여하게 됩니다. 그래서 율령이나 일본서기의 문장 속에 신라를 멸시하는 기술이 나타나게 된 것입니다. 그 후에 백제 망명 지식인들이 관여한 일본서기나

율령이 하나의 문헌이 되어서 8세기 귀족들의 텍스트 즉 간단히 말하면 교과서가 됩니다. 그래서 이 교과서를 배운 귀족들은 당시의 현실의 동아시아 세계와는 별개로, 하나의 사상으로서 반신라관이라고 하는 것을 학습해 나가는 것입니다. 따라서 관념으로서는 연 선생님이 말씀하신 것처럼 반신라관이라고 하는 것이 그러한 텍스트에 의해 생겨났다고 할 수 있습니다. 예를 들면, 연 선생님이 언급한 신공황후 전설의 경우, 신공황후에 의해 정토된 대상은 한반도가 아니라 신라로 되어 있습니다. 그 신라를 굳이 정토대상으로 하고 있는 것은 역시 백제 망명 지식인들의 희망의 상징이 아니었을까 생각합니다만, 이에 대해 어떻게 생각하시는지요?

사회자=네, 감사합니다. 연 선생님 바로 답변 부탁드립니다.

발표자(연민수)=일본 측 문헌인 일본서기를 일본연구자와 같이 너무 신용하는 것이 아닌가 하는 말씀이셨습니다. 제 의도가, 제 발표내용이 잘못 전달되지 않았나 생각됩니다. 저는 오히려 신용을 하지 않습니다. 일본서기 기술에 나타난 관념적인 것, 인식의 문제를 다루는 것이기 때문에 내용 자체의 사실적인 관계는 많은 비판을 가하면서 사실적인 내용을 도출해 나가는 그런 기본적인 생각을 가지고 있습니다.

백제가 멸망당한 후 약 30년 간은, 시기적으로 7세기 후반에서 일본 율령국가가 성립하는 8세기까지의 30년 간은 상당히 양국관계가 교류가 빈번하고 유일하게 일본이 신라와의 관계만을 유지하면서 교류를 통해서 많은 문물도 수입하고 하면서 상호 우호관계를 유지해 나가는 그런 시기였습니다.

즉 신라와 일본 양국 간에 우호관계가 형성되었다고 볼 수 있는데, 기본적으로 8세기의 노선은 양국이 서로 경계하면서 교류한다, 이것이 신라와 일본의 기본 기조입니다. 그래서 외형적으로 항상 서로 긴장관계에 있으면서도 내실에 있어서는 교류가 상당히 활발했던 이중적인 구조를 지니고 있었던 것이 8세기라고 할 수 있습니다.

그런데 반신라적인 양상은 상당히 많이 남아 있습니다. 나카무라 선생님이 지적하신 백제 망명 세력들이 일본서기 편찬에 어떤 형태로든 관여했다는 사실은 틀림이 없습니다만, 그런데 8세기의 사료는 속일본기의 세계입니다. 즉 속일본기는 8세기의 사료이고, 그리고 백제계 계통의 사람들이 관여했다고 하더라도 어디까지나 일본지배층의 공식적인 입장에서 쓰인 것이기 때문에 백제계 사람들의 일방적인 주장도 포함해서 신라를 보는 기본적인 시각은 신라적시관의 내용이 상당히 포함된 것은 사실입니다. 신라적시관과 번국사관이 중첩되면서 신라와의 교류를 진행해 나갑니다만, 문제는 그러한 구체적인 사례들을 보면 신라라는 어떤 외부의 적을 만들어 놓고 내부적으로는 지배층의 권력을 강화시키려는 그런 내부적인 노력이 동시적으로 진행되고 있기 때문에 적시관이 실재의 적시관과는 조금 양상이 다르게 말하자면 중화의 이념을 실현시키기 위해 적을 만들고, 또 복속사관을 만들면서 내부의 권력을 응집시켜 나가려는 지배층의 의지가 강한 것으로 생각합니다. 이러한 면은 일본의 경우뿐만 아니라 신라도 일본에 대해서 중화의 의식을 강하게 나타내고 있고, 이것이 서로 충돌하면서 긴장관계를 일으키는 그러한 특징을 보이는 것이 8세기의 고대 한일관계의 특징입니다.

8세기 후반이 되면 공적인 기록, 즉 교류가 끊어지게 됩니다. 779년이 되면 끊어지고 이후 민간교류가 시작되는데, 공적사료를 보면 그러한 특징을 확인할 수 있습니다. 또한 일본에서는 신라뿐만 아니라 발해와의 교류가 시작되는데, 7세기 말에 발해가 성립하면서 일본이 발해를 보는 시각, 신라에 대한 시각은 상당히 복잡하게 전개되고 있습니다. 발해와의 관계는 상당히 우호적인 관계가 이루어지면서 신라와 발해의 관계가 긴장상태에 있으면서, 일본은 발해와 적대하는 신라와의 관계를 통해서 신라와의 긴장관계가 조성이 되어가는 등 이러한 복잡한 양상의 국제관계가 전개되고 있습니다.

선생님이 지적하신 부분에 큰 이견은 없습니다만, 고대 사료를 보는 저의 입장에 대해서는 약간 잘못 전달된 점이 있어서 오해가 있었던 것 같습니다. 이 정도로 답변을 마치겠습니다.

사회자=네, 고맙습니다. 제가 말씀을 들으면서 생각해 보니까 이 시기에는 아까 발해도 말씀하셨지만 일본에서 견수사, 견당사를 계속해서 파견하는데 그것과 관련해서 중국과의 관계에 대해 혹시 한 말씀만 더 들어볼 수 있을까요?

발표자(연민수)=일본의 견수사, 견당사와 관련해서는, 우선 8세기에 들어서면 견수사는 이미 당이 618년에 성립되면서 견당사로 바뀝니다만, 일본의 견당사는 20년 혹은 25년에 한번 꼴로 상당히 대규모로 파견되고 있습니다. 견당사의 경우는 중국(당)에 조공은 하지만 책봉은 받지 않습니다. 조공을 하면서 당(중국)의 선진문물을 받아들이는 데 주력을 합니다. 그런데 신라의 경우는 중국에 거의 2년에 한번, 어떤 때는 1년에 두 차례 가기도 할 정도로 굉장히 빈번하게 사신이 파견됩니다. 신라와 발해, 8세기는 일본의 견당사는 20년, 25년에 한번, 신라와 발해는 거의 2년에 한번, 3년에 두 번 꼴로 진행되기 때문에 교류면에서는 일본과 중국과의 교류에 비하면 압도적으로 일본과 신라, 그리고 발해와의 교류가 많고, 이러한 교류의 결과가 정창원의 문서 속에도 남아 있습니다. 다 아시는 것처럼 신라의 문물이 일본에 끊임없이 제공되고 있던 그런 시기라고 할 수 있습니다. 그런데 여러 차례 반복해서 말씀드리지만 경계와 교류, 교류와 경계가 반복되는 것이 시대적인 특징이라 할 수 있습니다.

사회자=네, 고맙습니다. 제가 중국과의 관계를 말씀드린 이유는 두 번째 주제와도 관련이 있다고 생각되어서입니다. 다음 고려시대로 넘어오는데 몽골의 일본침략, 그리고 그와 관련된 주제이기 때문입니다. 그래서 다음 두 번째 발표에 대한 토론을 듣도록 하겠습니다.

두 번째 발표는 규슈대학의 사에키 선생님의 발표였고, 이에 대해 단국대학교 김보한 선생님이 토론을 해 주시겠습니다.

토론자(김보한)=예, 단국대학의 김보한입니다. 사에키 선생님의 발표를 듣고(발표문을 보고) 제가 몇 가지 질문을 준비했습니다.

다 아시다시피 본 발표는 13세기 몽골의 두 차례 일본 침공 이후 일본 내에서 對高麗 인식 변화를 살피고 있는 것이 특징입니다. 특히 몽골의 牒狀이 도착하였을 때, 일본 종교계에서 對몽골 인식을 어떻게 하고 있었는가 하는 점을 간결하고 명확한 문체로 설명하고 계십니다. 또 한편으로는 기존 연구와는 다르게 초기 일본조정이 고려를 몽골과는 다르게 인식하고 있으면서, 1274년 이전 이후의 인식의 변화, 또 14세기 중반 이후 禁寇外交 시기에 있어서의 인식의 변화 등을 세세히 지적한 것이 특징적으로 나타난 발표문이라고 생각합니다.

전체적으로는 저도 공감하는 부분이 많고, 개인적으로 많은 공부가 되었습니다. 좋은 발표 감사드립니다.

제가 본 발표에 대한 토론자로서 의무적으로 질문을 드려야하기 때문에 이하, 본 발표문에 관해서 조금 디테일하게 3가지 질문을 드리도록 하겠습니다.

첫째, 본 발표문에서는 13세기에 들어와서 進奉關係가 성립한 것으로 설명하고 있는데, 실은 이 進奉에 관한 기록은 1263년(원종 4)에 倭寇侵奪에 항의하기 위해 고려가 파견한 洪泞, 郭王府가 京都에 전달한 牒狀 속에 있는 내용으로, 지금까지 통설적으로 12세기 중반부터 13세기 중반까지 약 1세기에 걸쳐 실시된 것으로 보고 있는데, 이와 관련해 선생님께서는 통설과 다른 이해를 하시는지 여쭤보고 싶습니다.

두 번째 질문은요, 본 발표문의 345쪽에서 '初期倭寇'라는 표현을 사용하고 계십니다. 아마도 13세기의 왜구를 '초기왜구'라고 하신 것 같고, 또 바로 아래의 문장에서는 '前期倭寇'라는 표현도 함께 사용하고 있습니다. 선생님께서 사용하신 '전기왜구'는 14세기의 왜구를 설명하시고 계신 것 같습니다. 이와 관련해 '初期倭寇'와 '前期倭寇'의 구분이 무엇인지 질문을 드리고 싶습니다.

무엇보다도 '初期'와 '前期'는 문법적(어의적)으로 중첩되는 의미가 포함되어 있어서 혼란스러움을 줄 수가 있기 때문입니다. 그래서 본 토론자는 '初期倭寇'는 '鎌倉期 倭寇'로, '前期倭寇'는 '室町期 倭寇'로, '後期倭寇'는 '戰國期 倭寇'로 대신 借用할 것을 제안하고 싶습니다. 이에 대해 선생님께서는 어떻게 생각하시는지 의견을 듣고 싶습니다.

마지막으로 세 번째 질문입니다. 발표자는 본문에서 "1266년(지원 3) 8월 몽골 皇帝 쿠빌라이는 日本國王에 대해 '通好'을 요구하는 國書를 써서 高麗를 경유하여 日本에 보냈다"라고 하는 이케우치 히로시 씨의 견해를 인용하고 계십니다만, 고려사에 따르면 1266년 11월 高麗 김찬(金贊)과 몽골 흑적(黑的)과 은홍(殷弘) 등을 파견했는데, 高麗가 비협조적으로 나왔고, 巨濟島 앞바다인 송포변(松浦邊)에서 歸還한 것으로 되어있습니다. 달리 말씀드리면, 1266년 8월에 몽골 황제 쿠빌라이가 보낸 사신은 일본에 건너가지 못했던 것입니다. 그래서 두 번째로 사신을 파견하게 되는데, 1267년 8월 고려 조정의 명령에 따라(『高麗史』), 9월 고려 출발(『元史』), 그리고 1268년 1월 반부(潘阜) 일행이 다자이후(大宰府)에 도착(『師守記』)한 것으로 순차적으로 기록에 나오고 있습니다. 따라서 일본에 도착한 몽골 使臣의 파견은 1267년 8월, 몽골 牒狀의 일본 전달은 1268년 1월이 되어야 한다고 생각합니다.

이상 간단히 마치도록 하겠습니다.

사회자=예, 감사합니다. 질문은 간단하지만 내용은 상당히 많은 것 같습니다. 사에키 선생님 간단히 답변 부탁드립니다.

발표자(사에키)=예, 간단히 말씀드리겠습니다. 김보한 선생님 감사합니다. 먼저 첫 번째 질문인 '진봉'관계의 성립시기에 관해서는, 12세기 중반~13세기 중반설과 13세기설이 있습니다만, 저는 일본 측의 연구 성과에 입각해 13세기 초두에 시작된다는 입장에서 썼습니다. 이는 아마도 금주(김해)를 중심으로 규슈(일본)의 사자들이 교역을 하기 위해 온 사실이 아마도 그 근거가 되지 않았나 생각합니다. 이점은 사료를 검토하지 않으면 안 되기 때문에 일본에 돌아가서 사료를 직접 검토하도록 하겠습니다.

다음으로 두 번째 문제로, 전기왜구나 초기왜구의 명칭과 관련해서는 말씀하신 대로 매우 혼란을 줄 수 있다고 생각합니다. 저는 초기왜구라는 명칭을 사용했습니다만, 종래 전기왜구와 후기왜구라는 명칭을 일본에서는 사용하고 있었습니다. 14~15세기의 왜구를 전기왜구, 16세기의 왜구, 중국인이 그 주체라고 말해지고 있는데 이를 후기왜구라고 부르고 있습니다. 이에 대해 전기보다 앞 시기의 왜구라는 의미에서 가마쿠라시대인 11세기 말경부터일까요, 아주 소규모의 특히 고려에 한정된 왜구를 초기왜구라고 부르고 있습니다. 이를 김보한 선생님은 가마쿠라기 왜구, 무로마치기 왜구, 그리고 전국기 왜구로 부르는 것은 어떤가 하는 의견입니다만, 제가 초기왜구라고 한 시대는 일본사의 시대구분으로서는 헤이안시대까지 거슬러 올라가기 때문에 가마쿠라기의 왜구라고 하는 것은 약간 문제가 있다고 생각합니다.

이어서 전기왜구가 14~15세기 14세기 중반에서 15세기의 전반 대가 중심이기 때문에 일본의 연대로 말씀드리자면 남북조 후기에서 무로마치 전기에 해당합니다. 따라서 후기왜구가 적당하다고 생각합니다. 전국기 왜구에 대해서는 그렇게 불러도 무방하다고 생각합니다.

다음으로 몽골국서의 도착에 대해서는 말씀하신 그대로입니다. 첫 번째는 1266년에 있었지만 일본에 이르지 못했고, 두 번째가 고려사에 보입니다만 1267년 9월에 한반도 출발, 아마도 9월 말에 쓰시마 도착, 이키를 거쳐 다음 해 1월에 다자이후 도착으로 생각되기 때문에 말씀하신 그대로입니다. 이상입니다.

사회자=네, 감사합니다. 아주 요령 있게 잘 답변해 주셨습니다. 다만, 내용적으로는 상호 간의 견해에 절충이 잘 안 되는 것 같습니다. 다음 기회에 제2라운드, 왜구를 테마로 한 보다 심도 있는 논의를 기대해 봅니다.

그럼 다음으로 세 번째 발표에 대한 토론으로 넘어가도록 하겠습니다.

세 번째 발표는 이제 임진왜란, 전쟁의 시대이고, 그 전쟁의 시대를 평화의 시대로 바꾸어가는 조선사절단, 회답겸쇄환사, 통신사에 관련된 내용이었습니다. 그런데 발표에서는 1607년의 강화과정에서의 국서의 진의에 대해서 민덕기 선생님이 발표해 주셨고, 이에 대해 정성일 선생님이 토론해 주시겠습니다. 준비하신 토론 내용이 많지만 간단히 가장 중요한 한 가지만 부탁드립니다.

토론자(정성일)=저는 바로 한 가지만 질문 드리겠습니다.

발표자께서는 아라이 하쿠세키(新井白石)의 해석(자료집 382쪽 마지막 문장)을 인용하셨는데, 아라이 하쿠세키와 같은 해석을 하고 있는 연구자가 민덕기 선생님 외에 다른 어떤 분이 계시는지 그게 궁금합니다. 이점이 바로 저의 질문입니다.

그럼, 왜 이런 질문을 했을까 하는 부분입니다만, (381쪽에서 보시는 것처럼) 모두에서 사회자께서 말씀을 하셨듯이 인식의 공유, 역사인식의 공유라는 점에서 보면 세 가지 학설 즉 이에야스의 서계가 위조되었다, 이에야스의 서계가 개작되었다, 이에야스 서계가 원본이다 즉 진짜라고 보는 3설 가운데 우리가 어느 하나를 선택해야 하지 않을까, 라고 생각되기 때문입니다. 우리가 역사인식은 누구나 자유롭게 할 수 있기 때문에 저를 포함해서 여러분들도 이 세 가지 설 가운데 하나를 생각하실 수 있을 것 같은데, 발표자께서는 이 가운데 이에야스의 서계가 처음부터 있었다는 이른바 진서설을 주장하고 계십니다. 그런데 사실 한국과 일본의 한일관계사 역사 속에서 쓰시마 즉 대마도의 역할이 강조되면서 대마도에 의한 외교문서의 위조라고 하는 것이 많이 알려졌습니다. 그래서 학계에서도 대마도에 의한 국서 혹은 서계의 위조라고 하는 역사이미지가 굉장히 고정되다 싶을 정도가 되었고, 확대되어서 어떻게 보면 사실보다도 더 과잉으로 대마도의 역할이랄까, 대마도의 외교문서 위조가 확산되고 있는 것이 아닌가 생각됩니다. 그러한 점에서 보면 민덕기 선생님의 발표인 진서설의 의미는 매우 크다고 생각이 듭니다. 그래서 이 3가지 설 가운데 발표자께서는 이에야스의 국서/서계가 처음부터 있었다고 하는 진서설을 견지하고 계십니다만, 제가 해석하기로는 진서설은 민덕기 선생님 외에는 일본에서는 아라이 하쿠세키가 유일하지 않을까 생각합니다. 그래서 아라이 하쿠세키의 주장(해석) 내용에 대해서는 발표문에 자세히 나와 있기 때문에, 이러한 아라이의 해석에 대해 한국이나 일본의 학자들은 어떻게 이해하고 있는가 하는 점이 질문의 요지입니다. 이상입니다.

사회자=답변 부탁드립니다.

발표자(민덕기)=네, 직접적인 답변이 될 수 있을지 모르겠습니다만, 아무튼 앞서 사회자께서 언급하신 전쟁이 끝나고 평화로 전환해 나가는 과정에서 대마도가 시종일관하고 대마도의 이익에 의해서 양국관계가 전환되고 있다, 이러한 이해는 뭔가 이상하다고 생각합니다. 한국 학자들도 많이 그러한 입장에서 이해하고 있지만, 저는 특히 이에야스 정권에 있어서 임진왜란의 종결은 정말 엄청난 문제였지 않았나 하는 생각이 듭니다. 특히 명나라도 있었기 때문에 명나라와의 관계개선을 최종적인 궁극적인 목적으로 삼는다 하더라도 이에야스에 있어서 조선과의 강화를 통해서 이루어지는 종전, 그러한 상황, 특히 대내적으로 도요토미 정권을 종결시키고 극복하는 데 있어서 조선과의 관계는 뭐랄까 연대라는 표현이 어떨지 모르겠지만, 무척 중요하다고 생각됩니다. 1614년, 1615년의 오사카 전투를 벌이는 데 있어서도 대마도를 통해서 지금 도요토미 히데요시의 아들을 쳐부수고 있다, 사절을 파견해 구경 좀 해다오, 라는 입장을 취하게 됩니다. 저는 도쿠가와 정권과 조선이 가진 도요토미 히데요시에 대한 같은 입장, 그것이 에도시대의 평화의 기본이 아니었을까라는 적극적인 생각을 가지고, 그러한 입장에서 이에야스가 국서까지 보내면서, 그것이 대내적으로는 자신의 입지를 약화시키지 않으려고 감추고 있지만, 히데타다에게 국서를 지닌 조선 사자를 가게 함으로써, 은폐시키면서 자신이 조선에 대해 할 일을 다 하는, 그러한 방법으로 외교적인 역할을 잘 해나간 것이 아닌가 저는 그렇게 생각하고 있습니다.

사회자=네, 감사합니다. 직접적인 답변은 아닙니다만, 사실은 그 당시의 국서의 진위문제는 상당히 중요한 사항입니다. 이것을 국서 차원에서만 다루지 말고 위사가 있었지 않습니까, 그렇지요. 조선전기의 수많은 사신 가운데 여러 차례 위장된 사신 즉 위사가 있었는데, 위사와 위서 이런 부분을 연결 지어서 당시 일본의 외교적인 자세 이런 것들을 역사적으로 우리가 어떻게 평가해야 할 것인가, 이 점도 함께 다루어주시면 어떨까 한번 생각해 보았습니다.

그럼, 다음으로 넘어가도록 하겠습니다.

네 번째 발표 주제는 통신사 외교입니다. 아까 발표 중에서도 언급하셨습니다만, 통신사에 대한 연구가 과거에는 주로 문화, 문화교류 혹은 문학을 하는 분들이 상당히 일찍부터 시작을 했기 때문에 그런 부분들이 강조되어 사실은 통신사의 본래 목적이 외교적인 목적인데, 그래서 시각을 바꾸어 1617년의 제2차 회답겸쇄환사에 주목하여 발표해 주셨습니다. 이러한 이훈 선생님의 발표와 관련해서 일본에서의 통신사 연구의 최고의 권위자이신 나카오 히로시 선생님께서 토론해 주시겠습니다.

토론자(나카오)=방금 전 질문이랄까, 설명이 있었습니다만, 저는 역시 조선통신사는 문화교류사절이라는 자리매김은 잘못되어 있다고 생각합니다. 역시 외교사절이라고 생각합니다. 그리고 그 과정에서 부수적으로 문화교류사절로서의 역할도 실현되었다고 이해해야 하지 않을까, 라고 생각합니다.

그 점은 일단 접어두고, 이번 이훈 선생님의 발표는 1617년의 제2회 사절 파견에 대해서 매우 입체적으로 사료에 입각해 구체적으로 발표해 주셨습니다. 상당히 많은 자극을 받았습니다.

특히, 제2회 사절(회답 겸 쇄환사)이 실현된 것은, 발표 중에도 있었습니다만, 이번 사절은 4~5년의 준비과정을 거쳐 마침내 성사된 것으로, 더욱이 그것은 아까부터 화제가 되고 있는 대마번의 역할, 대마도가 기획하고 통신한 것으로 여러 가지의 구실을 만들어 실현되었다고 생각합니다. 그런 의미에서도 제2회 사절은 대마번의 기획, 통신이 두드러진 사례라고 생각합니다.

저는 그 이유에 대해서는 대마번이 노리고 있었던 것은 어디까지나

무역관계였다고 생각하고 있습니다. 부산의 왜관의 재개가 기유약조에 의해 1609년에 실현되었습니다만, 그 보증이 없다, 그 보증을 얻기 위해 중앙의 도쿠가와 정권에 사절교환이라는 것이 실현된다면, 통신사를 맞이할 수 있게 된다면 그 관계가 더욱 안정적으로 될 것이라고 대마도 측은 생각한 것이 아닌가 추측됩니다. 그 점에 대해서 이훈 선생님의 의견을 듣고 싶습니다. 이 점이 첫 번째 질문입니다.

다음으로 다른 하나는 대마도를 매개로 한 정보루트밖에 지금까지 갖지 못한 막부(중앙정부)로서는 1617년의 사신파견에 의해 쓰시마를 경유한 외교루트에서 벗어날 수 있는 길이 실현되었다고 하는 점, 최종적으로는 1636년의 제4회 사절의 교환에 의해 실현되게 됩니다만, 그 실마리가 1616년의 사절파견 문제를 둘러싼 논의 속에서 실현되었다고 생각할 수 있지 않을까 여겨집니다. 그렇게 생각해도 좋은지 선생님의 의견을 여쭙고 싶습니다. 이것이 두 번째 질문입니다.

그리고 세 번째는 지금까지 여러분의 발표에서도 있었습니다만, 그 간의 한일관계에 있어서는 대마도와 일본과 조선이라는 삼각형, 트라이앵글 이외에 중국과의 관계, 그 가운데에서도 명청교체기에 걸친 정치정세, 대외정세 등도 복잡하게 얽혀있어서 이번 테마로도 등장한 역시 동아시아 전체의 정세를 고려하지 않으면 문제의 초점이 정해지지 않지 않을까 생각했습니다. 이 점은 질문이 아닙니다.

또 한 가지 감상을 말씀드리면, 도쿠가와 히데타다라는 제2대 장군(쇼군)은 잘 아시는 것처럼 태어나면서부터 장군이 아니었습니다만, 그러나 원칙적으로는 대외관계, 혹은 대교토(조정)관계에서는 아버지 이에야스의 방침을 그대로 답습하는 것이었습니다. 따라서 이에야스가 국교를 회복시킨 1607년의 정치방침에 어떤 변경을 가한다는 것은 당초부터 별로 생각하지 않았을 것으로 여겨집니다.

그것이 여러 가지 문제, 조선 국내의 정세도 포함하여 어떤 이유로 맞이하게 되었는가 하는 문제와 관련해 결과적으로 천하통일 축하, 오사카평정 축하, 히데타다 습직축하를 명목상의 이유로 하고 있습니다만, 이는 어디까지나 표면적인 것이고 역시 조선 국내정세에서 보면 회답사, 그리고 피로인쇄환이라는 국내사정을 감안한 사절파견이었다고 저는 이해하고 싶습니다. 이상입니다.

사회자= 여러 가지 말씀이 있으셨습니다만, 간단히 부탁드립니다.

발표자(이훈)=예, 원래 나카오 선생님이 제 발표에 대해 토론문을 미리 주셨는데요, 오늘 하신 질문은 전혀 다른 내용이라서 제가 좀 당황스럽습니다(웃음). 우선, 해주신 질문과 어드바이스에 대해 답변을 드리자면, 1617년 제2차 회답 겸 쇄환사의 파견 경위에 대해서 교섭 초기 단계에서는 대마도가 기획한 부분이 실제로 추진된 점이 인정된다고 말씀하시고, 그 이유를 대마도 측에서 무역에 대한 보장을 받기 위한 것이 아니었을까 추측하셨는데, 저의 생각도 그러한 점 외에는 달리 이유를 찾기 어렵다고 생각합니다.

대마번의 경우 일본이 조선과 외교를 하는 데 있어서 대마도의 외교력이라고 하는 부분을 최대한 어필을 해야만 막부로부터도 많은 권한을 보장 받을 수 있었기 때문에 초기 경조사의 방문교류, 이런 것들을 어필했던 것은 사실 그 이면에 무역에 대한 권한의 확대요구나 권한 보장에 대한 부분이 있었다고 생각합니다.

다음으로 두 번째 사항으로, 임진왜란 이후 조선과 일본의 교류를 볼 때 정보가 대마도를 통해서만 들어왔는데, 회답겸쇄환사의 파견이라는 것은 소통이라는 측면에서 보면 하나의 직교루트가 생긴 것으로, 이것이 1636년의 통신사 파견과 연결되는 것이 아닌가 하는 질문이셨습니다. 제가 이 논문에서 그리고 오늘 발표해 주신 분들의 전반적인 흐름도 그렇지만, 임란 이후에 조선과 일본의 교류에서 지금까지는 조선과 일본이 직접 통교를 하지 않고 대마도를 통해서 간접적으로 통교를 하다보니까 조일 간의 외교가 정착되기까지 대마도의 외교문서 위조라든가 이런 부분만 강조된 측면이 있었습니다. 그 결과 조선의 외교사절은 대마도가 이미 위조한 것을 그저 일본에 전달한 것에 불과하지 않는가 하는 인식이 정착되어 있는데요. 조선이 일본에 회답겸쇄환사를 직접 파견한다는 것이 어떤 의미를 갖는가 하는 점에 대해 나름대로 생각해 보다가 직교루트 부분을 강조한 것입니다. 지금 나카오 선생님이 말씀하신 부분 즉 1636년의 통신사로 정착되기까지 이 루트가 어떤 역할을 했느냐 하는 점에 대해서는 앞으로 더욱 연구를 진행해 나가도록 하겠습니다.

마지막으로, 나카오 선생님의 질문인 히데타다의 대조선외교정책에 대해서는 이에야스의 정책을 그대로 답습하는 것이었다고 하셨는데, 이 부분에 대해서 저도, 아까 다른 선생님의 지적도 있었습니다만, 일본 국내사적으로는 히데타다가 이에야스의 대조선정책을 변경할 의도가 없었다고 하더라도, 조선에서는 그것을 알 수가 없기 때문에 어떤 불안을 느꼈던 것입니다. 이 논문이 좀 더 정확하게 전달이 되기 위해서는 히데타다의 대조선 방침에 대해서 좀 더 구체적인 설명이 필요하다고 생각됩니다. 이 점에 대한 부분은 선생님의 지적을 충분히 반영시켜서 보충하도록 하겠습니다. 이상입니다.

사회자=감사합니다. 정해진 시간이 5분밖에 남지 않았습니다. 그래서 마지막 질문입니다만, 사실은 지금 말씀하신 1617년이라는 시기가 사실은 동아시아에 엄청난 격동기였고, 그리고 다음 주제인 명청교체기의 한중일 관계와도 관련된 그러한 시기에서 이루어진 사항이기 때문에 바로 다음 토론으로 넘어가도록 하겠습니다. 하우봉 선생님이 잘 알고 계신 부분이라 준비하신 질문이 많으시지만, 간단히 2가지만 부탁드리도록 하겠습니다.

토론자(하우봉)=네, 질문을 한 가지로 줄이도록 하겠습니다.(웃음)

실은 논문이 상당히 방대하기 때문에 번역에 시간이 걸린 것 같습니다. 그래서 저에게도 발표문이 늦게 전해진 탓에 토론문을 발표자료집에 싣지 못하고 오늘 이 자리에서 별도로 토론문을 나누어 드렸습니다. 이 점 참고해 주시길 바랍니다.

이번 진파 선생님의 논문은 각주(注)가 100개 이상이 될 정도로 방대하고 매우 상세하게 잘 쓰신 논문이라 생각됩니다.

논문은 크게 보면 두 가지 부분으로 되어 있는데, 하나는 명청교체기의 약 40년 간 시기의 청과 조선의 관계, 두 번째는 조선과 일본의 관계에 대해 정리하셨는데, 전반부에 대해서는 우리가 처음 알게 되는 흥미로운 내용이 더욱이 치밀하고 방대한 분석을 통해서 제시되고 있다는 점에서 저로서도 굉장히 많은 공부가 되었습니다. 내용이 아주 좋았다고 생각을 했습니다. 두 번째 부분에 대해서는 실은 우리 진파 선생님이 사료도 일본의 필담창화집을 대상으로 하였고, 연구 성과도 중국과 일본에서의 성과를 주로 참조를 했습니다. 한국 측의 연구, 자료는 부분적으로 들어 있습니다만, 연구 성과에 대해서는 전혀 참고가 안 된 상태이기 때문에 그 결론에 대해서도 저도 이의를 제기하고 싶은, 납득하기 힘든 쉽게 동의할 수 없는 내용이 좀 있었습니다. 구체적인 내용은 토론문을 참조해 주시길 바랍니다.

일본의 필담창화집도 그렇고 우리의 통신사사행록도 그렇고 대체로 대내용이랄까, 국내용이라고 그럴까, 그런 점이 상당히 많이 있습니다. 한쪽의 사료만을 분석 대상으로 삼으면 사실과 동떨어진 그런 결론이 나올 가능성이 있으니까 앞으로 두 번째 부분에 대해서는 한국 측의 사료나 연구 성과도 참고를 해서 더욱 보완될 필요가 있지 않을까 하는 정도의 말씀을 드리도록 하겠습니다.

질문도 두 가지 제시했습니다만, 첫 번째 한 가지만 드리도록 하겠습니다.

17세기 후반 명청교체기의 두 차례 통신사행을 통해서 조선과 일본 사이의 문화교류가 본격적으로 시작되게 되는데, 조선과 청나라의 관계에서는 여전히 정치군사적 관점에서 정보 수집에 치중을 하는 단계에 머물러 있다고 그렇게 분석을 했습니다. 그 차이의 원인에 대해서 추가적인 설명을 해주시면 고맙겠습니다.

사회자=네, 감사합니다. 진파 선생님 답변 간단히 부탁드립니다.

발표자(진파)=네, 간단히 답변 드리도록 하겠습니다. 당시 조·중관계나 조·일관계는 본질적으로 다릅니다. 조·청관계는 여전히 사대관계이지만 당시 청의 통치는 안정하지 않습니다. 조선의 입장에서 명조는 광복의 가능성이 있어 조·청관계는 아직 신의가 두텁지 않은 사대관계입니다. 조·일관계는 교린관계로 건립과 발전의 시기로서 조선에서 보았을 때 이런 교린관계는 청의 고압정책에 대한 제어작용이라 할 수 있습니다. 두 관계는 서로 구별되지만 또한 관련이 있습니다. 이것은 조선의 대외관계라는 큰 틀에서 이해해야 합니다. 두 번째 질문이 있습니까? 네, 감사합니다.

사회자=네, 감사합니다. 지금 정확히 1시입니다. 지금까지 제가 좀 서둘러서 진행하느라 충분한 시간을 드리지 못하고 거듭 시간 재촉을 한 점 대단히 죄송합니다만, 일단 오전 제3세션에서 발표하신 다섯 개의 주제에 대해서 토론을 들었습니다. 시간이 됐습니다만, 혹시 플로어에서 이 점에 대해 꼭 한 말씀 하시고 싶다 하는 분이 계시면 한두 분 말씀을 듣겠습니다.

한명기 선생님, 한중관계의 전문가이신데, 그냥 가시면 섭섭하지 않으시겠습니까.

한명기=이훈 선생님 발표하고, 그리고 맨 마지막 진파 선생님의 발표와 관련해서 간단히 제가 질문이라기보다는 질문 비슷한 소감으로 말씀을 드리면, 오늘 이훈 선생님이 1617년 회답겸쇄환사의 일본 파견과 관련해 그동안 거의 언급되지 않았던 상당히 디테일한 부분에 대해 아주 예리하게 지적해 주셨습니다. 저는 어떤 느낌이었느냐 하면, 1617년이라는 시점은 왜란이 끝나고 얼마 안 된 시기이기도 하지만, 1616년에 역시 만주에서 만주족에 의한 독립국가가 수립되면서 상대적으로 조선으로 밀려오는 만주나 명의 압력이 대단히 높은 시절이었기 때문에 일본관계가 아무래도 조선외교에서는 부수적인 존재로 되는 와중에 아마도 왜란 직후부터 1636년까지의 흐름 속에서 조선의 입장에서는 일본에게 왜란을 당했다라고 하는 치욕 때문에 이 국교재개를 위한 통신사를 보낼 생각이 별로 없었지만, 체면을 유지해야 하는 상황하고 또한 만주의 압력이 중첩되는 상황에서 동남쪽을 안정시켜야 하는 그런 상황에서 아마도 곤경 속에서 체면을 유지하면서 할 수 있는 어떤 고투가 표현됐기 때문에 회답겸쇄환사라는 표현을 썼던 게 아닐까. 아마도 이런 부분을 역시 가장 중시해서 봐야하지 않을까 생각합니다. 그래서 이훈 선생님께서 보완하시겠다고 말씀하셨으니까 이런 부분도 언급해주시면 좋지 않을까 하는 생각이 들었습니다.

그리고 하우봉 교수님께서 진파 선생님께 질문하신 부분인데, 왜 그때 조선하고 청의 관계, 조선하고 일본의 관계 이렇게 되었을까 하고 말씀 하셨는데, 제가 볼 때는 역시 조선에서 청을 객관적으로 볼 때까지는 아마 병자호란 이후 최소한 50년 이상의 시간이 필요했기 때문에 호란 이후 청에 가는 사신들은 사실상 진파 선생님의 논문에서 나왔지만, 사실상 압록강을 건너는 것 자체가 대단히 심각한 고역이었다고 하는 생각이 듭니다. 그래서 시를 언급하셨는데 대부분의 시에서 보면 압록강을 건너니 오랑캐의 노린내가 진동을 한다, 이런 식의 표현으로 일관되어 있어서 아마 청을 객관적으로 볼 수 있을 때까지의 상황에서의, 어떤 조선의 고민하고, 일본은 이미 도쿠가와 시대에 강국으로 등장해서 어떤 외압이 없어진 상태에서 객관적으로 볼 수 있는 나름의 객관적인 시각을 갖고 있었기 때문에 조선과 청, 조선과 일본관계는 조선이 나름대로 현실을 받아들였지만, 끝까지 왜란에 대한 원한은 잊을 수 없는 그런 모호한 상태로 지속된 게 아닌가, 그래서 그런 측면을 염두에 두시면 아까 하우봉 선생님 말씀처럼 대체로 중국인 연구자분들이 한국에서 나온 연구 성과에 대해서 아무래도 언어적 측면이나 이런 면에서도 한계가 있기는 하지만 좀 더 받아들여서 한중일 전체의 시각에서 볼 수 있는 방향으로 전개해 주셨으면 어떨까 하는 부탁의 말씀을 드리고 싶습니다.

사회자=감사합니다. 부탁의 말씀으로 생각하고, 여기서 마무리를 하겠습니다. 오늘 우리 오전 세션의 주제가 전쟁과 평화였습니다. 그래서 오전에 발표된 주제들을 돌이켜 생각해보니까 7세기의 백촌강 전투 이후의 일본과 신라관계, 12~13세기의 몽골의 일본침략 이후의 일본과 고려의 관계, 그리고 16세기의 임진왜란과 이어지는 병자호란, 그런 격동의 상황 속에서 그 이후의 시대를 어떻게 준비해 나갔고, 진행해 나갔는가, 이런 것들을 역사적으로 되돌아보는 시간이 아니었나 하는 생각이 듭니다.

특히 이번 우리 학회의 학술심포지엄이 한일수교 50주년을 기념해서 한일관계를 어떻게 풀어갈 것인가 하는 대명제를 가지고 심포지엄을 한다는 입장에서는 오늘 주제들이 많은 시사점을 주지 않았나 이렇게 생각이 됩니다. 역사라는 것은 우리가 물론 과거를 대상으로 하지만 그 문제의식은 항상 현재로부터 출발하는 게 아닌가, 현재의 한일관계 속에서 우리가 갖고 있는 문제의식이 무엇인가, 갈등의 핵심이 무엇인가, 그리고 이것을 과거의 역사 속에서 우리가 어떻게 해답을 찾아가야 하는가, 이런 것이 아니었나 하는 생각이 듭니다.

그런데 심포지엄을 마무리하면서 생각해보니까 더욱 복잡해진 것 같습니다. 그래서 결국 이런 연구는 끊임없이 계속해 나가야 하고, 우리 한일관계사학회가 앞으로 매년 행하는 국제심포지엄의 주제를 오늘 제기된 역사문제도 있지만, 현실문제도 여러 가지 많이 있습니다. 그래서 좀 더 심층 분석하는 하나의 계기로 오늘 이 자리를 자리매김하면 어떨까 생각합니다. 그래서 중요한 것은 아까도 말씀드렸지만, 역사인식을 공유하고 그리고 현재 무엇이 문제이고, 앞으로 우리가 어떻게 동아시아에서 한국과 일본이 공생을 해 나갈 것인가, 이것이 결국 우리 모두의 대명제가 아닐까. 이렇게 말씀을 드리면서 오늘 오전 세션을 모두 마무리하도록 하겠습니다. 감사합니다. (박수)

(이상, 종합토론 녹취 : 나행주)

제 2 부 제4분과

일그러진 만남

- 근대 한일관계의 명암 -

朝日修好條規(1876년)의 역사적 의미

김 민 규(동북아역사재단)

[조일수호조규 체결을 풍자한 그림]

Ⅰ. 프롤로그

본 연구는 2015년 '한일국교정상화'[1] 50년을 맞이하여 한일양국 간의 '상호 이해와 협력'을 증진시키기 위한 일환으로 행해졌다. 양국의 국교가 '정상화' 된지 50년이라고 표현되는 것은 '정상화' 되기 바로 직전까지의 양국 관계는 필시 '비정상'적이었으며, 또한 그 훨씬 전에는 분명 '정상적'이었을 때가 있었음을 전제하고 있을 것이다.

그런데 우리가 정상적인 국교라고 할 때에 도대체 무엇을 정상적이라고 하는지 분명치 않으며, 혹 '비정상적'일 수도 있는 국교를 정상적인 것이라고 착각할(했을) 수도 있을 것이다.

한일양국의 '국교'는 대체 언제부터 '정상적'으로 시작되었을까? 사실 두 나라의 국교가 언제부터 개시되었는지를 단정하기란 그리 용이치 않다. 국교는 흔히 나라와 나라 사이를 맺는 (외교)관계를 일컫는데, 나라 또는 국가라는 주체나 개념이 사용자에 따라 제각각일 뿐만 아니라, 또 시대에 따라서도 다르게 해석될 수도 있어 특정하기 어렵기 때문이다.

본고의 주제인 '조일수호조규'[2]의 체결 또한 한일양국의 '정상적' 국교 수립으로 보아야 하는지 또 그것으로 양국의 외교가 '정상적'으로 작동되었는지 의문이 아닐 수 없다. 그리고 만일 그 조규의 체결을 '정상

1) 한일양국의 국교 정상화를 위해 1965년에 체결된 조약의 정식 명칭은 '대한민국과 일본국 간의 기본 관계에 관한 조약'이며, 간략히 '한일기본조약' 또는 '한일협정'이라고도 한다.

2) 별칭으로 '강화도조약', '병자수교조약', '병자수호조약', '병자수호조규', '조일통상장정' 등이 사용되나, '조규'와 '조약'은 그 역사적 함의가 확연히 다르기 때문에 조선과 일본이라는 2국적 시각을 넘어 국제질서 변용기의 동아시아 역사상(像)을 거시적으로 파악하기 위해서는 역시 정식 명칭인 수호조규로 일컫는 것이 옳다. 이에 대한 구체적인 논의는 다음 졸고를 참조. 金旼奎, 「近代 東아시아 國際秩序의 變容과 淸日修好條規(1871年): '條規體制'의 生成」, 『大東文化硏究』 41, 2002. 김민규, 「조규? 조약!」, 『역사비평』 75, 2006.

적'으로 본다면 그 이전 시기의 양국 관계, 나아가 조공책봉체제를 근간으로 하는 동아시아 국제질서는 필시 '비정상적'이었음이 전제되어야할 것이다.

조일수호조규는 이른바 포함외교(gunboat diplomacy)의 일환으로 메이지(明治)일본(이하 일본)의 군함 운요(雲揚)호가 1875년 9월 강화도 앞바다를 무단 침입해 전쟁을 도발한 '운요호사건'[3]의 발발을 계기로, 이듬해 2월에 체결됐다.

앞의 캐리커처는 당시 조선과 일본이 수호조규를 맺은 것을 묘사한 풍자화다. 찰스 워그만(Charles Wirgman, 1832~1891)이 그린 것인데,[4] 서구식 해군 복장의 일본인과 전통 복식을 한 조선인이 일본의 군기(軍旗)였던 욱일기(旭日旗) 앞 포연(砲煙)을 배경으로 '평화롭게' 춤을 추는 모양이 상당히 이채롭다.

조선인의 곤혹스러운 표정에서 당시의 정황이 조선에게 적잖이 불리했음을 말해주며, 서로 다른 방향으로 향하고 있는 몸동작에서 동상이몽을 하는 양국의 입장과 인식의 차이가 적나라하게 묘사돼있다. 그림이 웅변하듯, 양국은 유사 이래 아주 이질적인 방식 그러니까 새로운 형식과 내용에 입각해 국교를 '재개'했다.

본고의 목적은 한일국교정상화 50주년과 함께 양국의 역사 나아가 동아시아 국제질서에 획기적인 전환점이 된 조일수호조규 체결 140주년을 맞아, 그 사적(史的) 의의와 의미를 과거와 현재의 시점에서 새롭게 음미해보고자 하는 데에 있다. 나아가 조일수호조규가 비록 조선과 일본 사이에 맺어진 것이기는 하나, 동아시아 나아가 세계사적 시각에서 어떠한

3) 일본의 교과서나 학술서 등지에서는 거의 '강화도사건'으로 기술되어 있는데, 이는 사건 도발 주체인 일본의 책임을 회피하려는 목적이 숨어있는 것으로 여겨진다.
4) 이 그림은 *Japan Punch* (1876년 3월호)에 실려 있다. 워그만은 영국인 화가로 일본에서 살며 특파원으로서 많은 사건을 취재·보도하는 동시에 일본 최초의 풍자만화 잡지인 *Japan Punch*를 발간, 당시 일본의 모습 상당수를 캐리커처로 남겼다.

의미를 지니는지에 대해서도 이야기해 보고자 한다.

Ⅱ. 조일수호조규 체결 직전의 국제정세

영국은 17세기 후반에 시민혁명을 이루어낸 후 18세기 후반부터 산업혁명을 추진해왔으며, 그 영향은 유럽 여러 나라와 아메리카 대륙에까지 미쳤다. 그 결과 서구열강은 자국의 산업발달을 기반으로 자본주의를 정비한 후 더 많은 자본 증식을 위한 시장개척과 원료획득을 목적으로 즉, 식민지 획득을 위해 (동)아시아로 진출·침략하기 시작했다.

유럽열강 중에서 가장 자본주의가 발전하고 군사력 또한 강대했던 영국은 청(淸)과의 무역역조 현상을 타파하기 위해, 식민지 인도에서 생산한 아편 수출을 꾀하려 1840년 '아편전쟁'을 일으켰다. 영국에 패한 청은 1842년 강녕(江寧)조약[남경조약]을 맺어 홍콩을 빼앗기고 광동(廣東)과 상해(上海) 등을 개항하게 됨으로써, 그간 견지해 오던 중국 중심의 세계질서 즉 '중화세계질서'[5]가 흔들리게 되었다.

아편전쟁에서 청이 패배했다는 소식을 접해 놀란 일본 토쿠가와(德川)막부는 외국선박을 추방한다는 1825년의 이른바 '이국선타불령(異國船打拂令)'을 강녕조약이 맺어진 해인 1842년에 폐지하고, 연료와 음료의 제공을 인정하는 '신수급여령(薪水給與令)'을 내어 해방책(海防策)을 새롭게 하였다. 그러나 기본적인 연료와 식음료의 제공이 곧 '개항'[6]을

5) John King Fairbank, ed., *The Chinese World Order: Traditional China's Foreign Relations*, Cambridge, Mass., Harvard University Press, 1968.

6) 일본의 거의 모든 역사서에는 19세기 중반 이후 서양에 의한 개항을 대부분 '개국'이라는 용어로 지칭하고 있다. 이에 비해, 한국이나 중국에서는 주로 '개항'이라 하는데, 이것이 지니는 문제점에 대해서는 지면 관계상 생략한다. 단, '...일본군함 운양호雲揚號에 대한 포격을 구실로 조선정부에 대하여 개국을 강요한 일본...'이

의미하는 것은 아니며, 프랑스와 영국이 유구(琉球)로 내항하고 미국 또한 카나가와(神奈川) 현의 우라가(浦賀)로 내항해 통상을 요구했을 때에도, 막부는 이미 오랫동안 '통상(通商)관계'[7]에 있던 네덜란드의 개항 권고를 무시한 채 '조법(祖法)'인 쇄국정책을 견지하였다.

서구열강 가운데 일본으로의 진출에 가장 적극적이었던 나라는 미국이었다. 그 이유는 태평양에서 활동하고 있는 포경선의 피난처가 필요했기 때문이었으며 무엇보다도 청과의 무역 확대를 꾀하기 위한 중간 기착지로 일본이 가장 적합했기 때문이었다.

1853년 미국 동(東)인도 함대사령관인 페리(Matthew Calbraith Perry, 1794~1858)가 군함 4척을 이끌고 우라가에 나타나 필모어(Millard Fillmore, 1800~1874) 대통령의 국서를 전달하고 개항을 요구하였다. 막부정치를 총괄하는 실력자(=로주[老中])였던 아베 마사히로(阿部正弘, 1819~1857)가 조정(朝廷)에 이를 알리는 한편, 관행을 깨고 여러 다이묘(大名)와 무사들에게까지 자문을 구했다. 그런데 거국적으로 대책을 강구하고자 했던 아베의 이 조처는 조정의 권위를 높이는 동시에 다이묘들이 막부에 대해 발언을 할 기회를 주게 돼 막부 정치의 근본적 전환을 가져오는 계기로 작용하였다.

미국의 개항 요구에 마침내 굴복한 막부는 1854년 '미일화친조약'을 맺게 되었다. 이어 1858년에는 청이 '애로호사건(Arrow Incident)'의 결과로 영국·프랑스와 '천진(天津)조약'을 체결하게 됨에 따라 더욱더 위협을

라 하여, 1875~6년의 강화도사건과 조일수호조규 체결을 일본에 의한 조선의 '개국'으로 보는 시각도 있다. 박상섭, 『국가·주권』, 小花, 2008, 122쪽.

7) 토쿠가와 일본 외교정책의 근간은 '통신(通信)관계'와 '통상관계'였다. 전자는 '국교'가 있었던 조선과 유구였으며, 정식 국교는 없었지만 무역상(上) '통교'가 있었던 후자는 청과 네덜란드였다. 국교가 있었다고는 하더라도 막부의 외교는 조선은 츠시마(對馬)번이, 유구는 사츠마(薩摩)번이 각각 개재하는 형식을 취하고 있었다. 이에 관한 사항은 다음 연구서를 참조. 加藤榮一·北島萬次·深谷克己 編, 『幕藩制國家と異域』, 校倉書房, 1989.

느끼게 된다. '존왕양이(尊王攘夷)'[8]사상과 '대외위기론'[9]이 충만해 있는 국내 분위기 속에서 막부는 어쩔 수 없이 조정의 '칙허'를 얻지 않은 채 '미일수호통상조약'에 조인하였다. 이후 네덜란드, 러시아, 영국 그리고 프랑스와도 각각 수호통상조약을 체결하게 되어 유럽의 만국공법을 근간으로 하는 조약체제에 완전히 편입되었다.

한편, 조선의 경우는 청 그리고 토쿠가와(德川) 일본과는 아주 다른 형태로 개항이 전개되었다. 사대와 교린을 외교정책의 근본으로 하고 있던 조선에게 19세기 중반기에 접어들면서, 이양선(異樣船)으로 불리는 서양 배가 해안에 자주 출몰하여 통상을 요구하거나 또 다수의 서양인 신부들이 잠입해 기독교(천주교) 포교 등을 하는 행위는 상당한 위협이었다. 게다가 청이 영국과 프랑스 군대에 패배해 아편무역과 기독교 포교가 공인되었다는 소식이 전해지자 조선의 위기의식은 한층 고조되었다.[10]

이러한 위기의식 속에서 1866년 2월에 프랑스인 선교사 9명과 기독교(천주교)신자 8,000여 명이 처형되는 사건인 병인사옥(丙寅邪獄)이 발발했는데, 참화를 면해 청으로 탈출한 신부 리델(Félix-Clair Ridel, 1830~1884)이 주중 프랑스 함대사령관 로즈(Pierre-Gustave Roze, 1812~1883)에게 그 사실을 알렸다. 같은 해 9월과 10월 두 차례에 걸쳐 출동한 프랑스 함대는 강화도를 점령했으나 조선의 민과 군의 거센 저항에 부딪혀 철수하였다. 이것이 병인양요(丙寅洋擾)라 불리는 조선과 프랑스의 전쟁으로, 조선이 서양국가와 벌인 최초의 전쟁이었다.

8) 이에 대해서는 다음 졸고를 참조. Kim Minkyu, "Sonnō Jōi: The leaps in logic in modern Japanese political scene," *Sungkyun Journal of East Asian Studies* 3:1, 2003.

9) 朴三憲, 「幕末維新期의 대외위기론」, 『文化史學』 23, 2005.

10) 아편전쟁에 대한 조선과 일본의 인식을 비교한 연구로는 다음을 참조. 河政植, 「阿片戰爭과 朝鮮·日本」, 『近代中國研究』 2, 2001.

프랑스 함대가 출동하기 바로 한 달 전인 1866년 8월에 미국 상선인 제너럴 셔먼(General Sherman)호가 대동강을 거슬러 올라 통상할 것을 집요하게 요구하였다. 이 상선 역시 민군이 협력하여 불살라 버려 선원 전원이 사망하였다. 이것에 대한 보복과 통상관계 수립을 위해 1871년 6월에 주청 미국공사 로우(Frederick Ferdinand Low, 1828~1894)와 미국 극동함대사령관 로저스(John Rodgers, 1812~1882)는 군함 5척과 1200여 명의 군대를 이끌고 조선으로 내항, 남양(南陽) 앞바다 그리고 강화의 초지진(草芝鎭) 등 즉 조선의 수도에 근접해 충돌함으로써, 이 역시 조선 민군이 강하게 저항해 물리쳤다. 이것이 바로 신미양요(辛未洋擾)로 일컬어지는 조선과 미국의 사상 최초의 전쟁이었다.[11)]

이 두 양요로 프랑스와 미국은 각기 조선에 대해 '종주권'을 주장하고 있는 청에게 그 책임소재에 대해 자문을 구했는데, 청은 사대 질서의 개념에 입각하여 조선의 내치 즉 내정과 외교는 자주(自主)에 맡긴다는 입장이었다.[12)]

아편전쟁 이후, 새로운 형태의 한중일 3국의 외교관계 수립은 일본이 주도했다. 그것의 발단이 되었던 것은 '왕정복고 쿠데타' 즉 '막번정치'를 종식시키고 고대의 왕정으로 되돌리고자 새로이 정부를 출범시킨 이른바 메이지유신(明治維新)이었다.

일본은 중화질서체제 즉 조공책봉체제에 직접 편입되어 있지 않아 역내의 위상이 '주변국(marginal state)'의 상태에 머물러 있었다. 그런데 종

11) 병인양요와 신미양요를 다룬 논저는 상당수 있지만, 다음 몇 가지만 소개함. 이주천·김진환, 「병인양요(丙寅洋擾)의 재조명(再照明): 조선과 프랑스의 대격돌(大激突)」, 『열린정신 인문학연구』 8, 2007. 김명호, 『초기 한미관계의 재조명: 셔먼호 사건에서 신미양요까지』, 역사비평사, 2008. 沈箕載, 『幕末維新日朝外交史の研究』, 臨川書店, 1997. 심기재, 「明治 4(1871)年, 辛未洋擾와 明治政府의 대응」, 『한국정책과학학회보』 3:1, 1999.

12) William Woodville Rockhill, *China's Intercourse with Korea: From the XVth Century to 1895*, London, Luzac, 1905, pp.1~2. 김용구, 『만국공법』, 小花, 2008, 5쪽.

래의 지역질서 규범과는 그 성격을 전혀 달리하는 만국공법(국제법)에 의한 조약체제로의 변전(變轉)은 지역 내 서계(序階)를 바꿀 수 있어 자국에게 아주 유리한 것으로 판단하였다.

통신사 파견 중지로 중단돼 있던 조선과의 관계 개선을 위해, 신생 메이지정부는 태정유신(太政維新)을 알리기 위해 츠시마(對馬) 번주(藩主) 소오 요시아키라(宗 義達, 1847~1902)를 조선에 파견하였다. 그렇지만 조선 측은 그가 가지고 온 서한에 그간 볼 수 없었던 '황(皇)'이라든가 '봉칙(奉勅)' 등의 새로운 용어가 사용되었음을 들어 접수를 거부하였다.[13)]

그 후 메이지정부는 조선과의 외교권을 츠시마에 일임하고 있었던 것을 거두어들여 왜관에 외무성 직원을 주재케 하거나 외무대승(大丞) 하나부사 요시모토(花房義質, 1842~1917)를 파견하는 등 여러 각도로 국교수립을 시도했다. 하지만 조선은 이전과 달라진 일본의 외교 행태에 거부의 태도를 바꾸지 않았다.[14)]

이에 메이지정부 안팎에서는 국교교섭을 거절한 조선의 태도가 자국에 대한 심한 모독이라는 반발이 불같이 일어나, 군사력으로 위협을 해서라도 개항시켜야 한다는 주장 즉 정한론이 특히 무사계층에서 널리 퍼지게 되었다. 그러나 외교적 결례와 도발은 일본 측에서 먼저 자행한 것이어서, 이러한 정한론은 애초부터 이치에 맞지 않는 것이었음은 물론이다.

아무튼 조선 측의 국교수립 거절로 뜻을 이루지 못하자 메이지정부는 다음의 세 가지 방안을 강구한다. 첫째, 조선과의 교섭을 중단하고 철수하거나 둘째, 진구(神功)황후의 웅적(雄績) 즉 조선정벌을 본받아 황사(皇

13) 金旼奎, 「近代 東아시아 國際秩序의 變容과 朝鮮: '條規體制'의 成立과 瓦解」, 韓國史硏究會 編, 『韓國史의 國際環境과 民族文化』, 景仁文化社, 2003, 177쪽.
14) 조선이 대일 교섭을 거절한 것을 '자명한 전제'로 하고 일본의 대조선 정책의 국내적 과정 분석에만 중점을 두었던 종래 연구의 틀을 벗어나, 조선의 국내외 사정과 대응을 시야에 넣고 메이지유신 이후 조일수호조규 체결에 이르기까지의 과정을 분석한 글로는 다음을 참조. 諸洪一, 「明治初期日朝關係の再編と對馬」, 『幕末維新と外交』, 吉川弘文館, 2001.

使)를 보내 정한(征韓)을 행하거나 셋째, 조선의 상국인 지나(支那) 즉 청과 먼저 조약을 맺는다.

결국 세 번째인 조선의 종주국인 청과의 관계 수립 쪽으로 정책을 결정하게 되는데, 조선과의 수교문제를 자국에게 유리한 쪽으로 끌고 나아가기 위해서였다. 종주국인 청과의 관계 설정이 우선이라고 판단한 이유는 청과 먼저 조약을 맺어 격(格)이 동등하게 되면 청에게 '복종'하고 있는 조선은 일본 밑에 위치하게 된다는 이유에서였다. 다시 말해, 일본이 청과 대등하게 되면 일본의 천황에 대해 조선국왕은 어쩔 수없이 신하의 예를 취하지 않으면 안 되게끔 된다는 것이다.[15] 적례(敵禮) 즉 '대등관계'[16]였던 종래의 조선과 일본의 관계를 뒤엎으려는 복안이 깔려있었다.

일본은 결국 청과 교섭 끝에 1871년 '청일수호조규'를 맺게 되는데,[17] 이후에도 조선과의 교섭이 예상과는 달리 진전을 보지 못하게 되자 이번에는 앞의 3가지 방략 중 두 번째 즉 무력행사의 연장선상에서 전개하게 된다.[18]

1874년, 일본으로부터 '대만 침공'[19]을 받은 청이 조선정부에게 일본

15) 「對鮮政策三箇條伺ノ件」, 『日本外交文書』 第3卷, pp.144~145.

16) 에도기(期)에 쇼군(將軍)은 정식 '국왕' 타이틀은 가지고 있지 않았지만, '일본국 대군(大君)'으로서 조선의 국왕과 외교상 대등 즉 적례의 관계에 있다는 것이 일반적인 견해다. 그러나 외교상 '대등'이라함은 형식적인 측면과 함께 실제적인 면을 함께 고찰해 판단해야 한다. 이 점에 관해서는 지면 관계상 별도의 기회에 논하기로 한다.

17) '번을 폐하고 현을 둔다'고 하는 이른바 폐번치현(廢藩置縣, 1871. 8. 29) 직후에 체결된 청일수호조규에 대한 상세한 논의는 다음 졸고 참조. 金旼奎, 「近代 東아시아 國際秩序의 變容과 淸日修好條規(1871年)」, 2002.

18) 毛利敏彦, 「明治初期外交の朝鮮觀」, 『國際政治』 51, 1974, pp.38~40.

19) 중국에서는 '牧丹社事件' 일본에서는 '臺彎出兵'으로 각각 칭한다. 일본의 대만 침공은 대만의 토착민이 표류하던 유구(琉球)인 어부를 살해한 사건을 말하는데, 이 사건을 구실로 일본은 대만을 공격, 산지(山地)족을 살해하고 그 군사동원의 경비를 청나라에 요구했다. 메이지정부는 청일수호조규를 이용해 대만의 원주민은 '화외지민(化外之民)'이라는 청정부의 언질을 교묘히 끌어낸 다음, 국내 사족(士

의 무력행사 가능성을 통고해 조선도 태도를 바꿔 1875년부터 일본과 교섭이 시작되었다. 그런데 그 교섭도 잘 이루어지지 않자 초조감에 속을 끓이던 메이지정부는 '운요호사건'을 일으키고 만다.

외무경 테라시마 무네노리(寺島宗則, 1832~1893)는 재일본 미국 특명전권공사 빙햄(John Armor Bingham, 1815~1900)에게 이번 조선으로의 군함 도항은 '귀국의 페리제독이 시모다(下田)에 왔던 것과 같은 처치'라고 설명하면서,[20] 메이지정부가 참고하기 위한 자료로 페리가 본국 정부에 낸 복명서를 주일 미국 공사관에서 빌리기도 하였다.[21]

아무튼 운요호 함장 이노우에 요시카(井上良馨, 1845~1929)의 두 개의 '강화도사건 보고서'[22]를 비교해 보면, 일본 측이 단지 식수를 구하기 위해 접근한 것이 아니라, 애초부터 강화도 포진으로부터 발포를 유도해 전쟁을 도발한 것을 알 수 있다.

그러나, 조선의 '국제적 위치' 즉 '속국' 개념을 둘러싸고 청(리홍장

族) 대책을 강구하기 위해 1874년 5월에 대만 출병을 결행한다. 출병을 정당화하기 위해서는 원주민에게 학살당한 유구 도민(島民)은 일본인이라는 논리가 필요했기 때문이다. 7월에 유구번의 관리청을 외무성에서 내무성으로 변경, 나아가 이듬해 7월에 유구번으로 하여금 청과의 조공관계를 단절시키게 하고 1879년 최종적으로 유구번을 폐지, 오키나와(沖繩)현을 두게 된다.

20) 「黑田辨理大臣ノ朝鮮國派遣ニ關スル各國公使トノ對話書送付ノ件, (附屬書)明治八年十二月九日寺島外務卿美國公使ビングハム氏との對話」, 『日本外交文書』 第8卷, p.153.

21) 鳥海 靖, 『もういちど讀む山川日本近代史』, 山川出版社, 2013, p.51.

22) 이노우에 함장의 '보고서'는 1875년 9월 29일자의 것과 同 10월 8일자의 것이 존재한다. 전자가 엄연히 존재하고 있었음에도 후자만이 있었던 것으로 알려져 왔다. 그러나 전자가 2002년도에 발견됨으로써 후자가 왜곡·날조된 것임이 밝혀졌다. 鈴木 淳, 「「雲揚」艦長井上良馨の明治八年九月二十九日付け江華島事件報告書」, 『史學雜誌』 111:12, 2002. 이태진, 「雲揚號사건의 진상: 사건 경위와 일본 국기 게양설의 진위」, 崔承熙敎授停年紀念論文集刊行委員會 編, 『朝鮮의 政治와 社會』, 집문당, 2002. 이태진, 「1876년 강화도조약의 명암」, 『한국사시민강좌』 36, 2005.

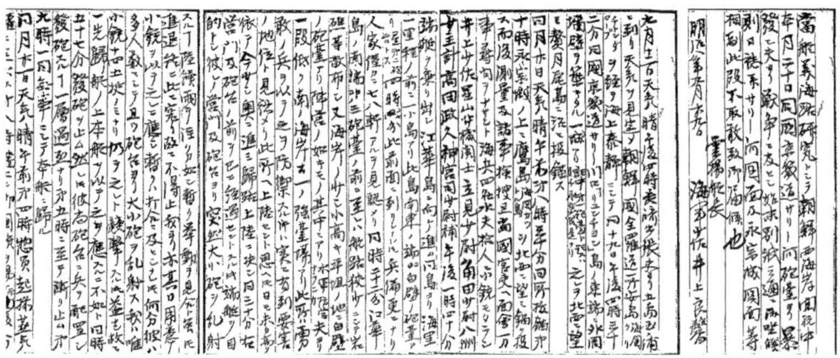

[운요호 함장 이노우에 요시카의 '보고서' (1875년 9월 29일자)]

[李鴻章, 1823~1901])과 일본(모리 아리노리[森 有禮, 1847~1889])의 의견 대립에도 불구하고 일본이 만일 조선과 전쟁을 하게 되는 경우에는 청이 '종주국'으로 개입을 하겠다는 뜻을 내비치자, 일본은 결국 사건을 전쟁으로까지는 비화시키지 않고 수호조규를 맺는 방향으로 선회하게 된다.[23)]

Ⅲ. 조일수호조규

조일수호조규에 관한 연구논문은 헤아릴 수 없이 많아 연구사조차 체계적으로 정리하기가 쉽지 않다.[24)] 지면 관계상 문제의 소지가 되는 조

23) 사실 일본이 이 사건을 도발한 것은 당시 일본이 실제 본격적인 전쟁을 치를 능력과 의지는 없었지만, 표면적으로라도 포함외교의 '쇼'를 연출해 외교적 성과를 거두고자 했던 때문이었다. 이에 대한 구체적인 논의 및 수호조규 체결 과정에 대해서는 다음 논문 참조. 김종학, 「조일수호조규는 포함외교의 산물이었는가?」, 『역사비평』 114, 2016.

24) 조선과 타국과의 조규, 장정, 조약 체결에 관한 원문 소개 및 해설 등을 종합적으로 다룬 것으로는 다음 논저들이 유용함. 『舊韓末條約彙纂』 上, 國會圖書館立法調査局, 1964. 『舊韓末條約彙纂』 中, 國會圖書館立法調査局, 1965. 『舊韓末條約彙纂』 下, 國會圖書館立法調査局, 1965. 최덕수 외 지음, 『조약으로 본 한국 근

항과 그 해석과 관계되는 몇몇 사항에 대해서만 간단히 살펴보기로 한다.[25)]

조일수호조규는 1875년 일본 군함 운요(雲揚)호가 강화도를 무단 침입해 발발한 '운요호사건'을 계기로 이듬해 2월 26일(조선력 2월 초2일) 메이지(明治) 일본과의 사이에 맺어진 조규다. 강화도조약 또는 병자수호조약이라고도 일컬어지고 있으나, '修好條規'[26)]가 정식 명칭으로 넓은 의미에서는 '조약'이라 할 수도 있겠으나, 엄밀히 말하자면 사료에 나와 있는 그대로 부르는 것이 순리라 하겠다. 당시 '조약'이라는 용어가 엄연히 사용되고 있었음에도 굳이 '조규'로 명명했기 때문에 더욱더 그렇다. 분명히 다른 의미와 의도가 있기 때문이다. 그리고 '수호조규'만으로는 1871년 청과 일본 사이에 체결된 '수호조규'와 구별되지 않으므로 '조일수호조규'라 부르는 것이 타당하다고 여겨진다.

'조규'와 '조약'의 차이에 대해서는 이미 필자가 여러 차례에 걸쳐 주장하고 있으나,[27)] 그에 대한 인식과 이해가 아직도 일천한 듯해 다시금 각별한 주의를 촉구한다.

조선 측 전권(全權)은 신헌(申櫶, 1810~1884)과 윤자승(尹滋承, 1815~?), 일본 측은 쿠로다 키요타카(黑田淸隆, 1840~1900)와 이노우에 카오루(井上 馨, 1836~1915)가 서명·날인한 이 수호조규는 전문(前文)에 이어 총 12관(款)으로 구성돼 있다. 원문은 한문과 일문으로 되어 있는데 그 주된 내용은 첫째 조선은 '자주의 나라(自主之邦)'로 일본과 평등한 권리를 가지며(제1관), 둘째 사절의 상호 왕래와 체류를 통해 교제할 것(제2관), 셋째 조선은 부산 이외 두 곳을 개항할 것(제4·5관), 넷째 개항

대사』, 열린책들, 2010.

25) 이 부분은 다음의 졸고를 위주로 재정리한 것임. 김민규, 「조일수호조규(朝日修好條規)」, 『한국근대외교사전』 성균관대학교출판부, 2012, 533~535쪽.

26) 『高宗太皇帝實錄』 卷13:15葉 左6.

27) 각주 2) 등의 졸고.

지에 일본 관리관을 두고 재류 중 범죄 발생 시 각국의 법률에 의거하여 재판할 것(제8·10관) 등이다.[28)]

먼저 전문을 보자. 초반부는 다음과 같이 되어있다.[29)]

> 대일본국과 대조선국은 본디 우의를 두텁게 하여 세월을 지냈다. 지금 양국의 정의(情誼)가 미흡함을 보게 되었음으로 옛 우의를 다시 닦아 친목을 굳게 다지고자 한다.

주목해 보아야 할 대목은 '옛 우의를 다시 닦아(重修舊好)'라고 하는 부분이다. 양국이 관계를 새로이 맺으려는 것임에는 틀림이 없으나 '옛 우의'를 복구·부활(restoration)시키려는 의사를 분명히 드러내고 있다.

그럼에도 이 수호조규 체결 이후 새로이 형성될 관계에 대한 양국의 이해는 사뭇 달랐다. 조선의 경우, 수호조규 체결의 성격을 묻는 조정 대신들의 계속된 질문에 국왕 고종은 전문에 명기된 것(重修舊好)을 들어 '옛 우호 관계를 회복하는 것에 불과(不過修舊好)'한 것이라 거듭 답한다. 다시 말해 이 수호조규는 통신사 파견 중단 및 서계문제로 훼손된 종래의 교린관계의 회복일 따름이라는 인식을 드러낸 것이다.[30)]

반면 일본은 메이지유신 이후 새로운 정부에 의한 양국 간의 관계 회복이고 또 그것이 어디까지나 근대 국제법인 만국공법 즉 '조약'에 의해 체결된 것인 만큼 이전 토쿠가와 즉 에도(江戶)시대에 행해졌던 교린관계는 이제 청산된 것으로 간주하였다. 다시 말해 일본은 청일수호조규에 이은 조일수호조규 체결을 통해 기존 청 중심의 정치·경제·군사체제인 조공책봉체제를 근간으로 하는 국제질서의 해체를 꾀하려 했던 것이다.

28) 『高宗太皇帝實錄』 卷13:15葉 左6-17葉 左6

29) 『高宗太皇帝實錄』 卷13:15葉 左8. 한글 번역은 다음 자료를 따랐음. 최덕수 외 지음, 『조약으로 본 한국 근대사』, 33쪽.

30) 『承政院日記』 丙子(高宗13年) 2月 初5日條. 金旼奎, 「近代 東아시아 國際秩序의 變容과 朝鮮」, 2003, 180쪽.

앞서도 언급했지만, 일본은 조선과는 달리 조공책봉체제에 직접적으로 편입되어 있었던 것은 아니다. 하지만 '조선통신사'가 말해주듯, 조선과 이른바 교린관계에 있었고 청과는 제한적이기는 하였지만 통상을 하는 등, 동아시아의 전통적 국제질서 내에 간접적으로 속해있던 일종의 '주변국'이었다. 그런데 왕정복고 쿠데타로 새로운 정권이 들어서고 서구열강과 일련의 조약을 맺는 등 국내외적으로 큰 정치적 변화를 겪게 된 것을 기화로, 조선 그리고 청과의 관계를 재정립·재구축하고자 획책했다. 만국공법을 근간으로 하는 조약체제로 '새판 짜기'를 본격화한 것이다.

그러나 이 수호조규가 비록 만국공법에 의한 조약체제의 형식(과 내용)을 띠고 있기는 하지만, 역사상 전혀 왕래가 없었던 것은 아니기 때문에 국교 '수립'이라고 하기보다는 역시 국교의 '재개'적 성격을 강하게 내포하고 있는 것이라 할 수 있다.

다음으로 주의해 보아야 할 조관은 제1관의 '조선국은 자주의 나라이며 일본국과 같이 평등의 권리를 보유한다'[31]라는 내용이다. 조선이 서구적 개념에서의 '독립국'이었다면 '독립지방'으로 했음이 타당할 텐데 이곳에서 굳이 '자주지방'이라 한 것은 틀림없이 어떠한 역사적 함의가 있을 것이다. 사실 애초부터 조선이 '독립국'이었다면 애써 제1관에 삽입할 필요도 없는 것이다. 당시의 만국공법상의 국가 간 조약 체결이라고 하는 것은 서로 대등·평등한 독립된 나라끼리의 행위여야 하기 때문이다.

즉, 체약 상대국이 독립국임을 당연한 전제로 한 후, 국교 수립을 위한 조약 체결이 행해지는 것임에도 굳이 '자주지방'을 명문화했다고 하는 점은 서구의 조약체제와는 사뭇 거리가 있는 것이라 하지 않을 수 없다.[32] 사실 1871년 청일수호조규에 이러한 조항이 아예 없었음을 상기하

31) '朝鮮國自主之邦保有與日本國平等之權' 『高宗太皇帝實錄』 卷13:15葉 左13.
32) 金玟奎, 「近代 東아시아 國際秩序의 變容과 朝鮮」, 2003, 181쪽. 최덕수, 『개항

면,[33] 이는 조선에 대한 청의 종주권을 부인하려는 일본의 의도가 주로 작용했을 것으로 여겨진다.

그러나 청은 조일수호조규 체결을 전후하여, '조선이 비록 중국에 번복하였으나 본디 일체의 정교금령은 오로지 당해국이 자유롭게 행하는 것으로 중국은 간여치 않는다'[34]는 입장을 견지하였다. 그것은 청이 조공책봉체제에 의한 조선과의 '종속(宗屬)관계'를 결코 포기하지 않겠다는 확고한 의사 표시에 다름 아니었다. 청의 의도와는 달리 특히 당시 이 '자주지방'이 거의 예외 없이 '독립국(independent State)'[35] 등으로 영역됨으로써, 청과 조선과의 관계 즉 조선의 국제적 위치와 성격을 두고 혼란과 갈등이 가중되어 갔다.

앞에서도 잠깐 언급했지만, 일본은 청과의 관계를 조약체제에 입각해 새롭게 설정, 즉 청과 대등하게 되려는 속셈에서 청일수호조규를 체결하였다. 그렇게 되면, 일본의 천황에 대해 조선국왕은 어쩔 수 없이 신하의 예를 취하게 될 것이고, 그렇게 되면 자연스레 일본은 조선의 상위에 위치하게 된다는 계산이다.[36]

따라서 조선과의 수호조규 체결을 통해 그간의 대등·평등한 수평적 교린관계를 힘을 앞세워 수직적 상하관계로의 전환을 시도해, 동아시아

과 朝日관계』, 고려대학교출판부, 2004, 39쪽.

33) 청일수호조규 제1조는 조일수호조규와는 전혀 달리, 양국의 소속방토(所屬邦土)를 침월치 않는다는 내용으로 되어있다. 「淸國ト ノ修好條規通商章程締結二關スル件」, 『日本外交文書』 第4卷, p.204. 그 밖의 논의에 대해서는 다음을 참조. 金旼奎, 「近代 東아시아 國際秩序의 變容과 淸日修好條規(1871年)」, 2002, 337쪽.

34) '朝鮮雖隷中國藩服其本處一切政敎禁令向由該國自行專主中國從不與聞', 『淸光緖朝中日交涉史料』 上册·卷1, 1葉.

35) *Treaties, Regulations, etc., between Corea and Other Powers, 1876~1889*. Shanghai; London, P.S. King & Son, 1891, p.1. 엄밀히 하자면, "self-governing country"나 "self-ruling country" 또는 "autonomous country" 정도가 적합한 영역이 아닐까 생각된다.

36) 주 15)과 같음. 「對鮮政策三箇條伺ノ件」, 『日本外交文書』 第3卷, pp.144~145.

3국 사이에 수백 년간에 걸쳐 느슨히 형성되어 있던 '하이어라키(階序)'의 재정립을 꾀했던 것이다.

다음으로 눈여겨 보아야 할 사항은 수호조규가 체결된 날짜와 위임대신의 이름이 다음과 같이 기록된 점이다.[37]

> 대조선국 개국 485년 병자[38] 2월 초2일
> 대관 판중추부사 신헌(申 櫶)
> 부관 도총부 부총관 윤자승(尹滋承)
> 대일본국[39] 기원 2536년 메이지 9년 2월 26일
> 대일본국 특명전권변리대신 육군 중장 겸 참의 개척 장관
> 쿠로다 키요타카(黑田淸隆)
> 대일본국 특명 부전권 변리대신 의관 이노우에 카오루(井上 馨)

그러니까 조인 날짜가 대조선국 개국 485년 병자 2월 초2일, 대일본국 기원 2536년 메이지 9년 2월 26일로 되어 있어, 양국 공히 청의 연호를 사용하지 않았다. 청으로부터 거리를 두려는 의지를 나타낸 것이다. 특기할 점은 이 수호조규를 체결한 주체인데, 일반적인 예와는 달리 국가 원수의 칭호와 경칭을 사용하지 않고 그냥 양국의 국명과 위임관의 명칭만을 나열했다는 사실이다.[40]

남경조약이 '대청대황제'와 '대영군주'의 명의로 체결되었으며,[41] 조

37) 『高宗太皇帝實錄』 卷13:17葉 右15~左6.

38) 『조약으로 본 한국 근대사』의 한글 번역(37쪽)에는 '병자년'으로 되어 있으나, 원문은 '병자'로 되어있다.

39) 『조약으로 본 한국 근대사』의 한글 번역(37쪽)에는 '대일본'으로만 되어 있어 원문에는 있는 '국'자가 빠져있다.

40) 金旼奎, 「近代 東아시아 國際秩序의 變容과 朝鮮」, 180~181쪽.

41) 梁爲輯·鄭則民 主編, 『中國近代不平等條約選編與介紹』, 中國廣播電視出版社, 1993, 18쪽.

미조약이 대조선국 군주와 대미국 '프레지던트'[42]를 조약문 앞에 내세웠다는 사실에서 보면 조일수호조규의 형태가 상이한 것이 확연하다.

무엇보다도 주목해야 할 사실은 교과서 등 거의 모든 역사서에는 이 조일수호조규를 '조선이 외국과 체결한 최초의 근대적 조약'으로 규정하고 있는데, 이는 전혀 사실과 부합되지 않는다. 우선 조규라는 명칭에서 진정한 '조약'이 아니며, 무엇보다도 1882년 5월 22일 미국과의 사이에 체결된 조약(朝美條約)[43]에서 '이 조약이 조선국이 최초로 맺은 조약'[44]이라 분명히 밝히고 있기 때문이다.

그러니까 서구나 일본의 시점에서 볼 때는 이 수호조규가 '조약'으로 보일(보였을) 수 있을지 모르겠으나, 조선의 시각에서 볼 때는 조약이 아니었음은 물론이거니와 '최초'가 될 수도 없다. 아니 결코 돼서는 안 된다. 아무리 강조해도 지나침이 없지만, 조미조약에 이것이 조선이 맺은 최초의 조약이라고 명시돼 있기 때문이다.

조선 혹은 동아시아사의 관점에서 볼 때 이 조일수호조규는 비록 서양의 만국공법에 의한 '조약'의 형식과 내용에 의거한 것이라고 할지라도 한 치나 한 자의 오류가 있을 수 없는 엄연한 '조규'이며, 또 조선이 맺은 '최초'의 것이 아니라 고종이 반복해 언급한 대로 일본과 '옛 우호관계를 회복하는 것에 불과'한 것이었다.

---

42) '伯理璽天德' 『高宗太皇帝實錄』 卷19:21葉 左3~4.
43) 『高宗太皇帝實錄』 卷19:21葉 右15~24葉 左14.
44) '玆朝鮮國初次立約' 『高宗太皇帝實錄』 卷19:24葉 右8.

重望故朝論咸以爲非此莫可而臨機應變不得不委任專管雖非出疆援照古例矣卿何異辭之至於此乎覆議廟堂籌度寅協使事今旣竣完宜非國家之幸乎予恃卿屹若長城卿須體予至意○議政府啓近有一種贋造文字眩惑一世故令捕廳譏詗轉及於出身趙秉稷訓鍊判官張志膺等而分付秋曹詳査矣趙哥所招模糊仍又隱避令秋曹期於捉得而趁未跟捕之刑曹判書金始淵施以罷職之典何如允之○給金堤郡渰死人恤典○三十日都政以李升洙爲司憲府大司憲趙秉恒爲司諫院大司諫申應朝爲藝文館提學鄭岐源爲刑曹判書金翼鉉爲吏曹參判○義禁府以崔益鉉羅州牧黑山島圍籬安置三倍道當日押送啓○議政府以謹依下敎批準文字並與修好條規成冊子以入待還下賚去之意啓○京各司各營進乙亥會計簿戶曹餉廳兵曹訓局禁營御廳總廳時在黃金一百五十一兩二錢四分零銀子十二萬二千二十兩零錢文二十一四萬二千八百六十兩零淸錢二一萬三千九百二十七兩零木一千八百二同七疋零布子一千一百六十五同三十六疋零米二十二萬三千三百三石零太二萬七千六百八十一石零田米五百四十六石零皮雜穀九石零○應資老人下批百歲者四人江原道通政趙宅永成鏡道通政朴興春李泰弘金

三亨

丙子二月初一日癸亥○初二日○初三日接見大宮以今三日辰刻與日本國特命全權辦理大臣黑田淸隆特命副全權辦理大臣井上馨修好條款二冊互相署名鈐印仍宴饗于營下鍊武堂其隨員亦與焉宴罷午刻該一行出發歸船宮本小一以下及餘兵七十餘名姑留於前住處而修好條規譯漢文日本文各一冊批準原本一冊日本全權擬案批準一冊條規原本一冊日使贈書一本宮本小一手錄一本賚上于議政府啓

高宗太皇帝實錄卷之十三 十五

修好條規漢譯據原本

大日本國與
大朝鮮國素敦友誼歷有年所今因視兩國情意未洽重修舊好以固親睦是以日本國政府簡特命全權辦理大臣陸軍中將兼參議開拓長官黑田淸隆特命副全權辦理大臣議官井上馨詣朝鮮國江華府朝鮮國政府簡判中樞府事申櫶副總管尹滋承各遵所奉諭旨議立條款開列于左

第一款
朝鮮國自主之邦保有與日本國平等之權嗣後兩國欲表和親之實須以彼此同等之禮相待不可毫有侵越猜嫌宜先將從前爲交情阻塞之患諸例規一切革除務開擴寬裕弘通之法以期永遠相安

[수호조규, 제1관 첫줄에 '朝鮮國自主之邦'이 보인다.]

IV. 에필로그

조일수호조규는 지금으로부터 꼭 140년 전인 1876년에 체결되었다. 유럽의 조약체제를 따른 것으로 동아시아에서는 1871년 청일수호조규에 이어 두 번째로 체결되었다.

청일수호조규는 내용면에 있어서 비교적 평등한 것이었으나, 형식면에 있어서는 '조규'라는 명칭이 말해주듯 애초부터 대등·평등을 전제로 한 것은 아니었다.[45] 반면 조일수호조규는 앞에서 보았듯이 내용상에 있어서 심히 불평등한 것이나, 그렇다고 해서 형식면에서까지 불평등한 것

45) 金旼奎, 「近代 東아시아 國際秩序의 變容과 淸日修好條規(1871年)」, 2002.

이라고는 볼 수 없다. '조규'라는 명칭은 청일수호조규의 선례에 따랐던 것으로 보인다.

조선이 원안에 기재돼 있던 '대일본국황제폐하'와 '조선국왕전하'의 삭제를 요구해 '대일본국'과 '대조선국'으로 최종 결정되었다. 조선의 입장에서 '황제폐하'와 '국왕전하'는 '대등의 예(禮)를 결(缺)하는 것'으로 대등함을 표하고자 했기 때문이다.[46] 연호 표기에 있어서도 일본은 황기(皇紀)를, 조선은 개국연호를 사용함으로써 제각기 대등함을 드러냈다.[47]

조선에게 있어 수호조규는 간단히 말해, 불평등한 내용에도 불구하고 실리보다는 명분을 중시해 국가(원수)의 대등 즉 형식상의 평등을 우선시했던 것으로 보인다. 특기할 만한 것은 조선이 청과 종속(宗屬)관계를 유지한 채, 청의 연호를 사용하지 않고 개국연호를 사용했다는 점, 그리고 제1관에 조선국을 '자주지방'으로 명기한 사실이다.

수호조규로 조선이 '자주국'임이 알려졌지만, 그것으로 종래의 조청관계가 청산되거나 조약체제 수용으로 '독립국'이 되었음을 의미했던 것은 아니다. 하지만 구질서를 청산하려는 일본과, 서구열강 특히 미국은 '자주국'을 '독립국'으로 간주하려는 강한 의지를 보였다.

조약체제의 전면적 수용을 꺼리고 조공체제를 그대로 유지하려는 청은 그들의 그러한 의지를 누르기 위해, 조선에게 서구열강과의 조약체결을 권도(勸導)하는 한편 자국과는 무역장정을 맺을 것을 요구한다. 1882년 조미조약을 위시한 일련의 조약들이 조선과 영국, 프랑스, 독일, 러시아, 이태리 등과 체결되었고, 청과는 '상민수륙무역장정(商民水陸貿易章程)'이 맺어졌다.

이후 청은 조선에게 조미조약의 조약문과는 별도의 규정이 담겨있는

46) 田保橋 潔, 『近代日鮮關係の硏究』上, 朝鮮總督府中樞院, 1940, p.482.
47) '大朝鮮國開國四百八十五年丙子二月初二日', '大日本國紀元二千五百三十六年明治九年二月二十六日' 『高宗太皇帝實錄』 卷13:17葉 右15, 左3.

'정치적 서한'인 조회문(照會文)을 미국에 전달케 해, 조선이 청의 '속방'[48]임을 밝히게 했으며 상민수륙무역장정에도 전문(前文)에 '속방'[49]임을 명기했다.

청이 '속방'인 조선에게 유럽열강과 조약체결을 권도한 이유는 익히 알려진 대로 '이이제이(以夷制夷)책'에 의한 것이었다.[50] 특히 조선과 인접해 있는 일본과 러시아의 조선에 대한 식민지 야욕을 견제하기 위해서였다. 그러나 그 외에도 '속방'인 조선을 이용해 조약체제를 조공체제 내로 편입시켜 청 중심의 화이질서체제를 더욱더 공고히 해보려는 데에 있었다.

즉 청의 '속방'인 조선이 미국 등 유럽 열강과 조약을 맺어 그 나라들과 대등·평등하게 되면, '종주국' 청은 자연스레 열강 그러니까 만방(萬邦) 위에 위치하게 된다는 것이다.[51] 거시적으로 보아, 청은 조약체제라는 새로운 국제질서에 대응하고 조공체제의 수호를 위해 조선을 외교적 '지렛대'로 이용한 것이라 할 수 있다. 이것이 필자가 주장하는 '조규체제'의 개략이며 본질이다.

유길준은 조약체제와 조공체제의 이러한 혼재를 '양절(兩截)체제'라 훗날 비판하였으며,[52] 김옥균·박영효 등의 급진개화파는 청의 조공체제와 패권주의로부터 '독립'을 꾀하기 위해 갑신정변을 일으켰다. 그러나 거사를 위한 준비가 상당히 부족했던 위에, 조일수호조규 체결 이후 조

48) '朝鮮素爲中國屬邦' 『舊韓末條約彙纂』 中, 287쪽.

49) '水陸貿易章程係中國優待屬邦' 『舊韓末條約彙纂』 下, 398쪽.

50) 金旼奎, 「近代 東아시아 國際秩序의 變容과 淸日修好條規(1871年)」, 341쪽. 金旼奎, 「近代 東아시아 國際秩序의 變容과 朝鮮」, 182~183쪽.

51) 京都大學文學部國史硏究室編, 『吉田淸成關係文書一(書簡篇1)』, 思文閣(京都), 1993, p.112.

52) 조규체제와 양절체제의 차이점에 대해서는 다음 졸고 참조. 金旼奎, 「개화기 兪吉濬의 국제질서관 연구: '兩截體制'와 '條規體制'의 관련성에 대하여」, 『韓國人物史硏究』 3, 2005.

청 양국의 전통적 관계를 분리·해체시키고자 했던 일본정부 및 민간세력을 끌어들임으로써 갑신정변은 실패하고 만다.[53)]

조약체제, 좀 더 정확히 말해 조규체제가 해체되는 것은 청일전쟁에서 승리한 일본 주도의 구화(媾和)조약인 시모노세키(下關)조약에 의해서였는데, 갑신정변 사후처리로 청일 간에 합의했던 '천진회의전조(天津會議專條)' 제3관[54)]의 조항이 청일전쟁의 단초가 되었었다.

조일수호조규에서 조선을 '자주지방'으로 하는 것에 그쳤던 일본은 시모노세키조약에서 '청국은 조선국이 완전무결한 독립자주국임을 확인한다'[55)]라고 규정함으로써, 숙원이었던 조선을 청과 '완전히 분리'시키는 데 성공한다.

국제법적 관점에서 보면, 조선은 1876년 수호조규 체결에서부터 1895년 시모노세키조약 체결에 이르기까지 약 20년 간 청의 '속방'이면서도 '자주국'이라고 하는 아주 애매모호한 위치에 처해 있었던 셈이다. 종래의 조공책봉체제를 유지한 채 새로이 유입된 조약체제에 대항하려 했던 청의 입장에서는 그러한 조선의 위치가 결코 모순된 것은 아니었다.

문제는 조선이 그러한 자국의 처지를 어떻게 인식하고 있었는가 하는 점이다. 이 문제를 푸는 작업이 용이치 않으리라 여겨지지만 한국사학계

53) 金旼奎, 「福澤諭吉와 朝鮮開化派: 그의 對朝鮮觀과 개화파에 대한 원조를 중심으로(1885년초까지)」, 『實學思想硏究』 2, 1991.

54) '장래 조선국에 만약 변란이나 중대사건이 일어나 중일 양국 혹은 한나라가 파병을 요할 때에는 응당 그에 앞서 쌍방이 문서로써 통지하여야 한다. 그 사건이 진정된 뒤에는 즉시 그 병력을 전부 철수하며 잔류시키지 못한다.' 흔히 이 '천진회의전조'는 간략히 '천진조약'으로 불리나 이는 정식 명칭이 아니다. 『舊韓末條約彙纂』 中, 144~145쪽. 한편, 정변의 사후 처리를 위해 조일 간에는 '한성(漢城)조약'이 맺어졌는데, 이 또한 일반적으로 조약으로 칭해지나 '약정(約定)'으로, 일본 측의 정식 명칭은 '明治十七年京城暴徒事變ニ關スル日韓善後約定'이다. 『舊韓末條約彙纂』 上, 42쪽. 『日本外交年表並主要文書』 上, 原書房, p.96, p.101.

55) '淸國ハ朝鮮國ノ完全無缺ナル獨立自主ノ國タルコトヲ確認ス', '中國認明朝鮮國確爲完全無缺之獨立自主'. 『舊韓末條約彙纂』 中, 159, 163쪽.

가 보다 철저히 연구해 결단코 답을 내야 할 과제라 믿는다.

이것과 함께 역사학계에서 또 한 가지 해결해야 할 과제는 일본의 청일전쟁 승리로 이제 '완전무결한 독립자주국'이 된 조선이 이후 불과 10년 만인 1905년 바로 그 일본에 의해 외교권을 잃게 되고(제2차 한일협약[56]), 이어 5년 후인 1910년 일본에게 강제병합('韓國倂合에關흔條約'[57]) 당했다고 하는 사실을 어떻게 평가해야하는가 하는 문제다. 어쩌면 굴욕적일 수도 있겠지만, 1876년 조일수호조규 체결로 '자주지방'이, 또 시모노세키조약으로 '독립자주국'이 된 조선(1897년부터 대한제국)이 대체 어찌해서 불과 35년 만에 멸망했는가 하는 근본적 문제제기에 답해야 할 것이다.

부연하자면, 쇄국이냐 개항이냐의 문제와도 직결되는 것이겠지만, 나라를 잃게 된 근본 요인이 국제질서의 관점에서 보았을 때 어디에 있었는가라는 본질적인 문제제기다. 그러니까 조선의 멸망이 일본을 비롯한 여러 열강과의 조규·조약 체결 즉 조약체제의 수용 때문이었는지, 아니면 그토록 비판의 대상이 되는 사대나 조공책봉이라는 '굴레'에서 벗어났기 때문에 외려 초래하게 되었는지!

오늘의 한국은 전통시대의 굴레와는 그 형태가 다른, 그러나 내용면에서는 그와 유사할지도 모르는 굴레에서 벗어나지 못하고 있는 현실에 처해있다. 140년 전 조일수호조규에 대한 올바른 역사적 이해가 그 굴레를 벗게 해, 당해국과의 관계를 '정상화'할 수 있는 아이디어를 제공하는 '반면교사'가 될 수도 있다는 점에서 그 역사적 의미를 찾아볼 수 있지 않을까?

---

56) 『日本外交年表竝主要文書』上, p.161. '한국보호조약' 혹은 '을사늑약'이라고도 불린다.

57) 『舊韓末條約彙纂』上, 102쪽.

청중토론

편집자 주: 토론자 Mark Caprio(立教大)가 참석하지 못하여
청중토론으로 대신함

한국 중립화안과 일본의 보호국화 정책

방 광 석(고려대)

Ⅰ. 머리말

19세기 후반 제국주의 열강의 동아시아 침략 속에서 한국('조선', '대한제국'을 일괄해 '한국'으로 표기함)은 스스로 독립을 유지하지 못하고 열강의 침탈 경쟁의 대상이 되어 결국 식민지화 되었다. 그 가운데 식민지화의 단초가 되는 보호국화는 러일전쟁에서 일본이 승리한 결과 당연히 획득한 결과물로 인식되어 왔다. 그렇다면 한국은 열강의 침략에 대항해 독립을 유지할 능력을 갖추지 못했을 뿐만 아니라 독립할 노력을 하지 않았던 것일까? 열강에 대항할 군사력을 갖추지 못했더라도 독립을 유지할 방법은 없었던 것일까? 실제 한국을 독립국으로 유지하는 방안으로 1880년대부터 한국의 중립화 구상이 다양하게 전개되었으며 1900년대 들어 한국에서는 중립화 정책이 끈질기게 추진되었으며 러시아 등 외부에서도 중립화안을 제시하기도 했다.

본고에서는 한국의 식민지화가 단순히 열강의 세력 다툼으로만 결정된 것이 아니라 독립을 추구하는 한국의 노력과 '경쟁'이 진행되었고 그 '패배'의 결과 식민지화가 이루어졌다는 시점에서, 한국의 중립화 정책, 또는 외부에서 제시한 중립화 안을 일본의 보호국화 정책과의 대항 과정

속에서 파악하고자 한다.

II. 중립화 안의 등장

조선의 중립화가 검토되기 시작한 것은 1880년대부터이다. 임오군란 후 외아문 협판(協辦) 묄렌도르프(Paul Georg von Möllendorff)는 조선이 독립을 유지하기 위해서는 벨기에와 같은 영세중립국화이 되어야 한다고 판단하고 이를 위해서는 러시아 주도 아래 청, 일본, 러시아가 국제조약을 체결하는 것이 바람직하다고 보았다. 그는 이 구상을 외무독판 김윤식에게 권고하였다.[1)]

묄렌도르프의 중립화 안은 독일 부영사 부들러(Bubler)에게 이어졌다. 부들러는 1885년 3월 독판교섭통상사무 김윤식에게 스위스를 예를 들어 조선의 영세중립선언을 권고했다. 스위스처럼 조선도 청, 일, 러 사이의 조약체결로 영토를 보전해야 한다고 주장했다. 일본과 청이 전쟁을 하더라도 청을 지원해서는 안되고 만국공법에 의거하여 국외중립을 지켜야 한다고 권고했다. 그러나 김윤식은 청일전쟁의 가능성을 부정하면서 이 제안을 거부하였다.[2)]

한편 유길준도 같은 시기에 한반도의 중립화를 주장하였다. 유길준은 만국공법에 의거해 조선의 항구중립화를 주장했는데 구체적으로는 청국이 주도하고 열국이 공동보장하는 벨기에형과 불가리아형의 절충안을 제시했다. 러시아의 남하를 견제하려는 것이 주목적이었다. 그러나 조선에 대한 지배권을 강화하고 있던 청이 조선의 중립화를 주도해야 한다는

1) 박희호, 『구한말 한반도중립화론 연구』, 동국대 사학과 박사학위논문, 55~58쪽. 일본에서는 임오군란 직후 1882년 9월 이노우에 고와시(井上毅)가 조선중립화구상을 제기했는데 묄렌도르프의 구상에 영향을 준 것으로 보인다.

2) 현광호, 『대한제국의 대외정책』, 신서원, 2002, 78쪽.

발상은 현실성이 떨어진다.[3]

거문도 사건 이후 조선정부는 진지하게 중립화를 검토하기 시작했다. 한반도가 청, 일, 러, 영의 각축장이 되자 특정국가에 안보를 의존할 수 없다는 위기의식이 작용했다. 이후 조선은 구미 국가들과 다각적인 외교를 전개했다. 고종은 1887년 미국에 사절단을 파견했고 유럽 각국에 전권공사를 파견했다. 1891년 6월에는 알렌 미국 공사에게 미국이 주도하여 열강에 의한 한국의 독립과 영토보전을 보장해 줄 것을 요청했고 1897년 3월에는 맥도널드 영국공사에게 영국정부가 주도하여 조선의 독립을 국제적으로 보장받게 해달라고 요청했다.[4]

대한제국 정부는 1899년 10월 미국공사관 서기관인 샌즈를 궁내부 고문으로 고빙했다. 샌즈는 한국을 스위스, 벨기에와 같은 영세중립국으로 만들려고 하였고 열강의 보장을 통해 평화조약이나 국제협약을 체결하려고 했다. 샌즈의 중립화안은 1880년대의 중립화안과 유사하나 중립화 실현을 위해 세부적인 계획을 수립한 진일보한 것이어서 이후 중립화안의 바탕이 되었다.[5]

Ⅲ. 의화단사건 이후 한국의 중립화정책

1900년 중국에서 발생한 의화단사건은 동아시아에서 열강의 대립을 강화시키고 러·일간에 군사적 충돌이 일어나 대한제국의 독립을 위태롭게 할지도 모른다는 위기감을 안겨주었다. 이에 고종은 열강과의 관계 강화와 중립화정책을 추진했다. 1900년 8월 7일 고종은 조병식을 주일공

3) 강만길, 「유길준의 한반도중립화론」『분단시대의 역사인식』 창작과 비평사, 1979, 102~117쪽.
4) 현광호, 앞의 책, 80~81쪽.
5) William F. Sands, 신복룡 역, 『조선비망록』 집문당, 1999.

사로 파견해 일본 외상 아오키 슈조(青木周藏)에게 한국의 중립화에 동의해 줄 것을 요청했다. 또한 주일 미국공사 버크(Buck)에게 미국정부가 열강과 협력해서 한국의 독립과 중립에 대한 국제적인 보장을 확보하는데 노력해 줄 것을 요청했으나 실효를 거두지는 못했다. 고종은 그동안 실제로 파견되지 않았던 유럽 각국에 공사를 새로 부임시켜 유럽외교에 치중하는 한편 만국평화회의·적십자회의 등 국제기구를 통해 한국을 중립지역으로 인정받으려고 노력했다. 또 영세중립국인 벨기에와 수교를 추진해 국교를 맺었다. 고종은 1901년 만한교환설이 유포되자 미국공사와 빈번하게 상의하는 등 중립화에 열의를 보였고 한국에 주재하는 벨기에, 프랑스, 독일공사관과도 긴밀할 외교 관계를 맺으려 하였다.[6]

이러한 한국의 중립화 정책에 러시아는 반대를 표명했다. 파블로프 주한 러시아공사는 일본이 한국군을 통제하에 두고 한반도 중립화를 추진하고 있다고 판단하고 고종에게 중립화안을 조속히 철회할 것을 요구했다. 이후 러시아는 1901년 1월 한국과 상의하지 않고 일본정부에 한국의 중립화를 제의했다. 그러나 일본정부가 만주의 중립화도 전제조건으로 삼자고 요구했기 때문에 실효를 거두지 못했다.

미국정부는 한국문제에 대해 철저히 불개입원칙을 고수했다. 셔먼 국무장관은 1897년 11월 알렌 주한공사에게 미국은 한국에 대해 절대적으로 중립적 태도를 유지해야 한다고 훈령, 미국은 한국의 국가운명에 관계되는 문제에 대해 상담역을 맡지 않을 것이며 한국과 어떠한 종류의 보호동맹도 맺지 않을 것임을 명언했다.[7]

영일동맹이 체결되고 러일전쟁의 조짐이 현저해지자 대한제국의 중립화노력은 다시 점화되었다. 1903년 7월 4일 주일공사 고영희로부터 러·일이 전쟁을 결정했다는 전보가 도착하자 고종은 현영운과 현상건을

6) 현광호, 앞의 책, 83~96쪽.

7) 구영록, 배영수 편, 『한미관계(1882~1982)』 서울대학교 미국학연구소, 1982.

각각 8월 3일과 8월 21일 일본과 유럽에 파견하여 중립화의 가능성을 타진했다. 9월 3일 고영희는 고무라 외상에게 중립을 요청하는 외무대신 이도재의 조회서를 수교했다. 또 주러공사 이범진은 러시아 외무성의 프린스 오보렌스키에게 한국중립에 관한 신청을 제출했다. 러시아와 일본은 모두 한국의 중립화에 반대하는 입장을 분명히 했다.

유럽에 파견된 현상건은 프랑스와 러시아에 한국의 중립화를 타진하는 한편 러일전쟁이 발발할 경우를 대비해 만국평화회의 등 국제기구를 통해 중재를 얻으려고 하였다. 그러나 프랑스 외상과의 면담이 실현되지 않고 헤이그 상설국제재판소는 휴정중이어서 소기의 성과를 거두지 못했다.[8] 현상건의 외교활동은 한국이 그동안 추진해왔던 중립정책, 즉 열강의 보장에 의한 중립화, 국제기구에 의한 중립화를 목표로 한 것이었다. 그러나 러시아는 이에 응하지 않았고 다른 열강은 관망의 자세를 취했다.

당시 한국에서 중립화노선은 이용익을 중심으로 추진되었다. 이근택파가 한러밀약을 추진하고 있었고 군부대신 민영철, 외부대신 서리 이지용 등이 한일공수동맹을 지지하는 가운데 이용익은 중립노선을 견지하고 이지용과의 제휴를 거부했다. 강석호, 이학균, 현상건, 이인영 등이 이용익의 입장을 지지하였다. 이용익은 러일전쟁이 임박한 가운데 중립노선을 견지하는 한편 한일밀약, 한러밀약을 모두 반대했다.

Ⅳ. 러일전쟁과 한국의 중립선언

러일전쟁의 발생이 현실화되는 가운데 평시중립화안이 성공하기 곤

8) 프랑스에서 외상과 회담하는 등 성과가 있었다는 견해도 있다.(박종효 지음, 『한반도 분단론의 기원과 러일전쟁(1904~1905)』, 선인, 2014.)

란해지고 또 군비충실책도 조기에 실현될 전망이 없자 한국은 최후의 수단으로서 전시중립화안을 채용했다. 한국정부의 '전시중립선언'은 1904년 1월 21일 11시발 중국 즈푸(芝罘)에서 외부대신 이지용의 명의로 프랑스어로 각국에 타전되었다. 러·일간의 평화교섭 결렬 시 한국정부는 엄정중립을 지키겠다는 내용이다. 이것은 이용익의 지휘로 고종 측근의 궁내관들이 프랑스어 교사 마르텔(Martel), 벨기에인 내부고문 델레비유(Delevigue) 등의 협조를 받아 추진되었고 중립선언문은 주한프랑스 대표 퐁트네가 작성하였다고 한다. 그리고 외부번역관 이건춘을 즈푸 주재 프랑스 영사관에 밀사로 파견해 타전하게 했다.[9)]

한국의 중립선언에는 영국정부가 가장 먼저 회답을 보내왔고 이탈리아, 독일, 프랑스, 덴마크, 청국도 중립 통지를 수령했다는 회신을 보내왔다. 이에 대해 한국의 중립화 추진세력은 중립선언이 성공을 거두었다고 보고 중립선언으로 한국이 전쟁의 위험에서 벗어날 것으로 판단했다. 고종 역시 영국, 프랑스, 독일, 덴마크 등이 중립선언의 접수를 통보하자 독립불가침을 승인받은 것으로 보았다. 그러나 러시아, 일본, 미국 등 중립화 실현에 핵심적인 국가들은 한국의 중립선언에 무관심하거나 거부하는 입장을 보였다. 일본은 "한국에 대해 직접 당사자이므로 제3국인 영국 등과는 입장이 매우 다르다"며 회답불가 이유를 밝혔다. 이전에 한국의 중립화를 검토한 바 있던 러시아도 분명하게 반대 입장을 보였다. 한국의 실력으로는 도저히 중립을 고수하기 불가능하므로 러시아와 제휴해야 한다고 충고했다.[10)] 주한 러시아공사 파블로프는 일본이 한국 영토를 침범하고 다량의 군수품을 반입한 것을 막지 않고 오히려 이지용

---

9) 『日本外交文書』 37-1, 311~313쪽; 서영희, 『대한제국 정치사 연구』, 서울대학교 출판부, 2003, 181~182쪽 참조.

10) 『駐韓日本公使館記錄』 18, 往電제86호, 1904년 2월 25일, 478쪽. 주러공사 이범진은 중립화 추진에 소극적이었는데 1903년 12월경부터 러시아 측과 한러 동맹조약 체결을 위한 교섭을 진행중이었기 때문이다.

등을 중심으로 한일밀약을 맺으려 한 데 대해 항의하고, 만일의 사태에 한국의 실력으로는 도저히 엄정 중립을 지키기 어려우므로 차라리 러시아공사관의 보호를 기대하는 것이 옳다고 주장하며 러시아의 중립승인을 거부했다.

이러한 상황에서 고종이 영국 등의 회답을 받고 중립선언을 국제사회가 승인한 것으로 받아들인 것은 안이한 판단이라고 할 수 있다. '즈푸선언'은 전시 국외중립 선언이므로 영구적인 것이 아니고 단지 러일전쟁 시 엄정 중립을 지킨다는 일시적인 것이었다. 따라서 그간 한국이 추진해온 열강의 공동 보증 아래 영세 중립국화나 러시아가 제의한 바 있는 러시아, 일본, 미국 3국이 공동 보증하는 중립국론과는 차이가 있었다.

한국의 전시중립선언은 실효성이 적었으나 한일 비밀공수동맹을 추진해온 일본의 가쓰라(桂) 내각에는 일시적으로 타격을 주었다. 한국의 중립선언이 이루어진 상태에서 한일동맹조약이 발표되면 일본의 외교적 입장이 난처해 질 것은 분명했다. 1월 25일 고무라(小村) 외상은 "밀약은 세계에 대해 일본의 지위를 오인시켜 장래의 자유행동을 속박할 위험을 무릅쓰면서까지 체결한 필요와 이익이 없다"며 밀약 추진을 포기했다. 1월 28일 하야시(林) 주한공사는 "大局에 대해서는 한국의 태도에 관계없이 (대한 정책을) 속히 결행할 것이다. 한국의 태도는 우리의 실력이 커감에 따라 우리 쪽으로 기울어질 것"이라며 한일동맹의 추진을 촉구했으나 고무라 외상은 '大局에 대한 조치 여하'에 대해서는 함부로 의견을 제출하지 말라고 경고했다.[11] 1903년 9월 말 고무라 외상이 한국군사동맹안을 추진하라고 지시한 이래 약 4개월 간의 일본 측 공작은 일단 실패로 돌아갔다.

11) 『日本外交文書』 37-1, 318쪽

Ⅴ. 일본의 한국 보호국화 정책

일본의 한국 보호국화는 청일전쟁 시기 시도되었으나 삼국간섭, 을미사변 등으로 인해 좌절되었다. 아관파천 이후 러시아 세력이 후퇴하고 한반도에 대한 일본의 경제적 침투가 강화되면서 다시 한국의 보호국화가 추진된다. 한국보호국화에 대해서는 1901년에 이미 일본의 정치지도자들 사이에 합의가 성립해 있었다. 제4차 이토 내각 가토 외상은 1901년 3월 러청밀약에 대한 일본의 대응을 물었을 때 러시아에 대한 공공연한 항의와 함께 한국의 보호국화를 제안했다. 또한 가쓰라 수상은 1901년 6월 내각을 조직하면서 한국의 보호국화를 정강의 하나로 내세웠다.[12] 러일 협상노선을 추진한 이토 히로부미도 한국에서 일본의 '자유행동'을 러시아에 승인시키려고 하였다.

일본의 대한정책은 만주문제와 밀접한 관련이 있어 러시아와의 교섭과정을 통해 한반도분할론, 만한교환론, 만한불가분론이 주장되었다. 만한불가분론은 한국문제와 만주문제는 불가분한 것으로 한국을 확보하기 위해서는 만주확보도 필요하다는 주장으로 가쓰라 수상, 고무라 외상 등이 이러한 입장을 취했고, 이에 비해 이토나 이노우에 등 '원로'들은 러시아에 의한 만주의 세력범위화를 승인하는 대신에 일본의 한국 세력범위화를 승인해야 한다는 만한교환론을 주장했다는 것이 통설이었다. 이 차이는 나중에 영일동맹론과 러일협상론의 대립으로 이어지고 나아가 러일전쟁 개전론과 피전론의 대립이 된다는 것이다. 그러나 최근에는 만한교환론과 만한불가분론은 완전히 대치되는 것은 아니고 만한교환론=만한불가분론으로 인식되어 '원로'들도 점차 만한교환론으로 이행해갔다고 하는 견해가 힘을 얻고 있다.[13]

---

12) 德富猪一郎 編著, 『公爵桂太郎傳』 乾卷, 故桂公爵記念事業會, 1917, 995쪽.
13) 이하 千葉功, 「滿韓不可分論=滿韓交換論の形成と多角的同盟·協商網の模索」,

청일전쟁 이후 의화단사건 시기까지 일본은 러일교섭에서 만한교환은커녕 한국문제만을 러시아와 교섭했다. 1896년의 야마가타-로바노프 협정 체결시 일본 측은 한국 북부는 러시아, 남부는 일본의 세력권으로 분할하자는 안을 제안했으나 문제시되지 않았다. 또 1898년의 니시-로젠 협약 체결시에는 니시 도쿠지로(西德二郎) 외상이 만한교환을 제의했으나 거부당했고 러시아의 여순, 대련의 조차를 묵인할 수밖에 없었다. 이렇듯 1890년대 말 일본은 한국의 완전 보호국화를 목표로 삼으면서도 그것은 장기목표이고 현실적으로는 한국 문제만을 러시아와 교섭하고 일부 양보하는 입장이었다.

그러나 의화단사건이 만주에 파급되고 러시아의 만주침략이 예상되자 외교관을 중심으로 만주문제와 한국 문제를 일괄처리하려는 구상이 대두한다. 러시아가 만주에 진입하기 시작한 직후인 7월 22일 고무라 주러공사는 아오키 외상에게 다음과 같은 의견을 제시했다.

"다른 열강은 한국에 중대한 이해를 갖고 있지 않기 때문에 한국문제는 다른 열강과 상관없이 러일 사이에서 처리되어야 할 것이다. 현재 시점은 안전하고 항구적인 기반에서 러시아와 양해에 도달할 가장 절호의 시기로 보인다. 러시아의 만주점령은 결국 기정사실화할 것이고 또 러시아와의 충돌 가능성은 한국에서 일본의 산업상의 기도를 후퇴시킬 것이므로 추구해야 할 최선의 길은 세력범위의 획정을 제안하는 것이다. 즉 러일 양국은 각기 한국 및 만주에서 자유 수완을 보류하고 각자의 세력범위 내에서 상호 통상상의 자유를 보장하는 데 있다"[14]

러시아의 만주침공이라는 호기를 이용해 일본은 한국, 러시아는 만주라는 세력범위를 획정하고 각각 자유수단을 가지면서 상호 통상 상의 자유를 보장하는 협상을 맺자는 내용이다. 이것은 만한교환론에 해당한다.

『史學雜誌』 105-7, 1996. 7. 참조.

14) 『日本外交文書』 33, 699~700쪽.

한편 이즈볼스키 주일 러시아공사 7월 19일 이토와 면회하고 야마가타-로바노프 협정에 근거해 한국을 이분해 러일 양국이 수비병을 보낼 것을 제의했다. 이에 대해 아오키(靑木) 외상은 거절할 의향이었는데 이토와 야마가타 수상은 찬동하는 의향으로 기울었다.[15] 당시에는 육해군도 아직 만한교환론으로 이행하지 않았다. 러시아의 제안을 거부하는 움직임은 없었다. 해군에서는 한국을 러시아, 일본, 한국의 지배영역으로 3분하자는 분할안이 제기되었다.(『齋藤實日記』 1900년 권말 메모)

야마가타 수상은 8월 20일자로 「北清事變善後策」을 작성했는데 북방경영으로서 만한교환에 의한 한국 전토의 확보를 필요시하면서도 당면책으로서 러일 양국에 의한 분할을 주장해 대동강-원산항을 연결하는 선을 경계로 삼는 것이 적당하다고 보았다. 그 대신 남방경영을 우선해 복건성 외에 절강성을 세력범위에 두어야 한다고 했다.[16] 이 시점에 아오키 외상과 야마가타 수상의 격차는 컸다. 아오키는 9월 15일 야마가타 수상과 상의하지 않고 러시아와의 전쟁을 주장한 상주를 직접 천황에게 올렸다. 이에 대해 야마가타는 아직 한국의 완전 확보까지는 생각하지 않고 있다며 각내 불일치로 9월 26일 총사직했다. 후임 수상 이토는 여전히 러일간의 한국 분할을 생각하고 있었다. 아오키는 한국국방동맹을 추진했는데 이토는 한국에 대한 차관중지가 인수조건이었다.

1900년 시점에는 아직 한국문제만을 러시아와 교섭하려는 입장이 강했다. 만한교환론은 외교관 계통에서만 보였을 뿐이다. 이것이 외교정책 전체로 확장되는 것은 중국을 둘러싼 극동정세의 변화를 인식하게 되면서이다. 러시아는 만주를 중국 본토와 구별해 무기한 주병하면 영토보전을 깨려고 했기 때문에 열강으로부터 비난을 받게 되었다. 한편 일본은 아모이 사건의 실패에 따라 남진 의욕을 감퇴시키고 대신에 만주와 한국

15) 『近衛篤麿日記』 제3권, 7월 21조.
16) 『山縣有朋意見書』 255~264쪽.

문제의 처리를 우선하게 되었다. 열강에 의한 러시아의 만주무기한 주병 비난을 이용해 만주에서 러시아의 이익을 인정하는 대신에 한국에서 일본의 이익을 인정시키려 하였다. 러시아의 약점을 이용해 한국문제만을 교섭하는 입장에서 한층 강경해진 것이다.

1900년 말부터 1901년 1월에 걸쳐 러시아가 일본에 대해 한국중립화안을 제기하였다. 이 제안의 주도권를 쥔 것은 재무대신 윗테였다. 1901년 1월 7일 주일 러시아공사 이즈볼스키가 열국 공동 보증하의 한국중립화를 가토 외상에게 제의했다.[17] 이에 대해 '원로' 이노우에(井上)는 당초 한국의 분할안을 고집하고 있었는데 쓰즈키(都筑)의 생각에 따라 러시아의 제안에 찬동했다.[18] 이토의 생각은 쓰즈키와 약간 달랐다. 한국은 러일 사이의 문제로 억지로 제3국을 끌어들일 필요는 없고 현상유지가 더 낫다는 것이었다.

가토 외상은 만주와 한국의 동시중립화 또는 만한교환을 추구했으며 만주의 현상유지를 전제로 한 러시아에 유리한 한국만의 중립화에는 반대였다. 1월 7일 러시아 공사와의 회담 자리에서 가토 외상은 한국의 중립을 논의하기 이전에 러시아의 만주 철수가 먼저라고 말했다. 가토는 1월 12일자 이토에게 보낸 서한에서 러시아의 제의에 응하는 것은 득책이 아니라고 말했다. 또 17일 진다 스테미(珍田捨巳) 주러공사에게 전신을 보내 러시아가 만주에서 철수할 때까지 한국중립화 논의는 연기한다는 것을 구두로 러시아정부에 전달하도록 명했다. 이 회답에 대해 러시아 외상 람스도르프는 러시아의 한국중립화 제의는 단지 일본의 의견을 조회한 것에 지나지 않고, 한국중립화는 오히려 일본에게 양보한 것이라고 말했다. 러시아의 한국중립화 계획은 여기에서 일단 좌절되었다.

1901년 3월 15일 개최된 원로회의에서는 한국문제에 대해서는 현상

17) 『日本外交文書』 34, 「韓國ノ永久中立ニ關スル露國ノ提議一件」 참조.
18) 모리야마 시게노리 지음, 김세민 옮김, 『근대한일관계사연구』, 현음사, 1994, 175쪽.

유지를 하고 기회가 있다면 러시아와 협상한다는 것이 결정되었다. 외교관 측의 만한교환론과 원로들의 현상유지론이 대치했다. 의화단사건 이후 러시아가 만주를 침공하자 일본의 한국지배가 위태롭게 된다고 위기감을 느낀 가토, 고무라, 하야시 곤스케 등 외교관들은 1900년 7월경부터 만한불가분론=만한교환론으로 전환했으나 이토, 야마가타 등 원로와 가쓰라 수상 등은 1901년 4월부터 12월에 걸쳐 만한불가분론=만한교환론으로 이행했다고 보인다.[19]

1903년 12월 말 일본정부는 '대러교섭 결렬 시 일본이 취해야 할 對淸韓 방침'을 결정했는데 러일전쟁을 앞두고 일본정부의 대한정책노선이 확정된 것이라 할 수 있다.

"한국에 관해서는 어떠한 경우에도 실력을 통해 일본의 권세 아래에 두어야 함은 물론이지만 가능한 名義를 바르게 하는 것이 득책이다. 만일 지난날 일청전쟁 때와 같이 공수동맹 또는 다른 보호적 협약을 체결할 수 있다면 가장 좋을 것이다. (중략) 그렇지만 그것이 반드시 성공할지는 기약할 수 없다. 또 그것이 성공하더라도 한국 황제가 시종일관 그 협약을 준수할지는 도저히 기대하기 어려우므로 최후의 성패는 실력 여하에 따를 것임은 말할 필요도 없다. 요건대 한국에 대한 정책은 직접, 간접적으로 군사와 관련된 점이 크므로 군사적인 면을 함께 생각해 제국이 취해야 할 방책을 결정해야 할 것이다."[20]

여기서 말하는 '명의를 바르게 하는 것이 득책'이라 함은 공수동맹조약 또는 보호조약의 체결을 말한다고 할 수 있다.

---

19) 千葉功, 앞의 논문 참조.

20) 『日本外交年表竝主要文書』 上, 217~219쪽

VI. 한일의정서의 체결과 한국 보호국화

1904년 2월 4일 일본정부는 임시 각의 및 어전회의에서 러시아와의 전쟁을 최종 결정했고, 2월 6일자로 러시아에 국교 단절을 통고하는 한편, 2월 8일 여순항의 러시아 함대를 기습공격했다.

일본군이 인천에 파병되었음을 알리는 주일공사관의 전보가 2월 6일 도착하자 고종은 동요했다. '전시중립선언'에도 불구하고 일본군의 한국 통과를 면할 수 없을 것이지만 다만 대부대가 서울에 주둔하지 않기만을 간절히 희망했다. 일본 측의 견제와 영국 및 미국공사의 반대로 외국공사관으로 파천이 여의치 않자 고종과 측근세력들은 서울만이라도 중립지대로 보장받는 방안을 러시아 및 프랑스 공사관과 협의했다. 고종이 현상건 등을 보내 러시아 및 프랑스 공사를 설득하였으나 이러한 제의는 거절당했다.[21)]

2월 9일 일본육군 제12사단이 남대문정거장에 도착하여 속속 입경하는 분위기 속에서[22)] 하야시 공사는 고종을 알현해 러시아와 일본이 국교단절에 이르게 된 경위를 설명하고 다시 한일동맹의 필요성을 주장하면서 동맹조약 체결에 관한 교섭을 재개하였다.

반면 2월 10일 러·일 양국이 정식으로 선전포고를 하고 전쟁을 시작하자 파블로프 주한 러시아공사는 즉각 한국에서 철수를 결정하였다. 프랑스공사에게 사무를 위임하고 2월 12일 인천으로 가서 프랑스 군함을 타고 16일 중국 즈푸로 이동했다. 일본 측은 한일 공수동맹이 성립되면 러시아공사의 체류는 군사 행동상 방해가 된다는 이유로 철수를 요구할

---

21) 『日本外交文書』 37-1, 319쪽. 한철호, 「일제의 국권강점에 관한 대한제국 집권세력의 대응과 그 한계」, 『역사와 교육』 11집, 2010. 10. 참조.

22) 일본정부가 개전과 거의 동시에 서둘러 서울을 군사점령했던 것은 고종이 외국공사관에 파천한 다음 일본의 출병을 불법으로 선언할지도 모를 사태를 미연에 방지하려는 정치적의도가 있었다.(古屋哲夫, 『日露戰爭』, 中央公論社, 1966. 84쪽)

생각이었으나 파블로프는 일본 측의 요구가 있기도 전에 평화적 철수 보장을 요구하며 스스로 철수해버렸다.[23)]

러시아공사마저 철수하자 일본 측은 더욱 강하게 고종을 협박하기 시작했다. 2월 11일 가토 (加藤)고문과 오미와(大三輪) 등이 고종을 알현해 황제를 설득했다. 한국의 중립선언으로 러일 양국군이 한국에 들어오는 것을 예방할 수 있다고 믿지 말라는 충고와 함께 '전시중립선언'에 대한 각국의 회답은 실제 사태가 되면 아무런 국제적 효력이 없으므로 속히 중립을 철회하라고 요구했다. 고종의 측근에 있던 이용익이 중립론을 옹호하며 개입하려고 하자, 오미와는 자신도 수년 전 자신도 중립론을 제창한 적이 있으나 그것은 지금과 같은 일시적인 것이 아니었다면서 이용익을 논박하며 한일동맹조약 체결의 필요성을 다시 강조하였다.[24)]

결국 고종은 2월 13일자로 외부대신 이지용을 일본공사관에 보내 공식적으로 한일동맹조약 교섭을 재개하였다. 이지용은 1903년 11월 말 하야시공사가 처음으로 한국에 제출한 안을 가져왔다. 이 안은 재일망명자 처리 문제를 위주로 하고 한일간 군사동맹의 성격은 매우 미약한 것이었다. 그러나 하야시는 2월 13일자로 기초된 새로운 수정안을 제시했다. 제1조에 일본의 조언에 의한 대한제국의 시정개선 조항, 제4조에 제3국의 침해 혹은 내란에 의한 혼란이 있을 때 일본이 임기 필요한 조치를 취할 수 있다는 문구 등이 추가되어 군사동맹적 성격이 크게 강화되었다. 2월 17일 고종은 오미와를 召見한 자리에서 밝혔듯이 일본군이 서울을 점령하고 있는 현실 상황 속에서 어쩔 수 없이 중립화 정책을 포기하고 최대한 유리하게 일본 측과 동맹안 체결을 결심한 것으로 보인다. 결국 2월 23일 외부대신 이지용과 일본공사 하야시의 명의로 한일의정서

---

23) 『日本外交文書』 37-1, 456~459쪽.

24) 『日本外交文書』 37-1, 320쪽; 大三輪長兵衛, 「渡韓始末錄」, 『朝鮮學報』 61, 1971. 183쪽.

가 조인되었다.

6개 조항으로 이루어진 한일의정서는 한국에 대한 일제의 보호국화 의도가 명백히 표현되었다. 특히 제1조에서는 "대한제국 정부는 대일본제국 정부를 확신하고 시정개선에 관한 충고를 받아들인다"는 애매한 표현으로 이후 한국에 외교, 재정고문을 비롯해 수많은 고문관, 교관, 참여관 등을 파견해 내장을 장악하며 자신들의 이권을 적극적으로 확장시켜 나가는 근거가 되었다. 또 제4조에 "제3국의 침해나 내란에 의해 대한제국 황실의 안녕과 영토 보전에 위험이 있을 경우 일본정부는 조속한 조치를 위해 군략상 필요한 지점을 임의로 수용할 수 있다"는 내용을 삽입해 군사적 강점의 길을 열었다. 또한 제5조에 "대한제국 정부와 대일본제국 정부는 상호 승인을 거치지 않고는 앞으로 본 협정의 취지를 위반하는 협약을 제3국과 맺을 수 없다"고 명기함으로써 대한제국이 다른 열강에 접근하는 것을 견제하고 한일간 군사동맹 상태를 강제하였다.

이후 일본은 의정서 제1조의 취지를 실행한다는 명목으로 1904년 8월 22일 대한제국 정부에 재정, 외교고문을 용빙시키는 협약을 체결하였다. 이 협약은 한국정부가 외국과의 조약 체결이나 그 밖의 중요 외교안건, 즉 외국인에 대한 특권 양여 혹은 계약 등의 처리에 관해서 미리 일본정부와 협의해야 한다고 명시함으로써 사실상 한국의 독자적인 외교권 수행을 제한하였다. 1905년 11월에 체결된 이른바 '을사조약'은 한국의 외교권 박탈을 공식화한 것일 뿐 의정서의 체결로 대한제국의 보호국화는 사실상 이미 시작되었던 것이다.

방광석 「한국중립화안과 일본의 보호국화 정책」 토론문

서 민 교(동국대)

방광석 선생님의 발표 내용은 크게 두 가지로 나누어 볼 수 있습니다. 먼저 1880년대 이래로 논의되어 왔던 「조선(한국)의 중립화」에 대한 역사적 흐름과 특징에 대한 것이며, 또 하나는 1904년 러일전쟁 발발과 더불어 본격화되는 일본에 의한 한국보호국화 정책의 수립과정에 대해서라고 볼 수 있습니다.

그리고 주요한 논점으로서는 “한국의 식민지화가 (중략) 독립을 추구하는 한국의 노력과 ‘경쟁’이 진행되었고, 그 ‘패배’의 결과 식민지화가 이루어졌다”는 시점을 제시하면서 논의를 전개하고 있습니다.

토론자 입장에서는 방 선생님의 논지 전개에 대해서 크게 의견을 달리 하는 부분은 없으며, 전체적인 흐름은 기존의 연구 성과와도 크게 배치되는 점은 없다고 생각합니다.

다만 위와 같은 논지에 대해 다음 몇 가지 점을 질문하는 것으로서 토론에 대신하고자 합니다.

첫째, 서구열강이 시도했던 조선(한국)의 중립화안과 고종을 중심으로 조선(한국) 측에서 추진했던 중립화안의 차별성과 실효성에 대한 질문입니다.

본 논문에서도 지적했듯이 조선에 직접적인 이해관계를 갖고 있었던, 청, 러시아, 일본 등의 중립화론(혹은 중립화거부론)의 실체는 결국 자국의 이해득실에 의한 것이었다고 할 수 있다고 생각합니다. 그렇다면 조선(한국) 측의 중립화론은 과연 그 실효성이 있었다고 판단하시는 것인지요? 즉 이것을 조선(한국)의 독립 노력과 '경쟁'속에서 패배한 결과 조선이 식민지가 되었다고 평가할 수 있을 만큼의 자구적 노력이 그 실효성을 갖고 있었다고 볼 수 있는 것인지요?

동서양의 근대의 역사를 반추해 볼 때 자국의 영토와 국민을 지킬 능력이 없는 국가는 중립의 선언 유무나 중립국을 인정받았던 경우에도 결국 상대국의 침략전쟁으로부터 자유로울 수 없었다는 것을 극명하게 보여주고 있습니다. 결국 국제법 질서라는 것 자체가 약육강식의 힘의 논리로부터 자유로울 수 없었다는 것인데 이 시기의 조선(한국)의 중립화 노력이 평가할 수 있는 의미와 실효성을 갖는 것이라고 보시는 것인지에 대한 선생님의 의견을 듣고 싶습니다.

둘째, 방 선생님의 논지는 일본의 한국보호국화정책은 그 기조는 청일전쟁까지 거슬러 올라가는 것도 불가능하지는 않다고 생각하지만, 결국 러일전쟁의 발발과 더불어 체결된 한일의정서에 의해서 일제강점기가 시작되었다는 취지로 이해할 수 있고, 그 점에 대해서는 동의하는 바입니다.

그렇지만 러일전쟁의 승패가 결정되지 않았던 1904년 러일전쟁의 발발 시점에 이미 한국에 대한 보호국화 의도가 있었다고 하더라도, 그 결과는 전쟁의 승패가 결정 난 시점에서 구체화되었다고 봐야 하는 것은 아닌지요?

만약 전쟁에서 승리한다면 한국보호국화 방침으로 나아가려는 정책이 입안, 추진되었으며, 결과적으로 러일전쟁의 승리에 의해 1905년 11월의 을사조약에 의해 한국보호국화가 완성되었다고 할 수 있을 것 같습니다. 1905년 당시 불평등 조약체제에서 완전히 자유롭지 못했던 일본이 더욱 열악한 불평등 조약체제에 속박되어 있던 한국을 보호국화 내지는 식민지화하는 과정은 국제법적 관점에서 매우 힘든 과정이었습니다. 선생님의 견해를 듣고 싶습니다.

조선총독부의 「유사종교(類似宗敎)」 탄압
-금강대도(金剛大道)의 수난-

青野正明(아오노 마사아키, 모모야마 학원대)

Ⅰ. 들어가며

본 발표는 조선총독부가 실시했던 「유사종교(類似宗敎)」 탄압에 관하여, 특히 금강대도(金剛大道)가 당했던 수난의 역사를 뽑아서 고찰하겠다. 금강대도는 당시의 「유사종교」 단체 중에서는 세 번째로 신도 수가 많은 단체였음에도 불구하고, 그 수난사에 대해서는 그다지 알려져 있지 않다. 그 고난의 역사를 소개하고 싶다는 목적도 당연하지만, 여기에 더하여 저항하는 것이 매우 곤란했던 전쟁 시기(중일전쟁기)에 금강대도는 왜 일관되게 저항을 지속했는가에 대하여 발표자 나름의 해석을 시도해 보려고 한다.

이를 위한 전제로서는, 먼저 「유사종교」의 개념 규정을 비롯하여, 조선총독부가 행정상 종교에 대하여 어떠한 인식을 가지고 있었는가를 정리하지 않으면 안 된다(제1절). 그리고 「유사종교」를 탄압했던 이유를 총독부의 통치정책 속에서 구체적으로 찾아내고, 그 시책이 가지고 있던 배제의 논리를 밝혀보겠다. 그것은 제국신도(帝國神道)와 대치하는 조선의 민족종교라는 구도에서 관찰될 것이다(제2절).

이를 바탕으로, 금강대도의 수난에 대하여, 회유책에 응하지 않았기 때문에 대량 검거가 행해지고 유치장에서 간부들이 순교했던 일, 그리고 박해는 신도촌(信徒村)을 해체하는 일에까지 미쳤다는 점을 논하려 한다. 이 사례의 분석을 토대로, 금강대도와 같은 민족종교에 있어서 저항을 지탱하고 있던 요소를 추출하여 정리하고자 한다.

본 발표는 조선총독부의 「유사종교」 탄압과 금강대도의 수난이라는 주제에 걸맞게, 지금까지 발표자가 축적해 온 연구 성과를 토대로 하고, 그것을 편집하고 정리한 것이다.[1)]

II. 「유사종교」의 개념 – 조선총독부의 종교 인식

1. 조선총독부의 행정상 종교 인식

식민지 조선에서 「유사종교」라는 용어는, 「종교유사의 단체」(법령상 용어)와 「종교유사단체」(행정용어)의 약어로서, 주로 1930년대 중반 이후에 조사 자료와 치안상황 보고서, 신문 보도 등에서 사용되고 있다. 이 「유사종교」라는 개념을 중심으로, 조선총독부의 행정상의 종교 인식을 간단히 살펴보자.

한국병합으로부터 5년 뒤인 1915년에, 신사비종교론(神社非宗教論)에 기초하여, 공인된 신사(神社)를 규정·관리하는 법령이 「신사사원규칙

1) 본 발표는 졸저 『帝國神道の形成 - 植民地朝鮮と國家神道の論理』(岩波書店, 2015년 7월)의 제1부 제3장 『「敬神崇祖」と國家神道の論理の確立―皇祖神に「歸一」する始祖神』, 및 졸저 『朝鮮農村の民族宗教―植民地期の天道教·金剛大道を中心に』(社會評論社, 2001년)의 제4장 「金剛大道の豫言の地」을 참고하면서 주제에 부합하도록 편집한 것이다. 자세한 내용은 두 졸저의 해당 장을 참조하기 바란다.

(神社寺院規則)」(총독부령 제82호, 1915년 8월)으로, 또한 공인된 종교를 규정·관리하는 법령이 「포교규칙(布教規則)」(총독부령 제83호, 1915년, 후술)으로서 제정되었다. 이들 법령의 규정에 기초하여, 식민지 조선에서 공인신사 및 공인종교로 이루어진 종교적인 법령상의 질서가 형성되었다고 할 수 있다. 이 질서에 따라 조선인과 일본인이 이미 만들었던 다수의 종교적 공동체는 법령상 종교적 질서의 안과 밖으로 재배치되기에 이르렀다. 이 재배치에 수반하는 그들 공동체의 배제와 포섭의 실태는 해명되지 않은 것이 많다.

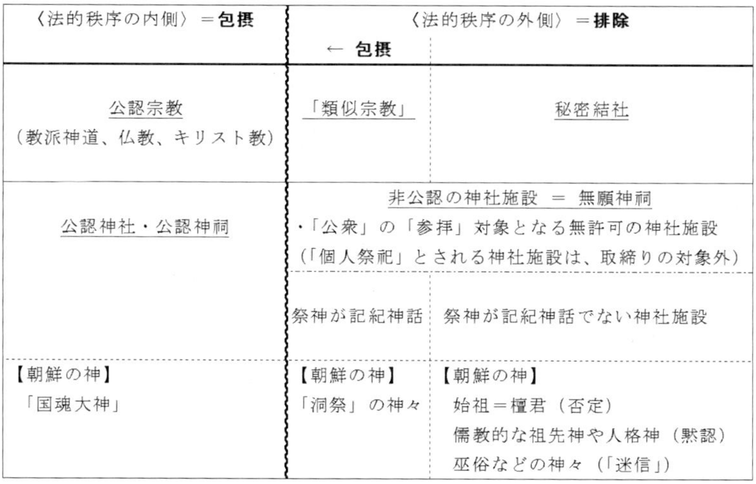

〈法的秩序の内側〉＝**包摂**	〈法的秩序の外側〉＝**排除** ← **包摂**	
公認宗教 （教派神道、仏教、キリスト教）	「類似宗教」	秘密結社
公認神社・公認神祠	非公認の神社施設 ＝ 無願神祠 ・「公衆」の「参拝」対象となる無許可の神社施設 （「個人祭祀」とされる神社施設は、取締りの対象外）	
	祭神が記紀神話	祭神が記紀神話でない神社施設
【朝鮮の神】 「国魂大神」	【朝鮮の神】 「洞祭」の神々	【朝鮮の神】 始祖＝檀君（否定） 儒教的な祖先神や人格神（黙認） 巫俗などの神々（「迷信」）

[그림 1]

이 종교적 질서에서도 알 수 있듯이, 본국 정부 및 그 제도를 도입한 조선총독부의 종교행정은 공인 종교·비공인 종교라고 하는 틀 속에서 이루어지며, 비공인 종교단체는 종교행정의 소관 밖에 놓여 있었다. 다만 식민지 조선의 경우는 종교행정 소관 밖의 단체에 대하여 치안당국의 단속 상황이 반영되어 있기 때문에 일괄적으로 비공인 단체라고 할 수는 없다. 이들 공인단체 이외의 단체는 비공인 단체(「종교유사의 단체」)와 비밀결사(秘密結社)로 나눌 수 있으며, 종교행정의 소관과의 거리를 기준으로 보자면 비공인 단체를 <회유>, 비밀결사를 <단속>으로 간주하는 틀로 분석하는 것이 가능하다.

조선총독부에서 종교행정을 주관하는 부서는 학무국(學務局)이며, 비공인 종교단체·비밀결사를 담당하는 부서는 경무국(警務局)과 고등법원(「내지(內地)」의 대심원(大審院)에 해당) 검사국이었다. 참고로, 식민지 조선에 있어서 종교적인 존재에 대하여 총독부가 어떠한 행정상의 분류를 하고 있었는가에 대하여도 설명해 둔다. 「유사종교」 탄압을 실시했던 정책(心田開發運動)이 실질적으로 시작된 1936년 1월 현재의 조선총독부 내 소관부서 및 보충설명을 괄호 안에 써 둔다. 이해 가능한 범위에서 간단하게 열거하면, 신사(神社)·무원신사(無願神祠, 내무국 지방과. 1925년에 학무국 종교과에서 이관), 공인단체(학무국 사회과), 비공인 단체(「종교유사의 단체」)·비밀결사(경무국 보안과), 「미신」(경무국 위생과), 「유도(儒道)」(학무국 사회과, 교화단체로서)이다.

2. 법령상 공인 종교단체와 비공인 종교단체의 규정

전술한 것과 같은 종교적 존재에 대한 행정상의 분류는 총독부령에 의하여 법적인 근거가 부여되었다. 조선총독부의 종교행정과 관련이 있는 법령으로서 포교규칙(布教規則, 총독부령 제83호, 1915년)을 검토해 보자.

포교규칙 제1조는, 「본 령(令)에서 종교라 함은 신도(神道), 불도(佛道) 및 기독교를 말한다」라는 내용이며, 공인 종교가 규정되어 있다. 요컨대 공인 종교가 성문화되어 「신도(神道)」[이른바 교파신도(教派神道)], 「불도(佛道)」(「내지불교」와 「조선불교」), 「기독교」로 규정되었던 것이다.

다음은 「종교유사의 단체」 규정이 되는 제15조를 보자.

> 제15조 조선총독은 필요한 경우에는 종교유사의 단체로 인정하는 것에 대하여 본령(本令)을 준용(準用)할 수 있다.
> 전항(前項)에 의하여 본령을 준용할 수 있는 단체는 이를 고시한다.

이 「종교유사의 단체」라는 용어는 일본 「내지(內地)」에서 1919년에 만들어졌다는 「유사종교」 개념의 선구적인 사용이라고 할 수 있으며, 게다가 조문에 명기되어 있다. 자세히 보면, 「종교유사의 단체」가 속해 있는 범주가 전제되어 있고, 그 범주를 대상으로 하여 그 속에서 「종교유사의 단체」로 인정할 수 있는 것이 있음을 알 수 있다. 그 범주는 종교행정 소관 밖의 단체라고 생각된다.

여기서 총독부의 결사(結社) 인식을 정리해 보자면, 식민지인 까닭에 조선의 비공인 종교단체는 치안 중시의 삼엄한 단속 환경에 놓여 있었기 때문에, 법적으로는 결사(종교적 결사)를 포함하여 비밀결사라는 범주도 명확히 하였다. 이것을 비공인 종교단체를 관할하는 검찰·경찰이라는 치안당국의 입장에서 보자면, 종교행정의 관할에서 벗어난 단체를 그저 단속만 했던 것이 아니라, 법적으로 결사로서 존재를 승인하는 단체와, 그 밖에 존재를 인정하지 않는 비밀결사로 구분하는 단속 수단을 가지고 있었다는 것이 된다.

이와 같이 결사와 비밀결사로 구분하는 단속 상황이 종교행정에 반영된다면 어떻게 될 것인가? 앞에서 언급한 포교규칙(布敎規則) 제15조는 종교행정 관할 밖의 단체라는 범주를 전제로 하여, 그 속에서 「종교유사의 단체」로 인정하는 단체를 규정한 조문이 된다. 요컨대 치안당국에 의한 단속 상황이 이 제15조에 반영되어 있음을 확인할 수 있는 것이다.

간단히 정리하자면, 치안당국에 의한 단속 상황을 종교행정에 반영하고, 종교행정에 있어서 법적인 규정을 마련한 것이 포교규칙 제15조라고 생각할 수 있다. 환언하면, 제15조에 의하여 종교행정 관할 밖의 단체라는 범주 속에서, 결사로서 존재를 승인받은 단체(종교적 결사)를 종교행정상 「종교유사의 단체」로 인정하는 규정이 만들어졌다고 할 수 있는 것이다.[2] 더욱이 「본령을 준용할 수 있다」고 했으므로, 이 규정은 종교행정 측에서 자신의 소관인 공인단체가 되는 가능성을 「종교유사의 단체」에 부여한 것으로 해석할 수 있을 것이다. 그 점에서 「종교유사의 단체」는 종교행정의 관할에 포함시키는 것을 의미하는 <회유>에 위치하며, 여타의 존재를 허용하지 않는 비밀결사는 <단속>에 위치했다고 할 수 있다.

전술한 종교의 공인·비공인이라는 틀의 설명에서도 알 수 있듯이, 종교행정이 관할하는지 여부로 공인 종교단체 및 비공인 종교단체로 구별되는 범주는 「내지」로부터 조선으로 도입된 것이라고 할 수 있다. 그러나 조선에서는 치안 중시의 입장이 전면에 내세워져, 종교행정의 관할 이외의 단체는 다시 2분되기 때문에, 「내지」와는 다른 공인 종교단체, 「종교유사의 단체」(「유사종교」), 비밀결사라고 하는 세 가지 형태로 뚜렷이 구별되고 있다. 그리고 「유사종교」라고 불리던 이 단체가 법적 질서의 경계 가까이에 존재하여 <회유>의 대상이 되는 한편, 비밀결사는 존재를 허용하지 않는 <단속>의 대상이 되어 있었다.

식민지인 탓에 이들 비공인 종교단체는 치안 중시의 삼엄한 단속 환경에 놓여 있었다. 비밀결사는 보안법 제1조[3]의 해산 대상이 되는 보다

2) 덧붙여서, 포교규칙에서는 「종교유사의 단체」 자체를 통제하는 내용이 규정되어 있지 않다는 사실도 중요하다. 이 때문에 「내지」의 종교단체법(1940년 시행)과 같은 공인 단체·비공인 단체를 일괄적으로 통제하는 목적을 찾아낼 수는 없다고 생각한다.

3) 대한제국 시기에 제정된 보안법(법률 제2호, 1907년 7월)은 「조선에 있어서 법령의 효력에 관한 건」(제령 제1호, 1910년 8월 29일)에 의하여 병합 뒤에도 효력을 가졌다. 제1조는 다음과 같다(병합 전에는 「조선총독」이 아니라 「내부대신(內部大臣)」).

엄격한 단속을 받았기 때문에, 종교 활동을 위해서는 결사(結社)로서 존재를 인정받는 것, 요컨대 「유사종교」로 인정받는 것이 커다란 과제였다.

조선에서의 「유사종교」 단속을 보자면, 치안당국에서는 3·1운동 이후 단속 방침에 전환이 있고, 1930년대 전반기까지이기는 하지만 「유사종교」로 인정된 단체가 증가하고 있다는 것을 확인할 수 있다(몇몇 단체에서 60여 단체로). 요컨대 조선총독부는 3·1운동 이후에 「유사종교」의 단속 방침을 <회유>화로 전환하였다. 그리고 그 대상으로 하는 단체를 확대하였기 때문에, 특별히 범죄 등이 없는 단체는 결사가 인정되어 「유사종교」가 되었다고 생각한다. 그러나 「유사종교」로 인정되었다고는 해도 포교규칙이 「준용」(포교규칙 제15조, 전게)되어 공인종교가 되는 「유사종교」 단체는 나타나지 않았다.[4] 그리하여 다음의 제2절에서 보듯이, 1930년대 중반에 시작되는 심전개발운동(心田開發運動) 이후, 「유사종교」단체에 대한 단속방침이 다시 <단속>으로 방향을 바꾸어서 탄압하기 시작했던 것이다.

제1조 조선총독은 안녕질서를 유지하기 위하여 필요한 경우에 결사의 해산을 명할 수 있다

보안법은 조선인을 대상으로 하는 법령이며, 「내지」의 치안경찰법(집회·결사, 아울러서 노동쟁의·소작쟁의 등을 단속하는 치안법으로서 운용되었다)에서 필요한 조항만을 차용한 「축약」판이라고 할 수 있다. 그러나 조선의 보안법에는 신고제(申告制) 규정이 없다. 식민지 지배를 전제로 했던 법령이기 때문에 보다 더 치안을 중시하는 엄격한 내용이 되었고, 조선인에 의한 정치적 결사는 존재를 허용하지 않았다.

4) 그 근거로 총독부 기관지에 게재된 논설에서, 「조선에서 신앙 단체 중 법령에 의거하여 종교라고 부를 수 있는 것은 신도(神道), 불도(佛道) 및 기독교 세 가지이다. 더욱이 종교유사의 단체라고 해도 필요한 경우에는 이것을 공인 종교로 지정하는 길이 열려 있지만, 아직까지 공인된 것은 하나도 없다」(1940년)라고 언급한 것을 꼽을 수 있다. [神寶長治, 「朝鮮に於ける宗教の概要」(『朝鮮』 第296號, 1940年 1月)에 의함.]

그 후에도 『조선총독부관보』 「고시」란을 보는 한, 공인된 「종교유사의 단체」는 없다고 할 수 있다.

Ⅲ. 국가신도(國家神道)에 의한 배제 대상 - 제국신도(帝國神道)와 조선의 민족종교

1. 다민족 제국주의적 내셔널리즘(Nationalism)에 입각한 제국신도

식민지 조선에서는 신사비종교론(神社非宗敎論)인 국가신도(國家神道)[5]가 1930년대에 들어 변용하는 과정에서 종교성을 띠면서 천황 숭배 시스템과 결합하여 이민족이 천조대신(天照大神)에게 「귀일(歸一)」하는 국가신도의 논리가 형성되었다. 이것은 1935년에 우가키 카즈시게(宇垣一成) 총독이 제창했던 심전개발운동(心田開發運動)에서의 일이다.[6] 이 시기에 국가신도의 전개 과정에서, 국제정세의 큰 변화로는 만주사변의 발발(1931년)과 「만주국」 건국(1932년), 그리고 일본의 국제연맹 탈퇴(1933년)에 따른 국제적인 고립화를 들 수 있을 것이다.

이와 같은 국제정세 아래에서는 제국 내부의 국민통합을 위하여 일본 국민으로서의 동질성이 요구되었다. 조선의 경우, 1931년에 우가키가 조선총독에 취임하면서 농촌진흥운동(農村振興運動)[7]이 시작되었고, 그 전

5) 본 발표에서는 국가신도를 「신사(神社)를 통하여 천황제 내셔널리즘을 국민에게 교화시키려고 하는 전쟁 전의 사회체제」로 파악하고 있다. 그리고 신사비종교론(神社非宗敎論)이란, 신사신도(神社神道)는 제사(祭祀)이며 종교는 아니라고 보는 견해이다. 신사신도를 통하여 국민 통합을 진전시키는 한편, 헌법에서 신교(信敎)의 자유와 모순되지 않도록 정부와 신사행정(神社行政)이 공적으로 취했던 입장이다.

6) 간단하게 설명할 수 없는 중요한 문제이기 때문에, 전게 졸저 『帝國神道の形成』 제1부 제1장~제3장을 참고하기 바란다.

7) 농촌진흥운동은 농산어촌(農山漁村)의 「자력갱생」을 슬로건으로 내건 정책이며, 1932년 9월 총독부에서 위원회를 설치하고 이듬해부터 본격적으로 시작하였다. 「갱생지도부락(更生指導部落)」을 선정하고, 그 「부락」의 각 농가마다 「영농개선」과 「생활개선」의 농가갱생 5개년 계획을 세우고 이것을 이행시킨다는 것이다. 그

개 과정 속에서 우가키는 총동원체제(總動員體制)를 실시하는 것까지 구상한다. 그러나 농촌진흥운동이 시작 초기부터 난항을 보였기 때문에, 보다 강력한 국민통합을 목표로 1935년에 조선 민중의 「신앙심」 대책인 심전개발운동을 시작하였다. 개시 초기에는 국체명징(國體明徵)의 거친 파도가 조선에도 밀어닥쳤다.

이 시기의 국가신도는 제국 내에서 국민 통합을 목적으로 하는 국민 교화의 관점에서 보자면, 「일본신도(日本神道)」와 구별되는 「조선신도(朝鮮神道)」라는 당시 신사계(神社界)에서의 인식이 주목된다(총독부 당국은 이것을 「고유 신앙」이라고 표현). 이 인식은 단일민족주의 뿐만 아니라 다민족 제국주의적인 내셔널리즘(이 경우 국민주의)에 입각하고 있음을 알 수 있다.[8] 이 때문에 이와 같은 국가신도를 제국신도, 라고 부를 수 있다.[9] 「조선신도」(「고유 신앙」)란 재래의 「동제(洞祭)」(마을 축제)를 가리키며, 1930년대에 들어서부터 총독부와 신사계는 신사신도와의 유

리고 농촌진흥운동은 1937년에 중일전쟁이 전면전으로 확대된 이후의 전시체제 아래서 재편되기에 이른다.

8) 조선에서 천조대신 봉재(天照大神奉齋)의 변천을 단서로, 일본인 이주자의 내셔널리즘(국민주의)과 총독부 당국이 구상했던 내셔널리즘을 간단히 묘사해 보자. 일본인 이주자와 본국 정부·총독부 당국에 의하여 천조대신에게 부여된 성격을 보는 한도에서 세 단계로 나눌 수 있다.
   먼저 첫 단계는 한국 병합을 전후하여 일본인 이주자가 직접 천조대신을 받드는 신사 시설을 세워 가는 단계이며, 두 번째는 조선신궁의 진좌(鎮座, 1925년)를 전후한 단계, 세 번째는 국폐소사의 열격(列格)이 시작되는 심전개발운동(1935년에 제창) 단계이다. 각각의 단계에서 천조대신에게 부여된 성격은 내셔널리즘의 반영으로 간주할 수 있으며, 두 번째 단계까지는 일선동조론(日鮮同祖論)이 시사하고 있듯이 단일민족 제국주의적 내셔널리즘이었다.
   그 후, 만주사변을 거친 세 번째 단계에서는 확대되고 더욱이 고립화한 제국 내에 있어서 국민통합을 목표로, 천조대신의 성격에는 다민족 제국주의적 내셔널리즘의 요소가 더해지고, 이민족을 「귀일(歸一)」시키는 황조신(皇祖神)으로 변화하고 있다.

9) 국가신도의 논리와 제국신도론에 관해서는, 전게 졸저 『帝國神道の形成』 제1부 제3장 및 종장 「民族宗教の桎を超える帝國神道論」을 참조하기 바란다.

사성에 주목하고 있었다.

좀 더 구체적으로 설명하자면, 국민통합을 목표로 한 심전개발운동의 일환으로 1936년 8월에 신사관련 법령이 제정·개정되었는데(신사제도개편), 그때 경성 신사(京城神社)와 용두산 신사(龍頭山神社)를 시작으로 각 도의 유력 신사가 국폐소사(國幣小社)[10]로 격이 부여되었다. 8사로 되는 국폐소사에는 열격(列格)의 조건으로 「천조대신」과 「국혼대신(國魂大神)」이 합사(合祀)되어 있다.

종래 「동제(洞祭)」에 대한 주목은 신사의 제신(祭神)으로 발전하고, 그 토지신을 의미하는 국혼신을 신사에서 모시는 것을 총독부 당국은 구상했던 것이다. 그리하여 국혼신을 「국혼대신(國魂大神)」이라는 신명(神名)으로 부르고, 총독부 당국은 여기에 「시조(始祖)」라는 의미를 부여하여 「국토개발의 시조」라고 해석하였다. 이 점은 중요하다. 단군(檀君)을 부정해 온 총독부 당국이 조선인의 「시조」와 관련이 있는 제사를 「국혼대신」 봉재(奉齋) 만으로 제한하는 방침을 취했던 것이 된다고 생각할 수 있기 때문이다.

그러면 국폐소사에 있어서 「천조대신」과 「국혼대신」의 합사를 국가신도의 논리=「경신숭조(敬神崇祖)」의 논리로 해설해 보자. 「국체관념(國體觀念)」과 「합치」하는 「경신숭조」라는 것은, 「숭조관념(崇祖觀念)」이 발전하여 신이 된 「조상」이 천조대신과 「통일」되어, 천조대신을 「최고의 신으로 숭배하는 것」이라고 할 수 있다. 그리고 「천조대신」을 향한

10) 국폐소사를 비롯한 관국폐사(官國幣社)는 관폐사(官幣社)와 국폐사(國幣社)의 총칭으로 관사(官社)라고 부르기도 한다. 양자 모두 경비의 일부를 국고에서 지원받았는데, 관폐사는 예제(例祭) 때 황실에서 폐백료(幣帛料)를 지출하였고, 국폐사는 국고에서 지출된다는 차이가 있었다. 관폐사와 국폐사에는 각각 대사(大社)·중사(中社)·소사(小社)가 있으며, 별격관폐사(別格官幣社)도 있다. 조선의 관국폐사는 패전 당시 관폐대사가 조선신궁과 부여신궁(夫餘神宮, 未鎭座), 국폐소사가 경성 신사·용두산 신사·대구 신사·평양 신사·광주 신사·강원 신사·전주 신사·함흥 신사의 8 사였다.

「귀일」 방법이 이처럼 직선적인 일본인과는 달리, 「중추민족(中樞民族)」(=일본인)이 아닌 조선인은 「시조」인 「국혼대신」을 경유하는 것으로, 그리고 조선의 시조신을 비롯한 여러 신들은 「국혼대신」이 됨으로써 「천조대신」으로 「귀일」한다는 것이다. 이것이 식민지 조선에서 확립된 국가신도의 논리, 즉 「경신숭조」의 논리이다.11)

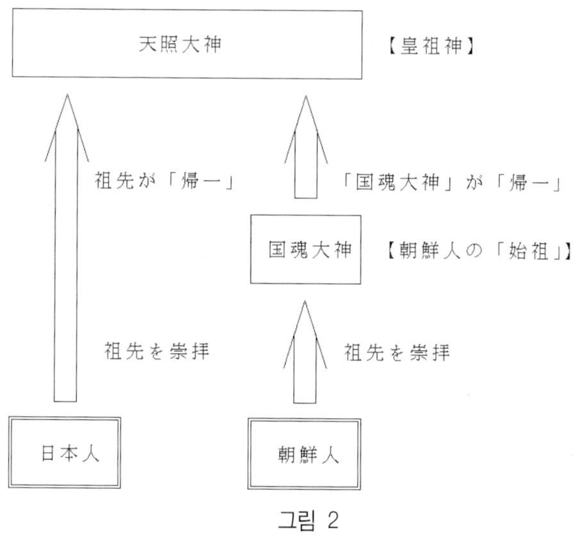

그림 2

이 논리를 내셔널리즘의 관점에서 다시 정리하면, 「경신숭조」의 논리는 서열을 수반하는 천조대신에 대한 「귀일」의 방법에 있어서, 다민족간의 서열을 수반하는 내셔널리즘(국민주의)에 입각하여 탄생했다고 할 수 있다. 따라서 심전개발운동을 담당했던 총독부 당국의 관료들은, 천

11) 岩下傳四郎編, 『大陸神社大觀』(大陸神道連盟, 1941년)의 「심전개발운동」이라는 부제(副題) 속에 「心田開發運動の要旨」(157~172쪽)라는 항목이 있으며, 이것이 총독부에서 발행한 『心田開發運動の要旨』의 해설서라고 단정할 수 있다. 이 해설서는 심전개발운동의 실천 현장에도 배포되었다. 이 해설서에 기록된 「경신숭조」의 설명에서 「경신숭조」의 논리를 분석하였다.

조대신과 조선인의 관계에서 천조대신에게 「귀일」하는 조선인이라는 절대적인 관계를 구축하기 위하여 신사신도와 관련된 조선인의 조상숭배를 인정하고(「국혼대신」으로 결합), 신사신도의 이른바 신앙의 힘에 의지함으로써 조선인의 「제국 신민으로서의 지위」를 설정했던 것이다.

현재의 일본에서 신사신도는 민족종교라고 주장하고 있지만, 실제로 신사신도는 국가신도 시기에 있어서 민족종교는 아니었으며, 다민족 제국주의적인 내셔널리즘(국민주의)에 입각한 국가신도, 즉 제국신도가 되었다는 것을 확인할 수 있다.

(2) 민족주의적 내셔널리즘에 입각한 민족종교

심전개발운동(1935년 1月에 공표)을 통치정책 속에 자리매김한다면 다음과 같이 설명할 수 있다. 즉 농촌진흥운동의 전개과정에서 국체명징성명(聲明)을 받고, 조선총독부는 국민통합을 위하여 조선 민중의 「신앙심」의 개편을 구상하였다. 그 구상은 두 가지 요소(이중성)로 성립되었고, 「경신숭조」에 기초한 신사로의 대중동원을 도모하는 한편(당시의 용어는 「신사제도의 확립」), 공인 종교(교파신도도 포함[12])와 이용 가능한 여러 「신앙」·교화단체의 협력을 끌어내려 하였다(당시의 용어는 「종교부흥」). 아울러서 이 이중성의 이면에는 지배의 장해가 되는 「유사종교」와 「미신」 등을 배제하려던 정책이었다고 할 수 있다.

12) 교파신도를 중심으로 다룬 정책사연구(政策史硏究)는 내가 아는 한도에서는 없기 때문에 심전개발운동에서 교파신도의 동향도 중요한 연구과제가 될 것이다. 심전개발운동에서 천리교(天理教)가 적극적으로 관여한 사례에 관해서는, 김태훈(金泰勳) 「1910年前後における「宗教」概念の行方—帝國史の觀點から」(磯前順一·尹海東 편저 『植民地朝鮮と宗教—帝國史·國家神道·固有信仰』 三元社, 2013年)의 주)31을 참조. 이 책의 한국어판은, 윤해동·이소마에 준이치 엮음 『종교와 식민지 근대 -한국 종교의 내면화, 정치화는 어떻게 진행되었나』 (책과 함께, 2013년)이다.

이것을 달리 말하자면, 심전개발운동은 개시 직후에 국체명징성명(1935년 8월과 10월)을 받고 공인 신사를 중심에 위치시키고 신사참배를 강요해 가는 것과 동시에, 법적 질서의 경계 가까이에 있던 「유사종교」와 무원신사(無願神祠, 종래 「동제(洞祭)」의 재배치를 추진하였다(그림1 참조). 또한 같은 시기에 발표된 조선총독부의 조사자료 『朝鮮の類似宗教』(1935년)는 조선의 「유사종교」에서 두드러진 종말사상의 존재를 발견하고 경종을 울렸던 것이다.

때문에 심전개발운동과 『朝鮮の類似宗教』의 발표를 계기로, 치안당국은 「유사종교」에 대하여 국체(國體) 및 식민지 지배에 반항하는 종말사상을 위험시하는 인식을 가지고 임하게 된다. 요컨대 이 종말사상은 다민족 제국주의적 내셔널리즘에 입각한 제국신도와 대치하는 존재이며, 독립 국가를 목표로 하는 민족주의적인 내셔널리즘(마찬가지로 국민주의)에 입각한 「민족종교」의 핵이 되는 요소였다.[13] 그런 까닭에 치안당국은 종말사상을 용인할 수는 없었던 것이다.

그런데 종말사상은 『정감록(鄭鑑錄)』의 예언의 영향이 컸다. 이 예언은 이씨왕조가 멸망한 후 진인(眞人)인 정씨(새로운 왕)가 출현하여 신왕조를 건설한다는 것이며, 그 예언의 땅은 신도안(新都內)으로 불렀다. 그런 까닭에 특히 3·1운동 이후 계룡산(鷄龍山)에는 일본의 통치 뒤에 신왕조를 건설한다는 종말사상의 농도가 짙은 단체가 몰려 있었다.

1935년에 시작되는 심전개발운동에서 치안당국은 이와 같은 종말사상을 위험시하게 되었던 셈이다. 3·1운동 뒤에는 「유사종교」에 대하여 <회유>화 방침을 진행했지만, 심전개발운동 이후에는 이런 방침이 후퇴함과 동시에, 비밀결사뿐만 아니라 「유사종교」에 대하여도 엄격한 단

13) 식민지 조선에서 종말사상 이외에 민족주의적 내셔널리즘(국민주의 동일)에 입각한 「민족종교」의 핵이 되는 요소로는 단군 내셔널리즘을 들 수 있을 것이다. 佐々充昭, 「韓末における檀君教の「重光」と檀君ナショナリズム」(『朝鮮學報』 第180輯, 2001년) 참조.

속·탄압이 행해졌다. 그리하여 심전개발운동 이후의 시기에, 「유사종교」에 대한 단속 방법이 「비밀포교」의 발견 쪽으로 중점이 옮겨간다. 그 단속의 중심은 보안법 제7조(후술) 위반이며, 적용 대상이 단체의 종말사상과 관련된 포교수단이었다. 예를 들면, 포교수단에 있어서 「예언」의 내용·행위가 「정치에 관하여 불온한 언론 동작」(제7조)으로 인정된 경우, 그 규정에 저촉되는 것으로서 검거되고 해산의 압박을 받았으며, 진종대곡파(眞宗大谷派, 일본 「내지」의 불교 종파)로의 「개종」으로까지 내몰린 단체도 있었다.

종교단체의 언동(언론동작)이 포교수단을 넘어 조선독립과 관련된 언동이 되면 상당히 위험시되었고, 치안유지법 제1조(「국체를 변혁함을 목적으로 결사를 조직한 자 또는 결사의 임원 기타 지도자의 임무에 종사한 자(생략)」)가 적용되었다고 생각할 수 있다.

Ⅳ. 금강대도의 수난 – 대량 검거와 신도촌의 해체

1. 대량 검거와 유치장에서의 순교

이상을 정리하자면, 심전개발운동의 본격적인 개시(1936년 1월) 이후 치안 당국에서는 「종교유사」에 대하여 국체 및 식민지 지배에 반항하는 종말사상을 위험시하는 인식으로 임하고 있었다. 더욱이 3·1운동 이후 단속방침에 전환이 있었고, <회유>화 방침을 추진하여 「유사종교」의 대상이 되는 단체가 확대되었지만, 심전개발운동 이후에는 <회유>화 방침이 후퇴함과 동시에 비밀결사뿐만 아니라 「유사종교」 단체에 대해서도 엄격한 단속·탄압이 행해졌던 것이다.

불교계의 민족종교인 금강대도(『朝鮮の類似宗教』에서는 「금강도(金

剛道)」)는 1935년 시점에서 「유사종교」 중에서는 천도교(天道教)와 보천교(普天教)에 이어 세 번째로 신도수가 많았다. 이 금강대도 역시 커다란 수난의 역사가 있다. 먼저 계룡산에 있는 신도촌(충청남도 연기군, 총본원 소재지)에 대하여 1937년 무렵부터 「만주」 이민을 요청했는데, 이를 거절하면 이어서 회유책을 시행하여 와카야마켄(和歌山縣) 고야산(高野山) 금강봉사(金剛峰寺)로의 「개종」을 강요하였다. 이것을 다시 거절하면, 1941년에는 보안법 제7조 위반사건을 날조하여 제2대 교주와 간부신도의 대량 검거, 그리고 간부신도의 고문치사, 신도촌에서의 강제 퇴거, 교단시설의 해체 등 철저한 탄압을 받았던 것이다.

여기서도 알 수 있듯이, 치안 당국은 탄압을 개시할 때 교리에서 종말사상을 단속하는 방법을 이용하기로 하고, 보안법 제7조를 적용했던 것이다. 다음으로 제7조를 보기로 하자.

> 제7조 정치에 관하여 불온한 언론 동작 또는 타인을 선동 교사 혹은 사용하거나 또는 타인의 행위에 간섭함으로써 치안을 방해하는 자는 50 이상의 태형(笞刑) 10개월 이하의 금옥(禁獄) 또는 2년 이하의 징역에 처한다.

금강대도는 교주가 간부에게 말한 예언이나 춤과 노래까지 보안법 제7조에 있는 「정치에 관하여 불온한 언론 동작」에 해당한다는 이유로 1941년 12월 보안법 제7조 위반혐의로, 아직 젊은 제2대 교주(당시 29세)와 간부 일행 53명이 검거되었다. 그리고 유치장에서는 가혹한 고문이 반복된 탓에 11명이 순교했으며, 많은 사람이 중상을 입고 신체에 장애를 남겼다. 쇠약한 교주는 검찰로 송치된 후(대전지방법원 검사국), 검사의 배려로 검거된 때로부터 약 1년 뒤에 겨우 석방되었다.

그러나 경찰 당국(충청남도 경찰부 고등경찰과)은 집요하게 교단을 압박하였고, 치안을 중시하는 전시법령이 제정되어 재판이 간략화된 것을 계기로[14] 다시 교주를 검거하려는 행동을 개시하였다. 이를 사전에 안 교주는 산속 동굴에 몸을 숨겼지만, 그 상태 그대로 석방된 지 2년여가 지난 1945년 1월 교주는 대전지방법원에서 유죄판결을 선고받았다.

사실 보안법 제7조의 「정치에 관하여 불온한 언론 동작」이라고 인정된 예언과 가무(歌舞)는 『정감록』의 영향을 받은 내용으로 날조되어 있었다. 즉 금강대도의 교리에서 보자면, 이들 예언과 가무의 내용은 충청남도경찰부가 공판을 목적으로 날조했다는 것이 확실하다. 이들 두 가지 언동이 보안법 제7조의 「정치에 관하여 불온한 언론 동작」으로서 인정되었다는 이유로, 교주는 산속에서 은신 생활을 하던 도중 1945년 1월에 유죄판결을 선고받았던 셈이다.

2. 신도촌 해체

제2대 교주가 1942년 말에 석방된 뒤에도 경찰 당국은 여전히 엄격하게 대응하였다. 금강대도 쪽의 자료에 따르면, 교주는 석방된 후 금천리(金川里)로 돌아갔지만 경찰 당국에 의하여 금천리에서 추방되었고, 음력 1943년 1월 14일(양력 2월 18일) 연기군 조치원읍(조치원경찰서가 있다)의 신흥동(新興洞)으로 주거가 제한되었다.[15]

조치원경찰서의 「다카키(高木)」(高木悌吉警部[16])가 경찰서원 3~4명

14) 「내지」에서는 1942년에 전시형사특별법(戰時刑事特別法, 법률 제64호)이 제정되었다(1943년 개정법규 제정). 조선에서는 법역(法域)이 다르기 때문에, 이 법령은 1944년 2월 조선전시형사특별령(제령제4호) 제1조의 규정을 이용하여 조선에 적용하게 된다. 조선전시형사특별령 및 동시에 제정된 조선총독부재판소령전시특례(제령제2호)는 식민지 통치 말기의 대표적인 치안법으로 간주된다.

15) 주거 제한과 주요 건물 철거에 관한 설명은, 금강대도 삼종대학 교육원(金剛大道三宗大學教育院) 편 『도사학(道史學)』(발행년 불명) 제11장이 상세하므로 이것을 참고로 하였다.

16) 朝鮮總督府編『朝鮮總督府及所屬官署職員錄』による.

을 인솔하고 매일 금천리에 주재하면서 가재도구를 들어내고 추방했기 때문에 교주는 어쩔 수 없이 본가의 가족과 전부 합쳐야 10가족 남짓한 소수의 신도들과 함께 부자유스런 몸으로 신흥동으로 향했던 것이다. 이 광경을 지켜보고 있던 신도 중의 한 명이 격노하여 경찰서원에게 달려들었기 때문에 체포되어 조치원서로 연행되었다.

시기가 약간 앞으로 되돌아가는데, 교주와 신도들이 석방되기 전인 음력 1942년 9월 16일(양력 10월 25일), 50명 가량의 경찰관이 재차 침입하여 법당의 불상을 파괴하고 영정을 소각해 버리는 사건이 있었다. 이 배후에는 2명의 배신자(자료에는 실명 기재)가 존재했다고 한다.

여기에 박차를 가하듯이, 10명 남짓한 조치원경찰서원이 찾아와서 기부승낙서에 날인하도록 압박하였다. 실제로 유치장에서 교주와 주요 간부들은 이미 신도촌의 성전(聖殿)과 가옥, 사당 등 주요 건물을 충청남도 경찰부에 기부한다는 내용의 승낙서를 강요당했던 것이다. 경찰서원들은 이 「강제승낙서」를 방패삼아 형장(刑杖)으로 폭행을 가하면서 날인을 강요하였다. 앞에서 말한 배신자 중의 한 명이 서원들을 도와 신도들에게 이 강제승낙을 무리하게 강요했다고 한다.[17)]

이와 같은 강제승낙이 있었고, 이듬해 1943년 1월(음력)에 교주가 주거제한을 받은 직후, 음력 2월 중순(음력 2월 15일은 양력 3월 20일)이 되어 주요 건물이 철거되기에 이른다. 충청남도경찰부가 기부승낙서를 구실로 개인에게 매각했기 때문이다. 성전(삼종대성전, 三宗大聖殿)을 비롯해서 철거된 건물은 「수십여 동」이며, 전체 칸수는 「160여 칸」이었다고 한다.[18)]

17) 불상파괴 등과 강제승낙에 관해서는 전게 『도사학(道史學)』 제10장을 참조.

18) 금강대도백운도우회 편집실(金剛大道白雲道友會編輯室) 편 『금강대도항일투쟁사(金剛大道抗日鬪爭史)』(『五萬燈臺』[금강대도백운도우회] 제1집, 1981년 5월)에는 이때 철거된 구 성전의 사진이 실려 있다. 철거 후 대략 60년 뒤에 동일한 장소에 장엄한 삼종대성전이 재건되었고, 2001년에 준공하였다.

금강대도편『개관(概觀)』(발행년 불명)의「연혁」에 따르면, 주요 건축물이 철거되자 금천리의 신도들도 강제로 퇴거당해 뿔뿔이 흩어지게 되었다고 한다.

V. 맺는말

이상과 같이 금강대도 등 탄압을 당한「유사종교」단체의 사례에서 확인할 수 있는 것은, 1936년부터 본격적으로 시작된 심전개발운동 이후에, 종말사상과 관련이 있는 포교수단에 대하여 보안법 제7조를 적용하는「유사종교」탄압이 시작되었다는 것이다. 이 배제에는 회유책이 수반되어, 금강대도처럼 사전에「내지」불교로의「개종」이라는 포섭의 장이 마련되는 경우도 있었다. 그러나 이러한 회유책을 교단이 선택하지 않았기 때문에 배제하였고, 보안법 제7조를 적용한 대량 검거와 유치장에서의 고문이라는 수단을 동원하였다. 이와 같은 탄압은 완화되는 일이 없었으며, 금강대도는 다시 신도촌(본부)의 해체·신도들의 퇴거라는 철저한 대탄압을 받았던 것이다.

제2절에서 보았듯이 심전개발운동 당시에 완성된 국가신도의 논리는, 조선인은「시조」인「국혼대신」을 거침으로써, 그리고 조선의 시조신을 비롯한 여러 신들은「국혼대신」이 됨으로써「천조대신」으로「귀일」한다는 내용이었다. 국민교화로서 이 논리가 내세운 내셔널리즘(국민주의)은 만주사변 이후의 제국 내에서「중추민족」으로서의 일본인을 정점으로 하는 민족 간의 서열을 탄생시켰다고 할 수 있다. 이 때문에, 단일민족주의뿐만 아니라 다민족 제국주의적 내셔널리즘에도 뿌리를 두고 있기 때문에 이와 같은 국가신도를 제국신도(帝國神道)라고 부를 수 있다.

한편, 금강대도와 같은 민족종교 단체는 제국신도의 다민족 제국주의적 내셔널리즘에 편입되는 일 없이 민족주의적 내셔널리즘을 고수해 갔다는 점을 평가할 수 있을 것이다. 민족주의적 내셔널리즘의 핵이 되는 종말사상이라는 요소는 다민족 제국주의적 내셔널리즘에 입각한 제국신도와 대치하는 존재였다는 것을 확인할 수 있었다.

1930년대 중반 이후의 「유사종교」 탄압 이후, 「유사종교」 뿐만 아니라 조선의 종교적 존재는 신사참배를 포함한 친일적 태도와 협력이 필요했기 때문에, 존속을 함에 있어서 지극히 곤란한 상황에 놓여 있었다고 할 수 있다. 그럼에도 불구하고 민족종교 단체를 비롯하여 민족주의적 내셔널리즘을 계속 유지했던 종교적 존재는 공인종교·「유사종교」·비밀결사를 불문하고 그 점에 있어서도 평가를 받아야 한다고 생각한다.

朝鮮総督府による「類似宗教」弾圧―金剛大道の受難

青野正明(桃山学院大)

はじめに

本発表は、朝鮮総督府が実施した「類似宗教」弾圧に関して、とくに金剛大道が被った受難の歴史を取りあげて考察する。金剛大道は当時の「類似宗教」団体の中では3番目に信徒数が多い団体であったにもかかわらず、その受難史についてはあまり知られていない。その苦難の歴史を紹介したいという目的も当然あるが、それに加えて、抵抗することが非常に困難であった戦時期(日中戦争期)に、金剛大道は何故一貫して抵抗し続けられたのかについて、発表者なりに解釈を試みたいと思う。

そのための前提としては、まず「類似宗教」の概念規定をはじめ、朝鮮総督府が行政の上で宗教に対してどのような認識をもっていたのかを整理しなければならない(第1節)。そして、「類似宗教」を弾圧した理由を総督府の統治政策の中から具体的に見いだし、その施策がもっていた排除の論理を明らかにする。それは帝国神道に対峙する朝鮮の民族宗教という構図から見えてくるだろう(第2節)。

その上で、金剛大道の受難について、懐柔策に応じなかったため大量検挙がなされ留置場で幹部たちが殉教したこと、そして迫害は信徒村を解体するまでに及んだことを論じよう。この事例の分析をふまえて、金剛大道のような民族宗教における抵抗を支えていた要素を抽出してまとめたい。

なお、本発表は朝鮮総督府による「類似宗教」弾圧と金剛大道の受難という主題に合わせて、これまで発表者が積み重ねてきた研究成果を土台にして、それを編集してまとめたものである[1]。

1. 「類似宗教」概念―朝鮮総督府の宗教認識

(1) 朝鮮総督府による行政上の宗教認識

植民地朝鮮での「類似宗教」という用語は、「宗教類似ノ団体」(法令上での用語)や 「宗教類似団体」(行政用語)の略語として、主に1930年代半ば以降に調査資料や治安状況報告書、新聞報道などで使用されていた。この「類似宗教」という概念を中心に、朝鮮総督府による行政上の宗教認識を概略しよう。

韓国併合から5年後の1915年に、神社非宗教論にもとづいて、公認される神社を規定・管理する法令が神社寺院規則(総督府令第82号、1915年8月)として、また公認される宗教を規定・管理する法令が布教規則(総督府令第83号、1915年、後述)として制定された。これらの法令の規定にもとづいて、植民地朝鮮に公認神社および公認宗教からなる宗教的な法令上の秩序が形成されたといえる。この秩序により、朝鮮人や日本人がすでに作っていた多数の宗教的な共同体は、法令上における宗教的秩序の内と外に再配置されることになった。この再配置にともなうそれら共同体の排除と包摂の実態は解明されていないことが多い。

1) 本発表は、拙著『帝国神道の形成―植民地朝鮮と国家神道の論理』(岩波書店、2015年7月)の第Ⅰ部第3章「「敬神崇祖」と国家神道の論理の確立―皇祖神に「帰一」する始祖神」、および拙著 『朝鮮農村の民族宗教―植民地期の天道教・金剛大道を中心に』(社会評論社、2001年)の第4章「金剛大道の予言の地」を参考にしながら、主題に合わせて編集したものである。詳細は両拙著の当該章を参照されたい。

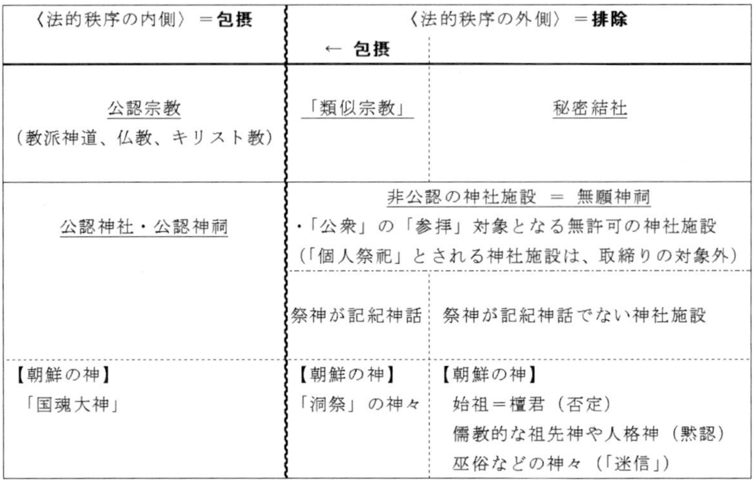

〈法的秩序の内側〉＝**包摂**	〈法的秩序の外側〉＝**排除** ← **包摂**	
公認宗教 （教派神道、仏教、キリスト教）	「類似宗教」	秘密結社
公認神社・公認神祠	非公認の神社施設 ＝ 無願神祠 ・「公衆」の「参拝」対象となる無許可の神社施設 （「個人祭祀」とされる神社施設は、取締りの対象外）	
	祭神が記紀神話	祭神が記紀神話でない神社施設
【朝鮮の神】 「国魂大神」	【朝鮮の神】 「洞祭」の神々	【朝鮮の神】 始祖＝檀君（否定） 儒教的な祖先神や人格神（黙認） 巫俗などの神々（「迷信」）

〈図 1〉

この宗教的秩序からもわかるように、本国政府およびその制度を導入した朝鮮総督府による宗教行政は公認宗教·非公認宗教という枠組みでおこなわれ、非公認宗教団体は宗教行政の所管外に置かれていた。ただし、植民地朝鮮の場合は宗教行政所管外の団体について、治安当局の取締り状況が反映しているため、一括りに非公認団体と呼ぶことができない。これら公認団体以外の団体は、非公認団体(「宗教類似ノ団体」)と秘密結社に分けることができ、宗教行政の所管との距離を基準にするなら、非公認団体を〈懐柔〉、秘密結社を〈取締り〉とみなす枠組みで分析することが可能である。

なお、朝鮮総督府で宗教行政を主管する部署は学務局であり、非公認宗教団体·秘密結社を所管とする部署は警務局と高等法院(「内地」の大審院に相当)検事局であった。補足として、植民地朝鮮における宗教的な存在に対して、総督府がどのような行政上の分類をしていたのかについても説明しておく。「類似宗教」弾圧を実施した政策(心田開発運動)が実質的に始動する1936年1月現在の朝鮮総督府内所管部署、および補足説明をカッコ内に書いておく。わかる範囲で簡単に列挙すると、神社·無願神祠(内務局地方課、1925年に学務局宗教課から移管)、公認団体(学務局社会課)、非公認団体(「宗教類似ノ団体」)·秘密結社(警務局保安課)、「迷信」(警務局衛生課)、「儒道」(学務局社会課、教化団体として)である。

(2) 法令における公認宗教団体と非公認宗教団体の規定

前述したような宗教的存在に対する行政上の分類は、総督府令により法的な根拠が与えられていた。朝鮮総督府の宗教行政に関わる法令として、布教規則(総督府令第83号、1915年)を検討してみよう。

布教規則の第1条は、「本令ニ於テ宗教ト称スルハ神道、仏道及基督教ヲ謂フ」という内容で、公認宗教が定められている。つまり公認宗教が成文化され、「神道」(いわゆる教派神道)、「仏道」(「内地仏教」と「朝鮮仏教」)、「基督教」と定められたのである。

次は「宗教類似ノ団体」の規定となる第15条を見てみよう。

> 第一五條朝鮮總督ハ必要アル場合ニ於テハ宗教類似ノ団体ト認ムルモノニ本令ヲ準用スルコトアルヘシ
> 前項ニ依リ本令ヲ準用スヘキ団体ハ之ヲ告示ス

この「宗教類似ノ団体」という用語は、日本「内地」で1919年に生まれたとされる「類似宗教」概念の先駆的な使用といえ、しかも条文に明記されている。細かく見ていくと、「宗教類似ノ団体」が属している範疇が前提としてあり、その範疇を対象にして、その中から 「宗教類似ノ団体」と認めるものがあることがわかる。その範疇は宗教行政の所管外の団体であると考えられる。

ここで総督府の結社認識をまとめてみるなら、植民地ゆえに朝鮮の非公認宗教団体は治安重視の厳しい取締り環境に置かれていたため、法的には結社(宗教的結社)に加えて秘密結社という範疇も明確にされた。このことを非公認宗教団体を管轄とする検察·警察という治安当局の立場からみれば、宗教行政の所管から外れた団体を単に取締っていたのではなく、法的に結社として存在を許す団体と、それ以外の存在を許されない秘密結社とに分ける取締り手段を取っていたことになる。

このような結社と秘密結社とに分ける取締り状況がを宗教行政に反映されたらどうなるだろうか。前記の布教規則第15条は、宗教行政の所管外の団体という範疇を前提にして、その中から「宗教類似ノ団体」と認める団体を規定した条文となる。つまり、治安当局による取締り状況がこの第15条に反映されていることを確認できるのである。

少し整理すると、治安当局による取締り状況を宗教行政に反映させて、宗教行政における法的な規定を設けたのが布教規則第15条と考えられる。言い換えれば、第15条により宗教行政の所管外の団体という範疇の中において、結社として存在を許された団体(宗教的結社)を宗教行政上「宗教類似ノ団体」と認める規定がなされたといえるのである[2)]。しかも、「本令ヲ準用スルコトアルヘシ」とあるから、この規定は宗教行政側にとって自らの所管である公認団体となる可能性を「宗教類似ノ団体」に与えたものと解釈できるだろう。その点で、「宗教類似ノ団体」は宗教行政の所管に取り込むことを意味する〈懐柔〉に位置し、他の存在を許されない秘密結社は〈取締り〉に位置していたといえる。

前述した宗教の公認·非公認という枠組みの説明からもわかるように、宗教行政が管轄するか否かで公認宗教団体および非公認宗教団体に区別される範疇は「内地」から朝鮮に導入されたといえる。だが、朝鮮では治安重視の立場が前面に押し出され、宗教行政の所管外の団体はさらに二分されたため、「内地」とは異なり公認宗教団体、「宗教類似ノ団体」(「類似宗教」)、秘密結社という3つの区別がはっきりしている。そして、この「類似宗教」と呼ばれた団体が法的秩序の境界近くに存在して〈懐柔〉の対象となる一方で、秘密結社は存在を

2) これに加えて、布教規則では「宗教類似ノ団体」自体を統制する内容が規定されていないことも重要でる。そのため、「内地」の宗教団体法(1940年施行)のような公認団体·非公認団体を一括統制する目的を見出すことはできないと考える。

許されない〈取締り〉の対象となっていた。

植民地ゆえにこれらの非公認宗教団体は、治安重視の厳しい取締り環境に置かれていた。秘密結社は保安法第1条[3)]の解散対象となりより厳しい取締りを受けたため、宗教活動のためには結社として存在を許されること、つまり「類似宗教」に認められることが大きな課題であった。

朝鮮での「類似宗教」取締りをみるなら、治安当局では3·1運動後において取締り方針に転換があり、1930年代前半の時期まではあるが「類似宗教」に認められた団体が増加していることを確認できる(数団体から60余団体へ)。つまり、朝鮮総督府は3·1運動後において「類似宗教」の取締り方針を〈懐柔〉化へと転換した。そして、その対象とする団体を拡大したため、特に犯罪等のない団体は結社が認められ「類似宗教」となったと考えられる。しかしながら、「類似宗教」に認められたとはいえ、布教規則が「準用」(布教規則第15条、前掲)されて公認宗教となる 「類似宗教」の団体は現れることがなかった[4)]。そして、次の第2節で見るように、1930年代半ばに始まる心田開発運動以降において、「類似宗教」団体に対する取締り方針が再び〈取締り〉方向に戻り、弾圧へと向

3) 大韓帝国期に制定された保安法(法律第2号、1907年7月)は、「朝鮮ニ於ケル法令ノ効力ニ関スル件」(制令第1号、1910年8月29日)により併合後も効力を有した。第1条は次の通りである(併合前は、「朝鮮総督」ではなく「内部大臣」)。
第一条朝鮮総督ハ安寧秩序ヲ保持ノ為メ必要ノ場合ニ結社ノ解散ヲ命スルコトヲ得
保安法は朝鮮人を対象とした法令で、「内地」の治安警察法(集会·結社、さらには労働争議·小作争議などを取締まる治安法として運用された)の必要な条項だけを借用した「縮約」版であったといえる。しかし、朝鮮の保安法には届出制の規定がない。植民地支配を前提とした法令であるゆえに、より治安重視の厳しい内容となり、朝鮮人による政治的結社は存在を許されなかった。

4) その根拠として、総督府機関誌に掲載された論説において、「朝鮮に於ける信仰団体中法令に依り宗教と称せらるゝものは神道、仏道及基督教の3つである。尤も宗教類似の団体と雖必要ある場合は之を指定し公認宗教とするの道は開かれて居るが未だ公認されたるものは一つもない」(1940年)という記述をあげることができる。神宝長治「朝鮮に於ける宗教の概要」(『朝鮮』第296号、1940年 1月)による。
その後においても『朝鮮総督府官報』の「告示」欄を見る限り、公認された「宗教類似ノ団体」はなかったといえる。

かっていくのであった。

2. 国家神道による排除の対象—帝国神道と朝鮮の民族宗教

(1) 多民族帝国主義的ナショナリズムに立脚した帝国神道

植民地朝鮮では、神社非宗教論である国家神道[5]()が1930年代に入って変容する過程で、宗教性を帯びながら天皇崇敬システムと結びつき、異民族が天照大神に「帰一」する国家神道の論理が形成された。それは1935年に宇垣一成総督により提唱された心田開発運動でのことである[6]。この時期の国家神道の展開過程において、国際情勢の大きな変化としては満洲事変の勃発(1931年)と「満洲国」の建国(1932年)、そして日本の国際連盟脱退(1933年)にともなう国際的な孤立化をあげることができよう。

このような国際情勢のもとでは、帝国内における国民統合のために日本国民としての同質性が求められていた。朝鮮の場合、1931年に宇垣が朝鮮総督に就任し、農村振興運動[7]が開始され、その展開の中で宇垣は総動員体制を

---

5) 本発表では国家神道を、「神社を通して天皇制ナショナリズムを国民に教化しようとする戦前の社会体制」と捉えている。なお、神社非宗教論とは神社神道は祭祀であり宗教ではないとする見解である。神社神道を通じた国民統合を進めていくうえで、憲法での信教の自由と矛盾させないために、政府や神社行政が公的に取っていた立場である。

6) 簡単に説明できない重要な問題であるため、前掲の拙著『帝国神道の形成』の第Ⅰ部第1章～第3章を参考にしていただきたい。

7) 農村振興運動は農山魚村の「自力更生」をスローガンに掲げた政策で、1932年9月に総督府に委員会が設置され翌年から本格的に開始された。「更生指導部落」を選定し、その「部落」の各農家ごとに「営農改善」と「生活改善」の農家更生5カ年

敷くことまでも構想する。しかし、農村振興運動が開始早々に行き詰まりをみせてきたため、より強力な国民統合を目指して、朝鮮民衆の 「信仰心」対策である心田開発運動が1935年に始まった。その開始早々には国体明徴の荒波が朝鮮にも及んできている。

この時期の国家神道は、帝国内における国民統合を目的とする国民教化の観点からすれば、「日本神道」と区別された 「朝鮮神道」という当時の神社界における認識に注目される(総督府当局はこれを 「固有信仰」と表現)。この認識は単一民族主義のみならず、多民族帝国主義的なナショナリズム(この場合、国民主義)に立脚していることがわかる[8]。それゆえに、このような国家神道を帝国神道と呼ぶことができる[9]。「朝鮮神道」(「固有信仰」)とは在来の 「洞祭」(村祭り)を指していて、1930年代に入ってから総督府や神社界は神社神道との類似性に注目していた。

もう少し具体的に説明すると、国民統合を目指した心田開発運動の一環として、1936年8月に神社関連の法令が制定・改正されたが(神社制度改編)、その

計画を立て、それを実施させるというものである。なお、農村振興運動は1937年に日中戦争が全面化した後の戦時体制下で再編されることになる。

8) 朝鮮における天照大神奉斎の変遷を手がかりにして、日本人移住者のナショナリズム(国民主義)や総督府当局が構想したナショナリズムを簡単に描写してみよう。日本人移住者や本国政府・総督府当局により天照大神に付された性格を見る限り、3つの段階に分けることができる。
まず1つめは韓国併合を前後して日本人移住者が自ら天照大神を祀る神社施設を建てていく段階で、2つめは朝鮮神宮の鎮座(1925年)を前後する段階、3つめは国幣小社の列格が始まる心田開発運動(1935年に提唱)の段階である。それぞれの段階で天照大神に付された性格はナショナリズムの反映と見なすことができ、2つめまでの段階は、日鮮同祖論が示しているように単一民族帝国主義的ナショナリズムであった。
その後、満洲事変を経た3つめの段階では、拡大しかつ孤立化した帝国内における国民統合を目指すために、天照大神の性格には多民族帝国主義的ナショナリズムの要素が加わり、異民族を「帰一」させる皇祖神へと変化している。

9) 国家神道の論理と帝国神道論に関しては、前掲の拙著『帝国神道の形成』の第Ⅰ部第3章、および終章「民族宗教の枠を超える帝国神道論」を参照されたい。

際に京城神社と竜頭山神社を皮切りに各道の有力神社が国幣小社[10)]に列格されている。8社となる国幣小社には列格の条件として「天照大神」と「国魂大神」が合祀されていた。

在来「洞祭」への注目は神社の祭神へと発展し、その土地の神を意味する国魂神を神社に祀ることを総督府当局は構想したのである。そこで、国魂神を「国魂大神」という神名にし、総督府当局はこれに「始祖」という意味をもたせ、「国土開発ノ始祖」という解釈をした。この点は重要である。檀君を否定してきた総督府当局が、朝鮮人の「始祖」に関わる祭祀を「国魂大神」奉斎のみに限る方針を取ったことになると考えられるからである。

それでは、国幣小社における「天照大神」と「国魂大神」の合祀を国家神道の論理=「敬神崇祖」の論理として解説してみよう。「国体観念」と「合致」する「敬神崇祖」とは、「崇祖観念」が進んで神となった「祖先」が天照大神と「統一」されて、天照大神を「最高の神として崇敬する」ことだといえる。そして、「天照大神」への「帰一」の仕方がこのように直線的である日本人とは異なり、「中枢民族」(=日本人)ではない朝鮮人は、「始祖」である「国魂大神」を経ることで、そして朝鮮の始祖神をはじめとする神々は「国魂大神」となることにより、「天照大神」に「帰一」するというものである。これが植民地朝鮮において確立した国家神道の論理、つまり「敬神崇祖」の論理である[11)]。

10) 国幣小社をはじめとする官国幣社は、官幣社と国幣社の総称で官社とも称される。両者とも経費の一部が国庫から供進されたが、例祭で官幣社は皇室から幣帛料が支出され、国幣社は国庫から支出されるという違いがあった。官幣社と国幣社にはそれぞれ大社・中社・小社があり、さらに別格官幣社もある。朝鮮の官国幣社は敗戦時において、官幣大社が朝鮮神宮と扶余神宮(未鎮座)、国幣小社が京城神社・竜頭山神社・大邱神社・平壌神社・光州神社・江原神社・全州神社・咸興神社の8社であった。

11) 岩下伝四郎編『大陸神社大観』(大陸神道連盟、1941年)の「心田開発運動」という小見出しの中に、「心田開発運動の要旨」(157～172頁)という項目があり、これが総督府発行の『心田開発運動の要旨』という解説書であると断定できる。この解説書は心田開発運動の実践現場にも配布されていた。この解説書に書かれた「敬神崇祖」の説明から「敬神崇祖」の論理を分析した。

この論理をナショナリズムの観点から整理し直すと、「敬神崇祖」の論理は、序列をともなう天照大神への「帰一」の仕方において、多民族間の序列をともなうナショナリズム(国民主義)に立脚して生み出されたといえる。したがって、心田開発運動を担当した総督府当局の官僚たちは、天照大神と朝鮮人の関係において、天照大神に「帰一」する朝鮮人という絶対的な関係を築くために、神社神道に連なる朝鮮人の祖先崇拝を認め(「国魂大神」に結びつく)、神社神道のいわば信仰の力に頼ることで、朝鮮人の「帝国臣民としての地位」を設定したのである。

今日の日本において、神社神道は民族宗教であると主張されているが、実際は神社神道は国家神道期において民族宗教ではなく、多民族帝国主義的なナショナリズム(国民主義)に立脚した国家神道、つまり帝国神道となったことを確認できる。

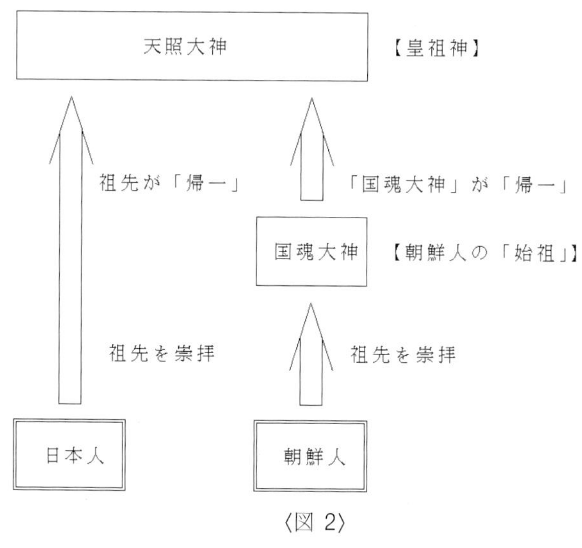

〈図 2〉

(2) 民族主義的ナショナリズムに立脚した民族宗教

心田開発運動(1935年1月に公表)を統治政策の中で位置づければ、次のように説明できる。すなわち、農村振興運動の展開過程で国体明徴声明を受けて、朝鮮総督府は国民統合のために朝鮮民衆の「信仰心」の編成替えを構想した。その構想は2つの要素(二重性)から成り立っていて、「敬神崇祖」にもとづき神社への大衆動員を図る一方で(当時の用語は 「神社制度の確立」)、公認宗教(教派神道も含む[12])や利用可能な諸 「信仰」·教化団体の協力を引き出そうとした(当時の用語は「宗教復興」)。さらに、この二重性の裏では、支配の障害となる「類似宗教」や「迷信」等を排除しようとした政策であったといえる。

これを言い換えるなら、心田開発運動は開始直後に国体明徴声明(1935年8月と10月)を受けて公認神社を中心に据え、神社参拝を強要していくとともに、法的秩序の境界近くにいた 「類似宗教」と無願神祠、在来 「洞祭」の配置換えを推し進めていった(図1を参照)。また、同時期に発表された朝鮮総督府の調査資料『朝鮮の類似宗教』(1935年)は、朝鮮の「類似宗教」に顕著な終末思想の存在を見いだして警鐘を打ち鳴らしたものである。

そのため、心田開発運動や『朝鮮の類似宗教』の発表を契機に、治安当局は「類似宗教」に対して、国体および植民地支配に反抗する終末思想を危険視する認識で臨むことになる。つまりこの終末思想は、多民族帝国主義的ナショナリズムに立脚した帝国神道に対峙する存在であり、独立国家を目指す民族主義的なナショナリズム(同様に国民主義)に立脚した 「民族宗教」の核となる要素であった[13]。それゆえ、治安当局は終末思想を容認するわけにはいかな

---

12) 教派神道を中心に扱った政策史研究は管見の限りないので、心田開発運動における教派神道の動向も重要な研究課題となろう。心田開発運動に天理教が積極的に関わった事例については、金泰勳「1910年前後における「宗教」概念の行方—帝国史の観点から」(磯前順一·尹海東編著 『植民地朝鮮と宗教—帝国史·国家神道·固有信仰』三元社、2013年)の注31を参照。同書の韓国語版は、윤해동·이소마에 준이치 엮음『종교와 식민지 근대—한국 종교의 내면화, 정치화는 어떻게 진행되었나』(책과함께、2013년)である。

かったのである。

ところで、終末思想は『鄭鑑録』の予言の影響が大きかった。この予言は、李氏の王朝が亡んだ後に真人の鄭氏(新王)が出現してに新王朝を建設するというものであり、その予言の地はシンドアン(신도안＝新都内)と呼ばれた。それゆえ、とくに3・1運動以後において、鶏竜山には日本の統治の後に新王朝を建設するという終末思想の色濃い団体が多く集まってきていた。

そして、1935年に始まる心田開発運動では、治安当局はこのような終末思想を危険視することになったわけである。3・1運動後には「類似宗教」に対して〈懐柔〉化方針が進んでいたが、心田開発運動以降はこの方針が後退するとともに、秘密結社のみならず、「類似宗教」に対しても厳しい取締り・弾圧がなされた。こうして、心田開発運動以降の時期において、「類似宗教」に対する取締り方法が、「秘密布教」の発見へと重点が移っていく。その取締りの中心は保安法第7条(後述)違反で、適用対象が団体の終末思想に関わる布教手段であった。たとえば、布教手段における「予言」の内容・行為が「政治ニ関シ不穏ノ言論動作」(第7条)と認められた場合、その規定に抵触するとして検挙され、そして解散に追い込まれ、真宗大谷派(日本「内地」の仏教宗派)への「改宗」まで迫られる団体もあった。

なお、宗教団体の言動(言論動作)が布教手段を越え、朝鮮独立に関わる言動となれば相当に危険視され、治安維持法第1条(「国体ヲ変革スルコトヲ目的トシテ結社ヲ組織シタル者又ハ結社ノ役員其ノ他指導者タル任務ニ従事シタル者(略)」)が適用されたと考えられる。

---

13) 植民地朝鮮において終末思想の他に、民族主義的ナショナリズム(同様に国民主義)に立脚した「民族宗教」の核となる要素としては、檀君ナショナリズムをあげることができるだろう。佐々充昭「韓末における檀君教の「重光」と檀君ナショナリズム」(『朝鮮学報』第180輯、2001年)を参照。

3. 金剛大道の受難―大量検挙と信徒村の解体

(1) 大量検挙と留置場での殉教

以上をまとめるなら、心田開発運動の本格的な開始(1936年1月)以降において、治安当局では 「宗教類似」に対して、国体および植民地支配に反抗する終末思想を危険視する認識で臨んでいた。かつて3·1運動後において取締り方針に転換があり、〈懐柔〉化方針が進んで 「類似宗教」の対象となる団体が拡大されていたが、心田開発運動以降は〈懐柔〉化方針が後退するとともに、秘密結社のみならず、「類似宗教」団体に対しても厳しい取締り·弾圧がなされたのである。

仏教系の民族宗教である金剛大道(『朝鮮の類似宗教』では「金剛道」)は1935年の時点で、「類似宗教」の中では天道教と普天教に次いで3番目に信者数が多かった。この金剛大道も大変な受難の歴史がある。まず鶏竜山にある信徒村(忠清南道燕岐郡、総本院の所在地)に対して1937年頃から 「満洲」移民の要請がなされるが、これを拒絶すると次は懐柔策がとられて、和歌山県の高野山金剛峰寺への 「改宗」を迫られた。それをまたはね除けると、1941年には保安法第7条違反事件を捏造されて第2代教主や幹部信徒の大量検挙、そして幹部信徒の拷問死、信徒村からの強制退去、教団施設の解体等、徹底的な弾圧を受けたのであった。

ここからもわかるように、治安当局は弾圧を開始する際に教義における終末思想を取締る方法を用いることにし、保安法第7条を適用したのである。次に第7条を示そう。

> 第七條政治ニ關シ不穏ノ言論動作又ハ他人ヲ煽動教唆或ハ使用シ又ハ他人ノ行爲ニ關渉シ因テ治安ヲ妨害スル者ハ五十以上ノ笞刑十箇月以下ノ禁獄又ハ二箇年以下ノ懲役ニ處ス

金剛大道は、教主が幹部に語った予言や歌舞までが保安法第7条にある

「政治ニ関シ不穏ノ言論動作」として認定されるという理由で、1941年12月に保安法第7条違反容疑で、まだ若い第2代教主(当時は数えで29歳)と幹部ら53名が検挙された。そして、留置場では過酷な拷問が繰り返されたため、11名が殉教し、多くの者が重傷を被り身体に障害を負った。衰弱した教主は送検の後(大田地方法院検事局)、検事の配慮で検挙から約1年後にようやく釈放されている。

しかし警察当局(忠清南道警察部高等警察課)は執拗に教団を追い詰め続け、治安重視の戦時法令が制定されて裁判が簡略化されたのを契機に[14)]、再び教主を検束しようと行動を開始した。それを事前に察知した教主は山中の洞穴に身を隠したが、その状況のままで、釈放から2年余り経た1945年1月に、教主は大田地方法院で有罪判決を言い渡された。

実は、保安法第7条にある 「政治ニ関シ不穏ノ言論動作」として認定された予言と歌舞は、『鄭鑑録』の影響を受けた内容に捏造されていた。つまり、金剛大道の教義からすると、これらの予言と歌舞の内容は、忠清南道警察部が公判のために捏造したものであることが確実である。これら2つの言動が、保安法第7条にある「政治ニ関シ不穏ノ言論動作」として認定されるという理由で、教主は山中に身を隠した中、1945年1月に有罪判決を言い渡されたわけである。

(2) 信徒村の解体

第2代教主が1942年末に釈放された後においても、警察当局は依然と厳しい対応を迫っている。金剛大道の資料によると、教主は釈放されて金川里に帰ったものの、警察当局により金川里から遠ざけられ、陰暦1943年1月14日(陽暦2月18日)に燕岐郡鳥致院邑(鳥致院警察署がある)の新興洞に住居が制限さ

14) 「内地」で1942年に戦時刑事特別法(法律第64号)が制定された(1943年に改正法規が制定)。朝鮮では法域が異なるため、この法令は、1944年2月に朝鮮で朝鮮戦時刑事特別令(制令第4号)第1条の規定を用いて朝鮮に適用されることになる。朝鮮戦時刑事特別令および同時に制定された朝鮮総督府裁判所令戦時特例(制令第2号)は、植民地統治末期の代表的な治安法とされる。

れることとなった[15]。

鳥致院警察署の　「高木」(高木悌吉警部[16])が署員3～4名を連れて毎日金川里に駐在しながら、家財道具を輸送搬出して追い出しにかかったため、仕方なく教主は本家の家族と少数の信徒の計10家族あまりをともない、不自由な身体で新興洞に向かうのであった。この光景を見守っていた信徒のひとりが激怒して警察署員に襲いかかったため、取り押さえられて鳥致院署に連行された。

時期は少し前に戻るが、教主や信徒たちが釈放される前の陰暦1942年9月16日(陽暦10月25日)、50名あまりの警察官が再び侵入して、法堂の仏像を破壊し影幀を焼却してしまう事件があった。この背後には2名の背信者(資料には実名記載)の存在があったという。

これに追い打ちをかけるように、鳥致院警察署員10名あまりがやってきて、寄付承諾書に捺印するように迫ってきた。実は、留置場において教主や主な幹部たちは、信徒村の聖殿や家屋、祠堂などの主要建物を忠清南道警察部に寄付するという内容の承諾書を、すでに強制されていたのだ。署員たちはその「強制承諾書」を楯にして、刑杖による暴行を加えながら捺印をさせるのであった。前記の背信者のうちの1名が、署員たちを助けてこの強制承諾を信徒たちに無理強いしたという[17]。

このような強制承諾があり、翌1943年1月(陰)に教主が住居制限を受けるようになった直後、陰暦2月中旬(ちなみに陰暦2月15日は陽暦3月20日)になって主要建物が撤去されることになる。忠清南道警察部が、寄付承諾書を口実に個人に売却したためである。聖殿(三宗大聖殿)をはじめとして撤去された建物は「数十余棟」であり、それらの間数の合計は「一六〇余間」であったという[18]。

---

15) 住居制限と主要建物撤去に関する説明は、金剛大道三宗大学教育院編『道史学』(発行年不明)の第11章が詳しいのでこれを参考にした。

16) 朝鮮総督府編『朝鮮総督府及所属官署職員録』による。

17) 仏像破壊等と強制承諾については、前掲『道史学』の第10章を参照。

18) 金剛大道白雲道友会編輯室編『金剛大道抗日闘争史』(『五万灯台』〔金剛大道白雲道友会〕第1輯、1981年5月)には、この時撤去された旧聖殿の写真が掲載さ金剛大道編『概観』(発行年不明)の「沿革」によれば、主要建築物が撤去されると、金川里の信徒たちも強制的に退去させられ、離れ離れに分散することとなったという。

おわりに

以上のような金剛大道等の弾圧を被った「類似宗教」団体の事例から確認できることは、1936年から本格的に始まった心田開発運動以降において、終末思想に関わる布教手段に対して保安法第7条を適用する「類似宗教」弾圧が開始されたことである。この排除には懐柔策がともなっていて、金剛大道のように前もって「内地」仏教への「改宗」という包摂の場が設けられる場合もあった。しかし、それを教団が選ばなかったために排除として、保安法第7条を適用した大量検挙と留置場での拷問という手段が取られている。このような弾圧は緩められることがなく、金剛大道はさらに信徒村(本部)の解体・信徒たちの退去という徹底的な大弾圧を被るのであった。

第2節で見たように、心田開発運動時に完成した国家神道の論理は、朝鮮人は「始祖」である「国魂大神」を経ることで、そして朝鮮の始祖神をはじめとする神々は「国魂大神」となることにより、「天照大神」に「帰一」するという内容であった。国民教化としてこの論理が立脚したナショナリズム(国民主義)は、満洲事変後の帝国内において「中枢民族」としての日本人を頂点とする民族間の序列を生み出すものであったといえる。そのため、単一民族主義のみならず、多民族帝国主義的ナショナリズムにも立脚しているため、このような国家神道を帝国神道と呼ぶことができる。

一方で、金剛大道のような民族宗教団体は、帝国神道の多民族帝国主義

れている。撤去からおよそ60年後に同じ場所に荘厳な三宗大聖殿が再建され、2001年に竣工している。

的ナショナリズムに編入されることなく、民族主義的ナショナリズムを固持していた点が評価されるべきであろう。民族主義的ナショナリズムの核となる終末思想という要素は、多民族帝国主義的ナショナリズムに立脚した帝国神道に対峙する存在であったことが確認できた。

1930年代半ば以降の「類似宗教」弾圧以降、「類似宗教」のみならず朝鮮の宗教的存在は、神社参拝を含めた親日的態度·協力が求められたため、存続する上で非常に困難な状況に置かれていたといえる。それにもかかわらず、民族宗教団体をはじめとして、民族主義的ナショナリズムを維持し続けた宗教的存在は、公認宗教·「類似宗教」·秘密結社を問わず、その点においても評価を受けるべきだと考えるのである。

조선총독부의 「유사종교(類似宗教)」 탄압에 대한 토론

조 성 운(동국대)

본 논문을 발표하신 아오노 선생님은 일본에서 식민지 조선의 민족종교 혹은 신종교에 대한 연구를 지속적으로 진행하고 있는 대표적 학자로서 단행본 『朝鮮農村の民族宗教-植民地期の天道教－金剛大道を中心に－』(社會評論社, 2001)을 통해 천도교와 금강대도를 통해 일제와 조선총독부의 유사종교정책을 살폈으며, 『帝國神道の形成-植民地朝鮮と國家神道の論理-』(岩波書店, 2015)을 통해서는 '제국신도'라는 개념을 사용하여 일제와 조선총독부가 식민지 조선의 민족종교를 식민지 통치에 어떻게 이용하고자 하였는가에 대해 살폈다. 이와 같이 아오노선생님은 줄곧 식민지 조선의 민족종교를 통해 일제와 조선총독부의 식민지 지배정책에 대해 천착해 온 일본의 대표적 연구자이다.

반면 식민지시기 민족종교에 대한 국내의 연구는 천도교에 대한 연구를 제외하고는 그리 활발하지 못한 형편이다. 특히 금강대도에 대한 역사학적 연구는 거의 찾을 수 없다. 이러한 상황에서 아오노선생님의 연구가 한국근대사의 연구의 부족한 부분을 매워준다는 점에서 학술사적 의미가 크다고 생각한다. 더 나아가 일제와 조선총독부의 식민지 지배정책이 종교라는 측면에 어떻게 발현되는가를 실제 사례를 통해 보여준다는 점에서도 의미가 크다고 생각된다.

본고는 지금까지 아오노 선생님이 말씀하셨듯이 새로운 연구라기보다는 지금까지의 자신의 연구를 본 학술대회의 주제에 맞추어 정리한 수준의 것이라는 점에서 본고에 대한 토론은 어떠한 측면에서는 아오노 선생님의 연구 전반에 대한 토론자의 생각을 말씀드리는 것으로 오해할 수 있을지도 모르나 토론자가 민족종교에 대한 전문적인 연구식견을 갖지 못한 관계로 본고만을 대상으로 의문나는 점 몇 가지를 질문하여 토론자로서의 의무를 다하고자 한다.

첫째, 본고는 식민지시기 조선총독부의 유사종교에 대한 탄압정책을 금강대도를 사례로 분석한 것이다. 금강대도에 대한 국내의 연구는 주로 종교학 분야에서 이루어졌고, 역사학 분야에서는 거의 이루어지지 않아 많은 분들에게 생소할 것이라 생각된다. 그러나 금강대도는 필자가 지적하고 있듯이 식민지시기 유사종교 중 천도교와 보천교 다음으로 교세가 강했던 종교이며, 현재에도 명맥을 유지하고 있다. 따라서 금강대도에 대한 조선총독부의 탄압은 유사종교에 대한 조선총독부의 정책과 궤를 같이 한다. 이러한 측면에서 발표자는 본고에서 유사종교에 대한 조선총독부의 인식의 변화를 살핀 후 이에 수반한 법령의 변화를 살펴보았다. 그리고 조선의 민족종교를 국가신도에 의한 배제의 대상으로 파악하여 비교, 서술하였다. 이러한 논지는 이미 발표자는 기존의 연구에서 보다 상세히 밝힌 바가 있다. 그러나 이러한 변화는 결국 일제와 조선총독부의 식민지 지배정책의 변화와 밀접한 관련이 있다. 국내에서 일반적으로 통용되고 있는 무단정치기-문화통치기-민족말살통치기라는 구분에서 민족말살통치기에 해당하는 것이기 때문이다. 따라서 필자의 시대구분이 한국내에서 일반적으로 이루어지고 있는 시기구분과 어떠한 차이가 있는지에 대해 설명해주시기 바란다.

둘째, 조선총독부의 신도 혹은 신사정책과 심전개발운동의 관계에 대한 질문이다. 조선내에서의 심전개발운동은 불교를 중심으로 이루어졌으며, 발표자가 지적한 바와 같이 조선의 고유신앙인 동제를 중심으로 한 것이 아니었다. 또한 식민지 조선에서의 심전개발운동은 1936년을 경계로 불교 중심에서 벗어나 교육계를 비롯한 다양한 조직과 집단으로 그 주체가 변하였다. 동제와 심전개발운동의 관련성에 대한 연구는 민족종교라는 틀이 아니라 민속이라는 측면에서 바라보는 것이 옳다는 생각이다. 이에 대해 발표자의 생각을 말씀해주시기 바란다.

셋째, '경신숭조'는 심전개발운동 뿐만 아니라 1930년대 중후반 이래 조선총독부의 중요한 구호가 되어 널리 선전된 개념이다. 그럼에도 불구하고 '경신숭조'가 무엇을 의미하는가에 대해 제대로 알려지지 않은 것이 현실이기도 하다. 이에 대해 발표자는 '국체관념'과 합치한 경신숭조란 숭조관념이 진전되어 신이 된 조상이 천조대신과 통일되어 천조대신을 최고의 신으로서 숭경하는 것이라 파악하였다. 그리고 천조대신으로의 귀일의 방법이 직선적인 일본인과는 달리 중추민족(일본인)이 아닌 조선인은 시조인 국혼대신을 경유하여 천조대신에 귀일한다는 것이다. 결국 단군을 국혼대신의 자리에 놓고 조선민족은 단군을 통해 천조대신에게 귀일한다는 논리인 것으로 이해된다. 이는 이미 1920년대 식민지 조선의 관광팜플렛에서 보이는 천조대신과 단군과의 관계에서 이미 대중화시키고 있는 것으로 보인다. 따라서 단군을 통한 천조대신으로의 귀일, 곧 경신숭조는 내선일체의 내적 논리를 창출하는 동화정책의 한 모습이라 할 수 있을 것이다. 따라서 경신숭조의 논리는 1930년대 중반 이후 탄생한 것이 아니라 일제의 식민지 지배정책의 고유한 내용으로 볼 수 있을 것이라 생각된다. 다만 시기에 따라 강조점이나 논리의 변화가 발생하는 것이라 볼 수 있다. 본고에서는 이러한 측면에서 필자의 의견이 드러나지 않는다. 발표자의 생각을 듣고 싶다.

넷째, 발표자는 조선총독부의 '유사종교'에 대한 정책은 회유와 탄압이라고 하였다. 토론자 역시 이에 동의하지만 본고에서는 회유와 탄압의 사례가 제시되어 있지 않다. 회유에 응한 '유사종교'와 금강대도 이외에 회유에 응하지 않아 탄압을 받은 유사종교를 사례를 들어 설명해주시기 바란다.

다섯째, 금강대도에 대한 설명이 소략하다. 금강대도가 국내에서 생소한 종교이기 때문에 이 종교의 성립과 발전과정, 교리, 주도인물 등에 대한 소개와 설명이 있어야 금강대도에 대한 이해를 쉽게 할 수 있을 것이다. 필자는 금강대도는 불교계의 민족종교라 규정하였다. 그러나 금강대도는 "공자, 석가 두 성인은 세상이 다 존봉하였으되 노자는 당나라 때 이외에는 별로 존봉한 적이 없고, 또 내 도의 진리가 비록 유불선 3합이라 하나 결국에는 仙道가 종이 되니 마땅히 노자를 봉안하여 공경케 하리라"고 하여 스스로는 仙道라 규정하였다. 이에 대한 필자의 생각을 듣고 싶다.

마지막으로 필자는 금강대도의 수난을 1930년대 말~40년대 초 시기의 금강대도에 대한 탄압을 교주에 대한 수 차례의 검거와 구금, 신도촌의 해체 등으로 설명하였다. 이러한 유사종교에 대한 조선총독부의 탄압의 사례는 적지 않을 것으로 보인다. 예를 들면 천도교나 증산교 계열인 보천교와 태을교에 대한 조선총독부의 탄압과 회유 등도 있다. 천도교의 경우 한때는 민족종교로서의 3·1운동과 신간회운동 등 민족운동의 지도적 역할을 수행하기도 하였으나 이후 일제의 지배정책에 협력하는 경향이 나타났다. 교단측에서는 교단의 유지를 목적으로 한 것이었다고 하기도 한다. 금강대도의 경우 1945년 1월 제2세 교주가 보안법 위반으로 유죄판결을 받았다. 금강대도는 어떠한 이유에서 '보안법을 위반'한 것인지에 대한 설명이 필요하다고 생각된다.

야나기 무네요시(柳宗悅)
-조선에 대한 시선

이토 토오루(伊藤徹, 京都工藝纖維大學)

조선에 대한 야나기 무네요시의 시선이 어떠하였는가에 대해서는, 그것이 야나기 민예운동의 역사적 기원의 하나라는 점에서, 기존에도 논의가 반복되어 왔다. 거기에는 자연스럽게 세상의 평판에 차이가 나타난다. 즉 식민지 지배 하 조선인들의 독립의지를 향한 일제의 무력 탄압에 대한 그의 항의가 인도주의적인 것으로 높게 평가되고 있는 반면, 그 항의와 불가분한 조선 예술론에서 사람들은 식민지 지배의 상시화를 긍정해버리는 오리엔탈리즘의 냄새를 알아챘다. 본 발표는 우선 그러한 양면이 야나기 안에 있다는 것을 확인하고, 그 유래를 그 자신의 출신인 『시라카바(白樺)』 파에서 찾아보고자 한다. 『시라카바』파는 일본의 서양 근대문화 수용의 전형이다. 본 발표는 수용의 축이 되는 '개인'의 개념방식에 주목하여 야나기의 사상을 비판적으로 음미하고, 그 계승의 방향성을 찾고자 한다. 만일 그것이 동아시아와 근대화의 관계를 사상사적으로 고찰하는 데에 작으나마 하나의 기여라도 하게 된다면 발표자로서는 뜻밖의 즐거움이 될 것이다.

1919년 3월 1일에 일어난 이른바 '3·1 독립운동'에 대해 일본 총독부가 무력탄압을 가하여 일본 측 발표에서도 7,000명 이상의 사망자를 꼽았다. 이미 잡지 『시라카바』의 동인으로 활발하게 문필활동을 해왔던 야나기 무네요시는 그 소식을 접하자마자 요미우리신문(讀賣新聞)에 "조선인을 생각한다"라는 글을 발표하여 강력하게 항의하고, 그것을 시작으로 일본의 무단통치를 공개적으로 비판하였다. 야나기는 말한다. -강대한 중국의 漢민족에 더하여 일본의 왜구와 도요토미 히데요시(豊臣秀吉)의 군대에 의해 계속해서 억압을 당한 조선의 "어둡고 비참한 때로는 공포에 찬 역사"(柳宗悅, 『柳宗悅全集』, 제6권, 筑摩書房, 1981년 25쪽)를 일본은 지금 다시 "많은 돈과 군대와 정치인"(柳 6권 24쪽)을 배경으로 더 연장시키려하고 있다. 그러나 유혈의 폭행을 가하는 등 억압으로 그들의 입을 닫으려해도 진정한 평화와 우정을 갖게될 리는 없다. "칼의 힘은 결코 현명한 힘을 낳지 못한다"(柳 6권 26쪽). 人倫에 어긋나는 행위를 하고 있는 이상 자신도 일본 국민의 한 사람으로서 조선인들에게 사과해야 한다. "나는 그것이 내 자신의 행위가 아니더라도 적어도 어떤 경우 일본이 옳지 않다고 생각할 때 일본에서 태어난 한 사람으로서 여기에서 나는 당신들에게 사죄하고자 한다" (柳 6권 35쪽). 야나기는 "언젠가 일본 안에서 당신들 편이 되어 일어나는 사람이 틀림없이 나온다." (柳 6권, 36쪽)는 기대를 갖고 일본인에게도 호소한다. "일본 동포여, 칼로 흥한 자는 칼로 망한다. 군국주의를 빨리 포기하라.… 우리들은 인간답게 살려는 것이 아닌가? 스스로의 자유를 존중하고 타인의 자유도 존중하려는 것이 아닌가? 만일 이 명백한 인륜을 짓밟는다면 세계는 일본의 적이 될 것이다. 그렇게 된다면 망하는 것은 조선이 아니라 일본국이다(柳, 6권, 186쪽).

이러한 야나기의 자세는 메이지 유신 이후 적어도 태평양 전쟁으로 패전할 때까지 천황제 국가를 기본으로 행정부에 강한 권력을 집중해 온 일본에서 보기 드문 정치적 저항이었고, 이 기간 중에서는 자유에 대한 희망과 민주적 기운이 상대적으로 고양된 시기에 해당하는 다이쇼시대

(大正時代)에서조차 한반도 식민지화와 거의 동시에 일어났던 고토구슈스대역사건(幸德秋水大逆事件)의 여운이 남아 있는 가운데 결코 많이 볼 수 있는 정치적 퍼포먼스는 아니었다. 야나기가 속해 있던 『시라카바』파가 가쿠슈인(學習院)이라는 천황의 '동문(御學友)'를 육성하는 조직, 즉 치안권력이 미치기 어려운 곳에 있었다는 점을 고려하더라도 야나기의 3·1 독립운동의 무력탄압에 대한 비판은 일반적으로 '다이쇼 휴머니즘'이라고 불리는 사조의 가장 당당한 표현으로 평가받아야 마땅할 것이다. 야나기의 비판이 하나의 계기가 되어 총독부 건물로 인한 파괴를 모면하고 옮겨짓는 형태로 보존된 광화문은 이러한 당당함의 상징이라고 볼 수 있다.

야나기의 비판은 공적 권력이 개인에게 미치는 危害에 대한 항의라는 형태에서는 근대 서양의 자유주의의 수용으로 간주할 수 있지만, 원래 지켜져야 할 '개인'이 어떠한 존재로 생각되고 있었는지가 수용의 바탕이 될 것이다. 그것은 아마도 근대 유럽의 기반이 되었던 '개인'과 그대로 겹쳐지는 것은 아니다. 그러한 근대 일본의 개개의 이미지를 가늠하는 것이 본 발표의 구체적인 내용이지만, 그러기 위해서라도 우선은 조선에 대한 그의 시선의 특징인 반동화주의적 지향을 확인해 보자.

그는 직접 위해를 가한 무력탄압뿐만 아니라 그 이전부터 진행되어 온 일본의 식민지경영 자세에 대해 비판의 화살을 향하였다. 그에 따르면 일본의 통치는 조선 민족의 고유한 문화와 그것을 기반으로 한 언어를 빼앗고, 이것을 '일본인화' 하려고 하는 것이고, 타민족에 대한 존경이 없는 야만적인 것이었다. "위정자는 당신들을 동화시키려고 한다. 그러나 불완전한 우리들에게 어떻게 이러한 권위가 있을까? 이렇게 부자연스러운 태도는 없고, 또 이렇게 설득력 주장은 없다. 동화의 주장으로 이 세상에서 얻게될 결과는 반항일 뿐이다"(柳 6권, 49쪽). 예를 들어 학교교육의 현장에서, 이 땅에 예전부터 있었던 아름다운 자수는 서양에서 일본으로 반입된 모조품에게 그 자리를 빼앗기고 있다. 또는 경성 등 대도시의 민중적이었던 시장은 일본풍의 값싼 물건으로 점거되기 시작하였다. 이러한 것을 폭거로 간주한 야나기는 문화의 균질화에 대해 이의를 제기하고 "이질적인 것이야말로 존중해야 한다"고 호소한다. "조선 고유의 아름다움과 마음의 자유는 다른 사람이 범해서는 안된다. 아니 영원히 범해질 수 없다는 것이 자명하다. 진정한 일치는 동화에서 오는 것이 아니다. 개성과 개성의 상호 존중에서만 연결되는 하나가 있을 뿐이다"(柳 6권, 49쪽).

야나기의 反동화주의는 전쟁 이전 시기 일본 지식인들이 일반적으로 한반도에 부여한 규정과 비교하였을 때 그 특별한 위치를 보여준다. 당시 많은 일본 지식인에게 한반도는 북방의 위협인 러시아 사이의 완충지대이며, 이를 일본화하는 것은 일본을 위한 방파제 건설과 같은 뜻이었다. 예를 들어 미야케 세쓰레(三宅雪嶺)의 사위인 나카노 세이고(中野正剛)는 조선통치에 대한 3·1운동 이전의 몇 안되는 비판자 가운데 하나로, 총독부의 특권 자본계급에 대한 보호와 헌병 등의 횡포를 비판하는 동시에 일본과의 동화를 호소하였다. 그러나 그가 비판한 의도는 어느 역사가의 말에 따르면 자위력이 없는 조선을 방치함으로써 이를 일본에 위협이 되는 곳으로 만들지 않고, 오히려 조선인을 '계몽'하여 일본의 대륙 정책의 첨병으로 삼고자 하는 데 있었던 것이며, 그가 총독부를 비판하고 일본인의 조선 이주와 조선인의 임용 등 '국민 동화정책'을 주창했다 하더라도 그 비판 자체가 "조선인을 비하하고 열등시하였다는 점에서 총독정치와 동일 선상에 서" 있었다(松尾尊兊, 『大正デモクラシー』, 岩波書店, 1974년, 281~283쪽). 나카노 세이고와 같은 동화주의를 대립 축으로 세워서 야나기가 가지고 있던 이질적인 것들에 대한 존중 사상은 우선 높이 평가할 수 있고, 야나기를 자칫 신격화하기 십상인 민예운동 내부와 그 주변에서 떨어진 곳에서도 실제로 같은 평가를 얻고 있다(예

를 들면 蓮見重彥, 「「大正的」言說と批評」, 柄谷行人編, 『近代日本の批評/明治·大正篇』, 福武書店, 1992년, 143~144쪽 참조).

이와 같은 야나기의 자세는 조선에 그치지 않고, 그가 관심을 가지게 되는 여러 지역의 문화, 구체적으로는 류큐와 대만, 아이누 거주지 등 근대화의 흐름에서 보면 '더딘' 지역의 문화에 대한 태도에 공통적으로 나타나는 것으로, 그의 기본적인 지향을 보여주고 있다고 할 수 있다. 그러나 그것은 과연 각각의 문화가 갖는 고유성을 존중하는 태도이면서 그 보존을 위해 해당 지역이 요구하는 근대화로의 지향을 가로막는 것이어서, 그것 역시 비판적으로 지적되어왔다. 오키나와 방언 논쟁은 그러한 비판이 분출된 전형적인 예이다. 그는 1939년 오키나와에서 초대받은 관광좌담회 석상에서 아름다운 일본어 고어로 이 땅에 남아있는 방언의 보전을 호소하며 당시 국가총동원법 하에서 오키나와현이 주체가 되어 실행되고 있던 표준어장려운동(標準語勵行運動)에 대해서 자신의 비판적인 입장을 밝혔다. 하지만 제1차 세계대전 이후 경제적 글로벌화로 사탕수수 산업이 타격을 입은 결과 육지로 흘러나가 그것에서 방언때문에 차별을 경험하고 있던 오키나와 사람들에게 표준어의 보급은 미적인 이유에 근거한 방언 보존 이전에 생활을 위한 절실한 과제였다. 또한 섬마다 마을마다 다른 방언은 신속한 정보유통을 기반으로 하는 근대화에 있어서 저해요인이었기 때문에 야나기의 호소는 이러한 사정을 배려하지 않은 도쿄 엘리트의 발언으로 받아들여져 현 당국뿐만 아니라 야나기가 민예운동에서 찬양하는 이름없는 일반사람들에서까지 차가운 반응을 얻게 된 것이다.

전후 1970년대 한국에서 崔夏林을 비롯한 지식인들이 야나기의 조선 '사랑'에 대해 비판적인 입장을 취하게 되는데 그러한 비판이 표출된 것도 결국 같은 문제였다고 보아도 좋을 것이다. 왜냐하면 조선문화와 예술의 특징을 미술사적 지식에 근거하지 않고 곡선과 흰색으로 특화하고 이를 조선 민족이 3,000년 동안 다른 민족에게 억압받아온 고난의 승화로 일괄하는 야나기의 조선예술론, 이른바 '애상의 미'론은 한반도의 식민지화를 일반화하여 민족의 독립을 방해하는 경향성이 확실하게 포함되어 있으며, "한국인을 패배감에 몰아넣으려고 하는 술책과 한국사를 사대주의적인, 일관되게 비자주적인 역사에 몰아넣으려고 하는 일본 제국주의의 정책이 교묘하게 섞인 사고방식"이라고 규정한 최하림의 비판은 반드시 빗나가간 것은 않았기 때문이다.

반동화주의적인 문화의 존중이라는 당시 일본 지식인 가운데 주목할 만한 야나기의 자세, 더구나 非排外主義的인 성향을 지니고 오늘의 다양한 문화의 접촉이 일상화되고 있는 상황에서 지극히 타당한 것으로 보이는 사고가 도대체 왜 이러한 문제점을 갖게 되는 것일까. 필자의 생각에 적어도 한 가지 이유는 그의 출신인 『시라카바』파 안에서의 '타자'에 대한 생각, 즉 반동화주의를 지탱하는 '이질성' 개념의 연원에 있다. 다음에서는 이 점에 대하여 『시라카바』파와 야나기의 사상을 검토해 보고자 한다.

『시라카바』파는 1909년 잡지 『시라카바』를 창간한 문학·미술 서클로, 야나기 무네요시는 그 핵심 멤버 중의 하나였다. 이 서클의 이념은 "자신을 살린다"이다. 1909년은 러일전쟁 직후 그 승리로 서양 열강의 위협으로 개국과 함께 시작된 일본의 근대화가 완결된 시대, 그 내막은 제쳐놓더라도 일본인 사이에 세계 '일등국'의 반열에 올랐다는 자부심이 퍼지던 시대이다. 하지만 그것은 동시에 이 전쟁에 이르기까지 사람들을 주도한 '일국독립(一國獨立)'의 이념통합 능력이 없어져가는 것을 의미하였다. 유신 이후 내전도 경험하면서 '일본'이라는 국가의 식민지화의 회피에 모든 것을 바쳐 온 일본인은 그 목표를 상실한 것이다. 『시라카바』에 모인 청년들은 '일국 독립'과 이를 위해 필수적인 근대화에 인생의 목표를 정해 온 유신 첫 세대에서 보면 자녀세대에 해당된다. 그들

메이지 말기의 청년들은 아버지 세대의 국가에 대한 봉사를 낡은 과거의 것으로 간주하며, 또 메이지 일본이 여전히 가정 공동체와의 내적인 연속성을 갖고 있는 한 국가로의 귀속의식의 소실은 동시에 아버지라는 가장으로부터의 이탈을 의미하였다. 『시라카바』파가 '살린다'라고 한 '자기'는 한마디로 국가와 가정에서 이반을 기본적인 성격으로 가지고 있었던 것이다.

그 구체적인 예로는 『시라카바』의 동인들이 노기 마레스케(乃木希典)에 대하여 취한 태도를 들 수 있다. 러일전쟁의 영웅이 된 노기는 메이지 천황에 대한 충신의 전형으로, 교토 모모야마능(桃山御陵) 옆을 시작으로 몇 곳에 노기 신사(乃木神社)가 건립되는 형태로 자신도 문자 그대로 신격화된 존재이다. 그는 러일전쟁 중 뤼순공략(旅順攻略) 전쟁에서 자신의 두 아들이 전사한 것을 천황의 군인을 많이 죽게 한 것에 대한 작은 속죄라고 생각한 존재였지만, 그것은 그가 마치 가장으로서 자신의 가정 공동체를 더 큰집인 메이지 천황의 국가로 연결시키고 있었음을 시사한다. 전쟁 후 바로 가쿠슈인 원장을 맡았던 그는 1912년 9월 메이지 천황의 장례식에서 아내와 함께 순국했지만, 『시라카바』파의 리더 무샤노고지 사네아쓰(武者小路實篤)는 그것을 고흐의 자살과 비교하여 "인간적인 면이 없다"고 야유를 보냈다. 고흐의 그것이 개인으로서 고뇌의 자각으로 인한 것인 반면, 노기의 경우 그러한 자각이 없는 어리석은 행위로밖에 볼 수 없다는 것이 무샤노코지의 취지이며, 예를 들어 시가 나오야(志賀直哉)도 이것을 분명히 공유하고 있었다. 왜냐하면 시가는 시가(滋賀)에서 노기의 순사(殉死) 뉴스를 접하고 "하녀인지 뭔지가 지각없이 뭔가를 한 느낌" 같은 "바보같은 놈이다"라는 생각이 들었다고 일기에 적고 있기 때문이다.(志賀直哉, 『志賀直哉全集』, 岩波書店, 제12권, 1999년, 212쪽). '하녀'가 종으로 집에 소속된 자라고 하면, 뒤집어 생각하면 시가의 마음에 둔 '현명한' 존재는 집에서 독립한 개인적인 존재라고 할 수 있다. 『시라카바』 청년들은 이렇게 집=국가에 대해 개인=인류라는 대립 도식을 내세운 것이며, 이미 재학 중에 노기에게 반발하는 형식으로 반전론을 쓴 야나기가 앞의 비판에서도 개인의 인륜을 바탕으로 일본의 군국주의를 "세계의 적"이라는 형태로 규정 한 것도 이 도식 위에서 그려진 것이었다.

하지만 대립으로 제시된 것이 부정되어야 할 성격을 계승해버리는 것은 결코 드문 일이 아니다. 『시라카바』가 상상한 개인은 그들의 생각과 달리 '인류'라는 넓은 세계로 해방되기는 커녕 가정 공동체의 경우와 마찬가지로 폐쇄성을 잉태하고 있었다. 가정 공동체가 상호관계를 갖고 네트워크를 형성하고 있는 것에 대해서 말하면 오히려 그것은 몰사회성이라고 할 성격으로, 그것은 예를 들어 무샤 노코지가 "나는 타인에게 냉담한 것을 감사한다"라고 기술하고, "한 명의 연인과 소수의 친구와 접할 경우에만 아련한 기쁨을 느끼는 다수의 같은 취미를 가진 사람"으로 구성된 자기 주위 공간에 머물라고 할 때(武者小路實篤篤, 『武者小路實篤全集』, 제1권, 小學館, 1987년, 317쪽) 솔직히 고백하고 있다. 『시라카바』파 "사고의 폭은 그들을 둘러싼 가까운 경험세계의 층에 한정되어 있고, 그리고 앞은 곧 인류나 운명이나 생명과 같은 종잡을 수 없는 관념으로 모호해져 간다"(本多秋吾, 『白樺』 派の文學』, 新潮社, 1960년, 105쪽)는 『시라카바』파 연구로 알려진 혼다 슈고(本多秋五)의 말이지만, 가정 공동체로부터 이탈해 나아갈 '인류'는 적어도 살아있는 타인이 출현하는 무대여서는 안된다. 시가 나오야는 대표작 『화해』에서 볼 수 있듯이 가장인으로서의 아버지와의 갈등을 문학적 테마로 한 작가이지만, 『오쓰 준키치(大津順吉)』에 등장하는 여성·치요(千代)를 예로 들면, 그녀는 시가 자신의 분신인 주인공이 자신이 속한 계급 속에서 이루어지지 못한 연모와 육욕을 대신 충족한 대상에 머물러 구체적인 타자로는 묘사되지 않는다. 치요는 오츠 가문의 하녀이기 때문에 먼저 일기의 규정이 시가의 속내를 드러내고 있다고 하면, "아무것도 생각할 수 없는 자", 사고를 하지 않은 존재로서 동식물과 같은 자연물과 마찬가지로 표상되고 있는 것처럼 생각할 수 있다. 『시라카바』파의 사상이 살아있는 인간적인 타자를 다루지 않는다는 것은 '이질성'에 대한 경의가 경험적인 뒷받침이 없는 관념적인 것에 머물러 있다는 것을 의미한다.

시가의 경우 결코 다른 사람에게 관심이 없는 것은 아니다. 오히려 그가 무샤노코지와 달리 타자와의 관계에서 결손을 신경쓰는 것은 『동자승의 神(小僧の神樣』 등이 보여주고 있는 점이다. 이 단편에서 두 푼도 안되는 초밥 하나도 먹을 수 없는 동자승·센기쓰(仙吉)를 언뜻보고 동정한 "젊은 귀족원 의원 A"는 "어떻게든 해주고 싶다"라고 생각하면서도 그러한 '용기'를 갖지 못한다. 더구나 우연한 기회에 고용살이하는 곳에서 센키쓰를 알아본 A는 그를 초밥집에 데려가 "먹고 싶은 만큼 실컷" 먹이는 데 성공했음에도 불구하고, "이상하게 외롭고 좋지 않은 기분"(志賀, 제3권, 1999년 70쪽)에 젖어버리는 것이다. 그렇지만 여기에서는 타자관계의 희박함에 대한 자각과 동시에 희박함의 원인이 되고 있는 것도 시사해 준다. 요컨대, 여기에서는 바로 동자승을 보는 시선이 결코 그 대상과 같은 평면에 서지 않거나 세워놓지 않은 것을 고백하고 있기 때문이다. 이 시선의 주인은 제목에서 알 수 있듯이 동자승으로부터 보면 '신'이라고 상상할 수 있을 것 같은 높이에 서있다. 시가는 단편 『해자 주변 거처』에서 옆에 있는 양계장을 덮치는 바람에 덫에 걸렸다가 다음 날 아침 해자로 빠지게 된 고양이의 울음소리를 심야에 들으면서 이렇게 적는다 - "그 하나의 생명이 내일은 죽을 운명에 있다고 생각하면 쓸쓸한 기분이 든다" (志賀, 제5권, 1999년, 59쪽). 그러나 이 "쓸쓸한 마음"은 그를 움직일 수는 없다. "나는 잠자코 그것을 보고 있는 수밖에 도리가 없다. 그것을 나는 자신의 무자비함 때문이라고는 생각하지 않았다. 만약 무자비하다면 신의 무자비가 이런 것이리라 생각했다"(志賀, 제

5권, 60쪽). 이렇게 시가는 아무런 움직임없이 이를 바라본다는 타인에 대한 일방향적인 관계를 "신의 무자비 함" 또는 "불가항력의 운명"이라는 말로 한 단계 높은 곳에서 긍정하는 것이다. 이질적인 것에 대한 경험의 관념성은 이러한 시선의 높이에서 유래한다고 나는 생각한다.

야나기 무네요시가 조선지배에 항거하여 내건 이질적인 것에 대한 존경도 같은 관점을 가지고 있었다. 게다가 내가 보는 바, 이러한 관점은 1923년 간토 대지진으로 폐간에 몰린 『시라카바』를 아득히 뒤로 하고 민예운동 시대에 들어가서도 그의 내부에 잔존해 있었다. 1936년 12월 가와이 칸지로(河井寛次郎)·하마다 쇼지(濱田莊司)와 공저 형태로 발표된 『조선의 풍물(朝鮮の風物)』 서문에는 다음과 같은 문장이 있다 - "아주 가까운 논에 백로가 날아다니는 것을 보면 사람이 걷는 모습이다. 조용히 오솔길을 가는 하얀 사람의 모습. 사람이 있다고 조금 쳐다보면 보면 종종 백로 서있는 것이었다"(柳 6권, 403쪽). 기술하는 시선은 그 무심함에도 불구하고 인간을 그대로 자연물인 백로와 동화시켜 미적 시선의 대상으로 삼고 있는 것이며, 결코 이질적인 타자로서 이와 만나려는 자세는 아니다. 같은 텍스트 속에서 다듬이질을 하는 여성의 모습을 그 소리에 매료되어 들여다보는 장면이 있다 - "이 여자는 무엇을 보고 있는 것인지, 정면을 응시한 채로 흰 저고리와 녹색 치마의 단아한 반가상의 하얀 손 두 막대기만 교묘한 상태를 취하면서 춤추고 있는 것이였다. - 옷 주름을 펴는 현실의 행위로서는 뭐라고 말할 수 없는 영원한 모습이다. /저것은 옷을 두드리고 있는 것이 아니고 기도하고 있는 것이다" (柳 제6권, 408쪽). 이 여성이 비록 얼마나 아름답고 거룩하다 할지라도 필자의 시선 속에 포착된 존재인 이상 결코 구체적으로 이질적인 것은 아니다. "아름다움", "거룩함"은 그의 시선이 대상으로부터 단절된 높이에서 설정되었음을 반영한 것이기도 하다. 더구나 이 시선은 대상에 투영된 '거룩함'에 넙죽 엎드린 포즈를 취하면서, 사실 자기 자신을 대상에서 떨어진 장소에 격리시키고, 거기에서 미화함으로써 그것이 생생한 육체에 변모하지 않을 듯이 고정화되는 형태로 은밀하게 이 대상을 지배하려고 한다. 여기에 어쩌면 야나기 내부의 오리엔탈리즘적인 태도의 사상적 구조 위에서의 원천도 있다.

그러나 야나기는 이렇게 『시라카바』의 사상을 최후까지도 마음 속에 가지고 있으면서도 그것과 상반된 사상의 방향을 어느새 배태하고 있었다. 그의 민예사상의 핵심은 '사용이 곧 아름다움(用卽美)'이라는 한마디 뿐이지만, 사용의 아름다움은 인간과 백로의 동일화와 다듬질하는 여자의 우상화와 달리 그릇과의 직접적인 만남이고, 이것과 같은 평면에 서는 것이기도 하다. 그리고 그것은 또한 이 그릇을 통하여 사용과 관계된 다른 사람들과 함께 사는 것이기도 하다. 그의 사상 내부에 있는 그러한 방향성을 그의 『시라카바』적 관점에서 비판적으로 정확하게 도출할 때 조선에 대한 시선은 진정으로 이질적인 것에 열린 것이 되지 않을까? 단순히 그의 심미적 취미를 칭찬하거나 모방하거나 하지 않고, 그러한 사고의 가능성을 여는 것이야말로 야나기의 사상을 계승하는 것이라고 생각한다.

(서툴지만 그 시도로는 다음의 졸고를 참조하기 바란다 ; Yanagi Muneyoshi / Eine Kunsttheorie im technischen Zeitalter, International Yearbook for Hermeneutics / Internationales Jahrbuch für Hermeneutik 2014, Bd.13 hrsg. von Günter Figal, Tübingen 2014, S. 208~224).

柳宗悦・朝鮮への視線
Yanagi Muneyoshi's approach to Korea

伊 藤 徹(京都工芸繊維大学)

朝鮮へ向けた柳宗悦の眼差しがいかなるものであったかについては、それが柳民芸運動の歴史的原点の一つということもあって、従来繰り返し論じられてきた。そこには自ずと毀誉褒貶の差異が出る。すなわち植民地支配下の朝鮮の人々の独立の意思に向けられた武力弾圧への彼の抗議が、ヒューマニスティックなものとして称揚される一方、その抗議と不可分な朝鮮芸術論に、人は植民地被支配の常態化を肯定してしまうオリエンタリズムの臭いをかぎ取った。本報告は、まずはそうした両面を柳の内にあるものとして確認した上で、その由来を彼自身の出自である『白樺』派に求めてみたい。『白樺』派は、日本における西洋近代文化受容の典型である。本報告は、受容の軸となる「個人」の概念のあり方に着目することをもって、柳の思想を批判的に吟味し、その継承の方向性を示したいと思う。もしもそれが、東アジアと近代化の関係を思想史的に考察することへ、ささやかながら一つの寄与を果たすとすれば、報告者としては望外の喜びである。

1919年3月1日に起こったいわゆる「3・1独立運動」に対して、日本総督府は武力弾圧をもって応じ、日本側発表でも7000人以上の死者を数えた。既に雑誌『白樺』の同人として盛んに文筆活動を行なってきた柳宗悦は、その報に触れるや否や、読売新聞紙上に「朝鮮人を想う」というテクストを発表して抗議の声を挙げ、それを皮切りに公然と日本の武断統治を批判した。柳はいう――強大な中国漢民族に加え、日本の倭寇や豊臣秀吉の軍隊によって圧迫され続けた朝鮮の「暗黒な悲惨な時としては恐怖に充ちた歴史」(柳宗悦『柳宗悦全集』、第6巻、筑摩書房、1981年、25頁)を、日本は今また「多額の金と軍隊と政治家」(柳、6巻、24頁)を背景に、さらに延長させせようとしている。けれども流血の暴行を加えるなど圧政によって彼らの口を閉ざそうとしても、真の平和と友情がもたらされるはずはない。「刀の力は決して賢い力を生まぬ」(柳、6巻、26頁)。人倫にもとる行為を行なっている以上、自分もまた日本国民の一人として朝鮮の人々に謝罪せねばならぬ。「私はそれが私自身の行いでないとはいえ、少なくとも或る場合日本が不正であったと思う時、日本に生まれた一人として、ここに私はその罪を貴方がたに謝したく思う」(柳、6巻、35頁)。柳は「いつか日本の間から貴方がたの味方として起つ者が出るにちがいない」(柳、6巻、36頁)との期待を込めて、日本人にも呼びかける。「日本の同胞よ、剣にて起つ者は剣にて亡びるのだ。軍国主義を早く放棄せよ。…・ 吾々は人間らしく生きようではないか。自らの自由を尊重し、他人の自由をも尊重しようではないか。もしもこの自明な人倫を踏みつけるなら、世界は日本の敵になるだろう。そうなるならば亡びるのは朝鮮ではなく、日本の国だ」(柳、6巻、186頁)。

このような柳の姿勢は、明治維新以来少なくとも太平洋戦争敗戦まで天皇制国家として基本的に行政府に強い権力を集中してきた日本において、稀有な政治的抵抗であったし、この期間のなかでは自由への希望と民主的気運が比較的高揚した時期に当たる大正期においてさえ、朝鮮半島植民地化とほぼ同時に起こった幸徳秋水大逆事件の余韻が残るなか、けっして多く見いだせる政治的パフォーマンスではなかった。柳が属していた『白樺』派が、学習院という天皇の「御学友」を育成する組織、すなわち治安権力の手の届きにくいところにあったことは、たしかに割り引かれるところではあるとしても、柳の3・1独立運動武力弾圧批判は、一般に「大正ヒューマニズム」といわれる思潮の、おそらくもっとも凛々しい表現として評価されてしかるべきであろう。柳の批判が一つの機縁となって、総督府建築のための破壊をまぬがれ移築というかたちではあったが、保存されることとなった光化門は、こうした凛々しさの象徴として見ることができる。

柳の批判は、公的権力による個人への危害に対する抗議という、形の上では近代西洋のリベラリズムの受容と見なすことができるが、そもそも守られるべき「個人」がどのような存在として考えられていたのかが、受容のベースとなるはずである。それは、おそらくヨーロッパ近代の基盤となった 「個人」とそのまま重なることはない。そうした日本近代の個のイメージを見定めるのが本報告の具体的な内容となるが、そのためにもまずは朝鮮への彼の視線の特徴である反同化主義的志向を確認しておこう。

彼は、直接危害を及ぼした武力弾圧だけでなく、それ以前から進行してきた日本の植民地経営の姿勢に対して批判の矛先を向けている。彼によれば、日本の統治は、朝鮮民族から固有の文化とその基盤としての言語を奪い、これを「日本人化」しようとするものであり、他の民族へのリスペクトを欠いた野蛮なものといわねばならない。「為政者は貴方がたを同化しようとする。しかし不完全な吾々にどうしてかかる権威があり得よう。これほど不自然な態度はなく、またこれほど力を欠く主張はない。同化の主張が此世に贖い得るものは反抗の結果のみであろう」(柳、6巻、49頁)。たとえば学校教育の現場で、この地にかつてあった美しい刺繍は、西洋から日本に持ち込まれたイカモノによって駆逐されようとしている。あるいは京城など大都市の民衆的だった市場は、日本風の安価な品物によって占拠され始めている。こうしたことを暴挙とみなす柳は、文化の均質化に異を唱え、「異質なものこそ尊重すべきである」と訴える。「朝鮮固有の美や心の自由は、他のものによって犯されてはならぬ。否、永遠に犯され得るものでないのは自明である。真の一致は同化から来るのではない。個性と個性との相互の尊敬においてのみ結ばれる一があるのみである」(柳、6巻、49頁)。

柳の反同化主義は、戦前期日本知識人が一般に朝鮮半島に対して与えた規定と比較したとき、その特別な位置を示す。当時多くの日本知識人にとって朝鮮半島は、北方の脅威ロシアとの間の緩衝地帯であり、これを日本化することは、日本のための防波堤建設と同義であった。たとえば三宅雪嶺の娘婿·中野正剛は、朝鮮統治に対する三·一運動以前からの数少ない批判者の一人であり、総督府による特権資本階級保護や憲兵などの横暴を批判するとともに、日本との同化を訴えていた。けれども彼の批判の意図は、或る歴史家にいわせれば、自衛力なき朝鮮を放置してこれを日本にとっての脅威の場所とすることなく、むしろ朝鮮人を「啓蒙」し、これを日本の大陸政策の先兵としようとするところにあったのであり、彼が総督府を批判して日本人の朝鮮移住や朝鮮人の任用など「国民的同化政策」を唱えたとしても、その批判自体「朝鮮人を侮蔑し、劣等視する点で、総督政治と同一線上に立」っていた（松尾尊兊『大正デモクラシー』、岩波書店、1974年、281～283頁)。中野正剛のような同化主義を対立軸として立てることによって、柳が抱いていた異質なものへの敬意という思想は、とりあえず高く評価することができるし、柳をややもすると神格化しがちな、民芸運動内部やその周辺から離れたところでも、実際同質の評価を得ている(たとえば蓮見重彦「「大正的」言説と批評」、柄谷行人編『近代日本の批評 / 明治·大正篇』、福武書店、1992年、143～144頁参照)。

このような柳の姿勢は、朝鮮に限らず、彼が関心を抱いていくことになる諸地域の文化、具体的には、琉球や台湾、アイヌ居住地など、近代化の流れで計測すれば「遅れた」地域の文化に対する態度に共通して現われるものであり、彼の基本的志向を示しているといってよい。しかしながらそれは、なるほどそれぞれの文化の固有性を尊重する態度でありながら、その保存のために当該地域が求める近代化への志向を妨げかねないものであり、そのこともやはり批判的に指摘されてきた。沖縄方言論争は、そうした批判が噴出した典型的な例である。彼は1939年沖縄で招待された観光座談会の席上美しい日本語の古語として、此地に残存する方言の保全を訴え、当時国家総動員法の下沖縄県主体で遂行されていた標準語励行運動に対して自らの批判的ポジションを明確化した。けれども第一次大戦後の経済的グローバル化によってサトウキビ産業が打撃を蒙った結果、本土に流出し、そこで方言を理由とする差別を経験していた沖縄の人々にとって、標準語の普及は、美的な理由による方言保存以前の、生活のための切実な課題であった。また島ごと集落ごとに異なる方言は、迅速な情報流通をベースとする近代化にとって阻害要因であるゆえ、柳の訴えは、こうした事情への配慮を欠いた東京のエリートの言葉として受け取られ、県当局だけでなく、柳が民芸運動において称揚する一般の無名の人々からも、冷たい反応を受けることになったのである。

戦後1970年代、韓国において崔夏林を始め知識人が柳の朝鮮への 「愛」に批判的嫌疑を懸けるようになるが、そのような批判が抉り出したのも、つまるところ同質の問題であったといってよい。というのも朝鮮の文化芸術の特徴を、美術史的知見に基づくことなく曲線や白色に特化し、これを朝鮮民族が3000年の間他民族に圧迫されてきた苦難の昇華として一括する柳の朝鮮芸術論、いわゆる「哀傷の美」論には、朝鮮半島の植民地化を常態化し民族の独立を妨げる傾向性がを明らかに含まれており、「韓国人を敗北感においやろうとする術策と韓国史を事大主義的な、一貫して非自主的な歴史においやろうとする日本帝国主義の政策が巧妙にまじった思考方式」だと、これを規定した崔の批判は、あながち的外れではなかったからである。

反同化主義的な異文化の尊重という、当時の日本知識人のなかで特筆に値する柳の姿勢、しかも非排外主義的であることをもって、今日の多様な文化の接触が日常化している状況のなかで、極めて妥当なものに見える考え方が、いったいなぜこのような問題性をもってしまうのだろうか。私の考えによれば、少なくとも一つの理由は、彼の出自である『白樺』派のなかでの「他者」の捉え方、すなわち反同化主義を支える「異質性」の概念の淵源にある。以下では、この点について『白樺』派と柳の思想を検討してみようと思う。

『白樺』派は、1909年に雑誌『白樺』を創刊した文学·美術サークルであり、柳宗悦は、その中心的なメンバーの一人だった。このサークルの理念は、「自己を活かす」である。1909年といえば、日露戦争の直後、その勝利によって西洋列強の脅威による開国から始まった日本の近代化が完結した時代、その内実は措くとしても、日本人の間に世界の「一等国」の仲間入りを果たしたという自負が拡がった時代である。だがそのことは、同時にこの戦争に到るまで人々を主導した「一国独立」の理念の統合力が失われていくことを意味していた。維新以来内戦も経験しながら「日本」という国家の植民地化の回避に一切を捧げてきた日本人は、その目標を喪失したのである。『白樺』に集まった青年たちは、「一国独立」とそのために不可欠な近代化に人生の目標を定めてきた維新第一世代からすると、子供の世代に当たる。彼ら明治末期の青年たちは、父親世代の国家への奉仕を古臭い過去のものとみなすのであり、また明治日本がなお家共同体との内的な連続性をもっていたかぎり、国家への帰属意識の消失は、同時に父親という家長からの離脱をも意味していた。『白樺』派が「活かす」とした「自己」は、要するに国家と家からの離反を基本性格としてもっていたのである。

その具体例としては、『白樺』の同人たちが乃木希典に対してとった態度を挙げればよい。日露戦争のヒーローとなった乃木は、明治天皇の忠臣の典型であり、京都桃山御陵の脇を始めいくつかの地に乃木神社が建てられるというかたちで、自身も文字通り神格化された存在である。彼は日露戦争旅順攻略戦で自身の息子二人が戦死したことを、天皇の兵士を多く殺させたことへのささやかな贖罪と感ずることができる存在だったが、それは彼がまさに家長として自身の家共同体を、より大きな家たる明治天皇の国家へと接続させていたことを示唆している。戦争後、ほかならぬ学習院の院長を務めていた彼は、1912年9月の明治天皇大喪の儀に際して、妻とともに殉死したが、『白樺』派のリーダー武者小路実篤は、それをゴッホの自殺と比較して、「人類的なところがない」と揶揄した。ゴッホのそれが個人としての苦悩の自覚に裏打ちされているのに対して、乃木の場合そうした自覚を欠いた愚かな行為でしかない、というのが武者小路の趣意であり、たとえば志賀直哉も、これを明らかに共有していた。というのも志賀は滋賀で、乃木殉死のニュースに触れ、「下女かなにかが無考えに何かした時感ずる」ような「馬鹿な奴だ」という気がしたと、日記に書きつけているからである(志賀直哉『志賀直哉全集』、岩波書店、第12巻、1999年、212頁)。「下女」が召使として家に所属する者であるとすると、裏返して考えれば、志賀の念頭にあった「賢明」な存在とは、家から独立した個的存在だといえよう。『白樺』の青年たちは、こうして家＝国家に対して、個人＝人類という対立図式を掲げたのであり、既に在学中に乃木に反発する形で反戦論を綴った柳が、先の批判でも個人の人倫をベースに日本の軍国主義を「世界の敵」というかたちで規定したのも、この図式の上で描かれたものであった。

けれども対立的に提示されたものが、否定さるべきものの性格を継承してしまうことは、けっして珍しいことではない。『白樺』がイメージしていた個は、彼らの思いとは裏腹に「人類」という広い世界に解き放たれるどころか、家共同体の場合と同じく、閉鎖性を孕んでいた。家共同体が相互の関係をもちネットワークを形づくっているのに対していえば、むしろそれは没社会性ともいうべき性格で、それはたとえば、武者小路が「自分は他人に冷淡なことを感謝する」と述べ、「一人の恋人と、少数の友人と、接する時にのみ淡い嬉しさを感ずる多数の同趣味者」からなる自己の周囲空間に留まろうとするとき(武者小路実篤『武者小路実篤全集』、第1巻、小学館、1987年、317頁)、率直に告白されている。『白樺』派の「思考の幅は、彼等をめぐる手近な経験世界の層にかぎられていて、それから先はすぐさま人類とか、運命とか、生命とかいう空漠たる観念にボカされて行く」(本多秋吾『『白樺』派の文学』、新潮社、1960年、105頁)とは、『白樺』派研究で知られる本多秋五の言葉だが、家共同体から離脱して向かうべき「人類」は、少なくとも生身の他者が出現する舞台とはならない。志賀直哉は代表作『和解』に見られるように家長としての父親との軋轢を文学的テーマとした作家だが、『大津順吉』に登場する女性・千代を例にとると、彼女は、志賀自身の分身たる主人公が、自ら属す階級のなかでは果たされなかった恋慕と肉欲を代わりに満たす対象に留まり、具体的な他者としては描かれない。千代は、大津家の女中だから、先の日記の規定が志賀の本音を表わしていたとすると、「なにも考えることができない者」、思考をもたない存在として、動植物のような自然物と同じように表象されているようにすら思える。『白樺』派の思想が、生身の人間的他者に触れないということは、「異質性」への敬意が経験的裏打ちのない観念的なものに留まっていることを意味している。

志賀の場合、けっして他者への関心がないわけではない。むしろ彼が、武者小路と異なり、他者との関係の欠損を気にしていることは、『小僧の神様』などが示しているところである。この短編で、二銭足らないがため鮨一つを食べられない小僧・仙吉を見かけ同情した「若い貴族院議員のA」は、「どうにかしてやりたい」と思いながらもそうする「勇気」をもたない。さらに偶然の機会に奉公先で仙吉を認めたAは、彼を鮨屋に連れていって「食いたいようにして鱈腹に」食わせることに成功したにもかかわらず、「変に淋しい、いやな気持ち」(志賀、第3巻、1999年、70頁)に襲われてしまうのである。けれどもここには、他者関係の希薄さの自覚とともに、この希薄さの原因となっているものも示唆されている。つまりここには、当の小僧を見る眼差しが、けっしてその対象と同じ平面に立たない、あるいは立てないことが告白されているからである。この視線の持ち主は、タイトルが示す通り、小僧から見ると、「神」とイメージされるような高さに立っている。志賀は短篇『濠端の住まい』で、となりの養鶏小屋を襲ったため罠で捕えられ、翌朝濠に沈められることになっている猫の泣き声を深夜聞きながら、こう書き記す—「その一つの生命があしたは断たれる運命にあると思うと淋しい気持ちになる」(志賀、第5巻、1999年、59頁)。しかしこの「淋しい気持ち」は、彼を動かすことはない。「私は黙ってそれを観て居るより仕方がない。それを私は自分の無慈悲からとは考えなかった。若し無慈悲とすれば神の無慈悲がこういうものであろうと思えた」(志賀、第5巻、60頁)。こうして志賀は、なにも働きかけずにこれを眺めるという他者への一方向的関係を、「神の無慈悲」、あるいは「不可抗な運命」という言葉で、一段高いところから肯定するのである。異質なものの経験の観念性は、こうした眼差しの高さに由来すると私は考える。

柳宗悦が朝鮮支配に抗して掲げた異質なものへのリスペクトもまた、同様の視座をもっていた。しかも私の見るところ、この視座は、1923年の関東大震災によって廃刊に追い込まれた 『白樺』 を遥か後にし、民芸運動時代に入っても彼のなかに残存していた。1936年12月に河井寛次郎·浜田庄司との共著というかたちで公表された 「朝鮮の風物」の冒頭には、次のような文章がある— 「間近の水田に鷺の飛びかうと見れば、人の歩む姿である。静かに小道を行く白い人の姿。人がいる人がいるとぢっと見つめると屡々鷺が立っているのであった」(柳、6巻,403頁)。記述の眼差しは、その何気なさにも関わらず、人間を文字通り自然物としての鷺と同化し、美的眼差しの対象としているものであり、けっして異質な他者としてこれと出会おうとする姿勢ではない。同じテクストのなかに砧を打つ女性の姿を、その音に惹かれて覗き見るシーンがある— 「この女性は何を見て居るのか、真正面を見つめたままその白い襦(チョゴリ)と緑の裳(チマ)の端麗な半跏像の白い手の二つの棒のみが巧みな調子を取りながら舞い踊って居るのであった——衣の皺を延ばすという現実の所作としては、何と云う動かない永遠な姿だ。 / あれは衣を打って居るのではない、祈って居るのだ」(柳、6巻, 408頁)。この女性は、たとえいかに美しく神々しかろうとも、筆者の視線のなかに取り込まれた存在であるかぎり、けっして具体的に異質なものではない。「美しさ」、「神々しさ」は、彼の眼差しが対象から切断された高みに設定されたことの反映でもある。しかもこの眼差しは、対象に投影された 「神々しさ」にひれ伏すポーズをとっていながら、実のところ自己自身を対象から離れた場所に隔離し、そこから美化することを通して、それが生々しい肉体に変貌しないように固定化するというかたちで、ひそかにこの対象を支配しようとする。ここにおそらく、柳のなかのオリエンタリズム的な態度の思想構造の上での源泉もある。

けれども柳は、こうして 『白樺』 の思想を、おそらく最期まで自分のなかにもちながらも、それと相反する思想方向をいつの間にか胚胎していた。彼の民芸思想の中核は、「用即美」の一言に尽きるが、使用の美とは、人間と鷺の同一化や砧打つ女の偶像化と異なり、器との直接の触れ合いであり、これと同じ平面に立つことでもある。そしてそれはまた、この器を通して、使用にかかわる他の人々とともに生きることでもある。彼の思想の内にある、そうした方向性を、彼の『白樺』的アスペクトから、批判的に浄化してすくい取るとき、朝鮮への視線は、真に異質なものへと開かれたものとなるのではないだろうか。単に彼の審美的趣味を称賛したり模倣したりするのではなく、そうした思考の可能性を開くことこそ、柳の思想を受け継ぐことだと、少なくとも私は考えている(拙いながらその試みとしては、以下の拙論を参照されたい; Yanagi Muneyoshi/Eine Kunsttheorie im technischen Zeitalter, International Yearbook for Hermeneutics/Internationales Jahrbuch für Hermeneutik 2014, Bd.13 hrsg. von Günter Figal, Tübingen 2014, S. 208~224)。

토론문

양 지 영(숙명여자대학)

1960년대부터 시작된 야나기(柳)에 대한 연구는 2002년의 한일공동 월드컵 개최를 계기로 보다 심화되어 나가서 다양한 평가가 이루어지게 되었습니다. 한국에서의 야나기 연구는 1970년대부터 崔夏林이나 文明大를 시작으로 야나기의 植民史觀 입장에 대한 비판으로부터 시작되었습니다. 그런데, 1981년에 柳가 쓴 조선에 관련된 문장을 모은『柳宗悅全集 六卷』이 한국에서 번역 출판됨으로써 朝鮮과 관련된 다양한 자료가 제공되어「悲哀의 美」를 부정하는 협의의 미학론 이외에 조선에 관한 논문이나 민예론에 대한 새로운 해석이 시도되게끔 되었던 것입니다. 현재에는 한국과 일본에 있어서의 야나기에 대한 연구 영역은 그 폭이 매우 넓어 야나기의 조선에 있어서의 문화운동이나 白樺와의 관계뿐만 아니라 오리엔탈리즘이나 컬추럴· 스터디스(문화연구)와 같은 이론을 도입한 해석이나 견해를 제시한 연구도 많습니다. 그 정도로 야나기의 연구는 다양한 분야나 방면에서 어프로치가 가능하며, 그 나름의 해석이 가능한 만큼 柳宗悅 그 자체를 하나의 틀 속에 집어넣어 이해하기에는 많은 어려움이 있다고 생각합니다. 나 자신도 야나기 연구자의 한 사람으로서 언제나 그러한 문제를 안고 있으며, 야나기가 지닌 어느 일면만을 추구하지 않도록 주의를 해 오고 있습니다.

이번에 이토 선생님이 말씀해주신 「柳宗悅·朝鮮への視線」에는 이러한 柳宗悅 연구에서 안고 있는 근본적인 문제가 제기되어 있고, 그에 대한 어떤 해답의 하나를 제시하고 있습니다. 柳와 조선에 관한 문제를 생각할 경우, 아무래도 휴머니즘과 오리엔탈리즘이라고 하는 두 개의 사상이 깊게 관련되게 됩니다. 지배하는 자와 지배받는 자라는 2개의 대립하는 구조로 구성되어 있는 식민지는 그 시스템만으로는 다 포섭할 수 없는 균열이 있으며, 柳宗悅은 그 균열을 표상하는 한 사람이었다고 생각합니다. 柳는 지배자인 일본인이면서도 朝鮮에 지배의 권력보다는 「愛」나 「情」의 마음을 가지고 예술을 통해 조선의 고유성을 인식시키려고 하였습니다. 이러한 柳의 朝鮮에 대한 생각은 그가 쓴 朝鮮關係의 文章에서 읽어낼 수 있습니다. 그렇지만, 여기에 조선인이라는 실체를 동반하지 않은 柳思想의 한계도 나타나고 있습니다. 그리고 이 점은 柳에 대한 비판점의 하나가 되어 있습니다.

伊藤 선생님은 그러한 한계를 극복하기 위해서 柳 思想形成의 根本이라고도 할 수 있는 白樺派에 주목하면서 白樺派와 柳의 사상을 검토하여 白樺派가 지닌 「個人」과 「他者」에 대한 견해를 설명하고 있습니다. 당시의 국가주의에 대해 반발하고 있던 白樺派는 國家에 대한 個(개체)로서의 인간을 중시하고, 개인을 중요하다고 생각하고 있었습니다. 그것은 西洋의 예술에 접하면서 서양예술가의 사상에 영향을 받은 까닭이기도 합니다만, 거기에는 현실에 어두운 도련님 출신이라는 한계도 있었던 것입니다. 즉 실제의 태생적인 인간이 타자가 아닌 점(實際の生身の人間が他者でないこと), 그리고 폐쇄성을 지닌 개인이라는 사고였습니다. 그렇지만 이토 선생님이 말씀하고 계신 것처럼, 柳는 民藝運動이라는 실천적인 운동을 통해서 행동을 일으키고, 민예와 같은 物에 접하고, 그것을 사용하는 타고난 그대로의(生身の他者) 타자를 인정했던 것입니다. 그것이 다른 白樺派와 차이나는 「他者」에 대한 인식입니다. 伊藤 선생님

이 白樺派가 지닌 「個人」과 「他者」에 대한 견해와는 다른 柳의 思想을 추출함으로써 朝鮮이라는 「他者」를 概念的으로 뿐만 아니라 實物体(이질적인 것)로서 보는 사고의 가능성이 열린다고 말씀하고 있는 것처럼, 이를 통해 이질적인 것으로서의 「個」로서 인정하는 朝鮮에 대한 시선을 어렴풋이나마 볼 수 있다고 생각합니다.

다만, 거기에는 아무래도 조선에 「情」을 베푸는 휴머니즘과 전근대적인 조선미의 개성을 인정하는 오리엔탈리즘의 시선이 복합적으로 작용하고 있으며, 그렇기 때문에 柳의 조선에 대한 시선을 하나의 측면만을 평가하거나 비판하는 것은 어렵다는 점을 다시금 상기하게 되었습니다.

여기서 3가지 정도의 질문을 드리고 싶습니다.

우선 첫째로, 柳宗悅은 「둘이면서도 둘이 아니다(二にして不二)」라고 말하면서 朝鮮과의 관계를 말하곤 했습니다만, 이러한 柳의 소위 不二思想에서는 「個人」과 「他者」의 관계를 어떻게 설명할 수 있는 것인지요?

다음으로 두번째는, 1920년대의 조선에 있어서의 문화운동 때와 민예운동 전후로 「他者」, 즉 「朝鮮」에 대한 시선은 어떠한 것이었는지요. 그리고 이번 말씀 중에 「沖縄方言論争」에 관해 언급하셨는데, 「朝鮮」이라는 「他者(異質적인 것)」와 「沖縄」와는 차원이 다른 것이라고 생각합니다. 柳는 2개의 「他者」를 어떠한 시선으로 보고 있었던 것일까요?

마지막으로, 文化의 固有性을 인정하는 데에는 어떤 시선이 작용하고 있는 것일까요. 문화의 고유성을 인정한 까닭에 그것을 지키기 위해 柳가 남긴 「朝鮮民族美術館」과 「日本民藝館」에는 어떠한 시선이 교차하고, 또한 대립하고 있었던 것일까요?

討論文

梁 智 英(淑明女子大学)

1960年代から始まった柳への研究は、2002年の日韓共同ワールドカップをきっかけにより深まっていき、多様な評価が行われるようになりました。韓国での柳研究は、1970年代から崔夏林や文明大を皮切りに柳の植民史観の立場への批判から始まりました。が、1981年に柳の書いた朝鮮に関わる文章を集めた『柳宗悦全集六巻』が韓国において翻訳されることで、朝鮮と関わる多様な資料が提供され、「悲哀の美」を否定する狭い美学論以外に、朝鮮に関する論文や民芸論に対する新たな解釈が試みられるようになったのです。今では、韓国と日本における柳研究の領域の幅も広く、柳の朝鮮における文化運動や白樺との関係だけではなく、オリエンタリズムやカルチュラル・スタディーズといった理論を取り入れた解釈や見解を示す研究も多いです。それほど柳の研究は、色々な分野や方面からアプローチでき、それなりの解釈が可能だけに、柳宗悦そのものを一つの型にはめきれない難しさがあると思います。私自身も柳研究者の一人として、いつもそのような問題を抱えており、柳の持ったある一面だけに取り付かないように注意を払ってきました。

今回、伊藤先生がお話してくださった「柳宗悦・朝鮮への視線」には、このような柳宗悦研究で抱えている根本的な問題が提起されており、それに対するある答えの一つを示しています。柳と朝鮮のことを考える場合、どうしてもヒューマニズムとオリエンタリズムという二つの思想が深く関わってきます。支配するものと支配されるものの二つの対立する構図でなりたっている植民地は、そのシステムだけでは収まりきれない亀裂があり、柳宗悦はその亀裂を表す一人であったと思います。柳は支配者の日本人でありながらも、朝鮮に支配の権力より「愛」や「情」の思いを寄せ、芸術を通して朝鮮の固有性を認めさせようとしました。このような柳の朝鮮への思いは、彼が書いた朝鮮関係の文章から読み取れます。でも、ここに朝鮮人という実体を伴わない柳思想の限界も現れています。そして、これが柳に対する批判の一つにもなっています。

伊藤先生は、そのような限界を乗り越えるために柳思想形成の根本ともいえる白樺派へ注目しながら白樺派と柳の思想を検討し、白樺派のもつ「個人」と「他者」への見解を説明しています。当時の国家主義へ反発していた白樺派は、国家に対する個としての人間を重んじ、個人を大事に考えていました。それは、西洋の芸術に接しながら西洋芸術家の思想の影響を受けたゆえんでもありますが、そこには現実に疎いお坊っちゃんならではの限界もあったわけです。つまり、実際の生身の人間が他者でないこと、そして、閉鎖性のもつ個人という考え方でした。でも、伊藤先生がお話しているように、柳は、民芸運動という実践的な運動を通して行動を起し、民芸のような物と触れ合い、それを使う生身の他者を認めたのです。それが他の白樺派とは異る「他者」に対する認識です。伊藤先生が、白樺派の持つ「個人」と「他者」に対する見解とは異る柳の思想を取り出すことによって、朝鮮という「他者」を概念的だけじゃなくて、実物体（異質なもの）として見る思考の可能性が開かれると言っているように、これでもって異質なものの「個」として認める朝鮮への視線を垣間見ることが出来ると思います。

ただ、そこにはどうしても朝鮮に「情」を寄せるヒューマニズムと、前近代的な朝鮮美の個性を認めるオリエンタリズムの視線が複合的に作用しており、だからこそ柳の朝鮮への視線を一側面から評価したり、批判したりすることは難しいことを改めて思い知らされました。

ここで三つぐらいの質問をさせていただきたいと思います。

まず一つ目は、柳宗悦は「二にして不二」といいながら朝鮮との関係を語ったりしましたが、このような柳のいわゆる不二思想からは、「個人」と「他者」の関係をどのように説明できるでしょうか。

次に二つ目は、1920年代の朝鮮における文化運動の時と民芸運動の前後で「他者」、つまり「朝鮮」への視線はどのようなものだったのでしょうか。そして、今回のお話の中で、「沖縄方言論争」のことを触れましたが、「朝鮮」という「他者(異質なもの)」と「沖縄」とは次元の違うものだと思います。柳は二つの「他者」をどのような眼差しで見ていたのでしょうか。

最後に、文化の固有性を認めることにはどのような視線が働いているのでしょうか。文化の固有性を認めるがゆえに、それを守るため柳が残した「朝鮮民族美術館」と「日本民芸館」には、どのような視線が交差し、また対立していたのでようか。

조선총독부 시기의 역사교과서

현 명 철(국민대)

Ⅰ. 머리말

조선총독부가 편찬한 역사교과서를 분석하는 것은 근대 한일관계의 일그러진 만남을 살펴보는 데에 무엇보다 유익하다고 생각한다. 구체적인 서술이 시대의 변화에 따라서 어떻게 변하였는지 살펴볼 수 있을 뿐만 아니라 당시 일본의 역사교육에서 조선이란 어떠한 존재로 자리매김되고 있었는지, 무엇을 목표로 하여 무엇을 왜곡시켰는지가 비교적 명료하게 나타나기 때문이다. 따라서 이 작업은, 지금도 해결되지 않은 한·일간의 역사문제가 무엇인지를 파악하는 근본적 계기가 될 것이며, 교과서가 바뀔 때마다 되풀이되는 역사교과서 파동에 근본적으로 대처하는 기본적 작업이 될 것이다. 아울러 총독부 시절에 잘못 기술된 우리 역사가 아직도 수정되지 못한 채 남아있는 부분을 찾아내고 앞으로의 연구를 제안하고 또한 보다 객관적인 역사교육을 전망하는 작업이 될 것으로 생각한다.

총독부 간행 역사교과서를 이해하기 위해 日帝期 교육사를 간략히 검토해 보자.[1)]

조선을 강점한 후, 조선총독부는 사립보통학교를 공립보통학교로 바꾸어 나가면서 교육에 대한 통제를 강화하였다. 1911년에는 조선재주 일본인 교육과는 별도로 조선인 교육에 관한 법령을 발포하였다.[2] 제1차 조선교육령이다. 조선사교육은 금지되었으며, 『심상소학일본역사』[3]를 통한 일본사 교육만이 시행되었다. 그러나 3·1운동 이후, 민족교육에 대한 조선 민중의 여론을 무시할 수 없었던 총독부는 1920년 개정된 조선교육령과 보통학교 규칙을 발표하였고, 이에 근거하여 1921년 4월의 신학기부터 『심상소학국사』[4]와 『심상소학국사 보충교재』[5]를 간행하였다. 이 『보충교재』는 보충교재의 이름을 붙였으나, 총독부가 편찬한 유일한 조선사 교과서라고 할 수 있다. 『보충교재』와 함께 『보충교재 교수참고서』가 간행되었다. 본 발표의 Ⅰ장에서는 제1차 조선교육령 시기(1911~1922)에 사용되었던 『심상소학일본역사』와 『심상소학국사』, 그리고 『심상소학일본역사 보충교재』와 『보충교재 교수참고서』를 분석하도록 한다.[6]

1922년 제2차 조선교육령이 발포되었다.[7] 이 특징은 내지연장주의에

---

1) 여기에 대한 연구로는
김한종(2007), 「제2차 조선교육령 시기 日鮮共學 정책과 조선인의 반응」, (『역사와 담론48』, 호서사학회)
_____(2009), 「조선총독부의 교육 정책과 교과서 발행」(『역사교육연구9』, 한국역사교육학회),
박현옥(2007), 「일제하 역사교과서와 식민지 지배 이데올로기」(『중앙사론25』, 중앙대학교 중앙사학연구소) 등이 있다.

2) 조선교육령(칙령229호) 및 보통학교 규칙

3) 제2기 국정교과서로 1910년 간행되어 1921년까지 조선과 일본에서 사용되었다. 2권으로 되었으며 총 194쪽, 문어체로 되어 있다.

4) 제3기 국정교과서, 1921년 간행되어 1934년까지 사용되었다. 총336쪽, 문어체이다.

5) 참고로 『보충교재』는 원고지 38매, 『교수참고서』(조선사력교재)는 원고지 710매의 분량이다.

6) 2기 국정교과서 『심상소학일본역사』와 제3기 국정교과서 『심상소학국사』에 대해서는 2007년 동북아재단 자료집으로 『일본 근대 국정교과서 분석』이 있으며, 『심상소학국사 보충교재』와 『보충교재 교수참고서』에 대해서는 2009년 동북아재단 자료집으로 『조선 총독부 역사교과서 분석 Ⅰ』에 내용 분석과 번역문이 있다.

입각한 문화정치를 표방한 것으로 보통학교를 6년으로 늘려, 일본인 대상인 소학교와 수업연한을 동일하게 하였으며, 일본인과 조선인의 공학을 추진하였다. 역사교육에 있어서는 조선인과 일본인이 하나가 된 이상 조선 역사와 일본 역사를 한·일 학생들에게 구분하여 가르칠 필요가 없다는 주장이 나타났다.[8] 따라서 『보충교재』의 내용의 일부를 기존의 『심상소학국사』의 중간 중간에 삽입하는 새로운 형태의 교과서 즉 『보통학교 국사 아동용』이 편찬된다. 1933년에는 개정된 교과서로 『보통학교 국사(권1, 권2)』가 만들어졌다. 여기서는 조선사를 일본의 지방사로 간주하여 앞서의 『보통학교 국사 아동용』 보다는 조선사의 분량을 늘였으나, 대신에 『보충교재』는 만들지 않았다. 점차 조선사가 일본사의 일부로 다루어지게 되었음을 의미한다. 본 발표의 제2장에서는 제2차 조선교육령 시기(1922~1938)에 사용된 『보통학교 국사(아동용)』과 『보통학교 국사』 두 교과서에 대해서 분석한다.[9]

1938년 제3차 조선교육령[10]이 발포되어 내선일체에 입각한 강력한 동화정책이 시행되었다. 이때에는 "국체명징·내선일체·인고단련"이라는 3대 구호 아래 충량한 황국신민을 육성하는 데에 목표를 둔 동화교육이 실시되었다. 조선인 교육기관과 일본인 교육기관의 명칭 통일되어 보통학교를 소학교로 개칭하였으며, 고등보통학교는 중학교로 개칭되었다. 이전까지 조선인에게 필수였던 조선어교육은 수의과목으로 바뀌었다. 역사교과서도 『초등국사』로 제목이 변경되어 일본학생들이나 조선학생들이 같은 교과서로 수업을 하게 되었다.제3차 조선교육령 시기(1938~

7) 제2차 조선교육령(칙령19호)
8) 대표적으로는 鎌田榮吉, 「內鮮人共學に就て」、『朝鮮』 1922년 3월호 p.77.
9) 『보통학교국사(아동용)』 교과서에 대해서는 2010년, 동북아재단 자료집 『조선총독부 역사교과서 분석Ⅱ』에 내용 분석과 번역문이 있다. 또한 개정된 『보통학교국사』에 대해서는 2011년 동북아재단 자료집 『조선총독부 역사교과서 분석Ⅲ』에 내용분석과 번역문이 있다.
10) 조선교육령(칙령103호)

1943) 초기에 사용되었던 『초등국사』에 대해서는 제Ⅲ장에서 분석한다.[11)]

이후 총독부는 적극적으로 교과서 편찬을 추진하였다. 총독부는 『교과서편찬휘보』를 간행하여 교과서 발행과 활용의 지침으로 삼았다. 이에 따라서 1940년 『초등국사(제5학년)』과 『초등국사편찬취의서』가 간행 보급되었고, 1941년에는 『초등국사(제6학년)』과 『교사용 초등국사』가 간행되어 실제 교수학습 방법을 감독하였다. 1941년 일제는 조선과 일본에서 동시에 국민학교령을 발표하였다. 이는 전쟁이 본격화되면서 교육을 통해 황국신민의 정신을 한층 강화하기 위한 것이었다. 국민학교령 교과서 발행 규정은 조선총독부가 만든 교과서를 사용하도록 규정하였고, 문부성이 간행한 교과서를 사용할 때에도 조선 총독의 인가를 받게 하는 등, 총독부에 의한 통제를 한층 강화한 것이었다. 1943년 제4차 조선교육령(칙령113호)은 학교 교육을 전시체제에 적합하도록 개편하고 황국신민화 교육을 강화하기 위한 것이었다. 여기서는 중학교와 고등여학교의 수업연한을 4년으로 축소하였고, 수의과목으로 남아있던 조선어는 교육과정에서 완전히 빠지게 되었다. 이러한 시대를 바탕으로 1944년 『초등국사(개정판)』이 간행 보급되었다. 교과서의 내용은 완전히 천황중심, 일본사 중심으로 정비되었고, 조선사의 내용은 삭제되었다. 41년도 간행의 『초등국사(제5학년)』과 44년 간행된 『초등국사(제5학년)』에 대해서는 제Ⅳ장에서 분석하고, 41년 간행 『초등국사(제6학년)』과 44년 간행의 『초등국사(제6학년)』에 대해서는 제Ⅴ장에서 분석하고자 한다.[12)] 이렇게 나

11) 제3차 조선교육령 초기의 『초등국사』에 대해서는 2011년 동북아재단 자료집 『조선총독부 역사교과서 분석Ⅲ』에서 『보통학교 국사(1933)』와 함께 내용분석과 번역이 실려 있다.

12) Ⅳ장에서 다루는 1940년 『초등국사(5학년)』과 1944년 『초등국사(5학년)』에 대해서는 2012년 동북아재단 자료집 『조선총독부 역사교과서 분석Ⅳ』에 내용 분석과 번역이 실려 있으며, Ⅴ장에서 다루는 1941년 『초등국사(6학년)』과 1944년 『초등국사(6학년)』의 분석과 번역은 2013년 동북아재단 자료집 『조선총독부 역사교과서 분석Ⅴ』에 실려 있다.

누어 분석하는 이유는 제6학년 교과서가 대외관계사 중심이어서 5학년 교과서와 매우 다르기 때문이다.

총괄적으로 총독부시기에 간행된 교과서를 도표로 표현해 보면 다음과 같다.

<table>
<tr><th colspan="2">구분</th><th>소학교
(일본학생)</th><th>보통학교
(조선학생중심)</th></tr>
<tr><td rowspan="2">1차 조선교육령 시기</td><td>1910~1920</td><td>심상소학일본역사</td><td>심상소학일본역사 +
(비합법적 조선사교육)</td></tr>
<tr><td>1921~1922</td><td rowspan="2">심상소학국사</td><td>심상소학국사
+ 보충교재</td></tr>
<tr><td rowspan="2">2차 조선교육령 시기</td><td>1923~1932</td><td>보통학교국사아동용</td></tr>
<tr><td>1933~1937</td><td>심상소학국사(개정)</td><td>보통학교국사</td></tr>
<tr><td rowspan="2">제3차 조선교육령시기</td><td>1938~1940</td><td colspan="2">초등국사(권1, 권2)</td></tr>
<tr><td>1941~1943</td><td colspan="2">초등국사 제5학년,
초등국사 제6학년</td></tr>
<tr><td>제4차 조선교육령시기</td><td>1943~1945</td><td colspan="2">초등국사 제5학년
초등국사 제6학년</td></tr>
</table>

II. 제1차 조선교육령 시기 역사교과서

1차 조선교육령시기(1910~1922) 초기에는 조선역사를 가르치는 것이 금지되었다. 그리하여 『심상소학일본역사』 만을 가르치도록 강제되었다. 이 때에는 일본인들이 다니는 소학교는 6년제였고, 조선 학생이 다니는 보통학교는 4년제였다. 조선학생들도 『심상소학일본역사』를 배워야 하였지만 총독부의 감시에도 불구하고 개화기 출간되었던 교재를 중심으로 조선사 교육이 널리 행해졌다.

3·1운동 이후, 조선총독부는 높아진 조선인들의 역사교육 요구를 들어주면서 문화정치와 내지연장주의를 추진하기 위해 이전의 교육 정책

을 수정하였다. 우선 일본과 동일한 학제를 조선에 적용하여 보통교육의 연한을 4년에서 6년으로 연장하였다. 이에 따라서 보통학교의 교과목에 역사과목이 추가되어 5학년과 6학년에 주당 2시간씩 배당하였다.

이러한 조치는 1920년에 개정된 조선교육령과 보통학교 규칙에 근거하여 1921년 4월의 신학기부터 적용되었다. 정식 교재는 문부성에서 편찬한 『심상소학국사』(상·하)권을 사용하였지만, 『심상소학국사』가 일본사만을 다루었기 때문에 조선인을 교육하는 보통학교에서는 『심상소학국사 보충교재』(一·二)권을 사용하여 보충하도록 한 것이다. 이 『보충교재』는 결과적으로 총독부가 편찬한 유일한 조선사 교과서가 되었다. 왜냐하면 점차 조선사는 일본사의 지방사로 편입되어가는 운명에 빠지기 때문이다.

1. 『심상소학일본역사』와 『심상소학국사』

우선 총독부 간행의 『보충교재』를 검토하기에 앞서 『심상소학일본역사』와 『심상소학국사』의 근대사 내용에 대해 4개 항목으로 나누어 살펴보자.[13] 왜냐하면 승자와 패자로서의 역사의 일그러진 만남[14]이 여기에서 시작되기 때문이다.

	심상소학일본역사(1910)	심상소학국사(1921)
강화도 조약 이전의 한일관계	[정한론] 처음 조정은 외국과 화친한다는 뜻을 결정하시고 특별히 사절을 조선에 보내시어 왕정유신의 뜻을 알리고 수호를 권하셨다. 그러나 조선에	[정한론] 우리나라가 외국과 화친한다는 뜻을 결정하자, 먼저 사절을 조선에 보내어 우호를 맺도록 권유하였다. 그러나 조선은 우리의 호의를 물리치

13) 여기에 대해서는 『일제기 국정교과서 분석』 (동북아역사재단 자료집, 2007년)을 참고 바란다.

14) 이를 역사 왜곡이라고 표현할 수도 있고, 집단 기억의 차이라고도 말할 수 있겠다. 한국 강점 이후 승자의 역사 기억의 패턴이 여기에 고스란히 나타난다고 이해된다. 특히 한일관계사에 대한 이해가 주목된다.

	서는 당시 배외사상이 성하여서 우리 권고에 응하지 않았을 뿐만 아니라 오히려 무례한 일이 많았다.…참의 사이고다카모리 등은 크게 분노하여 우선 스스로 조선에 건너가 담판에 임하고 조선이 만일 듣지 않는다면 병사를 일으켜 조선을 공격하자는 주장을 하여…	고 오히려 종종 무례를 범하였다. 사이고는 …
강화도 사건과 강화도조약	[조선과 수호조약을 맺음] 우리군함이 청나라에 가고자 하여 도중에 조선 근해를 지나 땔나무와 물을 강화도에서 얻고자 하였는데 그 수비병이 예기치 않은 공격을 해 왔으므로 우리 병사들이 이에 대항하여 포대를 함락시켰다. 이리하여 참의 구로다기요다카와 이노우에 가오루를 보내어 조선 정부와 담판하고 사과를 받고 드디어 수호조약을 맺었다.	앞서 정한론이 중지되고 우리나라는 조선과 수교를 맺고…
청일전쟁의 배경	[일청의 개전] 그 후에도 조선의 국세는 좋아지지 않고 인민은 관리의 주구로 심한 고통을 받았다. …청나라는 속국의 어려움을 돕는다는 구실로 군대를 보내었으니, 우리정부도 역시 우리 공사관과 거류민 보호를 위해 군대를 조선에 보내었다. 7월 우리군함이 풍도 앞바다를 지날 때에 청국 군함이 포격해 옴으로 전단을 열자…	[일청의 개전] 그 후에도 청국은 아직 조선을 속국으로 간주하고 사대당을 지원하였으므로 …정치가 크게 혼란해졌고 인민이 고통을 받아…. 우리 정부도 역시 공사관과 거류민 보호를 위해 군대를 조선에 보내었으며 청국에 권하여 서로 힘을 합하여 조선의 폐정을 개혁하자고 하였다. 그러나 청나라는 이를 듣지 않고 오히려 대군을 조선에 보내었다. 이해 7월 우리군함이 풍도 앞바다를 지날 때에 청국 군함이 포격해 옴으로 전단을 열자…
한국병합	[한국의 병합] 우리 천황폐하께서는 한국이 항상 禍亂의 원인이 되고 있음을 생각하시어, 일한 상호의 행복을 증진하고 동양의 평화를 영원히 확보하고자 한국 병합의 필요성을 인정하시어, 드디어 8월 한국황제로부터 일체의 통치권을 영구히 양여받음을 승낙하시었다. 이리하여 한국을 다시 조선이라 칭하여 총독부를 두어 제반 정무를 통치하기에 이르렀다.	[한국의 병합] 한국은 우리 보호하에 놓인 지 수년이 지나서 정치는 점차 개선되었으나, 그 나라의 오랜 폐정은 완전히 없애기 어려웠고, 민심 역시 편안하지 못하였으므로 국리민복을 증진시키기 위해서는 일·한양국을 합하는 외에는 없음이 점차 명확해졌으며, 한국 사람들 중에서도 이를 원하는 사람들이 적지 않았다. 이리하여 한국 황제는 통치권을 천황에게 양여하고 제국의 신정에 따라 국민의 행복을 증진시킬 것을 희망하였으며, 천황은 이를 인정….

이를 보면, 강화도 조약 이전의 한일관계 상은 두 교과서 모두 '정한론'으로 간단히 정리하여 일본의 호의와 이를 무례하게 거절하는 조선의 모습, 이로 인한 일본의 분노로 규정하고 있다. 강화도 조약에 대해서는 『심상소학일본역사』에서는 운요호 사건으로 인해 맺어진 것으로 아주 단순하게 규정하고 있고 『심상소학국사』에서는 그냥 수호를 맺었다는 사실만 기술하였다. 왜관에서의 오랜 대화와 외교적 대립, 특히 대마도인이 철수하고 기유약조가 실질적으로 붕괴된 다음 이루어졌던 외무성 관리들과 동래부의 대화와 대립은 고려의 가치도 없었고 운요호의 돌발행동이 더 중요한 요소로 등장하였다. 청일전쟁의 배경에 대해서는 『일본역사』에서는 조선의 국세가 좋아지지 않고 관리들의 가렴주구로 동학농민 봉기가 일어났다고 파악하였고, 『국사』에서는 청나라가 조선을 속국으로 간주하고 사대당을 지원하였기 때문에 정치가 혼란해졌다고 파악하는 차이를 보인다. 책임이 조선의 지배층에서 청국으로 넘어가는 모습이다. 청나라가 먼저 전단을 열었다는 기술은 동일하다.한국병합에 대해서도 한국 황제의 양여를 승낙하였다고 하여 의병의 저항이나 남한 대토벌과 같은 군사작전, 혹은 조선 민중의 저항에 대해서는 침묵하고 있음을 알 수 있다. 역사의 왜곡이 정치적 필요성에 의해 아주 쉽게 이루어졌음을 느낄 수 있다.

왜곡은 쉽게 이루어지지만 왜곡을 비판하는 것은 상당한 노력과 실증적 자료의 발굴 및 검증이 필요함은 해방70년 한일수교 50주년을 맞이한 오늘날에도 이를 정당하게 비판하지 못하고 있는 현실이 말해준다.위의 내용 중 청일전쟁과 한국 병합(강점)에 대해서는 많은 연구가 있어서 해소가 되었지만, 앞부분 즉강화도 조약 이전의 한일관계와 강화도 사건, 강화도 조약에 대해서는 아직 사실과 큰 간극이 있고 더 많은 연구가 필요하다고 생각한다.

2. 『심상소학국사 보충교재』와 『보충교재 교수참고서』

다음으로 『보충교재』에 대해 살펴보자. 『보충교재』 권1은 상고에서 고려시대까지 11과, 권2는 조선시대부터 총독정치까지 15과로 총 26과로 구성되었다. 교사들을 위해서는 『심상소학일본역사 보충교재 교수참고서』 권1과, 『심상소학국사 보충교재 교수참고서』 권2가 별도로 편찬되었다.

당시의 역사교과서가 동화주의를 실현하고자 하였던 목적이 있었으므로 그 내용 역시 일본의 조선 지배의 정당성을 교육하고자 하는 의도에서 편찬되었음은 당연한 일이다. 특히 교수요지와 설화요령을 함께 살펴보면, 고대사 기술의 특징은 '상고의 조선반도' '삼한' '문학, 불교, 공예', '일본부(1)', '일본부(2)', '백제, 고구려의 멸망' '신라일통'에서와 같이 제목에 시대적 구분을 시도하지 않고 있는 점이다. 이렇게 역사 서술의 근간인 시대구분을 시도하지 않고 있는 이유는 한반도에서 일본열도로의 문화전파를 설명하면서도 양 지역 간의 세력 균형을 일본에 유리하게 설정하려는 의도로 파악된다. 이를 달리 말하자면 고대국가의 발전단계에 필요한 선진 문화는 분명히 한반도에서 전해진 것이긴 하지만, 그 전래 사정은 한반도가 일본에 복속되어 있는 속국이기 때문에 조공한 증거라는 것이다. 이러한 지역 간에 존재한 분명한 우열의 격차를 회피하면서 문화의 전달 사정도 설명하기 위한 나름의 궁리였던 것이다.

중세사(고려시대사)의 기술의 특징 역시 단순히 고려 1, 고려 2, 고려 3, 고려 4로 구분하고 있다. 고려시대의 역사란 시종일관 이민족에게 복속한 역사이며, 고려의 변동은 중국의 변동이나 일본(왜구)의 움직임에 의해 타율적으로 이루어지는 것이라는 역사상을 부각시키고 있다.

조선시대사의 특징을 정리하면, 조선은 일시적 발전은 있었으나, 국정의 책임자들은 항상 반목과 대립을 하여 왔고, 조선은 명의 속국임과 동시에 언제나 주위 민족에게 침략을 당하는 위치에 있었다는 것이다. 즉 조선의 위정자들은 민중 지배의 능력이 없으며, 자신들의 안위만을 추구하여 왔고, 그로 인하여 조선역사는 정체적이었다는 점을 강조하고 있다. 그리고 지정학적으로 조선은 외부로부터 부단히 침략을 당하는 위치에 있으며, 그것을 방어할 능력이 없다는 점을 강조하고 있다. 이는 식민지기 일본이 조선을 보호하고, 방어해주는 역할을 하고 있다는 점을 나타내기 위한 것이기도 하다. 한편 조선 위정자의 무능성과 파당성을 강조함으로써 당시 지도층에의 불신을 조장하려는 의도도 포함하고 있다고 보인다.

근대사 기술의 전체적인 특징 역시 소위 식민지 사관을 학생들에게 교육하고자 하는 점이라고 말할 수 있겠다. 구체적으로는 국정교과서의 한일관계사상을 입증하고자 하여 다음과 같은 4가지 역사관을 학생들에게 심고자 하였음을 지적할 수 있다.

첫째, 메이지 정부 성립 이후의 한일 간의 갈등의 책임을 철저하게 조선에 돌리고 있다. 둘째, 개항 이후의 일본의 침략 과정을 미화하고, 이에 대한 저항을 호도·배격하고 있다. 즉, 예를 들면 일본은 조선의 독립을 위해 노력한 선량한 이웃으로 표현하고, 일본의 침략에 대항한 정치적 갈등을 대원군과 민씨 세력의 대립으로, 갑신정변 역시 독립당(급진개화파)과 사대당(온건개화파)의 당파싸움으로 희화화 하여, 조선의 정치가들을 우매하게 표현하고 있다. 또한 청일전쟁에 대해 전쟁 책임은 청에게 있다는 인식이 일관되어 있다. 또한 일본의 침략에서 벗어나고자 노력한 친러정책에 대해서도 노골적인 적개심을 보이며 이것이 러일전쟁의 이유였다고 책망하고, 다시 그런 일이 없기 위해 외교사무를 장악하였다고 강조하고 있는 기술 등이 이에 해당한다고 하겠다. 셋째, 한일합병에 대해 합리화를 추구하고 있다. 조선의 외교적 실책이 거듭되어 평화를 위해 어쩔 수 없이 외교를 빼앗았다고 강조하고, 다음으로 통감이 국정 지도를 위해 노력하였으나 구폐가 너무 심하여 어쩔 수 없이 병합하게 되었다고 기술한다. 넷째, 교육을 통한 정치적 목적을 노골적으로 드러내고 있다. 즉, 총독의 노력과 성과를 강조하고 구시대에 비교하여 조선 인민이 얼마나 행복한지를 강조하는 기술을 하고 있는 것이다.

그런데, 이 시기에는 경험한 사람들이 생존하여서인지 『교수참고서』의 설명에는 가끔 훗날의 고착된 이해와는 다른 사실의 기록도 보임은 흥미롭다. 예를 들면,

① 1811년 이후 한일관계가 완전히 정지되었다고 말하면서도, 병인양요의 소식을 조선이 일본에 알리고, 막부장군이 사절을 파견하고자 하였던 사실.

② 운요호 사건의 기술에서 부근의 포대가 포격을 하여 바로 응전하여 포대를 함락시켰다고 말하면서도, 교수참고서에는

> "20일 강화도 동남방 조그만 섬인 난지도에 정박하여 석탄과 물을 구하고자 함장 이하 10여 명이 국기를 달고 작은 배로 옮겨서 한강을 거슬러 올라가고자 할 때 강화도 남단 초지진 부근에 있는 포대가 사격을 하였다. 우리 병사들이 이에 응전하여 분전하였으나 마침 비가 내리고 또 수로의 지형을 알지 못하는 고로 어쩔 수 없이 귀함하였다. 다음날 21일 함장은 전날의 폭거를 보복하고자 초지진 포대를 포격하였으며, 22일 영종도를 공격하였다"

라고 하여 실제로는 바로 응전한 것이 아니라 다음날 포격이 있었던 것과, 초지진을 함락시키지 않았고, 20일 사격을 받고, 21일 보복 포격을 행하고, 22일 영종도를 공격한 사실이 기술되어 있음은 흥미롭다.

③ 강화도조약에서 강화도 사건에 대한 조선의 사과를 받아내었다고 기술하면서도, 『교수참고서』에서는 운요호 사건에 대한 조선의

사과를 기술하지 않고 있는 점도 흥미롭다. 사과와 배상을 요구하는 일본에 대해 조선 역시 영종도 분탕질에 대해 일본의 책임을 추급하여 결국은 서로 조약을 맺지 않았기 때문에 발생한 사건으로 서로간의 책임 추급 없이 조약이 체결되었다는 사실을 이해할 수 있는 대목이다.당연한 일이지만 강화도 조약은 강화도사건(운요호사건) 때문에 맺어진 것은 아니었기 때문이다. 오히려 운요호사건은 강화도 조약이 체결되는 데에 방해요소로 작용할 수 있었다. 그러므로 조약 체결에 임해서는 서로 사소한 문제로 치부하고 책임추급을 피하였던 것임을 감지할 수 있는 기술도 교수참고서에서는 보인다.

Ⅲ. 제2차 조선교육령 시기

그 후, 1922년 제2차 조선교육령이 제정되고 이에 근거하여 보통학교 규칙이 새로 공포되자 조선총독부는 새로이 『보통학교 국사 아동용』(상·하)권을 편찬하여 1923년부터 사용하게 하였다. 이 교과서의 특징은 『심상소학국사』의 중간 중간에 조선사 내용 일부를 삽입한 것이었다. 삽입된 내용은 (박혁거세, 신라일통, 왕건, 대각국사, 조선의 태조, 퇴계와 율곡, 영조와 정조, 조선의 국정) 8장에 불과하였다.

1933년에는 개정된 교과서로 『보통학교 국사(권1,2)』가 만들어졌다. 여기서는 조선사를 일본의 지방사로 간주하여 앞서의 『보통학교 국사(아동용)』 보다는 조선사에 해당하는 분량을 늘였고 대신에 『보충교재』는 만들지 않았다. 점차 조선사가 일본사의 일부로 다루어지게 되었음을 의미한다. 이 장에서는 『보통학교 국사(아동용)』과 『보통학교 국사(권1,2)』에 대해 분석해 보자.

1.『보통학교 국사(아동용)』(상·하)권

우선 목차를 통해『보충교재』와『보통학교 국사(아동용)』한국사 관련 내용의 차이를 확인하고자 한다.

『심상소학국사 보충교재』(一·二)권	『보통학교 국사(아동용)』상,하	비고
1. 상고의 조선반도 2. 삼한 3. 문학·불교·공예 4. 일본부(1) 5. 일본부(2) 6. 백제·고구려의 멸망 7. 신라일통	· 박혁거세왕 (제3 日本武尊의 다음) · 新羅一統 (제8 天智天皇と藤原鎌足 다음)	
8. 고려 1 9. 고려 2 10. 고려 3 11. 고려 4	·王建 (13. 菅原道眞 다음) ·大覺國師(16. 源義家 다음)	
1 조선의 태조 2 태종 및 세종 3 세조 4 조선의 문화 5 사화 및 붕당 6 임진의 난 7 병자의 난 8 영조 및 정조	·조선의 태조(27. 足利氏の僭上 다음) ·李退溪와 李栗谷 (33. 오다 노부나가 다음) ·영조와 정조 (44.마쓰다이라 사다노부 다음)	
9 대원군의 집정 10 강화도 사건과 임오의 정변 11 갑신정변과 임오의 혁신 12 대한 13 통감부의 설치 14 일한병합 15 총독부정치	·조선의 국정 (51.明治天皇-3헌법발포 다음)	

목차에서 알 수 있듯이, 조선사의 많은 내용들이 삭제되고 점차 일본사를 중심으로 한 역사 교재가 만들어지고 있음을 알 수 있다. 이에 대해 한국인 교육자들의 저항이 심하였던 것 같다. 이를 달래기 위해서인가『보통학교국사 교수참고서(=조선사력교재)』緖言에는

> 위의 조선 사력 교재만으로 부족한 경우에는 『보충교재』를 적절히 교수하는 것도 가하다. 이를 교수할 경우에는 필요에 따라 『심상소학국사 보충교재 교수참고서』를 참고해야 한다.

고 하여, 이전에 사용하였던 『보충교재』를 적절히 사용할 수 있는 길을 열어 두고 있다. 결국 동화주의를 실현하고자 하는 목적에 충실하여, 일본의 조선 지배의 정당성을 교육하고자 하는 의도를 더욱 철저히 관철하기 위해 완급을 조절하고 있다고 할 수 있다.

근대사 서술의 특징은 다음의 세 가지로 요약할 수 있다.

첫째, 전체적인 서술의 특징과 마찬가지로 이전의 『심상소학국사 보충교재』 (二)권과 비교해 보면 조선사의 상당부분이 사라지고 일본사 중심의 역사가 기술되고 있다는 점이다. 조선사에 해당하는 부분은 「조선의 국정」이라는 단 한 개의 주제에 불과하다. 분량으로 보면 이전의 『심상소학국사 보충교재』 (二)권이 원고지 38매 정도의 분량이었던 것에 비해 겨우 6매 분량으로 대폭 축소되었다. 또한 『심상소학국사 보충교재 교수참고서』 권2와 『보통학교국사 교수참고서(조선사력교재)』의 근대사 기술 부분도 원고지 710매 정도의 분량이 124매 정도로 줄었다.

둘째, 정한론은 제51과 2절, 西南의 역 항목에, 명치17(1884)년 조선사변(갑신정변) 및 그 후의 사실은 제51과 4절 명치27~28년의 전쟁(청일전쟁) 항목 다음에 넣어 간략하게 일본의 입장에서 다루었으며, 러일전쟁 이후 한국 병합에 이르기까지는 보충의 필요가 없다고 하여 별도로 교재를 만들지 않았다. 따라서 보충교재로는 대원군의 집정에서 임오군란까지만 취급하고 있다.

셋째, 배일사상을 고취할 수 있는 역사적 사실(일본정부의 과오, 실정, 분열, 침략의도 등) 은 누락시키거나 왜곡시켰다. 이는 동화주의와 식민지 지배의 정당성 교육을 목표로 삼았기 때문이다.

1926년 昭和 천황이 즉위하자 마지막 과(52과 53과)만을 수정하여 사용하였다. 1927년 보통학교 규정이 개정되고 전과목 교과서의 개정이 추진되어 이 원칙에 따라 1932년과 1933년에 『보통학교 국사』 권1과 권2가 각각 발간되었다.

2. 『보통학교 국사(1933)』에 대한 분석

『보통학교 국사』는 제1권이 1932년에, 제2권이 1933년에 간행되어 사용되었다. 제1권을 발행하고 난 다음 발간된 『보통학교 국사 편찬취의서』[15]를 살펴보자.

* 보통학교용 역사교과서 편찬에 관한 방침

1. 우리 국체와 국가 관념을 明徵하게 하는 자료에 대해서는 특히 유의할 것
2. 우리의 건국에서 현대에 이르기까지 중요한 사력을 輯錄할 것.
3. 조선에 관한 事歷을 증가시키고 특히 내선융화에 필요한 자료의 선택에 유의할 것.
4. 일한합병의 큰 뜻을 이해하는 데에 필요한 社歷은 매우 상세히 이를 기술할 것.
5. 국사의 대요를 알기 위해 필요한 제 외국의 社歷을 적절하게 첨가할 것.

이상의 방침에 따라서 1932년에 만들어지고 보급된 『보통학교 국사』 <권1>은 이전의 『보통학교국사 아동용(상권)』 교과서가 문부성 저작의 심상소학국사를 그대로 轉載하고, 여기에 더하여 조선사력 5개 과를 보충한 형태였음에 비하여, 조선 지방의 향토사를 조직하여 넣은 국사를

15) 제1권의 편찬취의서는 1932년 5월 30일에 간행되었으며, 제2권의 편찬취의서는 1932년 10월에 간행되었다. 『조선총독부교과서총서(역사편)3』 (장신편, 도서출판 청운, 2005년 영인)

편찬한다는 취지로 조선사를 일본사에 녹이고 있다. 즉, 구 교과서는 문부성 저작의 심상소학국사 32과에, 조선사력 5과를 더하여 합계 37과 170항이었으나, 새로운 교과서는 융합시켜서 35과 160항으로 하였다. 그 중에서 조선사에 해당되는 부분이 6과이다. 목록을 대조하면 다음과 같다.

과	『보통학교국사 아동용(상)』 1923	『보통학교 국사〈1권〉』 1932
제1과	天照大神	天照大神
제2과	神武천황	神武천황
제3과	日本武尊	皇大神宮
	박혁거세왕	
제4과	神功황후	日本武尊
제5과	仁德천황	◎옛날의 조선
제6과	聖德태자	神功황후
제7과	天智천황과 藤原鎌足	仁德천황
제8과	天智천황과 藤原鎌足(속)	◎삼국의 성쇠
	신라의 통일	
제9과	聖武천황	聖德태자
제10과	和氣淸麻呂	天智천황
제11과	桓武천황과 坂上田村麻呂	◎신라의 통일
제12과	弘法大師	聖武천황
제13과	菅原道眞	桓武천황
	왕건	
제14과	藤原씨의 전횡	最澄과 空海
제15과	後三條천황	菅原道眞
제16과	源義家	◎고려의 왕건
	大覺國師	
제17과	平氏의 勃興	藤原道長
제18과	平重盛	後三條천황
제19과	武家정치의 시작	源義家
제20과	後鳥羽上皇	平氏의 勃興
제21과	北條時宗	平重盛
제22과	고다이고(後醍醐)천황	武家정치의 시작

제23과	楠木正成	고도바(後鳥羽)上皇
제24과	新田義貞	◎고려와 몽고
제25과	北畠親房과 楠木正行	北條時宗
제26과	菊池武光	고다이고(後醍醐)천황
제27과	足利氏의 僭上 조선의 태조	楠木正成
제28과	足利氏의 衰微	新田義貞
제29과	北條氏康	北畠親房과 楠木正行
제30과	上杉謙信과 武田信玄	菊池武光
제31과	毛利元就	足利氏의 僭上
제32과	後奈良천황	◎조선의 태조
제33과		足利氏의 衰微
제34과		足利氏의 衰微(속)
제35과		後奈良천황

1933년에 편찬 보급된 『보통학교국사 권2』는 앞서의 『보통학교 국사 아동용(하권)』이 문부성 저작의 심상소학국사 하권 21과에 조선사력 2과 1절을 부가하여 합계 23과 166항이었음에 비하여, 17과 136항으로 줄었다. 그러나 역시 조선 사력의 수록에 대해서는 향토사를 넣은 국사를 편찬한다는 명분으로 가능한 한 조선 사정을 증가시켰으며, 일본과 교섭이 없는 사력은 어쩔 수 없이 이퇴계와 이율곡, 조선의 국정 등과 같은 과나 절을 특설하였음이 주목된다. 조선사는 가능한 일본사의 입장에서 녹여서 기술하였으며, 내선의 융화에 도움이 되도록 특히 유의하였다는 교과서였다. 2권의 목록을 대조하면 다음과 같다.

과	『보통학교국사 아동용(하)』	과	『보통학교 국사〈2권〉』
제33과	오다노부나가(織田信長) 이퇴계와 이율곡	제36과	오다노부나가(織田信長)
제34과	도요토미히데요시(豊臣秀吉)	제37과	◎ 이퇴계와 이율곡
제35과	도요토미히데요시(豊臣秀吉) 속	제38과	도요토미히데요시(豊臣秀吉)
제36과	도쿠가와이에야스(德川家康)	제39과	도쿠가와이에야스(德川家康)
제37과	도쿠가와이에야스(德川家康) 속	제40과	도쿠가와이에미츠(德川家光)

제38과	도쿠가와이에미츠(德川家光)	제41과	도쿠가와미츠구니(德川光圀)
제39과	後光明天皇	제42과	도쿠가와 요시무네(德川吉宗)
제40과	도쿠가와미츠구니(德川光圀)	제43과	마츠다이라사다노부(松平定信)
제41과	大石良雄	제44과	◎영조와 정조
제42과	新井白石	제45과	國學과 尊王
제43과	德川吉宗	제46과	양이와 개항
제44과	마츠다이라사다노부(松平定信) 영조와 정조	제47과	양이와 개항(속)
제45과	本居宣長	제48과	孝明천황
제46과	高山彦九郎과 蒲生君平	제49과	왕정복고
제47과	양이와 개항	제50과	明治天皇
제48과	양이와 개항(속)	1절	메이지유신
제49과	孝明천황	2절	서남의 역
제50과	武家정치의 종언	3절	헌법발포
제51과	明治天皇	4절	◎조선의 국정
1절	메이지유신	5절	메이지 27~28년의 戰役
2절	서남의 역	6절	메이지 37~38년의 戰役
3절	헌법발포 조선의 국정	7절	◎한국병합
4절	메이지 27~28년의 전역	8절	메이지 시대의 문화
5절	조약개정	9절	천황의 붕어
6절	메이지 37~38년의 전역	제51과	大正천황
7절	한국병합	제52과	昭和시대
8절	천황의 붕어		연표
제52과	대정천황		
1절	천황의 즉위		
2절	유럽의 大戰과 우리나라		
제53과	금상천황의 踐祚		
	연표		

달라진 부분에서 주목할 점은 다음 7개 항목이다. 즉, 1)37과(이퇴계와 이율곡)에 퇴계의 학풍이 내지(일본)에 전해진 것, 율곡이 향약을 만들어 사회 교화에 노력한 것이 부가되었으며, 당쟁의 절에는 「노·소·남·

북의 4색이 있음은」을 「노·소·남·북의 4색이 있었음은」 으로 과거형으로 고쳐졌다. 2)제38과(豊臣秀吉)에서는 내선융화를 위해 고려하여 가토 기요마사의 기사를 완화하고, 이순신의 기사를 첨가하였다. 3)제39(德川家康)과에서는 이에야스가 조선과 수호를 맺은 것이 추가되어 있다. 4)제42(德川吉宗)과에서 家宣시대에 조선의 통신사 대우를 개선한 것에 대해서도 내선관계를 고려하여 어느 정도 완화한 기술로 변하였다. 5)제50(明治天皇)과는 크게 개정되었다. 조약개정을 삭제하고 한국병합을 상세히 설명하였고, 메이지 시대의 문화를 추가하였다. 6)한국병합에 이르러서는 임시 교과서 조사위원회 의안인 보통학교용 역사교과서 편찬에 관한 방침의 한 항목에 거론될 정도로 중요하게 생각하여, 그 정신을 천명하기 위해서 이를 상술하였으며, 이 1절에서는 병합후의 조선에서의 문화발달 상황을 부기하여 일본에 의한 조선의 개명을 교육하려는 의도를 드러낸다. 그리하여 이 과는 전체가 조선사 혹은 한일관계사의 성격을 갖는다. 7)제52(昭和시대)과는 구본의 '금상천황의 踐祚'를 改題한 것임과 동시에, 그 이후의 사력을 기술하였다. 이 교과서에서 한일관계사의 왜곡이 정비되었다는 느낌을 받는다.

Ⅳ. 제3차 조선교육령 초기의 역사교과서 『초등국사』

1938년 3월, 제3차 조선교육령이 발포되었다. 제3차 조선교육령에서는 '국체명징(國體明徵)', '내선일체(內鮮一體)', '인고단련(忍苦鍛錬)'이라는 3대 구호 아래, '충량한 황국신민'을 육성하는 데에 목표를 둔 철저한 동화교육이 실시되었다. 조선총독부가 표방한 개정 교육령의 특징은 다음과 같이 정리할 수 있다.

① 종래의 보통학교, 고등보통학교, 여자고등보통학교의 명칭을 모두 소학교, 중학교, 고등여학교로 통일한다.
② 교수상의 요지, 교과목, 교과 과정을 내지인과 조선인 동일하게 적용한다.
③ 이전까지 조선인에게 필수과목이었던 조선어는 수의과목으로 바꾼다.

이와 같은 교육 방침에 따라서 교과서의 편찬도 크게 달라졌다. 기본적으로 일본 문부성이 편찬한 교과서를 조선에서도 사용하게 되었고, 여의치 않을 경우 총독부가 독자적으로 교과서를 편찬하여 사용하게 된 것이다. 총독부는 33년판『보통학교 국사』를 37년과 38년『초등국사』로 개정하여 일본학생들이나 조선학생들이 같은 교과서로 수업을 하게 되었다.

『초등국사』는 제1권이 1937년에, 제2권이 1938년에 간행되어 사용되었다. 1938년 제3차 조선교육령[16]이 발포되기 전부터 내선일체에 입각한 강력한 동화정책이 시행되었음을 알 수 있다. 교과서의 내용은 더욱 일본사 중심으로 정비되었고 조선사 내용은 간략화 되었다. 1937년 만들어져 보급된『초등국사(권1)』에서는,『보통학교 국사』에서 특설되었던 일본과 교섭이 없는 조선사력이 삭제되었음이 주목된다. 목차를 통해 살펴보면 다음과 같다.

과	『보통학교 국사〈1권〉』 1932	『초등국사(권1)』 1937
제1과	天照大神	天照大神
제2과	神武천황	神武천황
제3과	皇大神宮	日本武尊
제4과	日本武尊	神功황후
제5과	◎옛날의 조선	仁德천황
제6과	神功황후	聖德태자

16) 조선교육령(칙령103호)

제7과	仁德천황	天智천황과 藤原鎌足
제8과	◎삼국의 성쇠	天智천황과 藤原鎌足(속)
제9과	聖德태자	聖武천황
제10과	天智천황	桓武천황
제11과	◎신라의 통일	最澄과 空海
제12과	聖武천황	菅原道眞
제13과	桓武천황	藤原道長
제14과	最澄과 空海	後三條천황
제15과	菅原道眞	源義家
제16과	◎고려의 왕건	平氏의 勃興
제17과	藤原道長	平重盛
제18과	後三條천황	武家정치의 시작
제19과	源義家	고도바(後鳥羽)上皇
제20과	平氏의 勃興	元寇
제21과	平重盛	元寇(속)
제22과	武家정치의 시작	고다이고(後醍醐)천황
제23과	고도바(後鳥羽)上皇	楠木正成
제24과	◎고려와 몽고	新田義貞
제25과	北條時宗	北畠親房과 楠木正行
제26과	고다이고(後醍醐)천황	菊池武光
제27과	楠木正成	足利氏의 僭上
제28과	新田義貞	足利氏의 衰微
제29과	北畠親房과 楠木正行	足利氏의 衰微(속)
제30과	菊池武光	後奈良천황
제31과	足利氏의 僭上	
제32과	◎조선의 태조	
제33과	足利氏의 衰微	
제34과	足利氏의 衰微(속)	
제35과	後奈良천황	

즉, 조선사 관련 6개 과가 전부 없어지고 몽고침략(元寇)이 보강되어 2개 과로 늘면서 총35개과가 30과로 줄어 일본사 중심의 역사교과서가 만들어지고 있음을 알 수 있다. 『초등국사(권2)』에서도 조선사 고유의

과(퇴계와 율곡, 영조와 정조, 조선의 국정, 한국병합 등)는 전부 삭제되어 조선사에 관한 사항은 일본사 중심으로 필요한 부분만 언급하고 있음을 알 수 있다.

과	『보통학교 국사〈2권〉』 1933	과	『초등국사(권2)』 1938
제36과	오다노부나가(織田信長)	제31과	오다 노부나가(織田信長)
제37과	◎ 이퇴계와 이율곡	제32과	도요토미 히데요시(豊臣秀吉)
제38과	도요토미히데요시(豊臣秀吉)	제33과	도요토미 히데요시(豊臣秀吉)속
제39과	도쿠가와이에야스(德川家康)	제34과	도쿠가와 이에야스(德川家康)
제40과	도쿠가와이에미츠(德川家光)	제35과	도쿠가와 이에야스(德川家康)속
제41과	도쿠가와미츠구니(德川光圀)	제36과	도쿠가와 이에미츠(德川家光)
제42과	도쿠가와 요시무네(德川吉宗)	제37과	도쿠가와 미츠구니(德川光圀)
제43과	마츠다이라사다노부(松平定信)	제38과	도쿠가와 요시무네(德川吉宗)
제44과	◎영조와 정조	제39과	德川씨의 衰運
제45과	國學과 尊王	제40과	존왕론
제46과	양이와 개항	제41과	양이와 개항
제47과	양이와 개항(속)	제42과	양이와 개항 (속)
제48과	孝明천황	제43과	孝明천황
제49과	왕정복고	제44과	王政復古
제50과	明治天皇	제45과	明治天皇
1절	메이지유신	1절	메이지유신
2절	서남의 역	2절	서남의 역
3절	헌법발포	제46과	明治天皇(속)
4절	◎조선의 국정	1절	헌법 발포
5절	메이지 27~28년의 戰役	2절	메이지 28년의 戰役(청일전쟁)
6절	메이지 37~38년의 戰役	제47과	明治天皇(속)
7절	◎한국병합	1절	조약개정
8절	메이지 시대의 문화	2절	메이지 37~38년의 戰役(러일전쟁)
9절	천황의 붕어	제48과	明治天皇(속)
제51과	大正천황	1절	한국병합
제52과	昭和시대	2절	천황의 崩御
	연표	제49과	大正천황
		제50과	昭和 시대

Ⅴ. 제3차, 제4차 조선교육령 시기의 『초등국사(5학년)』

제3차 조선교육령 하에서, 조선총독부는 적극적으로 교과서 편찬을 추진하였다. 교과서를 새로 편찬하는 데에는 상당한 시간이 필요하였다. 총독부는 새로운 교육방침을 학교 교육에 반영하기 위해 교과서 사용 지침을 규정한 『교과서편찬휘보』를 간행하였다. 이후 『교과서편찬휘보』는 교과서 발행과 활용의 기본 지침이 되었다.

『초등국사(제5학년)』은 이러한 지침에 따라 1940년 간행된 것이었다. 곧이어 『초등국사 편찬취의서(제5학년)』이 5월에 간행 보급되었다. 이어 동(1941)년 12월에는 『교사용 초등국사』가 조선총독부에서 간행되어 실제 교수학습 방법을 지시하고 있다.

일제는 1941년 조선과 일본에서 동시에 국민학교령을 발포하였다. 국민학교령 교과서 발행 규정은 기본적으로는 제3차 조선교육령을 따랐으나, 조선총독부가 만든 교과서를 사용하도록 규정하였다. 즉 일본 문부성이 간행한 교과서를 사용할 때에도 조선총독의 인가를 받게 하였으며, 교과용 보조 교재로 영화나 방송을 활용할 때에도 조선총독이 지정한 것으로 제한하였다. 이러한 조처는 총독부에 의한 교과서 통제를 한층 강화한 것이었다.

1943년 제4차 조선교육령은 학교교육을 전시체제에 적합하도록 개편하고 황국신민화 교육을 강화하기 위한 것이었다. 여기서는 중학교와 고등여학교의 수업연한을 4년으로 축소하였고 수의과목으로나마 남아있었던 조선어가 교육과정에서 아예 빠져 버렸으며, 일본어 교육이 강화되었다. 초·중등학교에서는 체련과가 중시되었으며, 국민학교의 직업과도 강화되었다. 이러한 시대를 바탕으로 1944년에는 『초등국사』 개정판이 간행 보급되었다. 교과서의 내용은 완전히 천황 중심, 일본사 중심으로 정비되었고 조선사 내용은 삭제되었다.

우선 1938년부터 사용된 『초등국사』와 1940년 『초등국사』, 1944년 『초등국사』의 차이점을 목차를 통해 살펴보자.

1938년판 『초등국사』		1940년판 『초등국사』			1944년판 『초등국사』		
과	제목	과	제목	소제목	과	제목	소제목
44과	王政復古	21과	일신의 정치(1)	일신의 맹세, 동경수도, 일신의 정치,	제20과	일신의 정치(1)	일신의 맹세, 대정일신, 수도 도쿄, 신에 대한 제사, 신사의 규정, 야스쿠니신사.
45과	明治天皇 1. 메이지 유신 2. 서남의 역	22과	일신의 정치(2)	외국과의 교제, 서양문물의 도입 세상의 변화	제21과	일신의 정치(2)	일신의 규정 해외문물의 도입 국가의 방어
46과	明治天皇(속) 1. 헌법 발포 2. 청일전쟁	23과	헌법의 정비	신정의 진척, 제국헌법의 정비 제국의회, 제국의회의 정신	제22과	헌법의 정비	일신의 정비 황실전범과 제국헌법 헌법의 발포 국체를 보이심 신민의 책무 제국의회 새로운 정치의 모습
47과	明治天皇(속) 1. 조약개정 2. 러일전쟁	24과	국체의 빛남(1)	신의 제사, 교육의 기초, 국운의 발전,	제23과	국체의 빛남(1)	국체의 분별 학교규정 황국의 길을 보이시다 국운의 발전 메이지신궁과 明治節
48과	明治天皇(속) 1. 한국병합 2. 천황의 崩御	25과	국체의 빛남(2)	세계평화, 우리나라의 책무 국체의 빛남	제24과	국체의 빛남(2)	세계평화를 굳힘 다이쇼천황의 은혜 쇼와시대 즉위의 예 황국의 사명 국체의 존엄
49과	大正천황						
50과	昭和 시대						

우선 1938년판 『초등국사』와 1940년판 『초등국사』의 목차를 검토해

보면, 두 교과서 사이에는 큰 차이가 존재함을 알 수 있다. 이는 『초등국사 편찬취의서(제5학년)』를 보면, 새로운 교과서가 체제·내용면에서 완전히 쇄신되었다고 언급하고 있음에서 이해된다. 또한 새로운 교과서의 편찬 목적은 황국신민육성의 기본 지도정신에 기초하여 이상적인 교과용 도서를 완성시키려는 기도이므로 지도할 때에는 興亞의 대정신에 철저해야 한다고 하였다. 이를 보면, 새로운 교과서의 집필 의도를 알 수 있다.

한편, 새로운 교과서 편찬의 기본 방침은 ①국체관념의 명징, ②국민정신 일관성 강조, ③엄정 온건한 비판력 啓培, ④신시대에의 卽應, ⑤대외관계교재의 중시, ⑥교재 배열의 쇄신, ⑦삽화 및 도표류의 쇄신, ⑧문장의 평이 簡明 등을 들고 있다.[17] 이를 철저히 하기 위해 권두에 만세일계의 황실계보도를 들고 권말에는 역대 천황의 연표를 넣은 것이 특색이며 천황 중심의 기술이 되고 있다. 이를 받아서 동(1941)년 12월에는 『교사용 초등국사』가 조선총독부에서 간행되어 실제 교수학습 방법을 지시하고 있다.

다음으로 40년판 『초등국사』와 44년판 『초등국사』의 차례를 보면, 과의 제목은 두 교과서가 일치하며, 소제목에 차이가 나타난다. 소제목에서 새로이 첨가된 부분은, 20과 (신에 대한 제사), (신사의 규정), (야스쿠니신사), 21과 (국가의 방어), 22과 (국체를 보이심), (신민의 책무), 23과 (국체의 분별), (메이지신궁과 명치절), 24과 (즉위의 예), (황국의 사명), (국체의 존엄) 등이다.

첨가된 소제목을 통해 알 수 있듯이 천황제 이데올로기·국체관념이 더욱 강조되었음을 알 수 있다. 이는 편찬의 기본 방침으로 제시된 8개 항목[18] 중 ①국체관념의 명징, ②국민정신 일관성 강조를 위한 것이었

17) 『초등국사 편찬취의서』, 조선총독부, 1940년 5월
18) 상동

다. 24과 (황국의 사명)과 (국체의 존엄) 부분은 이 교과서의 성격을 잘 보여주므로 소개하자.

(황국의 사명)

1940년도판 『초등국사』	1944년도판 『초등국사』
[우리나라의 책무] 지나에서는, 청이 무너지고 중화민국이 생겨난 후, 어언 30년이 되었습니다만, 내분이 계속되었으므로, 유럽이나 미국이 점차 세력을 뻗쳐 왔습니다. 영국은 우리나라와 동맹을 포기하고 프랑스와 손을 잡고 지나에 세력을 넓혔고, 또 미국과 상담하여 가능한 우리 해군의 힘을 누르고, 태평양에도 세력을 넓히고자 기도하였습니다. 소화 6(1931)년에 만주사변이 일어나고, 우리 군대가 이 지방을 진정시키고 만주제국이 성립하자, 영국이나 프랑스, 러시아는 중화민국에서 자신을 의지하고 있는 자들을 도와서, 우리나라에 저항하게 만들거나, 만주제국의 발전을 방해하였습니다. 그리하여 드디어 소화 12(1937)년 7월에 지나사변이 일어났습니다. 우리나라는 만주지방과는 끊을래야 끊을 수 없는 깊은 인연이 있었으므로, 나아가 만주제국과 동맹을 맺고, 어디까지나 국초부터 계승되어온 뛰어난 정신에 기초하여, 이 나라를 인도하고 힘을 합하여 동양의 평화를 건설하는 데에 진력하고 있습니다. 또 지나사변이 일어난 다음부터는 우리 군대가 저항하는 자들을 진압하고, 따르는 자들을 소중히 여겨서 육·해·공에서 놀라운 활동을 계속하였기 때문에, 지나에도 천황의 위광이 빛났습니다. 그리하여 몽고나 지나에서 진보적인 생각을 갖는 자들은, 우리나라의 인도에 따라서 동양의 평화를 세우고 싶다고 염원하기에 이르렀습니다. 그 사이에, 유럽이나 미국은 점차 침략해 들어와서, 소화 14(1939)년에는 독일과 영·프 사이에 전쟁이 일어났습니다. 세계의 움직임이 이러한 상황이었기 때문에, 세계 사람들을 모두 한 가족처럼 사랑하고, 언제까지나 움직이지 않는 평화의 기초를 쌓고 인류의 행복을 도모함을 목적으로 하고 있었던 우리나라의 책무는, 더욱 무겁게 되었습니다. 우선 하루속히 지나의 각 지역을 진정시키고, 진보	[황국의 사명] 이윽고 쇼와 6(1931)년 9월에는 만주사변이 일어났습니다. 지나의 군대가 우리 남만주 철도 선로를 폭파하였기 때문입니다. <u>우리 군대가 바로 만주를 진압하였으므로, 이 지방의 사람들은 모두 기뻐하며, 나라를 세워서 우리나라는 동아시아의 방어를 굳건하게 하기 위해서 이 나라와 동맹을 맺었습니다. 지금의 만주제국이 일어난 것입니다.</u> 지나에서는 사변이 일어나자, 국제연맹을 의지하여 유럽 각국의 힘을 빌어서 우리나라에 저항하고자 하였습니다. 그 때 영국은 우리나라와의 동맹을 파기하고, 프랑스와 손을 잡아, 지나에 세력을 넓히고, 또 미국과 상담하여 우리 해군력을 억제하여, 태평양에 세력을 뻗치고자 계획하였습니다. 영국은 이 기회에 우리나라의 세력을 만주나 지나에서 물리치려고 생각하여, 국제연맹 회의에서 끝까지 우리나라에 반대하여, 만주에 생긴 나라를 멸망시키려고 하였습니다. 대개의 나라들이 영국 세력을 두려워하여 그 편을 들었습니다. <u>우리나라는 쇼와 8(1933)년 3월에, 단연히 국제연맹과 손을 끊기로 하였습니다. 황공하게 도 천황폐하는 이 때에 임하여 조서를 내리시고, 우리나라가 나아갈 길을 보이시고, 국민을 격려하셨습니다.</u> 만주사변에 의해 세계 각국의 움직임이 명확하게 되고, 동아시아의 방어는 우리나라가 중심이 되어서 각국을 깨닫게 하는 것 외에는 길이 없음을 알게 되었습니다. 국민은 조서를 받아들고 확실히 황국의 사명을 깨닫고 어떠한 곤란도 극복하고 이를 달성할 각오를 정하였습니다. 그 후, 영국이나 프랑스나 러시아는, 지나에서 자기들을 의지하는 사람들을 도와서 우리나라에 적대하게 하고, 만주제국의 발전을

적인 생각을 갖는 사람들을 인도하여, 중화민국을 훌륭한 나라로 만들어, 지나를 발전시키고, 동양을 일체로 만들어 평화를 굳히고, 세계의 여러 나라에 모범을 보이지 않으면 안 되는 것입니다.	방해하곤 하였습니다. 드디어 쇼와 12(1937)년 7월에는 지나사변이 일어났습니다. 우리나라의 목적은, 더욱 확실해졌습니다. 지나를 깨닫게 하여 동아시아에 새로운 질서를 세우고, 세계 평화의 기초를 굳게 하기 위해서는 모든 곤란을 무릅쓰고 싸워 나갈 것임을 세계를 향하여 알렸습니다. 영국이나 미국 등 각국은 드디어 우리나라가 지나를 진압하는 것을 방해하였으므로, 점차 사변이 길어졌습니다. 게다가 영국이나 미국은 동아시아 각지에 근거를 만들어서, 우리나라를 공격할 준비를 진행시켰습니다. 그리하여 우리나라는 동아시아의 재난을 근본에서 제거하기 위해서, 쇼와16(1941)년 12월 8일에 미·영과 전쟁을 열어, 대동아전쟁이 일어났습니다.

달라진 부분은 만주지방의 점령이 만주인들의 지지를 얻었다는 선전 내용, 지나사변, 대동아전쟁 등이 새롭게 첨가된 내용요소임을 알 수 있다.

(국체의 존엄)이라는 소제목에서는

1940년도판 『초등국사』	1944년도판 『초등국사』
[국체의 빛남] 지금의 대(소화천황의 대)가 되어서, 우리나라는 이와 같은 큰 책무를 가지고, 놀라운 발전을 계속하고 있습니다. 특히 지나사변이 일어난 다음부터는, 황공하게도 천황폐하는 皇祖皇宗을 비롯하여 역대 천황들의 마음을 받아들여, 특히 할아버지인 明治天皇과 아버지 大正天皇의 큰 마음을 넓히고 내외의 정치에 진력하여, 더욱 밤낮으로 친히 전쟁의 지휘를 통솔하셨습니다. 그 뜻을 받아들인 장병들은, 양성된 의용봉공의 정신을 나타내어, 정벌이 길에 나서 훌륭하게 국가가 바라는 바를 수행하고자 원하여, 모두 몸을 버리고 집을 잊고 싸웠습니다. 후방을 지키는 국민은 밤낮으로 신의 가호를 기원하면서, 몸을 단련하고 마음을 닦아서, 진심을 다하여 각자의 일에 힘을 기울이고, 국력의 충실을 도모하였습니다. 따라서 학문에도 기술에도, 지금까지 없었던 놀라운 발전을 이루고 있습니다. 그 위에 정치에도 산업에도 거국일치의	[국체의 존엄] 만주사변에서 지금까지 우리 국민은 황국의 사명을 깨달음과 함께 점차 국체의 존엄을 깨닫게 되었습니다. 그리하여 동아시아를 눈뜨게 하고, 세계를 이끌어 가는 데에는, 천조대신이 우리 국체를 정하시고, 신무천황이 이 나라의 기초를 만드신 뜻을 널리 알려서, 세계일가의 친근함을 목표로 나아가지 않으면 안 됨을 확실히 알게 되었습니다. 만방의 협화(協和)야 말로 세계평화의 기초이며, 공존공영의 생활이야말로 인류 행복의 근원임이 확실하게 되어, 국민은 지금이야 말로 천황폐하의 깊은 뜻에 감격하고 맹세하여 그 크신 뜻에 따를 각오를 새롭게 하였습니다. 지나사변이 일어나고, 나아가 대동아전쟁이 되고, 날마다 내외 다사(多事)한 가운데, 황공하게도 천황폐하는 밤낮으로 정치를 통괄하심과 동시에, 친히 대본영에

마음이 나타나, 국가총동원법이 만들어지자, 국민은 모두 기꺼이 여기에 따르고, 오로지 사치를 경계하고 절약을 지키고 무역을 왕성하게 하는 데에 진력하고 있습니다. 이처럼 상하일치하여 타고난 뛰어난 정신을 나타내고 있으므로, 세계에 유례가 없는 우리나라의 국체는, 더욱 광채를 더하고, 소화천황의 대는 더욱 번영하고 있습니다. 이 대에 태어난 우리들 국민은, 국초부터 역대 천황의 은혜를 받고, 국민이 충의를 다하고 국체의 광채를 더하여 온 내력을 확실하게 분별하고, 선조의 마음을 이어받아 더욱 국가를 위해 진력하지 않으면 안 됩니다.	나가셔서, 군대의 지휘를 통괄하셨습니다. 이를 받아들인 장병은 성장하고 있었던 의용봉공(義勇奉公)의 정신을 나타내며 출정하여 훌륭하게 대동아 정벌을 수행하여, 공영의 기쁨을 함께 하고자 바라고, 모두 몸을 바치고 집을 잊어서 모든 고난을 참아 동아시아의 각지에서 격렬한 싸움을 계속하고 있습니다. 후방의 국민은 밤낮으로 신의 보호와 적국의 항복을 기도하면서 몸을 단련하고 마음을 굳게하면서, 신국의 방어에 임함과 동시에, 진심을 다하여 각자의 일에 열심하고 있습니다. 따라서 학문에도 기술에도, 지금까지 없었던 놀라운 발전을 이루고, 비행기를 비롯한 여러 새로운 병기도 놀라울 정도로 진보하였습니다. 그리하여 산업에도, 일상의 생활에도, 거국일치의 마음가짐이 나타나, 국가총동원법을 기초로 1억 국민은 모두 마음을 하나로 모아 모든 것을 국가를 위해 바치고, 항상 사치를 금하고, 절약을 지켜서, 오로지 증산을 도모하고 필승의 신념을 굳게 하여서, 총력을 발휘하고 있습니다. 이와 같이 하여서, 세계 유례가 없는 우리 국체는 더욱 빛나고, 신국의 자랑은 더욱 높아지고 있습니다.

라고 하여, 여기서는 지나사변과 대동아전쟁, 국가총동원법, 국체, 신국의 자랑 등이 새로운 내용 요소로 추가되고 있다.

VI. 제3차, 제4차 조선교육령 시기 『초등국사(6학년)』

1941년에 편찬된 『초등국사(6학년)』과 1944년에 편찬된 『초등국사(6학년)』에 대한 분석 작업에는 기존 작업의 경우와 마찬가지로 『초등국사

제6학년 교사용』 지도서, 및 『편찬취의서』를 검토하는 것이 필요하다.

『초등국사(제5학년)』과 『초등국사(제6학년)』의 내용은 매우 다르다. 두 『초등국사』의 목록을 비교하면 다음과 같다.

	초등국사 5학년(1940)	초등국사6학년 (1941)	초등국사5학년 (1944)	초등국사6학년 (1944)
〈권두〉	황실계보	황실계보	황실계보	황실계보
제1과	국체	황국의 목적	국체	황국의 목적
제2과	국가의 시작	황실의 은총	국가의 시작	황실의 은총
제3과	정벌	해외의 정치(1)	정벌	해외의 정치(1)
제4과	정치	해외의 정치(2)	정치	해외의 정치(2)
제5과	신의 보호	국가의 교제(1)	신의 보호	국가의 교제(1)
제6과	세상의 발전	국가의 교제(2)	세상의 발전	일본의 번영
제7과	개신의 기초	제도의 정비(1)	개신의 기초	博多의 번영
제8과	개신의 정치	제도의 정비(2)	개신의 정치	신국의 깨어남
제9과	수도의 번영	해외로의 왕래(1)	수도의 번영	동아의 왕래(1)
제10과	수도의 번영(2)	해외로의 왕래(2)	수도의 번영(2)	동아의 왕래(2)
제11과	국풍의 나타남	신국의 자랑	무가의 성장(1)	세계의 변화
제12과	무가의 성장	해외 발전의 기세	무가의 성장(2)	영웅의 뜻
제13과	무사의 마음	세계의 변화(1)	신위(神威)가 나타남	국위의 빛남
제14과	친정의 뜻	세계의 변화(2)	일신의 정치	무역의 번성
제15과	세상의 변화	영웅의 뜻	세상의 혼란	남진의 선구
제16과	근왕의 충심	국위의 빛남	근왕의 충심	신국의 방어
제17과	위광이 빛남	무역의 번성	태평의 기초	발전의 기반
제18과	태평의 은혜	신국의 방어	태평의 은혜	국민의 자각(1)
제19과	국가의 모습	발전의 기초	일신의 기초	국민의 자각(2)
제20과	일신의 기초	국민의 자각(1)	일신의 정치(1)	攘夷의 진심
제21과	일신의 정치1	국민의 자각(2)	일신의 정치(2)	세계웅비의 기반
제22과	일신의 정치2	동아의 방어(1)	헌법의 확정	동아의 방어(1)
제23과	헌법의 확정	동아의 방어(2)	국체의 빛남(1)	동아의 방어(2)
제24과	국체의 빛남1	동아의 방어(3)	국체의 빛남(2)	내선일체의 진심
제25과	국체의 빛남2	동아의 방비		약진의 영예
제26과		약진의 영예		세계의 경쟁
제27과		세계의 경쟁		동아 안정의 맹세

제28과		국력의 나타남(1)		공영의 기쁨
제29과		국력의 나타남(2)		
제30과		대국민의 마음가짐		
	연대표	연대표	연대표	연대표

『초등국사(5학년)』과 『초등국사(6학년)』이 차이를 보임은 수업 단계의 차이에 따른 당연한 일이지만, 특히 『초등국사(6학년)』의 내용은 대외관계사에 많은 비중을 두고 있다.

이는 일본 국체의 대외확장을 세계적 보편성으로 파악하고 있음이 그 특징이다. 교과서에 나타난 '황국의 사명'이라는 표현은 바로 일본 국체의 대외확장 즉 침략이라는 표현에 다름 아니다. 국체사상 즉 천황제 이데올로기는 이 교과서에서 정점을 보이며, 이에 따라서 기존의 시대관, 공무대립적인 다원적인 국사관, 권선징악주의의 역사관 등을 과감히 비판하고, 포기하고 있음은 주목된다. 그 중 중요한 것을 열거하면 다음과 같다.

첫째, 기존의 시대관 즉 「전국시대」, 「에도시대」 등의 개념을 사용하지 않는다. 이는 국사의 중심 기조인 '국체'에 입각한 인식이 아니라는 것이다. 따라서 이 교과서에서는 「태평의 기초」 등의 표현으로 제목이 설정되고 있고, 공가와 무가의 대립 등은 사라지고 철저히 국체-천황 중심의 역사가 전개되고 있다.

둘째, 조선사에 대한 취급이 변하였다. 그 이전까지는 '조선사력의 대요를 가르친다'고 규정되어 있었으나, 이것이 조선사를 따로 가르치는 이유가 되었다고 비판하고, 새로운 교과서에서는 일본사의 진전에 조선지방이 어떠한 지위를 점하고 있는지를 규명하는 것 외에는 모두 삭제되었다. 즉 내선일체의 역사적 필연성을 알고 내선일체의 정신을 체득하는 데에 도움이 되는 사실들만 채택한 것이다. 특히 임진왜란과 조선합병에 대해서 상술하여 내선일체의 당위성을 강조하고 현재의 동아공영권 건설의 과정으로 파악한 것은 대표적이다. 그리하여 현재 동아공영권 건설에 따라서 조선지방이 얼마나 중요하게 되었는지 동아공영권 건설의 모범이 되어야 하는지를 학생들이 감동하도록 가르치는 것이 조선에서의 국사교육의 가장 중요한 점이라고 역설하고 있다.

셋째, 외국관계의 내용이 매우 많아졌다. 이는 일본의 입장에서 세계의 모든 역사적 사실을 파악한다는 입장이다. 즉 일본 국체의 대외팽창이 시대적 사명 혹은 황국의 사명이라는 인식을 교육하기 위해서, 이를 정당화하기 위해 일본의 대외팽창을 방해하는 모든 대외관계를 비난하고 일본의 입장에서 정리-왜곡하고 있음은 침략을 정당화하기 위한 장치라 말할 수 있다.

이상의 편찬 취의를 살펴볼 때, 『초등국사(6학년)』[19] 교재의 분석은 일본의 자국인식과 타국인식을 중심으로 분석하는 것이 좋은 방법이라고 생각된다.

이 교과서에서는 동아공영권 건설을 위해 모든 사실들이 취사선택되었으며, 시대관념, 시대구분, 시대양상에 대한 설명을 거부하고, 국체에 기반한 일본사의 발전을 최고의 가치로 두고 있다. 따라서 「전국시대」, 「에도시대」 등의 표현은 국체에 기반을 두지 않은 표현이라고 하여 배척되었고, 「태평의 기초」 등의 제목으로 교체되었다. 또한 조선사는 황국의 이상을 나타내는 밀접한 사실들만 채택되어 조선 지방이 일본사에 어떠한 관계를 갖고 있는지, 내선일체를 가르치는 데에 필요한 부분만 선택적으로 채택되었다.

특히, 『초등국사(제6학년)』은 대외관계사가 중심이 되어 일본 국체의 대외확장을 세계적 보편성으로 파악하고 있음이 그 특징이다. 교과서에 나타난 '황국의 사명'이라는 표현은 바로 일본 국체의 대외확장 즉 침략이라는 표현에 다름 아니다. 국체사상 즉 천황제 이데올로기는 이 교과

19) 장신편, 『조선총독부교과서총서(역사편)6』, 2005년 인쇄, 도서출판 청운

서에서 정점을 보이며, 이에 따라서 기존의 시대관, 공무대립적인 다원적인 국사관, 권선징악주의의 역사관 등을 과감히 비판하고, 포기하고 있음은 주목된다.

특히 일본 국체의 대외팽창이 시대적 사명 혹은 황국의 사명이라는 인식을 교육하기 위해서, 일본의 대외팽창을 방해하는 모든 대외관계를 비난하고 일본의 입장에서 정리-왜곡하고 있음은 침략과 전쟁을 정당화하기 위한 장치라 말할 수 있다. 역사가 정치의 충실한 시녀로 자리 잡은 모습을 보여준다.

Ⅶ. 맺음말

이상 총독부 시기의 역사교과서에 대해 개략적으로 검토해 보았다. 조선사의 기술은 승자에 의해 철저히 왜곡되었음이 확인되었고, 이 왜곡은 총독부 전 시기를 통해 고착화되고 교육을 통해 재생산되었음을 확인할 수 있었다. 그러므로 지금 남겨진 과제는 한일 간의 일그러진 만남의 시기(즉 메이지 초기의 한일관계사)의 모습부터 상식적인 상황으로 복원하여야 하겠다. 왜관에 입출항하는 선박과 입출항 절차,[20] 기유약조 체제의 붕괴 과정,[21] 기유약조 붕괴 후 왜관의 모습, 그리고 보름 만에 강화도 조약이 체결되고 비준서가 교환될 수 있었던 이유 등이 조선의 입장에서 설명되지 않았다고 생각한다. 앞으로의 연구를 제안한다.

---

20) 현명철, 2015, 「1872년 일본 화륜선의 왜관 입항」(『동북아역사논총49』)
21) 여기에 대해서는 졸고 「기유약조체제의 붕괴 과정에 대하여」가 『한일관계사연구 54집』에 투고되어 심사를 기다리고 있다.

「조선총독부 시기의 역사교과서」에 대한 토론문

김 종 식(아주대)

본 발표의 연구 의의를 간단히 정리하면 다음의 세 가지로 정리할 수 있을 것이다. 첫째, 조선총독부 편찬 역사교과서의 분석은 일본이 식민지조선에서 어떠한 식민지 조선인을 만들고 싶어하는지 밑그림을 알 수 있다. 전체적인 역사교과서의 편제와 구성을 통해 미루어 짐작할 수 있다. 당시 일본의 역사교육에서 조선이란 어떠한 존재로 자리매김 되고 있었는지, 무엇을 목표로 하여 무엇을 왜곡시켰는지가 비교적 명료하게 나타난다.

둘째, 교과서가 바뀔 때마다 되풀이되는 역사교과서 파동에 근본적으로 대처하는 기본적 작업이 될 것이다. 1945년 이전의 일본 당국자들의 역사교육, 조선인식의 연장선상에서 오늘날 역사교과서 파동이 있기 때문에, 식민지 조선교과서의 분석은 이 문제의 근본적인 부분에 접근하는 유용한 수단이 될 것이다.

셋째, 한국 역사학과 역사교육에서 식민지시기 수정하지 못하고 그대로 이어진 부분에 대해 찾아내고 앞으로의 연구를 제안하고, 객관적인 역사교육을 전망하는 작업이 될 것이다.

이 발표는 식민지 조선에서 이루어지는 역사교육, 특히 일본사 교육과 한국사 교육의 형식, 내용의 변화를 추적하였다. 역사교육은 일본의 식민지조선의 지배정책 변화와 맞물려 있다. 발표는 그 변화를 교과서의 형식과 구성변화를 통해서 잘 드러내주고 있다. 제1차 조선교육령 시기 1910년대 한국사 교육의 비공식적인 용인, 1920년대 일본역사 속에 공식적인 보충교재로 한국사 교육의 실시, 제2차 조선교육령 시기에는 일본사교과서에 중간 중간 한국사 내용을 섞어 편찬하는 방식을 취하였다. 제3차 조선교육령 시기로 넘어가는 한국사의 비율을 점차 축소하고 결국 한국사의 부분을 일본사의 부분을 설명하기 위해 필요한 부분을 제외하고 생략하는 구도를 나아가게 되었다.

발표문을 보면서 몇가지 궁금증이 생겨나 질문을 하고자 한다.

첫째 교육내용의 분석은 주로 개항이후 근대시기를 중심으로 진행되었다. 초등교육, 소학교 수준의 교육과정과 교과서의 분석이라는 한계는 인지하고 있지만 그 이전시기와 분석하고 있는 시기와의 연결은 어떤 방식으로 되어 있는지 궁금하다. 전체적인 초등교육에서 한국사 교육의 위상을 이해하는 데 필요하다고 생각되기 때문이다. 교과서가 전근대와 근대를 단절적으로 이해하고 있는지, 혹은 다른 방식으로 이해하는지가 궁금하다.

둘째, 발표의 본문 「I. 제1차 조선교육령 시기의 역사교과서」의 「2. 『심상소학 일본역사 보충교재(1921)』」에서 근대사 기술의 전체적인 특징을 네 가지 언급하고 있는데, 교과서의 어떠한 내용과 조응하는지 구체적인 기술 내용을 소개해 주기 바란다. 소학교의 역사교과서이며, 분량적인 제한이 있기 때문이라고 교과서의 내용도 소략하다고 사료되지만 일본의 근대 한국사 혹은 한일관계사 인식의 기초이기 때문에 보충설명을 듣고 싶다.

셋째, 식민지 조선시기 역사교육에서 조선사의 축소과정은 매우 흥미로운 기술이었지만, 발표에서는 구체적인 방법이 분량적인 축소과정에 중심적인 있는지, 교과서 기술의 관점에 중심을 두고 축소가 이루어졌는지 궁금하다. 물론 이 두 가지 방법이 동시 진행형으로 이루어졌다고 생각되지만, 그래도 중점은 어디에 있는지 궁금하다. 이것은 축소의 과정을 교과서 편찬의 기술문제로 이해할 것인가 혹은 역사인식의 근본적인 문제로 인식할 것인가의 문제와 연결된다고 생각하기에 때문이다.

마지막으로 1930년대 후반이 되면 점차 한국사 관련 기술이 축소되고 있는데, 본국의 일본사 교과서와 비교하면 어떠한지가 궁금하다. 1937년과 1938년 『초등국사』로 개정하여 일본학생과 조선학생이 같은 교과서로 수업을 한다고 기술하였다. 이것은 식민지조선 내의 일본학생과 조선학생이 같은 교과서로 수업한다고 읽힌다. 일본 본토의 교과서와 비교하면 어느 정도의 차이가 있는지 궁금하다.

제4세션 종합토론

사회자(박진우)= 그럼 시간이 되었기 때문에 마지막 종합토론을 시작하도록 하겠습니다. 종합토론의 사회를 맡은 숙명여자대학의 박진우입니다. 사전에 종합토론 진행방법에 대해서 말씀 드리겠습니다. 지금 시간이 4시 20분인데요, 늦어도 5시 20분에는 마칠 수 있도록 토론을 진행하겠습니다. 그리고 아까도 말씀드렸지만, 첫 번째로 발표하신 김민규 선생님의 발표에 대해서는 릿쿄대학에 있는 토론자 분이 참석을 못하셨기 때문에 토론을 플로어로 돌려서 지정토론이 다 끝난 이후에 플로어에서 질문이 있으신 분의 질문을 받도록 하겠습니다. 그리고 또 한 가지는 두 번째 발표 방광석 선생님의 발표에 대한 토론자가 서민교 선생님이신데 어제부터 이틀 동안 통역을 하고 있어서 통역부스에 있기 때문에 제일 먼저 서민교 선생님의 토론부터 부탁을 드리도록 하겠습니다.

토론자(서민교)=방광석 선생님의 토론을 맡은 서민교입니다. 제가 두 가지 일을 함께 하느라 정신이 좀 없습니다. 방 선생님이 아마 저의 토론문을 미리 보신 것 같습니다. 그래서 발표 중에 사실은 대답을 거의 다 하셨습니다. 따라서 시간 관계상의 문제도 있고 하여 간단하게 두 가지만 말씀 드리기로 하겠습니다.

방광석 선생님의 발표 내용은 크게 두 가지로 나누어 볼 수 있습니다. 먼저 1880년대 이래로 논의되어 왔던 「조선(한국)의 중립화」에 대한 역사적 흐름과 특징에 대한 것이며, 또 하나는 1904년 러일전쟁 발발과 더불어 본격화되는 일본에 의한 한국보호국화 정책의 수립과정에 대해서라고 볼 수 있습니다.

그리고 주요한 논점으로서는 “한국의 식민지화가 (중략) 독립을 추구하는 한국의 노력과 ‘경쟁’이 진행되었고, 그 ‘패배’의 결과 식민지화가 이루어졌다”는 시점을 제시하면서 논의를 전개하고 있습니다.

이러한 선생님의 주장에 대해 기분은 잘 알겠습니다. 그도 그런 것이 한국이 그나마 자주적인 노력을 안 했다라고 평가하는 것은 사실 말이 안 되는 것이고, 그렇다고 해서 노력을 한 것에 대해 일각에서는 조금 강조해서 표현하는 부분도 없지 않아 있다고 생각이 듭니다만, 그런 점에서 몇 가지, 대답은 이미 하신 것 같습니다만, 크게 두 가지 정도로 질문을 드리자면, 첫째, 서구열강이 시도했던 조선(한국)의 중립화안과 고종을 중심으로 조선(한국) 측에서 추진했던 중립화안의 차별성과 실효성에 대한 문제입니다.

본 논문에서도 지적했듯이 조선에 직접적인 이해관계를 갖고 있었던, 청, 러시아, 일본 등의 중립화론(혹은 중립화거부론)의 실체는 결국 발표에서도 말씀을 하셨지만 자국의 이해득실에 의한 것이었다고 할 수 있다고 생각합니다. 그렇다면 조선(한국) 측의 중립화론은 과연 그 실효성이 있었다고 할 수 있는 것인지요? 아까도 스위스식과 벨기에식을 말씀하셨지만, 이것이 결국 조선(한국)의 독립 노력과 ‘경쟁’속에서 패배한 결과 조선이 식민지가 되었다고 평가할 수 있을 만큼의 자구적 노력이 그 실효성을 갖고 있었다고 볼 수 있는 것인가 하는 점입니다.

이 시기의 국제법을 이해함에 있어서 국제법 질서라고 하는 것 자체가 약육강식의 힘의 논리로부터 자유로울 수 없었다는 것인데 이 시기의 조선(한국)의 중립화 노력이 평가할 수 있는 의미와 실효성을 갖는 것이라고 보시는 것인지, 무장을 한 중립국과 무장을 하지 않은 중립국이라고 했습니다만, 그 어느 쪽이든 제2차 세계대전의 결과를 보면 나치독일이 유럽을 점령했을 때도 벨기에는 침략을 당했고, 스위스는 침략을 당하지 않았다는 사실을 보면, 그보다 더욱 가혹한 환경에 처해 있었던 조선이 과연 무장을 하지 않은 상태에서 견딜 수 있었을 것인지, 저는 오히려 조선의 경우를 비교하려면 같은 시기의 타일랜드랑 비교하는 게 더 낫지 않을까 생각합니다. 이점에 대해 선생님의 의견을 다시 한 번 보충해서 듣고 싶습니다.

다음으로, 결국은 한일의정서 시기부터 이미 즉 러일전쟁의 발발과 더불어 체결된 한일의정서에 의해서 일제강점기가 시작되었다는 취지로 이해할 수 있고, 그 점에 대해서는 동의하는 바입니다. 그렇게 되면 1904년부터 1910년까지의 식민지화 과정이 역사적으로 어떤 의미를 가질지, 아니면 갖지 못하는 것인지. 이에 대해서는 그 평가가 둘로 나뉜다고 생각합니다. 그렇다고 해서 이를 완전히 무시할 수도 없고, 그렇다고 또 1904년부터 1910년까지의 강점된 상태에서 보호국화 된 상태에서 조선(한국)이 했던 노력을 어디까지 인정해야 하느냐 하는 문제는 결코 쉬운 문제가 아니라고 생각합니다. 이 양면성에 대해서는 방 선생님도 같이 지적을 해 주셨는데, 이 문제는 꼭 질문이라기보다는 우리가 함께 생각해 볼 수 있는 테마로 공통적인 테마로 문제제기를 하고 싶다는 생각입니다. 간단하나마 이상입니다.

사회자=네, 감사합니다. 제가 아까 장내정리 중에 경황이 없어서 말씀을 못 드렸습니다만, 토론자 분들은 5분을 넘지 않는 범위에서 토론해 주시고, 토론을 다 들은 이후에 발표자들의 답변을 3분 전후로 듣고, 그 나머지 시간을 플로어 질문을 받는 것으로 진행을 하겠습니다.

그럼, 다음 아오노 선생님의 발표에 대한 토론자가 동국대 조성운 선생님이십니다. 토론 부탁드리도록 하겠습니다.

토론자(조성운)=조성운이라고 합니다. 아오노 선생님께서는 식민지 시기 조선의 민족종교에 대해서 상당히 연구 성과가 많으신 분으로 알고 있습니다. 그리고 저는 민족종교라기보다는 천도교에 대해 조금 공부한 적이 있고요. 그래서 금강대도라는 것에 대해서는 자세히 알지 못합니다. 따라서 이 논문에 대한 토론자로서는 적합하지 않다고 할 수 있습니다. 그런데 다만 금강대도를 국내에서 어느 분도 역사학적 관점에서 연구한 논문이 없기 때문에 이 토론을 저에게 맡기신 것 같습니다. 해서 이 논문을 공부하면서 토론문을 작성했습니다. 그리고 보훈처에 근무하시는 김미영 선생님이 금강대도를 상당히 잘 알고 있기 때문에 많은 도움을 받았습니다.

그리고 어차피 이 글은 금강대도 자체에 대한 것이라기보다는 유사종교 정책에 대한 내용인 것 같습니다. 그래서 식민지시기 조선총독부 내지는 제국주의 일본이 이 금강대도라는 민족종교를 유사종교의 틀로서 재단을 하고 있고, 탄압을 하고 있지요. 그 탄압이라는 것도 시기에 따라서 포용하는 정책이 나오고, 탄압하는 정책이 나오고 있기 때문에 그와 같은 정책의 변화가 나오는 원인은 무엇일까? 하는 생각을 해 보았습니다.

그런데 흔히 국내에서는 일반적으로 무단정치기-문화통치기-민족말살통치기라는 구분이 통용되고 있는데, 선생님이 말씀하신 시기는 민족말살통치기에 해당하는 것이라 생각됩니다. 따라서 선생님의 시대구분이 한국내에서 일반적으로 이루어지고 있는 시기구분과 어떠한 연관성이 있을까 이에 대해 질문 드리고 싶습니다.

두 번째로는 심전개발과 관련한 질문입니다. 선생님께서는 조선총독부의 신도 혹은 신사정책과 심전개발운동이 상당히 깊은 관련이 있는 것으로 설명을 하셨고, 일본 내에서도 그러한 연구경향이 있는 것으로 알고 있습니다.

그런데 국내에서의 심전개발운동 연구는 주로 불교와의 관련성을 중심으로 이루어지고 있어서 양자 간에 상당한 괴리가 있다고 생각할 수 있습니다. 그러한 측면에서 심전개발운동과 신도, 또는 제 생각으로는 민속이라는 생각이 듭니다만, 민속과 어떤 관계가 있을까 하는 점도 궁금합니다.

그리고 제가 글을 쓰면서도 궁금했던 것이, 이건 정말 제가 몰라서 여쭤보는 것입니다만, '경신숭조'라는 것이 뭔지, 저도 1930년대 후반의 논문을 쓰면서 많이 나오는 개념인데, 잘 모르겠어요. 그런데 선생님의 글을 읽으면서 어느 정도 틀은 잡혔습니다만, 이 '경신숭조'의 논리가 언제부터 진행되었는지, 결국 단군을 국혼대신의 자리에 놓고 조선민족은 단군을 통해 천조대신에게 귀일한다는 논리인 것으로 이해되기 때문에 단군과도 관련해서 설명해 주시면 감사하겠습니다.

그리고 사례로서 금강대도를 드셨는데, 이 금강대도가 왜 탄압을 받았는지에 대한 설명은 매우 소략한 것 같습니다. 그냥 교리적으로 그렇다 라고만 설명하면 역사적으로 뭔가 역동성이 떨어지는 것이 아닌가 생각이 듭니다. 그래서 금강대도가 왜 탄압을 받았는지, 그리고 그러한 사례를 구체적으로 제시해 주시면 좋지 않을까 생각합니다. 이상입니다.

사회자=아오노 선생님, 나중에 답변 부탁드리겠습니다. 제가 종합토론 사회를 맡으면서 이 프로그램의 목차를 보고, 이것을 어떻게 정리하면 좋을까 하는 생각이 들었습니다. 앞에 두 분은 강화도 조약, 조일수호조규 그리고 한국의 중립화와 보호국화, 그리고 이번에는 갑자기 종교로 주제가 바뀌었습니다. 역사에서 철학으로 변경되어 점점 더 어려워진 것 같습니다. 그럼 이어서 네 번째 이토 선생님의 발표에 대한 토론을 양지영 선생님께 부탁드리겠습니다.

토론자(양지영)=안녕하십니까. 방금 소개받은 양지영입니다. 제 토론문은 자료집 549쪽에 실려 있습니다. 일본어로 작성을 했습니다만, 한국어로 바꾸어가면서 내용을 말씀드리도록 하겠습니다.

저는 한일비교문화 연구를 하고 있고요. 특히 오늘 이토 선생님께서 발표해주신 야나기 무네요시는 제 연구의 중요한 테마이기도 합니다. 이 우연한 기회를 얻어서 한일관계사학회 주관으로 개최하는 한일수교 50주년 기념 국제학술대회라는 의미 있는 자리에서 야나기 무네요시에 대한 이야기를 다시 하게 되어, 다시 한 번 한일관계를 논할 때 언급되는 이 인물의 역사적 시대적 의미에 대해서 생각해 보는 기회를 갖게 되었습니다. 어제부터 오늘까지 이어져온 저명하신 역사연구자 선생님들의 발표를 들으며 한일관계에 있어 식민지기의 기억은 당면한 현실문제로 진행 중이고, 또한 그러한 문제들에 대한 해결점을 모색하면서 더 나은 한일관계를 만들어가기 위한 현실적인 노력들이 피부로 와 닿으며 좋은 자극이 되고 좋은 공부가 되는 귀중한 시간이었습니다.

그에 비해 오늘 발표해주신 이토 선생님의 논의는 선생님 자신께서도 말씀하신 것처럼, 이번 학술대회에서 여러 선생님들이 말씀하시고 제안하신 현안과는 조금 다른 경로를 가진 테마입니다. 야나기 무네요시는 선생님이 말씀하신 것처럼 민예운동가이고 조선의 미를 발견한 사람으로 잘 알려져 있습니다.

그에 대한 연구는 한국에서는 70년대부터 이루어지고 있고, 처음에는 비판적인 입장에서 이루어지다가 2002년 한일공동 월드컵대회 개최를 계기로 해서 굉장히 긍정적인 평가가 이루어지게 되었습니다.

이후로 한일 문화교류를 논할 때는 항상 언급이 자주 되는 그런 인물입니다. 그렇지만 야나기 무네요시는 워낙 빈번하게 거론이 되는 인물이다 보니까 한일관계의 시대 분위기에 따라서 조금 해석이 다르게 나타나는 대상이기도 합니다.

그런데 오늘 이토 선생님이 발표해주신 야나기에 대한 내용은 그러한 찬반에 관한 평가라기보다는 어제 기조강연에서 김용덕 선생님께서 말씀하신 세계사적 공통성과 다른 나라들로부터의 평가와 인정을 받을 수 있어야 한다는 뜻을 가진 보편적 역사의식과 그러한 역사의식을 바탕으로 한 한일관계의 건전한 미래구축을 위한 하나의 모색방법을 야나기의 타자에 대한 이해를 통해 찾고자 한 것이라 생각됩니다. 내가 아닌 타자와의 관계성과 그리고 그러한 관계성을 통한 교류와 이해란 타자를 어떻게 인식하느냐 하는 데에서 출발한다고 생각합니다. 이토 선생님은 야나기의 이질성이라고 표현한 타자, 즉 일본에 동화시키려고 하지 않고 하나의 독립된 타자로서 조선을 이해하고 인식하고 있었고, 그러한 시선이 식민지기 지배자의 시선과는 다른 야나기의 시선이라고 하는 것입니다.

큰 역사적 틀로 볼 때 식민지기는 지배자와 피지배자의 층을 이루고 있고, 그에 따른 가해자와 피해자가 존재할 수밖에 없습니다. 하지만 그러한 큰 역사의 틀 속에는 늘 균열이 있었고, 지배자와 피지배자라는 큰 틀로만은 설명할 수 없는 부분들이 존재합니다. 또한 그러한 균열이 역사를 뒤돌아볼 때 반드시 되짚어보아야 할 부분이며, 야나기의 타자인식 즉 조선에 대한 인식이 그러한 균열의 하나라고 생각합니다.

어제 첫 번째 세션의 종합토론 사회를 맡으신 기미야 선생님의 말씀대로 내셔널리즘을 초월하기는 어렵지만 내셔널리즘을 인정하는 일은 가능하다고 생각합니다.

그것이 타자를 인정하면서 지배와 피지배 관계가 아닌 독립된 개체로서 현재 역사인식을 공유하기 위한 하나의 방법이며 다른 문화적 가치와 공존을 가능하게 하는 방법이기도 합니다. 그런 의미에서 야나기의 타자인식은 시사하는 바가 크다고 생각합니다.

여기서 이토 선생님께서 발표해 주신 내용과 관련해서 한 가지 질문을 드리려고 하는데요, 이토 선생님의 말씀에 대해 큰 맥락에서는 저도 이견은 없습니다만, 오늘 말씀 중에서 이 부분은 조금 질문을 드려야겠다고 생각한 부분을 말씀드리도록 하겠습니다.

발표 내용 중에 오키나와의 이야기를 잠깐 언급을 하셨습니다. 이질적인 타자로서 오키나와와 조선을 같은 위상에 두고 말씀하셨습니다. 그런데 이러한 관점, 이러한 견해는 일본의 한 지역이 오키나와이고 조선은 하나의 독립된 국가로 봤을 때 이런 같은 위상으로서 타자로서 본다고 하는 것은 굉장히 위험한 생각이 아닌가 하는 생각이 들었습니다. 그래서 지금 제가 이런 질문을 드리는 것은 타자인식과도 상당히 깊은 관련이 있다고 생각이 되는데요, 문화를 지키고 보호하는 일에는 반드시 지켜야 하는 대상이 있고, 즉 타자가 존재하고 대외적으로 그러한 활동을 해왔던 야나기의 내재적 타자와 외재적 타자에 대한 시선의 양상은 이후 한일의 이해와 교류에 어떤 시사점을 안겨 준다고 생각합니다. 따라서 야나기의 타자인식에 대한 이해를 돕기 위해 제가 드린 이상의 질문에 대해 의견을 들려주시면 감사하겠습니다. 감사합니다.

사회자=네, 감사합니다. 제가 미처 말씀을 드리지 못했습니다만, 어제부터 통역 중이신 선생님들을 조금 배려해서 말씀을 조금 천천히 해주시면 감사하겠습니다. 그럼 현명철 선생님의 발표에 대해 아주대학교 김종식 선생님의 토론을 듣도록 하겠습니다. 부탁드리겠습니다.

토론자(김종식)=예, 방금 소개 받은 아주대학교의 김종식입니다. 저는 현명철 선생님의 발표문을 받고 사실은 제가 역사교육 전공자가 아니라서 어떻게 토론을 할까 무척 고민을 하다가 현명철 선생님이 정리해주신 3가지가 있습니다. 그 세 가지는 왜 조선총독부의 역사교과서를 분석할 필요가 있는가에 대한 부분입니다만, 이에 대해서는 저는 전적으로 현 선생님의 견해에 동감입니다.

첫째, 조선총독부 편찬 역사교과서의 분석은 일본이 식민지조선에서 어떠한 식민지 조선인을 만들고 싶어 했는지 그 밑그림을 알 수 있다고 하는 점입니다만, 교과서가 가진 특히 역사교과서가 가진 의미가 그런 것이 아닌가 생각합니다. 그리고 둘째가 현재적인 의미에서 오늘날 한국의 역사교과서 파동의 기본적인 작업, 왜냐하면 그 출발점이 식민지조선이고 식민지조선의 문제의 교과서 분석이 필요하기 때문에 그렇지 않을까 생각을 합니다. 세 번째는 역사교육뿐만 아니라 역사학자 누구에게나 과제인데, 식민지시기에 만들어졌던 한국사의 기본적인 틀이 오늘날까지 그대로 유지되고 있다 측면이 상당히 강합니다. 그 부분에 대한 문제제기를 하신 데 대해서도 전적으로 동감입니다.

기본적으로 이러한 관점에 대해 동의를 하면서 제가 이 글을 읽으면서 아 이렇게 역사교과서를 볼 수도 있구나, 라고 생각했던 것은 선생님의 발표에서 교과서와 교과서 안내서 즉 학습지도요령이 있는데 양자의 차이처럼 식민지시기에 1919년 이전까지는 한국관련 내용에 대해서는 교사에게 일임했다는 내용이 나오고, 그 이후에는 보충교재가 나오고, 그 다음 시기에는 교과서 내용에는 반영되었지만 수업 내용은 교사에게 맡긴다는 내용이 나오고, 1930년대 후반이 되면 완전히 한국사 부분이 빠지게 되는 과정을 거치는데, 이를 통해서 교과서와 교사용 안내서, 그리고 실제 교육현장하고 이것들이 어떻게 관련을 갖고 돌아가고 있는지 궁금해졌습니다.

그런데 사실은 식민지 조선시기의 교과서 분석은 선생님을 비롯해 여러 분들이 하고 있는데, 그것들의 메카니즘을 어떻게 이해해야 할까, 그에 대한 모든 설명을 부탁드리기보다는 현 선생님께서 그 단서를 좀 주셨으면 하는 것이 첫 번째 질문입니다.

두 번째는 제가 일본사를 공부하면서 식민지조선을 다루다보니까 현명철 선생님이 지적하신 또 하나의 재미있는 시점은 시대상과 교과서 편찬이라는 상관관계를 1930년대 후반부분에서 말씀해 주셨는데, 사실은 분명히 그것은 식민지초기부터 어떤 시대상과 교과서 편찬의 상관성이 있다고 생각되고, 1919년 이전 시기에 방치해 둔 것도 역시 그 시대의 시대상과 관련이 있다고 이해되어지고, 보충교재가 나온 것 역시 그 당시의 시대상을 반영한 것이라고 생각되는데, 그런 것들을 시대상의 변천과 교과서의 상관관계를 좀 더 전면에 내걸고 선생님이 분류하신 각 시기의 부분과 서로 연동해서 설명해 주셨으면 독자가 식민지시대의 역사교육에 대해 포인트를 잡는 데 보다 쉽지 않을까 생각이 들었습니다. 이 점은 그냥 저의 감상이었습니다. 그리고 세 번째는 제가 역사교육에 대한 부분을 보면서 누구나 생각할 수 있는 점입니다만, 역사교육을 다룬 논문들을 보면 교과서 분석들이 기본적으로 꽤 많이 나오고 있습니다. 이것들을 어떻게 정리해서 이해할까, 물론 교과서 분석에 세부 세부가 무척 중요하고 그것들이 전체적인 역사교육 이해라든지 역사상을 이해하는 데 중요하지만, 그것들을 정리할 수 있는 방법들이 뭘까 하는 점들을 오늘 학술대회 자체가 주제가 큼직한 것들이기 때문에 저도 큼직하게 생각해 보았습니다. 첫 번째는 관점이겠지요. 식민지 조선이라고 하는 관점이 과연 이것이 일본의 관점인지, 조선총독부의 관점인지, 왜 제가 이런 말씀을 드리느냐 하면 1930년대 후반, 1940년대에 교과서를 만들 때 일본교과서를 사용하더라도 총독부에 허가를 받으라는 대목이 나옵니다. 그런 점들을 생각하면 조선총독부=일본으로 양자를 등치시켜서 단순하게 설명하는 것이 옳은 것인지, 아니면 조선총독부라는 것을 새로운 주체로 파악해서 이해해야 하는 것인지 라는 부분입니다.

또 하나는 이것은 제가 미국에서 지역학을 하는 사람들을 보면서 생각이 든 것입니다만, 미국에서 지역학은 아주 단순하고 명쾌하게 정리를 합니다. 왜 그럴까 하는 점을 생각해 보면, 역사적 사실도 결과를 놓고 그것들을 거꾸로 역산하는 것들이 지역학적인 방법론이라 할 수 있습니다. 조선총독부에서 만들어진 교과서가 결과에 중점을 둔 것이 아닌가. 한국에서 한국인들을 위한 역사교과서를 만든다고 하면 결과도 중요하지만 그것들에 이르는 과정들이 상당히 더 중요하고, 그것들이 어쩌면 교육의 포인트가 될 수도 있을 텐데, 그런 점에서 소학교 교과서에서 단순화라는 작업은 피할 수 없습니다만, 그런데 그것들의 포인트가 과정이라는 부분인지, 결과인지, 조선총독부의 경우는 결과라고 하는 부분에 중점이 있었다는 점이 드러나지만, 그러한 부분들이 선생님의 분석에서 부분부분 나오고 있지만 그것들을 어떻게 정리할 수 있을지 선생님을 포함한 교과서를 분석하신 분들에게 좀 부탁드리고 싶습니다. 제가 말씀드린 부분은 2가지 정도로 선생님의 발표를 들으면서 생각했던 것들 이었습니다.

그리고 이것은 결국 조선총독부라는 것도 일본제국 안에 있는 것이기 때문에 당장, 물론 저도 그것들을 숙제로 가지고 있지만, 본국, 조선, 대만이라고 하는 전체 틀 내에서의 각각의 부분들을 어떻게 위치시키고 계신지, 보면 볼수록 궁금해지는 문제입니다만, 그래서 선생님이 분석하신 내용 가운데 관련되는 사례가 있으시면 선생님께서 일본 국정교과서를 분석하셨으니까 하나라도 알려주시면 좋겠습니다. 그러면 저뿐만 아니라 여기 계신 분들에게도 이해증진에 도움이 되지 않을까 생각합니다. 이상입니다.

사회자=네, 지금까지 네 분의 발표에 대한 질문이 끝나고 현재 30분이 남아있네요. 답변은 한 분이 3분이나 4분 정도, 아오노 선생님은 멀리 오셨으니까 좀 더 자세히 보충설명을 해주시고요. 그럼 답변 부탁드리겠습니다. 김민규 선생님은 조금만 더 참아주세요. 마지막에 기회를 드리도록 하겠습니다.

발표자2(방광석)=네, 서민교 선생님의 질문, 그리고 논평에 대해서 답변을 드리도록 하겠습니다. 한국의 고종이나 한국정부가 추진한 중립정책이 과연 실효성이 있었느냐 라고 하는 점에서 어찌 보면 약간 냉소적으로 말씀을 하셨는데, 사실 저도 기본적으로 그 당시에 한국정부가 그렇게 무기력했는가, 좀 더 시간을 두고 독립을 위해 일찍부터 노력을 했으면 그런 상황을 극복할 가능성도 있었음에도 너무 무기력하게 대응했다는 측면에서 많이 봐왔습니다만, 이번 국제학술대회에 일본 분들도 오시고 많은 외국 분들이 오시는 가운데 단순하게 끌려 다니는 한국의 모습만을 보여주는 것이 과연 얼마나 유효하고 좋은 것인가 하는 측면에서, 적어도 한국인들이 독립을 위해 노력을 했구나, 저항한 측면도 있다, 그러한 점을 일제가 억누르면서 침략해 들어온 것이라고 하는 명확한 사실, 이러한 사실적인 측면을 부각시켜서 언급할 필요가 있지 않을까 하는 측면에서 한국사 연구하시는 분보다는 그렇게 하지 못했지만, 나름대로 조금 부각시켜보려고 노력을 했습니다.

한 가지 전반적인 제 발표와 관련해서 이것을 좀 조망해 볼 수 있는 하나의 측면은 만국공법에 대한 이해가 아닐까 싶습니다. 사실 한국정부의 중립화 정책이나 중립화에 대한 노력은 만국공법에 대한 이해에서 시작되었다고 할 수도 있습니다. 1880년대에는 서양 사람들이나 고문들이 제기한 중립화 안에 대한 이해가 아직은 부족하지 않았나 싶습니다. 그래서 그것을 적극적으로 수용하지 못했는데, 1900년 이후에 들어서 한국정부가 적극적으로 이러한 중립화 안을 제기하고 중립화 정책을 추진할 수 있었던 것은 만국공법을 이해해서 독립을 추구하려 했던 측면이 있습니다. 그러니까 만국공법에 현혹되고 의지하면 독립이 가능하지 않을까라고 생각했는지도 모르겠습니다. 그렇지만 그것은 힘에 의해서 좌우되는 만국공법의 기본적인 배경에 있는 논리를 충분히 이해하지 못했던 측면도 있다고 할 수가 있겠죠. 일본에서도 한때 그러한 만국공법에 의지해서 조약개정을 하려고 했던 노력들도 많이 있었는데, 이와쿠라사절단이나 그 외의 외교적인 접촉을 하면서 만국공법의 실체를 깨달아 가면서 일본의 국력을 키워나가려 했던 측면이 있었는데, 조선도 비슷한 한국도 비슷한 경험을 하지 않았나 생각되지만, 그런 것을 깨달았을 때는 벌써 시기가 굉장히 한국의 독립을 유지하기에는 불리한 시기가 전개되었기 때문에 일본의 보호국화로 될 수밖에 없었다고 생각합니다.

조금만 더 말씀드리면, 이러한 중립국화론의 중립화가 과연 가능했는가, 실효적인 방안인가에 대해서 한 가지 첨언하자면 한편으로는 이런 한국의 중립화가 가능했다라고 생각할 수도 있습니다. 그럼 어떻게 가능했느냐, 조선, 한국의 힘만으로는 가능하지 않았죠. 주변 열강이 이것을 인정을 해줬을 때 가능한 것이었는데 러시아나 일본 같은 경우는 어쨌든 한국을 지배하고 보호국화 하려는 정책을 취했기 때문에 러시아와 일본만이 나서서는 불가능했던 것이지요. 결국 조금이라도 한국을 둘러싼 이해관계를 갖고 있었던 미국, 영국, 프랑스, 독일 이런 나라들이 움직여주지 않으면 중립화는 불가능한 것이지요. 러시아나 일본 이외에 미국이 조금 적극적으로 나섰다 라든가 영국이 적극적으로 나섰다면 실현 가능성도 있지 않았을까 생각합니다. 이것은 하나의 상상이라고 할 수도 있겠지만, 결국 미국은 방관자적인 입장을 나타냈고 영국도 친일적으로 돌아서서 영일동맹을 맺는 방향으로 나아갔기 때문에 러시아와 일본이 적극적으로 나서는 상황에서는 이런 중립화안이 실제로 실현될 가능성이 없어졌다 이렇게 얘기를 할 수 있습니다. 또 한 가지 말씀드리자면, 왜 한국정부가 끝까지 저항하지 않았는가 하는 점은 제가 글에서는 써놓지 않았지만 일본이 집요하게 협박하고 강요한 측면도 있지만, 한편으로 회유한 측면도 있지요. 그 부분을 부각시키기에는 조금 좋은 부분이 아니라서 그렇지만, 이지용 같은 사람들이 한일의정서 조약체결에 적극적으로 나섰던 것은 막대한 비밀자금을 받기도 했고, 고종 같은 경우도 이런 여러 가지 단계마다 일본 측으로부터 막대한 용돈이라고 하기에는 엄청난 금액들을 받기도 했습니다. 그러한 측면도 우리가 살펴볼 필요가 있는데, 아무튼 이번 발표에서는 제가 이러한 측면은 그다지 좋지 않은 부분이라 굳이 부각시키지 않았지만, 다음에 기회가 된다면 이런 부분도 검토해보고 싶습니다. 이상입니다.

사회자=네, 감사합니다. 당시 지금부터 100년 넘게 105년, 110년 전의 한반도 정세가 그로부터 1세기가 지났음에도 여전히 국제정세에 휘둘리고 있는 그런 것은 변하지 않았다는 생각이 새삼 듭니다. 다음으로 아오노 선생님 답변 부탁드리겠습니다.

발표자3(아오노)=먼저 첫 번째 질문에 대해서입니다만, 예를 들면 유사종교가 극소수의 단체밖에 인정되지 않았던 시기가 바로 무단통치기이며, 3·1운동 이후 문화통치기에 이르러 대략 60여 단체가 인정되었습니다. 그리고 민족말살기는 특히 30년대의 총독부연구 특히 종교정책, 신사정책은 그다지 연구가 없습니다. 사료가 없었던 점도 있습니다만, 최근 사료가 조금씩 발견되기도 하고, 저도 미력하나마 연구를 진행하면서 알게 된 사실이 중일전쟁 이후의 황민화 정책의 전단계인 1935년 국체명징, 그 무렵의 심전개발운동 전개의 시기가 중요하다고 하는 점을 알게 되었습니다. 그래서 단순히 라고 말하면 적절하지 않겠지만, 민족말살기보다도 좀 더 구체적으로 1930년대 중반 그리고 후반을 보지 않으면 안 된다, 종교정책을 이해하는 데 있어서 연구하지 않으면 안 된다고 생각합니다. 그러한 의미에서 아직도 연구가 부족한 상황이라 할 수 있습니다만, 심전개발운동, 그리고 신사정책에 대해서도 저는 정리해서 제시할 필요가 있다고 생각합니다. 저의 연구도 그러한 노력의 일환입니다. 이상이 첫 번째 질문에 관련한 답변입니다.

다음으로, 동제(洞祭), 다름 아닌 마쓰리(제사)에 관한 점입니다만, 30년대에 들어 이전까지는 신사는 비교적 총독부가 이용하는 것을 자제하고 있었습니다. 왜냐하면 특히 3·1운동 이후 미묘한 문제가 있었고, 또한 표면상으로는 신사는 종교가 아닙니다. 실질적으로는 물론 종교입니다만. 표면상으로는 종교가 아니라는 점을 내세워 여러 종교인들도 참배를 하도록 하였습니다. 그렇게 되면, 특히 3·1운동 이후의 1920년대에는 신사가 교화 즉 이데올로기적으로 이용되는 것에 대해 총독부는 신중을 기했습니다만, 30년대에 들어서면서 상황이 바뀝니다. 우선, 동제를 보고, 동제를 신사로 보고 있습니다. 그 당시의 일본인의 생각, 용어입니다만, 조선신도라는 표현이 있습니다. 그렇기 때문에 이용할 수 있게 되었고 이때 많은 신사를 만듭니다. 그래서 동제를 이용해 신사에 진출하는 방법을 생각해 냅니다. 이를 위해 여러 가지 조사도 행합니다. 조선의 신을 어떻게 할 것인가. 그래서 단순한 민속의 의미가 아니라 굉장히 심각한, 무서운 논리가 속에 숨어 있는 것입니다. 그 논리는 고신도, 옛날 고자의 고(古)신도입니다만, 이것이 일본으로부터 들어옵니다. 그러한 사고에 기초해 한국 당시의 조선에도 고신도의 세계가 있다, 일본과 마찬가지다, 그래서 이용할 수 있다는 논리입니다. 이상이 두 번째에 대한 대답입니다.

세 번째는 '경신숭조(敬神崇祖)'는 신도의 이데올로기 용어입니다. 지금의 정권, 별로 정치 이야기는 좋지 않을지 모르지만, 지금의 정권을 지탱하고 있는 것이 신도회입니다. 자민당도 물론입니다. 신사의 역할이라고 하는 것이 상당히 일본인은 지금도 역시 내셔널리즘을 만들어가는 데 있어서 커다란 의미를 지니고 있습니다. 물론 문제라고 생각합니다만. 그것을 만드는 데 마치 단일민족처럼, 즉 신사가 민족종교라는 점을 표방하면서 말이죠. 그렇지만 사실은 그렇지 않고, 저는 그것을 제국신도였다고 말하고 싶은 것입니다. 이 점을 책으로 썼습니다. 조금 비쌉니다. 6천 엔(웃음). 이 책의 반 정도를 경신숭조의 논리를 분석했습니다. 양적으로 많은 논증이 필요했기 때문입니다. 왜냐하면 신사회는 경신숭조는 종교가 아니다, 이데올로기가 아니기 때문에 천황제와는 무관하다고 주장합니다. 그러나 일본의 사정을 잘 아시는 여러분은 이해하셨으리라 생각합니다만, 저는 결코 그렇지 않다는 점을 말하기 위해 애를 썼습니다. 그래서 단군도 그렇습니다. 단군도 부정하고 있습니다. 총독부는 부정하고 있습니다. 다음으로 신사를 이데올로기적으로 이용하는 시기가 1935년입니다만, 그 정책이 나오는데 바로 경신숭조 즉 조상신을 이용하는 것입니다. 그렇지만 아마테라스와 직접 연결되지 않기 때문에 앞서 발표에서 말씀드린 것과 같이 국혼대신이라는 존재를 이용해 아마테라스와 연결하려 합니다. 물론 단군을 부정하기 때문에 직접 사용할 수 없고, 그 대신에 그 딸인 국혼대신을 이용하고 있는 것입니다. 각 마을들에도 동제를 이용하여 신사를 만들어 가려고 하는 것입니다만, 결국 조선의 신은 제사하지 않기로 합니다. 결국 이 정책은 실패했다고 할 수 있습니다.

마지막으로 금강대도에 관한 부분은 대단히 죄송하게 생각합니다. 어떤 점에서 탄압을 받았는지 등 좀 더 구체적으로 설명을 드렸어야 하는데 그러지 못했습니다. 제가 2000년에 두 번째 방문이었습니다만 본부에 가서 직접 자료를 받았습니다. 자료를 보면 초대 교주, 2대 교주, 3대 교주 각각 부부로 총 6명입니다만, 미륵대불이라고 쓰여 있습니다. 신앙대상으로서 말이죠. 즉 미륵의 세상이 도래했다, 후천시대라고 표현되어 있습니다. 총독부로서는 단순한 종말종교가 아니라 전혀 다른 권력이 탄생하는 것이어서 탄압을 하지 않을 수 없었습니다. 이상입니다.

사회자=네, 감사합니다. 아오노 선생님의 연구에서 제가 가장 흥미를 느끼는 것은 역시 제국신도에 관한 내용입니다. 이는 선생님의 가장 독창적인 견해이지요. 네 그렇군요. 감사합니다. 한마디 사적인 말씀을 덧붙이자면, 저하고 선생님은 1985년에 쓰쿠바대학에서 같이 세미나를 하던 사이였는데, 제가 2년 후 다른 대학으로 가면서 헤어진 지 28년 만에 재회를 했습니다. 그래도 서로를 금방 알아보았습니다. 사적인 말씀이었습니다만, 아무튼 식민지시기 종교(신사)정책에 관해서는 협력과 저항이라는 점에서도 상당히 중요한 부분인데 우리 한국에서 너무 연구가 안 되어 있어서 아쉽습니다. 종교사 쪽에서도 손꼽을 정도로 연구자가 안 계시죠. 좀 더 우리가 분발을 해야 할 부분이 아닌가 생각됩니다. 그럼 다음으로 이토 선생님 부탁드립니다.

발표자4(이토)=양 선생님 감사합니다. 지적하신 그대로 역시 제가 문제로 삼고 싶었던 부분은 야나기의 타자 이해에 관한 문제입니다. 그것은 상호이해의 베이스가 되는 문제라고 보는 시야에 입각한 연구라는 점은 선생님이 지적하신 그대로입니다.

구체적인 질문으로 받은 부분도 역시 타자이해에 있어서의 바람직한 자세를 도출하기 위한 베이스가 되는 기본적인, 보조선이 되는 문제라고 받아들이고 있습니다. 구체적인 질문, 즉 야나기의 조선에 대한 시선과 오키나와에 관한 언급도 있었습니다만, 일단은 국내적인 내재적 타자라는 말을 사용하셨습니다만, 국내적인 오키나와에 대한 시선과 어떻게 다른 것인가, 혹은 어떤 관계가 있는 것인가, 하는 질문으로 이해하고 답변을 드리도록 하겠습니다.

우선 저로서는 시선이 어떠한 위치에 있는가, 무엇을 보고 있는가 하는 두 가지 점에서 구별해서 이해하고 있습니다.

간단한 이야기부터 우선 말씀드리면, 어떠한가에 대해서는 물론 지의 구조에서는 기본은 같다고 생각합니다. 즉 제가 언급한 대상으로부터 자신을 분리해 그 격절된 입장에서 대상을 상찬하고 상찬함으로써 대상을 지배하는 소위 오리엔탈리즘적인 태도, 이는 기본은 오키나와의 경우도 조선의 경우도 동일하다고 생각하고 있습니다.

다만, 무엇을 보았는가, 좀 더 정확하게 말하면, 무엇을 보고 싶어 했는가 라고 말하는 편이 좋다고 생각합니다만, 사실로서 무엇을 보았는가가 아니라 무엇을 보고자 했는가 입니다만, 그것은 물론 다르다고 생각합니다.

오키나와는 어디까지나 일본의 내부, 야나기는 일본의 내부로 포함시켜 오키나와를 인식, 자리매김하고 있었다. 이에 대해 조선은 역시 일본의 외부로서 일정한 선을 그어 보고 있었다는 점은 부정할 수 없습니다. 조선에 대해 같은 일본인이라는 인식은 야나기에게는 없었다고 생각합니다. 이러한 차이는 무엇을 의미하는 것일까, 저는 질문 내용을 사전에 받아서 조금 더 생각을 해보았습니다만, 실은 오키나와라고 하는 것은 잘 아시는 것처럼 원래 야마토와 보다 정확하게 말하면 사쓰마입니다만, 청국과의 사이의 중간적인 존재였다는 점은 잘 알려져 있습니다. 오키나와 류큐가 하나의 왕국으로서 독립적인 존재였으나 일본에 포섭되었습니다. 이는 메이지유신 직전의 일입니다. 나아가 메이지유신의 과정 속에서 동일화라고 할까 포섭이 더욱 진행되어 갑니다. 오키나와의 소위 중간적인 위치를 넘어서 야나기는 국내적인 것으로 하나의 일본 속에 포함시켰다.

야나기가 오키나와를 실제로 방문하는 것은 1930년대 말경입니다만, 그에 앞서 일류동조론 즉 일본(야마토)과 류큐(오키나와)가 같은 뿌리라는 주장이 나타납니다. 그런데 이 일류동조론이 주창된다는 것은 바로 양자가 서로 다르다는 가능성을 시사하고 있는 것이라고 생각합니다. 다를 가능성이 있는 것을 동일화 했다는 사실이 야나기의 오키나와에 대한 시선 속에 보입니다. 다른 한편으로 지금 말씀드린 오키나와에 대한 시선을 베이스로 하여 이번에는 조선의 경우를 생각해보면, 외부에 놓여 있다는 점으로 인해 같은 상황이 발생하고 있습니다. 즉 조선이라는 형태로, 조선의 문화라는 형태로 하나의 것으로 취급되고 있는 것입니다. 거기에는 동일성, 동일한 것으로서 취급되고 있다고 할 수 있습니다. 역으로 일본 쪽의 동일성, 그리고 조선의 동일성이 대립이랄까 별개의 것으로 놓여있다고 말할 수 있습니다. 제가 여기에서 이러한 시선의 양태에 대해서 역시 여기에도 배울 점이 있다고 말하고 싶은 것입니다만, 일본이라는 것을 그는 오키나와를 포함하여, 실제로 이질적인 가능성이 있었던 오키나와를 포함하여 동일적인 것으로 만들어버리는 것에 대한 의식, 자각적인 의식이 없었다는 점에 야나기 사상의 근본적인 문제로 있는 것이 아닌가 생각합니다.

그것은 야나기의 문제만이 아니라 우리들 자신이 이질적인 것에 대해 인정할 때에 어떠한 태도를 취해야 하는가 하는 점을 가르쳐주고 있는 것이 아닌가 생각합니다. 즉 우리들 자신이 예를 들어 저의 경우라면, 일본이라는 것을 동일한 것이라고 인정하는가, 오히려 그렇지 않을 가능성이 열려있는가 하는 문제입니다. 저는 역시 타자를 인정하는 것, 타자와 만나는 것의 전제로서 자신과 동일한 것으로 생각하는 것이 아니라 오히려 여러 가지 다양한 잡종적이라고 할까요, 하이브리드 한 것으로 여기는 자각을 갖게 될 가능성은 없는 것인가, 자신의 하이브리디티(잡종성?)를 자각했을 때 비로소 타자에 대한 인식을 타자로서 야나기가 본 인식과는 다른 형태로 인식을 갖게 될 가능성은 없는가, 그것이 구체적으로 어떻게 되는지는 지금 여기서 말씀드리기는 어렵습니다만, 적어도 저는 일본이라는 말투도 조금 이상합니다만, 일본이라는 것도 하나의 하이브리드한 집단이며, 한편으로 하나의 것으로 취급된 조선의 민족, 혹은 조선의 문화도 일본과 마찬가지로 혹은 일본 이상으로, 비교는 어렵습니다만 하이브리드한 것으로 인정합니다. 약간 동일성이란 것의 개념에 회의를 품고 있습니다.

그렇지 않을 때 타자와 만나는 것이 가능한 것이 아닌가 하는 것이 저의 생각입니다. 자칫하면 아오야마 선생님이 말하는 제국주의, 내셔널리즘이라는 것이 인위적으로 동일성을 만드는 것이라고 저는 받아들였습니다만, 그렇지 않고 자신의 내부에 감춰진 하이브리디티를 끄집어내는 데에 타자와의 만남의 하나의 올바른 방향성이 있는 것이 아닐까 저는 생각합니다.

우선 이런 점을 말씀드리고자 합니다. 감사합니다.

사회자=반론이 있으시면 나중에 시간이 허락하면 하시길 바라고, 우리가 야나기 무네요시에 대해 막연하게 생각하고 있던 부분을 간단하게 긍정적인 평가도 부정적인 평가도 할 수 없을지 모르지만, 아무튼 단순한 평가는 불가능하다고 생각되는데, 선생님의 말씀을 듣고 보니까 더욱 어려워지는 느낌이 솔직히 들었습니다. 네...(웃음) 그럼, 다음으로 현명철 선생님 답변 부탁드립니다.

발표자5(현명철)=네, 김종식 선생님 토론 감사드립니다. 질문하신 것에 대해 대답을 드리기가 참 어려운 내용입니다만, 우선 선생님의 시야가 넓으셔서 어떻게 대답을 해야 할지 모르겠습니다.

지적해주신 부분은 논문으로 작성할 때에 충실히 반영하도록 하겠습니다. 좀 변명을 드리자면 여기 연민수 선생님도 앉아 계시지만 전 회장님이신 연 선생님의 요청으로 저희들이 약 5년 간에 걸쳐 조선총독부 교과서를 번역을 했습니다. 번역하고 분석을 했는데, 번역 작업을 거듭하면서 5년 동안 했던 작업을 하나로 엮을 수 없을까, 해서 제가 근대사 부분을 담당했기 때문에 이 부분만 정리했습니다. 이 근대사 부분만을 정리하는 것도 만만치 않은 작업이었습니다. 여기에 더해 일본본토의 교과서와 비교하거나 타이완의 교과서를 비교하고, 또 오키나와 교과서도 함께 비교하면 참 재미는 있겠는데 저의 역량에서 벗어나는 것 같은 느낌도 듭니다. 이상으로 마치겠습니다. 감사합니다.

사회자=예, 간단하게 답변해 주셔서 감사합니다. 덕분에 시간이 세이브가 되었습니다. 그럼 김민규 선생님의 발표에 대해 토론자가 참석을 못하셨기 때문에 프로어로 마이크를 돌리겠습니다만, 혹시 질문이 있으신 분...

발표자(김민규)=선생님 잠깐만요. 제가 사실은 그 전에 질문을 하나 받았습니다. 쉬는 시간에 오전 사회를 보셨던 이재석 선생님으로부터 중요한 질문을 받았습니다. 제게는 아주 중요한 질문입니다. 발표자료집 488쪽을 봐주시길 바랍니다. 487쪽에서 488쪽에 걸쳐 게재되어 있는 [B. 전문·조관]을 제가 번역한 것이 아닙니다. 여기 주를 명시하지는 않았습니다만, 왜냐하면 이것은 원래 논문에 싣기에는 너무 조악한 번역이라서 참고용으로 강조한 부분을 보여드리기 위한 의도로 번역을 제시했습니다. 488쪽에 있는 내용[양국 정부는 이를 다시 바꿀 수 없으며 영원히 믿고 준수하여 화호를 돈독히 해야 할 것이다.]이 있고, 그 바로 윗줄에 [제12관 위의 제11관은 논의해 정한 조약이니]라고 되어 있습니다. 이 '조약'으로 되어 있는 부분이 원문에도 그대로 '조약'으로 되어 있느냐 하는 질문이셨습니다.

상당히 중요한 질문이죠. 원문에는 '약정'이라는 말을 썼습니다. '조약'이라는 말은 들어가지 않습니다. 이 당시에 이미 조약이라는 단어가 있었습니다. 그리고 조약이라는 용어를 서로 사용했습니다. 메이지일본도 썼고 조선도 사용했고 청나라도 썼었습니다. 그럼에도 불구하고 이런 조규를 사용했다, 그렇게 설명을 드렸는데, 다시 정정해 말씀드리면 한글 번역이 잘못된 것입니다.

사회자=네, 감사합니다. 그럼 한 분만 플로어에 계신 참가자의 질문을 받도록 하겠습니다. 혹시 안계신가요. 아, 너무 장시간에 지치셨는지 안 계시는 것 같습니다. 그럼 정해진 시간도 다 되었고 하여 이것으로 제4세션의 종합토론을 일단 마치도록 하겠습니다.

마지막으로 학회 남상호 회장님으로부터 마무리 발언을 듣고 이틀에 걸친 한일관계사학회 국제학술회의를 마무리하도록 하겠습니다.

감사합니다. (박수)

(이상, 종합토론 녹취 : 나행주)

학술회의 일정

2015년 9월 11일(금) / 한강홀

○ 등록 (08:30-09:00)

○ 개회사 및 기조강연 (09:00-09:50) 진행 : 나행주(건국대)

개 회 사 : 남상호 (한일관계사학회 회장)

기조강연 : 김용덕 (광주과학기술원 석좌교수)

〖Break Time〗(09:50-10:00)

○ 주제발표 및 종합토론 (10:00-17:00)

제 1 Session ‘광복’과 ‘패전’의 재회
- 1965년 한일협정의 성과와 오늘날의 과제 -

사회 : 정광섭(경기대)

제1발표 : 한일양국의 한일회담 반대운동과 의의 (10:00-10:20)

발표 : 유지아(경희대) 토론 : 최종길(고려대)

제2발표 : 日韓諸條約に關連する課題－日韓請求權協定を中心に (10:20-10:40)

발표 : 吉澤文壽(新潟國際情報大) 토론 : 이형식(고려대)

제3발표 : 한일 어업협정과 일본인 어민 영상자료 : ‘평화선’피해 어민에 관한 영상자료를 중심으로(10:40-11:00)

발표 : 최영호(영산대) 토론 : 조윤수(동북아역사재단)

〚Break Time〛 (11:00-11:20)

제4발표 : 日韓國交正常化と文化財返還問題 (11:20-11:40)
발표 : 有光 健(전후보상네트워크)　　　토론 : 류미나(국민대)

제5발표 : 在日コリアンの法的地位の變遷と問題點 (11:40-12:00)
Transition of Legal Status given to Korean residing in Japan and Related Issues
발표 : 林範夫(辯護士)　　　토론 : 이 성(한신대)

종합토론(12:00-13:00) 사회 : 木宮正史(東京大)

중식 (13:00-14:00)

제 2 Session 한일국교 정상화 50년이 남긴 과제와 그 해결을 위한 노력

사 회 : 김민영(군산대)

제1발표 : 日本政府の植民地支配と侵略戰爭に對する歷史認識 (14:00-14:20)
발표 :和田春樹(東京大名譽教授)　　　토론 : 남상구(동북아역사재단)

제2발표 : 강제동원 피해자 보상문제(14:20-14:40)
발표 : 한혜인(한국여성인권진흥원)　　　토론 : 이신철(성균관대)

제3발표 : 일본군 '위안부' 문제 해결에 대한 한일정부의 입장과 문제 해결의 궁극적 지향점(14:40-15:00)
발표 : 윤명숙(상하이사범대학)　　　토론 : 서현주(동북아역사재단)

『Break Time』(15:00-15:20)
제4발표 : 역사대화와 역사문제 해결 가능성 (15:20-16:00)
발표 : Kristine Dennehy(플러튼대학) 토론: 박중현(잠일고)

제5발표 : Textbook Revision: Experiences and Challenges Eckhardt Fuchs
Eckhardt Fuchs(게오르그-에케르트 국제교과서연구소 부소장)
토론 : 김은숙(교원대)

종합토론(16:00-17:00) 사회 : 김광열(광운대)

2015년 9월 12일(토) / 금강홀

○ 주제발표 및 종합토론 (10:00-17:00)

제 3 Session 전쟁과 평화 - 고대-근세의 한일관계 -

사 회 : 이재석(한성대)

제1발표 : 고대일본의 신라적시관과 복속사상
The ancient Japanese antagonism and subjection ideology towards Silla (10:00-10:20)
발표 : 연민수(동북아역사재단) 토론 : 中村修也(文教大)

제2발표 : モンゴル襲来と高麗－日本の相互認識 (10:20-10:40)
발표 : 佐伯弘次(九州大) 토론 : 김보한(단국대)

제3발표 : 임진왜란 이후 국교재개의 노력 (10:40-11:00)
발표 : 민덕기(청주대) 토론 : 정성일(광주여대)
『Break Time』(11:00-11:20)

제4발표 : 임진왜란 이후 '통신사 외교'와 조일 간의 평화 구축 (11:20-11:40)
발표 : 이훈(한림대) 토론 : 仲尾宏(京都造形藝術大學)

제5발표 : 明淸交替之際中朝日三國的外交關系與文人交流
－聚焦明清鼎革期间东亚国际政治与文化的诸相 (11:40-12:00)
발표 : 陳波(南京大學) 토론 : 하우봉(전북대)

종합토론(12:00-13:00) 사회 : 손승철(강원대)

중식 (13:00-14:00)

제 4 Session 일그러진 만남 - 근대 한일관계의 명암 -

사 회 : 이기용(선문대)

제1발표 : 朝日修好條規의 역사적 의미 (13:00-13:20)
발표 : 김민규(동북아역사재단) 토론 : Mark Caprio(立教大)

제2발표 : 을사늑약, 한일강제병합에 이르는 과정 (13:20-13:40)
발표 : 방광석(고려대) 토론 : 서민교(동국대)

제3발표 : 朝鮮總督府による「類似宗教」彈壓―金剛大道の受難― (13:40-15:00)
발표 : 青野正明(桃山學院大) 토론 : 조성운(동국대)

〚Break Time〛 (15:00-15:20)

제4발표: -柳宗悦·朝鮮への視線 (15:20-15:40)
발표 : 伊藤徹(京都工藝纖維大學) 토론 : 양지영(숙명여대)

제5발표 : 조선총독부 시기의 역사교과서 (15:40-16:00)
발표 : 현명철(국민대) 토론 : 김종식(아주대)

종합토론 (16:00-17:00) 사회 : 박진우(숙명여대)

Symposium program

The Fiftieth Anniversary of Normalization of South Korea-Japan, A Historical Review of Korea-Japan Relations for mutual understanding and cooperation

Topic:

(1) the Achievement of the 1965 Normalization of South Korea-Japan and our Responsibility for Today

(2) The Remaining Issues of Korea and Japan relations on the Fiftieth Anniversary of Normalization and the Efforts to Solve Them

We will discuss the remaining issues of Korea and Japan relations (historical understanding, forced labour, and comfort women) on the occasion of the fiftieth anniversary of normalization and examine the efforts has been made to solve those issues up until Today. And we will shed a light on historical significances of the efforts to reconcile between Korea and Japan for the future Korea and Japan relations and the wider East Asian community.

(3) A Historical Review of Korea-Japan relations From the Ancient period to the Time of Negotiating South Korea-Japan Normalization

Day 1
11 September 2015(Friday)

- Opening Address and Keynote Speech (09:00-10:00)
  Moderator: Na Haeng-Joo (Konkuk University)
- Opening Address:
  Nam Sang-Ho (President, the Society of Korea-Japan History Relations)
- Keynote Speech: Perception of Japanese State by the Post-1945 Generations of Japan
  Kim Yong-duk (Chaired Professsor of the GIST)

Session 1	Reunion of Liberation and Defeat —The 1965 South Korea-Japan Normalization Treaty and Our Responsibility for Today

- Moderator: Chung Kwang-sup (Kyongki University)

- Presentation 1: A campaign against the Korean-Japanese Conference and its significance of the Korea-Japan two countries (10:00-10:20)
  Presenter: Yu Chi-A (Kyunghee University)
  Discussant: Ch'oe Chong-Gil (Korea University)

- Presentation 2: Focusing on problems related to Treaty on Basic Relations between Japan and the Republic of Korea and Agreements : With Special Reference to Agreement on the Settlement of Problems Concerning Property and Claims and on Economic Co-operation between Japan and the Republic of Korea (10:20-10:40)

Presenter: Yoshizawa Fumitoshi (Niigata University of International and Information Studies)

Discussant: Lee Hyong-sik (Korea University)

- Presentation 3: Visual Resources about Japanese Fishermen Interned in Korea before Korea-Japan Fisheries Agreement (10:40-11:00)

  Presenter: Ch'oe Yong-ho (Yongsan University)

  Discussant: Cho Yun-su (Northeast Asian History Foundation)

- Presentation 4: Transition of Legal Status given to Korean residing in Japan and Related Issues (11:20-11:40)

  Presenter: Arimitsu Ken (Postwar Compensation Network)

  Discussant: Ryu Mi-na (Kookmin University)

- Presentation 5: The Korea-Japan Agreement on the Legal Status and Treatment of Zainichi Korean (Koreans Residing in Japan) and its Legacy of Korea-Japan Relations (11:40-12:00)

  Presenter: Lim Bombu (Lawyer)

  Discussant: Lee Seong (Hanshin University)

- Plenary Discussion: Kimiya Tadashi (Tokyo University) (12:00-13:00)

Session 2 The Remaining Issues of Korea and Japan relations on the Fiftieth Anniversary of Normalization and the Efforts to Solve Them

- Moderator: Kim Min-yong (Kunsan University)

- Presentation 1: History awareness of colonial rule and aggression of the Japanese government(14:00-14:20)
  Presenter: Wada Haruki (Emeritus Professor, Tokyo University)
  Discussant: Nam Sang-gu (Northeast Asian History Foundation)

- Presentation 2: The Issue on the Reparation for the Korean (Chosun) Victims of the Compulsory Mobilization(14:20-14:40)
  Presenter: Han Hye-in (Women's Human Rights Commission of Korea)
  Discussant: Lee Shin-chul (Sungkyunkwan University)

- Presentation 3: Korean and Japanese Governments' Positions on the Solution for The Japanese military "Comfort Women" Issue and Ultimate Direction of the Solution(14:40-15:00)
  Presenter: Yun Myong-suk (Shanghai Normal University)
  Discussant: So Hyun-Ju (Northeast Asian History Foundation)

- Presentation 4: "History Dialogues and the Possibility of Over coming Historical Issues between Korea and Japan: American Perspectives at the Local Level"(15:20-15:40)
  Presenter: Kristine Dennehy (California State University, Fullerton)
  Discussant: Park Chung-hyon (Chamil High school)

- Presentation 5: Textbook Revision : Experiences and Challenges (15:40-16:00)

  Presentor: Eckhardt Fuchs (Deputy Director, The Georg Eckert Institute for International Textbook Research)

  Discussant: Kim Eun-suk (Korea National University of Education)

- Plenary Discussion: Kim Kwang-yeol (Kwangwoon University) (16:00-17:00)

Day 2
12 September, Sat.

Session 3	War and Peace: Korea-Japan relations from the Ancient to the Early Modern Period

- Moderator: Lee Chae-suk (Hansung University)

- Presentation 1: The ancient Japanese antagonism and subjection ideology towards Silla(10:00-10:20)

  Presenter: Yeon Min-Su (Northeast Asian History Foundation)

  Discuassant: Nakamura Shuya (Japan Bunkyo University)

- Presentation 2: Japan-Korea relations and mutural knowledge after the Mongol Invasion (10:20-10:40)

  Presenter: Saeki Koji (Kyushu University)

  Discussant: Kim Bo-Han (Dankuk University)

- Presentation 3: The efforts for the Resumption of diplomatic relations between Joseon and Japan after Japanese invasion of Korea in 1592 : Focusing on the authenticity of Tokugawa Ieyasu's credentials (10:40-11:00)
  Presenter: Min Duk-Gi (Cheong-ju University)
  Discussant: Chong Sung-Il (Kwang-ju Women's University)

- Presentation 4: 'Chosun Tongshinsa Diplomacy' and Peace-building between Chosun and Japan after the Imjin War -Focusing on the 2nd dispatch of 'HoedapkyomSuihwansa' (1617) in the reign of Gwanghaegun - (11:20-11:40)
  Presenter: Lee Hun (Hallym University)
  Discussant: Nakao Hiroshi (Kyoto University of Art and Design)

- Presentation 5: Imjin War and mutual understanding of Koreans and Japanese (11:40-12:00)
  Presenter: Chen Bo(Nanjing University, China)
  Discussant: Ha U-bong(Chon-puk National University)

- Plenary Discussion: Son Sung-cheol (Kangwon National University) (12:00-13:00)

Session 4 Twisted Encounter between Korea and Japan: Light and Shade of Korea-Japan Relations in the Modern Era

- Moderator: Lee Ki-yong (Sunmoon University)

- Presentation 1: Twisted Encounter between Korea and Japan in the Modern Era: Historical Meanings of Korea-Japan Treaty of 1876 (Kanghwa treaty) (14:00-14:20)
  Presenter: Kim Min-kyu (Northeast Asian History Foundation)
  Discussant: Mark Caprio (Rikkyo University)

- Presentation 2: Competition and Defeat: Korea-Japan Treaty of 1905, the process of Japan's Annexation of Korea (14:20-14:40)
  Presenter: Pang Kwang-suk (Korea University)
  Discussant: So Min-kyo (Dongguk University)

- Presentation 3: Domination and Resistance: (1) "Pseudo-Religious Groups"(「類似宗教」) Suppressed by the Japanese Government-General of Korea : Regarding the Sufferings of Kumgangdaedo(金剛大道) (14:40-15:00)
  Presenter: Aono Masaaki (Momoyama Gakuin University)
  Discussant: Cho Sung-un (Dongguk University)

- Presentation 4: (2) A Japanese View on Korea: Yanagi Muneyoshi's colonial experience and post-World War (15:20-15:40)
  Presenter: Ito Toru (Kyoto Institute of Technology)
  Discussant: Yang Ji-yong (Sukmyong Women's University)

- Presentation 5: (3) History Education during Japanese Colonial Period (15:40-16:00)

  Presenter: Hyon Myong-Cheol (Kookmin University)

  Discussant: Kim Chong-sik (Ajou University)

- Plenary Discussion: Park Chin-u (Sookmyung Women's University) (16:00-17:00)

필자소개(집필순)

	구분	소속
1	기조강연	김용덕(광주과학기술원 석좌교수)
2	제1분과 발표	유지아(경희대)
3	제1분과 발표	요시자와 후미토시(吉澤文壽, 니이가타국제정보대학)
4	제1분과 발표	최영호(영산대)
5	제1분과 발표	아리미츠 켄(有光健, 전후보상네트워크)
6	제1분과 발표	임범부(林範夫, 변호사)
7	제2분과 발표	와다 하루키(和田春樹, 도쿄대학)
8	제2분과 발표	한혜인(한국여성인권진흥원)
9	제2분과 발표	윤명숙(상하이사범대학)
10	제2분과 발표	크리스틴 데니히(Kristine Dennehy, California State University, Fullerton)
11	제2분과 발표	에케르트 푹스(Eckhardt Fuchs, 게오르그-에케르트 국제교과서연구소)
12	제3분과 발표	연민수(동북아역사재단)
13	제3분과 발표	사에키 코우지(佐伯弘次, 규슈대학)
14	제3분과 발표	민덕기(청주대)
15	제3분과 발표	이훈(한림대)
16	제3분과 발표	첸보(陳波, 난징대학)
17	제4분과 발표	김민규(동북아역사재단)
18	제4분과 발표	방광석(고려대)
19	제4분과 발표	아오노 마사아키(青野正明, 모모야마학원대학)
20	제4분과 발표	이토 토오루(伊藤徹, 교토공예섬유대학)
21	제4분과 발표	현명철(국민대)

한일수교 50년, 상호 이해와 협력을 위한 역사적 재검토 2

초판 인쇄 : 2017년 8월 23일
초판 발행 : 2017년 8월 30일

편 자 : 한일관계사학회
펴낸이 : 한정희
펴낸곳 : 경인문화사
주 소 : 파주시 회동길 445-1 경인빌딩 B동 4층
전 화 : 031-955-9300
팩 스 : 031-955-9310
이메일 : kyungin@kyunginp.co.kr
홈페이지 : http://kyungin.mkstudy.com

값 37,000원
ISBN 978-89-499-4253-7 93910